高等学校经济管理类主干课程教材·电子商务系列

电子商务概论

第3版

杨路明　陈　曦　刘　明　徐　旻——————编著

中国人民大学出版社
·北京·

前　言

随着信息技术的快速发展，互联网已经成为促进人类社会发展的巨大力量，也是人类文明向信息时代演进的关键标志。目前，互联网已经全面融入经济社会发展和民众生产生活的各个领域和全过程，对提高社会生产力、优化资源配置、促进经济结构调整、提升社会治理能力、满足人民美好生活需要等发挥了巨大作用。

随着互联网的普及，电子商务快速发展，已经成为数字经济的重要组成部分，是提升民众生活品质的重要方式，也是推动国民经济和社会发展的重要力量。

从 20 世纪 90 年代至今，电子商务经过几十年的发展，应用范围越来越广泛，渗透到各个领域。电子商务已经成为现代商业的核心驱动力之一，它正在迅速改变全球商业系统的运作方式。无论是传统企业还是新兴企业，电子商务都已经成为其发展的重要战略。因此，学习、了解并掌握电子商务的基本知识和实践技能变得至关重要。

笔者从 20 世纪 90 年代就开始教授电子商务课程，经过几十年的教学、研究与实践，对电子商务的认识、理解也在不断提升。电子商务所涉及的内容繁多，综合性强，只有通过不断学习、理解、应用和研究，才可能对电子商务中最重要的商务问题、技术问题、管理问题进行有效整合，并将其有效应用于社会实践。

本书在上一版的基础上，吸取了用书师生提出的意见及建议，对整体结构进行了调整，加强了理论基础，更新了案例，删除了一些过时的内容，整体内容更新颖、更切合实际。

本书系统地介绍了电子商务的各个方面，包括电子商务的基本概念、技术基础、商业模式、网络营销、物流管理、电子支付体系等。阅读本书，读者能够全面了解电子商务的运作机制和商业价值，并掌握相关的知识和实践技能。

本书注重内容的实用性和易读性，提供了丰富的案例和图示，可以帮助读者更好地理解电子商务的原理和实践。此外，本书还配有丰富的习题，可以帮助读者巩固所学知识，提高思维能力和解决问题的能力。

本书每章以案例导入开篇，并且以案例分析作为结尾，同时配有学习目标，帮助读者理解、应用和掌握本章的知识点。

杨路明教授提出本书整体的框架结构，并负责全书统稿、修改及最后定稿。参加本书编写的还有陈曦教授（云南大学）、刘明副教授（云南大学）、徐旻副教授（云南师范大学）、马小雅教授（南宁师范大学）、马孟丽副教授（红河学院）、南楠、杜昱辰、黄淑珍。

本书的教学PPT由云南大学2023级硕士生制作。

本书适合作为高等院校管理类、经济类、信息类以及其他专业学习电子商务相关课程的教材，也可以作为相关人士了解电子商务的参考书。

在撰写本书时，我们参考了大量中外的专著、教材、论文、研究报告和网络资料，在此对各位作者表示衷心的感谢。

谨以此书献给为数字经济发展而努力的人，为电子商务的发展及应用贡献自己力量的人，以及使用本书的读者。同时，我们也欢迎读者在使用本书后，能够提出意见及建议，以便本书在后续修订中日臻完善。

杨路明
于云南大学龙泉苑
yangluming@126.com

目　录

第 1 章

电子商务的概述与发展

学习目标

- 掌握电子商务的定义及内涵
- 了解电子商务的发展历程
- 掌握电子商务的特点及功能
- 掌握电子商务的分类及应用
- 认识电子商务对社会经济环境的影响

案例导入

拼多多：平台网络效应的全景再现

2015 年 9 月，电子商务平台拼多多上线。拼多多用户通过发起拼团邀请，在和朋友、家人、同事等组团成功后，能以更低的价格买到优质商品。拼多多在上线半年之后，日订单量达到了 30 万～40 万单，月 GMV① 有 2 亿元左右，在上线两年后，年 GMV 超过了 1 000 亿元。

《平台革命》一书中指出：由于平台的价值主要来自网络效应，因此平台最终应争取衡量交互成功率及其促进要素。交互成功可以吸引活跃用户，从而促进网络效应的不断发展。拼多多主打"社交＋电商"的模式，释放出平台的网络效应，以微信流量打下基础，锁定被忽视的三至六线城市，通过优化供应链赋能商家。

1. 社交：绑定微信

拼多多重在"拼"上，要将"拼"落实到位，微信提供的分享场景恰恰满足这一需求。微信是基于熟人社会建立的平台，用户在分享信息的过程中，降低了风险成本和时间成本，更易达成交易。产品的低价成为消费者愿意分享的一个主要原因。比如

① GMV（gross merchandise volume）即（一定时间段内）成交总额。在电子商务网站领域的定义是网站成交金额，实际指的是拍下订单金额，包含付款和未付款的部分。

一个人在购买一件商品时要花费19元，如果找到5个人一起拼团购买，那么价格就只有9.9元。这种拼团的方式自带传播效应，再借助微信平台形成传播裂变，让拼多多瞬间引爆电商领域。

2. 市场：找到蓝海

长期以来，天猫、京东服务的客户群主要来自一、二线城市，而拼多多通过低价、全品类吸引三至六线城市消费者抢购。拼多多认准了三至六线城市消费者对价格的高度敏感，以超出意料的低价激发消费者的购买欲望。通过错位竞争，拼多多已经在某些区域市场超过淘宝。据极光大数据统计，截至2018年2月，拼多多在三线、四线城市的渗透率（21.38%、35.34%）已经超过手机淘宝（20.31%、31.50%）。

3. 供应链：赋能商家

拼多多与优质商家对接，帮助商家进行产业链整合，加强对后端供应链的改善。拼多多发货量大，且要求48小时内必须发货，迫使这些厂家升级仓储管理系统，提高包装、打单、装车等配套流程的效率。爆款产品对质量、物流速度提出了全新的要求，也需要厂家对生产的节奏、仓储的选地做出相应的改变。商家愿意适应拼多多的规则，源于其拥有充足的数据支持，了解消费者的习惯、偏好，能为厂家提供满足消费者需求的产品类型。某品牌纸巾正是听取了拼多多给出的生产3千克装纸巾的建议，在简单的微调过后，该产品仅上线当天销售额就达到了300万元。

资料来源：拼多多：平台网络效应的全景再现.（2018-07-20）. 品途网.

1.1 电子商务概述

电子商务源于英文“electronic commerce”，简写为EC，是指利用简单、快捷、低成本的电子通信方式进行各种商贸活动。EC强调在互联网上开展商品或服务的交易，总是伴随着商品价值或服务价值和货币交换，为电子商务企业直接创造价值，实际上就是狭义的电子商务。广义的电子商务（electronic business，EB）是指借助计算机技术、网络技术和远程通信技术，使交易各方当事人通过电子方式联系，摒弃传统的文件、单据传输，实现整个交易过程的电子化、数据化和网络化，从而实现信息流、物流和资金流的统一。现代电子商务活动涵盖的内容日益广泛，因此，本书中更多的时候会用EB进行说明。

1.1.1 电子商务的定义及内涵

1. 电子商务的定义

电子商务正在以令人难以置信的速度渗透到人们的日常生活中，对于电子商务的概念，各类组织、学者、业界人士都根据自身定位和对电子商务的参与程度，给出了不同的表述，下面是几个比较有代表性和权威的定义。

国际商会于1997年11月在巴黎举行了世界电子商务会议（The World Business Agenda for Electronic Commerce）。会上，专家和代表对电子商务的概念进行了阐述：电子商务是指实现整个贸易过程中各阶段的贸易活动的电子化。从涵盖范围方面可以定义为，交易各方以电子交易方式而不是通过当面交换或直接面谈方式进行的任何形式的商业交易；从技术方面可以定义为，电子商务是一种多技术的集合体，包括交换数据（如电子数据交换、电子邮件）、获得数据（如共享数据库、电子公告牌）以及自动捕获数据（如条形码）等。电子商务涵盖的业务包括：信息交换、售前售后服务（如提供产品和服务的细节、产品使用技术指南、对顾客意见的反馈）、销售、电子支付（如使用电子资金转账、信用卡、电子支票、电子现金）、运输（包括商品的发送管理和运输跟踪，以及可以电子化传送的产品的实际发送）等。

经济合作与发展组织（OECD）是较早对电子商务进行系统研究的机构，其将电子商务定义为：利用电子化手段从事的商业活动，基于电子处理和信息技术，如文本、声音和图像等数据传输。它主要遵循 TCP/IP 协议通信传输标准和 Web 信息交换标准，提供安全保密技术。

美国学者拉维·卡拉克塔（Ravi Kalakota）和安德鲁·B. 惠斯顿（Andrew B. Whiston）在《电子商务的前沿》一书中提出："广义地讲，电子商务是一种现代商业方法。这种方法通过改善产品和服务质量、提高服务传递速度，满足政府组织、厂商和消费者的降低成本的需求。这一概念也用于通过计算机网络寻找信息以支持决策。一般来讲，现今的电子商务通过计算机网络将买方和卖方的信息、产品和服务联系起来，而未来的电子商务则通过构成信息高速公路的无数计算机网络中的一条线将买方和卖方联系起来。"

欧洲议会对电子商务的定义是："电子商务是通过电子方式进行的商务活动。它通过电子方式处理和传递数据（包括文本、声音和图像），涉及许多方面的活动，包括货物电子贸易和服务、在线数据传递、电子资金划拨、电子证券交易、电子货运单证、商业拍卖、合作设计和工程、在线资料、公共产品获得等。它包括产品（如消费品、专门设备）和服务（如信息服务、金融和法律服务）、传统活动（如健身、教育）和新型活动（如虚拟购物、虚拟训练）。"

上述定义都认为电子商务是利用现有的计算机硬件设备、软件和网络基础设施，在以一定协议连接起来的电子网络环境中进行各种各样商务活动的方式。

结合各组织对电子商务概念的表述，本书将电子商务定义为：电子商务是以信息技术、网络技术、通信技术为基础，高效率、低成本地从事以商品交换为中心的各种商务活动。电子商务过程就是利用各种电子工具和电子技术从事各种商务活动的过程。其中，电子工具是指计算机硬件和网络基础设施（包括互联网、移动互联网、企业内部网、各种局域网等）；电子技术是指处理、传递、交换和获得数据的多技术集合。

2. 电子商务的内涵

在电子商务中，用户可将自己的各类供求意愿按照一定的格式输入电子商务网络，并进行多种网上交易业务的选择。根据前面对电子商务定义的理解，这里将电子商务的内涵概括为四个部分，即信息化运营、集成信息资源、商务贸易、协作交流。

（1）信息化运营。信息化运营是指企业运用信息技术（IT），通过构建 IT 系统来开展经营和管理相关业务，企业可根据市场和企业自身的变化选择最适合的信息化工具，以保障企业的更快发展。

信息化应用的首要方式是集中式管理，主要体现在企业的经营、财务管理、客户管理和采购管理都逐渐走向集中化。通过对分销的管理，减少库存，提高货品的流通率；通过协同上游承包商和相应的零部件供应商之间的商务网络，形成一条畅通完善的供应链。

在过去，那些核心商务系统中的信息很难被更多的人使用。而现在，通用的互联网界面解决了信息系统的开放问题。信息的收集、发布、处理、分析可以更高效率地进行。信息化运营在国际范围内已经成为一种对企业竞争力有重大影响的新的运营方式。

（2）集成信息资源。企业数据包括客户数据、库存记录、银行账号、安全密码等有价值的信息，这些宝贵的信息财富支撑着企业的运作。将这些信息与自己的网络站点集成起来，可以把成千上万的雇员和商业伙伴连接起来，由此引来更多的客户。信息使企业员工的工作效率更高，供货渠道更畅通，客户也更满意。如果把企业的事务处理系统与网络集成在一起，企业就开始了真正意义上的电子商务活动。客户可以从企业数据库中获得互联网当前的产品信息，还可以实时购买并进行支付。目前，国内外许多企业正在利用自己的后台资源与信息网络进行集成，直接投入商业应用，从而扩大全球的商业合作伙伴和客户。

（3）商务贸易。电子商务的一个发展方向是在线交易，它是一种全新的贸易方式。例如，1997年出现的亚马逊（Amazon）网上书店，快速发展成为全球最大的、陈列图书最多的书店，能提供110万种英文图书。在科学技术快速发展的今天，商业贸易的新模式每天都在涌现。因此，利用最新的科技方式进行商务贸易的更新是最好的方式之一。

（4）协作交流。对于商务贸易来说，以一种安全、秘密、自如的方式通过互联网进行协作交流非常有意义，而电子商务最具优势的方面正是协作交流。

互联网正以电子商务的方式渗透到贸易活动的各个阶段，包括信息交换、售前售后服务、销售、电子支付、运输、组建虚拟企业、共享资源等。电子商务为商业机构带来无尽的可拓展空间和无穷的选择，也成为互联网持续发展更强有力的推动力量。

1.1.2 电子商务的特点及功能

电子商务具有信息化、虚拟性、全球性和社会性等与互联网相关的特点，除此之外，电子商务还具有一定的特殊性，如数字化、交互性、高效率、低成本、个性化、专业化、协调性、集成性、可扩展性。电子商务能提供广告宣传、咨询洽谈、网上订购、网上支付、电子账户、服务传递、意见征询、交易管理等各项功能。

1. 电子商务的基本特点

本书从不同的层面来分析和体现电子商务的基本特点。

（1）基于互联网层面的特点。电子商务起源于20世纪60年代末的专用增值网和电子数据交换（EDI）的应用，在互联网的推动下，电子商务迅速发展，而且表现出一些与互联网相关的特点：

1）信息化。电子商务是以信息技术为基础的商务活动，它的信息交换和传输须通过计算机网络系统来实现。计算机网络系统是集数字化技术、网络技术和软件技术于一体的综合系统，因此，电子商务的实施和发展与信息技术的发展密切相关，也正是信息技术的发展推动了电子商务的发展。

2）虚拟性。互联网作为数字化的电子虚拟市场（electronic marketplace），它的商务活动和交易是数字化的。由于信息交换不受时空限制，因此，可以跨越时空形成虚拟市场完成过去在实物市场中无法完成的交易，这正是电子商务快速发展的根本所在。

3）全球性。作为电子商务的主要媒介——互联网是全球开放的，电子商务的开展不受地理位置限制，它面对的是全球统一的电子虚拟市场。

4）社会性。虽然依托的是网络信息技术，但电子商务的发展和应用是社会性的系统工程，因为电子商务活动涉及企业、政府组织、消费者，以及适用于电子虚拟市场的法律法规和竞争规则等。缺少任意一个环节，势必制约甚至妨碍电子商务的发展。

（2）基于交易层面的特点。电子商务借助网络这种交易载体使商务模式发生了质的变化。从交易层面看，电子商务具有数字化、交互性和高效率三个特点。

1）数字化。在与商务活动相关的各种信息以数字形式被采集、存储、处理和传输时，数字生活、数字商务、虚拟企业等数字化形式应运而生，商务活动中的商流、资金流和信息流都能够在计算机网络中迅速传输，数字化具有易于存储、查询、处理、修改信息等优越性。

2）交互性。电子商务与传统商务的一个重要区别是，商务交易的主体可以在计算机网络中轻松完成商务信息的双向沟通，实现信息交互。信息的交互协议决定了数字化信息在计算机网络中具有双向沟通的功能，电子商务正是基于数字化信息在计算机网络中的交互性功能来完成网络环境中的商务活动的。

3）高效率。电子商务的信息传递基于电磁波的传输原理，主要采用互联网的传输信道，能够以每秒 30 万千米的速度传递信息。在这种速度下，电子商务突破了传统物理世界的时空限制，使商务交易的效率和商务服务的效率都得到了极大的提高。

（3）基于服务层面的特点。在电子商务环境下，低成本、个性化和专业化特点为企业在激烈的市场竞争中生存和发展提供了很好的支撑。

1）低成本。影响企业利润的主要因素是资本成本和商品成本。资本成本包括取得和使用资本时所付出的代价；商品成本包含生产经营成本、营销成本等子项。如果企业及其相关的服务提供单位能够充分利用电子商务技术和手段，则能有效降低企业发行债券和股票、向非银行金融机构借款的手续费用，降低采购成本、生产成本、物流成本、营销成本等，也能够有效降低运营过程中发生的各种费用（如管理、财务、销售等费用）。

2）个性化。以网络为基础的电子商务，可以在企业和消费者之间轻松实现信息的传递，并建立面向消费者的数据库系统。企业可以充分利用数据库进行一对一的个性化营销和个性化设计、生产，实现企业和消费者之间全程的一对一个性化跟踪服务。

3）专业化。随着使用互联网的人越来越多，互联网中的商务活动越来越频繁，这些都预示着一个巨大的网络空间的形成。在全球互联网环境下，企业的潜在客户从有限的地域空间无限延伸到地球的每一个角落，企业服务的目标客户群急剧扩大，企业将面对世界范围内的竞争对手和越来越多的同类客户，企业要具备核心竞争力，就必须选择专业化的发展。

（4）基于系统工程层面的特点。传统商务是主要基于实体商品的现实商务模式，而电子商务则是基于计算机的虚拟商务模式，从系统工程的层面来看，具有协调性、集成性和可扩展性三大特点。

1）协调性。商务活动本身是一种协调过程，需要客户与企业内部、生产商、批发商、零售商间的协调，为提高效率，许多组织都提供交互式的协议。电子商务具有快捷、友好的界面和对用户信息进行反馈的能力。在虚拟商务模式中，这些协议可以利用互联网将供货方连接到管理系统，再连接到客户订单处理系统，并通过一个供货渠道加以处理，这样企业既节省了时间，又消除了纸张文件带来的麻烦，提高了工作效率。决策者能够通过它获得高价值的商业情报，辨别隐藏的商业关系和把握未来的趋势。

2）集成性。在事务处理的整体性和统一性上，电子商务的集成性能规范事务处理的工作流程，将人工操作和电子信息处理集成为一个不可分割的整体。这样不仅提高了对人力和物力的利用，而且增加了系统运行的严密性。

3）可扩展性。对于电子商务来说，具有可扩展性的系统才是稳定的系统。要使电子商务正常运作，必须确保其可扩展性。因为在网上有海量用户，而传输过程中可能会出现多个用户同时登录同一个企业网站的情况，所以常常会出现高峰状况。如果在出现高峰状况时能及时扩展，就可以使系统阻塞的可能性大幅下降。在电子商务中，即便是耗时仅2分钟的重新启动也会导致大量客户流失，因此可扩展性极其重要。

2. 电子商务的功能

电子商务可提供网上交易和管理等全过程的服务，主要功能包括广告宣传、咨询洽谈、网上订购、网上支付、电子账户、服务传递、意见征询、交易管理等。

（1）广告宣传。电子商务可凭借企业的Web服务器，在互联网上发布各类商业信息。客户可借助网上的检索（search）工具迅速地找到所需商品信息，而商家可利用主页（home page）和电子邮件（E-mail）在全球范围内做广告宣传。与以往的各类广告相比，网上的广告成本更为低廉，而给顾客的信息却更为丰富。

（2）咨询洽谈。电子商务可借助非实时的电子邮件、新闻组（news group）和实时的讨论（chat）组、即时聊天工具来了解市场和商品信息、洽谈交易事务。如有进一步的需求，还可用网上的白板会议（whiteboard conference）来交流即时信息。网上的咨询和洽谈能超越人们面对面洽谈的限制，提供多种方便的异地交谈形式。

（3）网上订购。电子商务可借助Web中的邮件交互传送实现网上订购。网上订购通常都是在产品介绍的页面上提供十分友好的订购提示信息和订购交互格式框。当客户填完订购单后，通常系统会回复确认信息单据来保证订购信息的收悉。订购信息也可采用加密的方式使客户和商家的商业信息不被泄露。

（4）网上支付。电子商务要成为一个完整的过程，网上支付是非常重要的环节。客户和商家之间可采用信用卡进行支付。在网上直接采用电子支付手段可省去交易中很多人员的开销。网上支付需要更为可靠的信息传输安全控制，以防止欺诈、窃听、冒用等非法行为。

（5）电子账户。网上支付必须由电子金融支持，即银行、信用卡公司、保险公司等金融单位要为金融服务提供网上操作服务。电子账户是其基本的组成部分，信用卡号或银行账号都是电子账户的一种标志，其可信度需配以必要的技术措施来保证，如数字凭证、数字签名、加密等手段的应用确保了电子账户操作的安全性。

（6）服务传递。对于已付款客户，应将其订购的货物尽快地传递到他们手中。而对于有些货物在本地、有些货物在异地的情况，电子邮件将在网络中进行物流的调配。最适合在网上直接传递的货物是信息产品（如软件、电子读物、信息服务等），它们能从电子仓库中直接发送到用户端。

（7）意见征询。电子商务能十分方便地采用网页上的“选择”“填空”等格式文件来收集用户对销售服务的反馈意见，以使企业的市场运营形成一个封闭的回路。客户可以通过网站在线留言和实时聊天功能与企业沟通信息，这些客户的反馈意见不仅能提高企业售后服务的水平，而且能使企业获得改进产品和发现市场的商业机会。

（8）交易管理。整个交易的管理将涉及人、财、物等多个方面，包括企业和企业、企业和客户以及企业内部等各方面的协调和管理。因此，交易管理是涉及商务活动全过程的管理。良好的交易管理的网络环境以及多种多样的应用服务系统，能保障电子商务获得更广泛的应用。

1.1.3 电子商务的分类及应用

先进的信息技术和通信技术以及网络技术是电子商务的基础，就像数字技术的发展一样，电子商务的实现不可能一步到位，它有一个逐渐成熟的过程。对企业和消费者来说，不同种类、层次的电子商务过程，蕴涵着不同的发展机遇。按照不同的标准，电子商务可划分为不同的类型。

1. 电子商务的分类

（1）按照商业活动的运作方式，电子商务可分为完全电子商务和非完全电子商务。

1）完全电子商务是指完全可以通过电子商务方式实现和完成完整交易的交易行为和过程。完全电子商务能使双方超越地理空间的障碍进行电子交易，可以充分挖掘全球市场的潜力。

2）非完全电子商务是指不完全依靠电子商务方式实现和完成完整交易的交易行为和过程。非完全电子商务要依靠一些外部因素，如运输系统的效率等。

（2）按照开展电子交易的范围，电子商务可分为本地电子商务、远程国内电子商务和全球电子商务。

1）本地电子商务，通常是指利用本城市或者本地区的信息网络实现的电子商务活动，电子交易的范围较小。本地电子商务系统是利用互联网、企业内部网或者专用网络将下列系统连接在一起的网络系统：差价交易各方的电子商务信息系统，包括买方、卖方以及其他各方的电子商务信息系统；银行等金融机构的电子信息系统；保险公司的信息系统；商品检验信息系统；本地区 EDI 中心系统。

2）远程国内电子商务，是指在本国范围内进行的电子交易活动，其交易的地域范围较大，对软硬件和技术要求较高，要求在全国范围内实现商业电子化、自动化，实现金融电子化，交易各方具备一定的电子商务知识、经济能力、技术能力，以及管理水平和能力等。

3）全球电子商务，是指在全球范围内进行的电子交易活动，参加电子商务的交易各方通过网络进行贸易。它涉及有关交易各方的相关系统，如买卖方国家进出口公司系统、海关系统、银行金融系统、税务系统、保险系统等。全球电子商务业务内容繁杂，数据来往频繁，要求电子商务系统严格、准确、安全、可靠，应制定出全球统一的电子商务标准和电子商务协议，使电子商务得以顺利发展。

（3）按照商务活动的内容，电子商务可分为间接电子商务和直接电子商务。

1）间接电子商务，是指有形货物的电子订货与付款等活动，它依然需要利用传统渠道（如邮政服务和商业快递车等）送货。

2）直接电子商务，是指无形货物或者服务的订货或者付款等活动，如某些计算机软件、娱乐内容的联机订购、付款和交付，或者全球规模的信息服务。

间接和直接电子商务都能提供商机，公司往往是两者兼顾。间接电子商务要依靠一些外部因素（如物流系统等）。直接电子商务能使双方跨越时空限制直接进行交易，可以充分挖掘全球市场的潜力。

（4）按照使用网络的类型，电子商务主要分为基于电子数据交换网络的电子商务、基于互联网的电子商务、基于企业内部网的电子商务以及基于移动互联网的电子商务。

1）基于电子数据交换网络的电子商务，就是利用电子数据交换网络进行电子交易。电子数据交换是指将商业或行政事务按照一个公认的标准，形成结构化的事务处理或文档数据格式，以及从计算机到计算机的电子传输方法。简言之，就是按照商定的协议，将商业文件标准化和格式化，并通过计算机网络在贸易伙伴的计算机网络系统之间进行数据交换和自动处理。

2）基于互联网的电子商务，就是利用互联网进行电子交易。互联网是一种采用TCP/IP协议组织起来的松散的、独立合作的国际网络。

3）基于企业内部网的电子商务，就是利用企业内部网络进行电子交易。企业内部网是在互联网基础上发展起来的，是在原有局域网上附加一些特定的软件，将局域网与互联网连接起来，从而形成的企业内部虚拟网络。

4）基于移动互联网的电子商务，就是利用手机、掌上电脑等无线终端进行的B2B、B2C、C2C或O2O的电子商务。它将互联网、移动通信技术、短距离通信技术及其他信息处理技术完美地结合，实现随时随地、线上线下的购物与交易、在线电子支付以及各种交易活动、商务活动、金融活动和相关的综合服务活动等。

（5）按照交易对象，电子商务主要分为四类，即商业机构对商业机构的电子商务（business to business，B2B）、商业机构对消费者的电子商务（business to consumer，B2C）、商业机构对政府的电子商务（business to government，B2G）、消费者对消费者的电子商务（consumer to consumer，C2C）。近年来，随着电子商务的不断发展，也出现了一些新的电子商务模式，如消费者对商业机构的电子商务（consumer to business，C2B）、商业机构对职业经理人的电子商务（business to manager，B2M）、生产厂家对消费者的电子商务（manufacturers to consumer，M2C）、商业机构对消费团体的电子商务（business to team，B2T，即网络团购）、商业机构对网络销售平台对消费者的电子商务（business to business to customer，B2B2C）等。

1）B2B是指企业和企业之间进行的电子商务活动。企业之间的电子商务是电子商务业务中的重头戏。它可以在办公、采购等方面减少成本，提高效率；有助于企业树立品牌形象、增加企业市场机会。这类电子商务已经存在多年，其中以企业通过专用网或增值网（value added network，VAN）采用电子数据交换方式所进行的商务活动为典型。这种类型是电子商务的主流，也是企业面临激烈的市场竞争，改善竞争条件以及建立竞争优势的主要方法。例如，阿里巴巴、中国制造网、慧聪网等都是B2B电子商务的典型代表。

2）B2C是指企业与消费者之间进行的电子商务活动。这类电子商务主要借助互联网开展在线销售活动，可看作网上的零售业，如亚马逊网上书店。近年来，随着互联网为企业和消费者开辟了新的交易平台，以及全球网民的增多，这类电子商务得到了较快发展。

3）B2G是指企业与政府机构之间进行的电子商务活动，如网上报关、网上报税、网上审批、网上竞标、网上政府采购、产权交易、政策发布和信息公告等。另外，政府可以通过电子交换的方式向企业征税，目前这种方式仍处于初期的试验阶段，但会很快发展起来。这种方式可以更好地树立政府的形象，实施对企业的行政事务管理，推行各种经济政策等。

4）C2C是将大量的个人买主和卖主联系起来，以便进行商品的在线交易。它通过互联网为消费者提供相互交易的环境——网上拍卖、在线竞价。除少数个人设立的用于电子商务的网站，有些网站还专为消费者之间进行网上买卖提供平台，想出售商品的人可以申请网上店铺，在店铺上陈列待售商品并报出底价，等待购买者竞价，或开出一口价，由购买者选购。同时出售者也可以是购买者。例如，淘宝网、拍拍网等。

5）C2B模式的一个重要特征是商家在做决策之前已经精确知道了消费者的需求，这也是这种模式的巨大潜力所在。C2B应该先有消费者需求产生而后有企业生产，即先有消费者提出需求，后有生产企业按需求组织生产。通常情况是消费者根据自身需求定制产品和价格，或主动参与产品设计、生产和定价，产品、价格等彰显消费者的个性化需求，生产企业进行定制化生产。C2B的核心是通过聚合分散但数量庞大的消费者形成一个强大的采购集团，以此来改变B2C模式中消费者一对一出价的弱势地位，使消费者享受到以大批发商的价格买单件商品的利益。

6）B2M相对于B2B、B2C、C2C模式而言，是一种全新的电子商务模式，与这三者有着本质的不同，其根本的区别在于目标客户群的性质不同。B2B、B2C、C2C的目标客户群都是作为一种消费者的身份出现，而B2M所针对的客户群是该企业或者该产品的销售者或者为其工作者，而不是最终消费者。企业通过网络平台发布该企业的产品或者服务，职业经理人通过网络获取该企业的产品或者服务信息，并且为该企业提供产品销售或者提供企业服务，企业通过职业经理人的服务达到销售产品或者获得服务的目的。职业经理人通过为企业提供服务而获取佣金。

7）M2C是生产厂家直接对消费者提供自己生产的产品或服务的一种商业模式，其特点是流通环节减少至一对一，销售成本降至最低，这和传统的渠道分销商业模式相对。因为地理区域的阻隔，商品和信息流通受到限制，厂家很难完全掌握和控制对普通消费终端的销售，所以需要建立分级的渠道分销体系，通过委托或代理来实现区域销售的工作。互联网的兴起和大物流的建设，打破了地理上的制约，信息可以低成本无障碍流动，交易跨越时空随时随地发生，这为制造和消费直接对接提供了基础。M2C 模式意义重大，因为它跳开整个中间商环节，简化了社会运作模式，减少了社会资源的占用，节约了社会运行成本，势必对整个社会结构变化产生重要影响。

8）B2T 是指一定数量的网络消费者利用互联网渠道自发组织成团或者通过第三方职业团购中介等形式，以较为优惠的价格购买同一种商品和服务的电子商务交易行为。根据团购组织者的不同，当前网络团购主要有三种模式：网络消费者自发团购模式、网络经营者发起团购模式和第三方组织团购模式。目前最为盛行的是第三方组织团购模式。

9）B2B2C 电子商务中的第一个 B 是指生产商或供应商，第二个 B 是指电子商务网站（网络平台销售主体），而 C 则是指消费者。其中，电子商务网站既要承担与供应商的批发商务交易，又要实现面对消费者的零售商务交易与服务。B2B2C 主要是为中小企业搭建一个具有支付功能的电子商务平台，让企业通过电子商店把产品销售出去。同时，B2B2C 本身也能从中获得广阔的发展空间。搜易得是国内典型的 B2B2C 电子商务站点。

2. 电子商务的应用

电子商务自出现以来，发展非常迅速，已经广泛应用于各行各业，从企业到家庭，到政府机构，处处可见电子商务的身影。

（1）电子商务的主要业务。

1）电子数据交换业务（electronic data interchange，EDI）。EDI 是电子商务发展早期的主要形式，旨在实现票据传送的电子化，在很多行业中起着举足轻重的作用：运输业——能最大限度地利用设备、仓位来获得更大效益；零售业、制造业和仓储业——加快货物提取及周转时间，加速资金流动；通关与报关——实现货物通关自动化和国际贸易无纸化；金融保险和商检——快速可靠的支付，减少时间和费用，加快资金流动；贸易业——无纸贸易提高了国内外贸易的竞争能力。

2）网络银行。随着虚拟现实技术的不断进步，为了适应网络商业日益发展的需要，银行金融业积极利用虚拟现实技术，创建虚拟金融世界，网络银行应运而生。在网络银行电子空间中，可以允许数以百万计的银行客户和金融客户根据需要随时使用银行所提供的几十种服务。网络银行一方面使银行能够争取到更多的顾客，并且使服务成本迅速下降；另一方面使客户能够获得方便、及时、高质量的服务，同时节省服务费。目前，建立网络银行最重要的是完善硬件、软件设施以及有关技术标准和统一操作规范。

1995 年，美国建立了第一家网络银行——安全第一网络银行（Security First Network Bank，SFNB）。目前，发达国家已有 1 000 多家金融机构正在筹划或已经初步建立了网络银行。在亚洲，各国政府和银行的重视同样使网络银行快速发展起来。2004 年，亚洲网络银行技术论坛在中国上海举行，国务院发展研究中心金融研究所、中国银行业监督管理委员会、花旗银行、中国惠普、北电网络等机构的人员就金融业务创新和信息技术在金融服务业的应用等热点问题进行了探讨。网络银行是现代银行金融业的发展方向，指引着未来银行的发展。利用互联网的开放式网络开展银行业务有着广阔的前景，它将导致一场深刻的银行业革命。

3）网络购物。随着电子商务技术的发展和应用，网络购物越来越普及，日渐成为一种新的生活时尚。网络购物利用先进的通信和计算机网络的三维图形技术，把现实的商业街搬到网上。用户足不出户便能像真的上街那样“逛商场”，方便、省时、省力地选购商品，而且订货不受时间限制，商家会送货上门。当然，也无须担心独自“逛街”的孤独，因为可以在网络的“大街”上约定或找到“同行者”，结伴“逛街”，乐趣无穷。

4）网络广告。由于Web提供的多媒体平台使得通信费用降低，因此，对于机构或公司而言，利用其进行产品宣传非常具有吸引力。

网络广告可以根据更精细的个性差异将顾客进行分类，分别传送不同的广告信息。网络广告不像电视广告那样让受众被动接受广告信息，而是顾客主动浏览广告内容。未来的广告将利用最先进的虚拟现实界面设计达到身临其境的效果，给人们带来一种全新的感官体验。以汽车广告为例，你可以打开汽车的车门进去看一看，还可以利用计算机提供的虚拟驾驶系统体验驾车的感受。

（2）电子商务的应用领域。

电子商务系统作为信息流、现金流的实现手段，应用极其广泛，尤其适用于以下场合：

1）电子信息行业。包括：信息公司、咨询服务公司、顾问公司；计算机、网络、数据通信软件和硬件生产商；Web工作站和工作网点；传统的出版社和电子书刊、音像出版部门。

2）服务行业。包括：国内外旅游服务行业，如住宿、交通预订及信息发布等一系列服务；遍布全世界的各种应用项目和服务项目等；网上商城、商品批发、商品零售、房地产、拍卖等的交易活动。

3）金融行业。包括：进行小规模现金交易的金融组织和证券公司；进行金融服务的银行和金融机构，持有各种电子货币或电子现金者（如电子信用卡、磁卡、智能卡、电子钱包等的持有者）。

4）非营利机构。包括：慈善机构；政府机关部门的电子政务，如电子税收、电子商检、电子海关、电子政务管理。

1.2 电子商务的发展现状与趋势

电子商务产生于20世纪60年代，发展于90年代，它经历了由局部的、在专用网上的电子交易，到开放的、基于互联网的电子交易的过程。特别是近年来，互联网和移动互联网的快速发展给电子商务注入了新的活力，为电子商务提供了新的发展空间，基于互联网的电子商务成为现代商务发展的新模式。

1.2.1 电子商务的发展历程

电子商务的产生时间早于互联网，但在互联网普及应用之后，电子商务才成为一个被广为关注的概念。互联网的开放性、全球性、交互性的特征使廉价快捷的电子商务成为未来的商业模式。

1. 电子商务的发展阶段

电子商务一诞生就以超常速度发展，从发展时间上划分，全球电子商务可以概括为四个阶段：

（1）20世纪60年代初：电子会计记录。美国开始将计算机广泛运用于商业，出现电子会计记录。人们开始使用电报报文发送商务文件。

（2）20世纪60—90年代：基于电子数据交换的电子商务。从技术的角度看，人类利用电子通信的方式进行贸易活动已有几十年的历史。早在60年代，人们就开始用电报报文发送商务文件；70年代，人们普遍采用方便、快捷的传真机来替代电报。由于传真文件是通过纸面打印来传递和管理信息的，不能将信息直接存入信息系统中，因此，人们开始采用电子数据交换作为企业间电子商务的应用技术，这就是电子商务的雏形。

（3）20世纪90年代：基于互联网的电子商务。90年代中期之后，互联网迅速普及，逐步从大学、科研机构走向企业和百姓家庭，其功能从信息共享演变为一种大众化的信息传播工具。随着互联网技术的成熟、个人计算机互联性的增强和功能的提高，一直被排斥在互联网之外的商业贸易活动正式进入互联网。基于Web的互联网技术的飞速发展，互联网开始真正应用于商业交易。20世纪90年代初期，电子商务成为美国、加拿大等发达国家的一种崭新的企业经营方式。电子商务的飞速发展给世界带来一场深刻的变革，全面推动整个社会朝信息化的方向发展。

（4）2000年至今：随着无线通信技术的发展，智能手机、平板电脑等设备迅速得以发展和普及应用，人们在使用台式电脑访问互联网络的同时，也开始使用移动终端设备来接入互联网络，目前正式进入移动互联网阶段，移动电子商务出现，极大地改变了人们的生活。

2. 中国电子商务的发展阶段

1995—1996年，电子商务概念引入中国，在中国政府及信息化主管部门的指引下，电子商务发展经历了三个阶段：

第一阶段：1996—1997年的认识阶段。中国政府、商贸企业以及金融界认为电子商务可以使商务交易过程更加快捷、高效、低成本，认定电子商务是一种全新的商务模式。20世纪90年代初，“金桥”“金卡”“金关”“金税”“金贸”“金卫”“金智”“金企”等一系列“金字工程”相继实施，为中国电子商务的发展营造了良好的外部环境。到90年代末，电子证券交易覆盖全国，连接全国300多家证券公司的近2 600个营业部，开户投资者超过4 000万户，最高日成交量达到300多亿元。电子金融结算系统联结着600多个地面卫星小站和1 000多个收发站，覆盖全国所有地级以上城市和700多个县，平均每天往来业务5万～6万笔，大大提高了转汇效率，缩短了资金在途时间。

第二阶段：1997—1998 年的广泛关注阶段。1998 年被称为中国的“电子商务年”。政府、商家和消费者都意识到，电子商务的兴起既是机遇又是挑战。如何探索适合中国国情的电子商务发展模式，是政府、商家和消费者共同考虑的问题。发展电子商务需要政府的推动和企业的积极参与，要有完善的信息基础设施和安全可靠的保障措施，需要建立必要的法律、法规和技术标准，克服文化障碍，提高消费者的网上购物意识。

第三阶段：1999 年至今的应用发展阶段。在这个阶段，国家信息化主管部门开始研究制定中国电子商务发展的有关政策法规，启动政府上网工程，成立国家计算机网络与信息安全管理中心，开展多项电子商务示范工程。在这样的环境下，网络经济快速发展。

中国网络经济中的企业市场份额比较分散，并未出现垄断或寡头现象，以腾讯、网易、新浪、搜狐为代表的大型综合类门户网站目前仅占中国网络经济市场规模份额的 28%，而中小专业网站却占中国网络经济市场规模份额的一半以上，达到 54.3%，中国网络经济市场的完全竞争时代即将到来。

1.2.2　电子商务的发展现状

经过几个阶段的发展，电子商务在世界范围内呈现出繁荣的景象。电子商务渗透到多个领域，影响和改变着人们生产生活的方式，对世界经济产生了重要的影响。在发达国家，电子商务起步较早，因而发展相对迅速和成熟。电子商务的应用已经遍及生产、销售、仓储等各个环节，在银行、航空、餐饮等各行各业发挥着重要的作用。

1. 全球电子商务的发展现状

1995 年，亚马逊和 eBay 在美国成立。此后，这种以互联网为依托进行商品和服务交易的新兴经济活动迅速普及全球。新一轮科技革命和产业变革交汇孕育的电子商务，极大提高了经济运行的质量和效率，改变了人类的生产生活方式。2016 年，全球电子商务市场规模超过 25 万亿美元，成为世界经济的亮点和新增长点。当前，全球电子商务呈现出以下几个特点：

一是市场规模不断扩大。根据国际知名调查公司 E-marketer 的数据，2021 年，网络零售达到 4.878 万亿美元，占全球零售总额比重达 17.5%，其中，亚太地区发展是先行区，2021 年占全球网络零售额的比重接近 70%。未来，随着全球智能手机保有量不断提升、互联网使用率持续提高、新兴市场快速崛起，全球网络零售仍将保持两位数增长。根据埃森哲的研究报告，2015—2020 年全球跨境 B2C 年均增速约 27%。

二是地区差距逐渐缩小。美国电子商务起步早、应用广。根据 Statista 的数据，2021 年美国电商规模达 4 692 亿美元，相较于 2020 年的 4 316 亿美元有较大增幅。2021 年第三季度，电商业务在美国零售总额中占到 13%，略低于 2020 年第二季度的 15.7%，比起数据研究机构给出的冰冷数据，肉眼可见的购物习惯的转变，使得“网购自疫情以来被时代固定”等言论更具说服力。Earnest Research 发现，在 2020 年初，网购占到美国民众食杂支出的 15%，到 2021 年 11 月继续维持该水平。根据 Dan Frommer 发布的年度消费者趋势报告，60%的受访者表示更喜欢网购，而在 2020 年 11 月，这一比例仅为 45%。

电子商务起源于欧美，但兴盛于亚洲。亚洲地区电子商务体量大、发展快，网络零售交易额已占全球市场的46%。中国、印度、马来西亚的网络零售年均增速都超过20%。中国网络零售交易额自2013年起稳居世界第一。全球十大电商企业，中国占4席、日本占1席。其中，阿里巴巴以26.6%的市场份额排名全球第一，京东商城名列亚马逊、eBay之后，位居第四，小米和苏宁也入围前十。印度电子商务市场过去几年保持约35%的高速增长。中印两国网民人数占到全球网民人数的28%，巨大的网民红利将继续支持亚洲市场发展。

拉丁美洲、中东地区及北非地区电子商务规模小、潜力大。2022年，在增长最快的10个零售电子商务市场中，有3个位于拉丁美洲，分别是阿根廷、巴西、墨西哥。有关研究报告称，这3个国家的电子商务零售年增长率超过了世界平均水平（9.7%），其中阿根廷的年增长率达25%。根据Mordor Intelligence的数据，拉丁美洲市场的电子商务增长依旧会处于全球领先地位，预计2023—2027年将增长19%，超过全球平均增长水平。非洲地域广阔，人口分布不均，实体店数量少，居民购物不便，电子商务发展存在刚性需求。近年来，非洲各国更加重视电子商务发展，加大了电子商务基础设施建设力度。研究机构预算，2025年非洲主要国家的电子商务交易额将占其零售总额的10%。

三是企业并购趋于频繁。互联网经济具有天然的规模效应，随着竞争加剧以及投资人的撮合，竞争对手有动力、有条件进行合并，市场集中度不断提高。《福布斯》杂志曾评选最有投资价值的10家公司，9家是互联网企业，其中阿里巴巴位居榜首，脸书和优步分列第二和第三。2012—2016年，全球私营电子商务企业共获得467亿美元投资，其中，美团大众点评获得33亿美元投资，列首位。获得1亿美元以上投资的企业主要分布在中国、美国和印度，分别有25家、20家和10家。

目前，全球领军互联网企业都已构建以平台为核心的生态体系。亚马逊、阿里巴巴等以电商交易平台为核心，向上下游产业延伸，构建云服务体系。谷歌、百度等以搜索平台为核心，做强互联网广告业务，发展人工智能。脸书、腾讯等以社交平台为核心，推广数字产品，发展在线生活服务。苹果、小米等以智能手机为核心，开拓手机应用软件市场，开展近场支付业务。以平台为核心的生态体系不断完善，将吸引更多用户，积累更多数据，为平台企业跨界融合、不断扩张创造条件。互联网领域"强者恒强"的趋势更加明显。

四是共享经济异军突起。共享经济伴随着移动互联网的发展而迅速崛起，共享领域不断拓展。从最初的汽车、房屋共享发展到金融、餐饮、空间、物流、教育、医疗、基础设施等多个领域，并向农业、能源、生产甚至城市建设扩张。共享经济让全球数十亿人既是消费者，也是经营者，最大限度地提升了资源利用效率，带来了就业方式的变革，但同时也带来一些新问题，对监管提出挑战。根据国家信息中心分享经济研究中心发布的《中国共享经济报告2022》，2021年我国共享经济继续呈现出巨大的发展韧性和潜力，全年共享经济市场交易规模约36 881亿元，同比增长约9.2%；直接融资规模约2 137亿元，同比增长约80.3%。不同领域发展不平衡情况突出，办公空间、生产能力和知识技能领域共享经济发展较快，交易规模同比分别增长26.2%、

14%和13.2%；受疫情区域性爆发和部分城市监管政策调整等影响，共享住宿领域市场交易规模同比下降3.8%。据胡润研究院数据，截至2021年底，全球共有1 058家独角兽企业，分布在42个国家，221个城市。其中，美国以487家排名第一，比上年增加254家；中国以301家排名第二，比上年增加74家。美国和中国占全球独角兽总数的74%。滴滴出行和陆金所用了3年时间、美团点评和今日头条用了5年时间，成为估值过100亿美元的超级独角兽。据一项调查，外国留学生将共享单车以及网购、二维码支付和高铁称为中国的“新四大发明”。这一说法并不严谨，但表明了共享经济在中国拥有着广阔的市场前景和全球影响力。

2. 中国电子商务的发展现状

当前，我国电子商务发展正在进入密集创新和快速扩张的新阶段，日益成为拉动我国消费需求、促进传统产业升级、发展现代服务业的重要引擎。具体而言有以下几个特点：

（1）电子商务发展规模保持稳步增长。我国电子商务经过20多年的发展，一直保持稳步增长的态势，市场规模屡上新台阶。我国接入互联网的网民人数不断增加，截至2022年12月，我国网络购物用户规模达8.45亿人，较2021年12月增长319万人，占网民整体的79.2%。2022年，网络零售继续保持增长，成为推动消费扩容的重要力量。全年网上零售额达13.79万亿元，同比增长4.0%。其中，实物商品网上零售额11.96万亿元，增长6.2%，占社会消费品零售总额的比重为27.2%，在消费中占比持续提升。2022年，新品消费、绿色消费、智能消费和工厂直供消费趋势相对明显，进一步推动生产制造端绿色化、数字化、智能化发展。

电子商务的快速增长创造出大量新岗位，大力促进了社会就业，中国电子商务从业人员数量逐年增长，2022年中国电子商务市场规模达47.57万亿元，较2021年增长12.9%。直接从业人员达722万人，较2021年增长6.17%。间接从业人员达6 325万人，较2021年增长8.11%。

从品类扩展来看，我国的电子商务早已从信息家电（3C产品）、图书等标准化品类，扩展到了家用电器、服装鞋帽、食品、家居百货、化妆日用品、医药、旅游、餐饮、虚拟电子产品、文体用品、珠宝配饰等商品。众多传统线下企业充分运用电子商务平台，积极促进企业的数字化全面转型和升级。通过拓展网络零售服务，实现了线上和线下资源的协同和应用，创新了企业运营模式，有效提升了客户体验。许多家庭生活服务、政务服务都能在线上实现，线上零售与线下零售的差异正在迅速缩小。随着网络购物行业发展日益成熟，各电商企业除了继续不断扩充品类、优化物流及售后服务外，也在积极发展跨境网购、下沉渠道发展农村电商。

（2）电子商务渗透到各个行业。电子商务已渗透到生产、流通、消费等各个领域和社会生活的各个层面，不仅在电子产品、服装、家庭生活用品等方面广泛发展，在外贸、能源、制造、金融等行业也呈现出蓬勃发展的势头。许多大型传统行业也纷纷涉足，建立起实业网站，中国电信运营商、软件及系统集成商积极开展电子商务服务，移动商务成为电子商务发展的新领域。电子商务服务及网络公司自身正在朝产业化方向发展，形成了初具规模的电子商务服务业，已经涌现出阿里巴巴、中国钢铁网、中国化工网等一大批网上采购市场。另外，我国政府机构也加入“政府上网工程”行列，通过网络发布政府采购信息。企业、行业信息化快速发展，为加快电子商务应用提供坚实基础。很多传统行业领域在开展电子商务应用方面取得了较好成绩，如邮政、旅游、保险等行业也都在已有的信息化建设基础之上，着力发展电子商务业务。农村信息化也取得了可喜的成绩，创新电子商务应用模式，涌现出一批优秀的淘宝店。一些村庄围绕自身的资源、市场优势，开展特色电子商务应用。

网络化生产经营与消费方式逐步形成，资金周转、物流效率普遍改善，产业结构调整步伐加快。国民经济重点行业电子商务应用达到一定规模，生产经营管理方式朝网络化、数字化、集约化方向发展，不断创造国民经济增长新动力。电子商务在促进传统产业组织方式和管理变革的同时，使社会分工进一步细化，网络消费文化趋于成熟，面向消费者的电子商务服务范围不断拓宽，个性化日趋明显。数字化商品和网络消费服务日渐丰富，信息网络不断为传统服务业带来新的发展空间。在线交易、电子认证、在线支付等服务业蓬勃发展，移动商务应用模式日趋活跃，推动经济社会活动朝集约化、高效率、高效益、可持续方向发展。

（3）电子商务业态体系逐步完善。一是电子商务模式的整合及深化。我国电子商务主要有B2B、B2C、C2B和C2C四种模式，不同模式间有深化整合的趋势。电子商务不仅仅局限为B2B交易模式，更多的企业为了实现节约成本、减少流通环节，直接打造面向消费者的B2C交易平台。消费者与企业之间的电子商务C2B交易模式也逐步发展起来，通过汇聚具有相似或相同需求的消费者，形成一个特殊群体，经过集体议价，达到消费者购买数量越多，价格相对越低的目的。C2C模式的代表企业淘宝网先后推出淘宝商城（现在改名为天猫）、聚划算，并涉足B2C和团购模式，以京东商城为代表的B2C企业也积极引入团购，而以团购起家的聚美优品也开设了B2C网站。近年来，P2C（production to consumer）模式开始走进人们的视野，是继B2B、B2C、C2C、C2B之后的又一个电子商务新概念。该模式主打“生活服务平台”，产品和服务从生产企业直接送到消费者手中，中间没有任何的交易环节，力图把与人们日常生活密切相关的一切服务信息聚集到平台上，实现服务业的电子商务化。

二是电子商务生态培育和模式业态创新。随着电子商务与传统产业的不断融合及创新，电子商务生态环境逐渐形成。“电商直播”等新的模式和业态层出不穷，“线上引流＋实体消费”的数字经济模式不断满足消费者重视体验感和丰富性的消费需求。通过线上线下结合、企业合纵连横、大数据技术的运用，使中国电子商务走向生态化发展道路。各电商企业不断打通生态入口、产品、服务和场景，对自身生态体系内的资源重新整合，打破行业边界。电子商务应用体系不断健全，从传统平台销售逐渐触及产品的研发和生产，应用体系不断完善。特别是农村和农产品电子商务体系的构建和完善，打通了产地到终端消费者的流通链。2020年全国832个国家级贫困县实现电商全覆盖，工业品下行、农产品上行的双渠道加速畅通。农村电商进入专业化发展阶段，农产品实现了平台化销售，有效促进了产销衔接，以信息服务助推农产品推广和流通。

三是电子商务支撑系统逐步形成。支撑性电子商务服务业各方面的功能日渐完备，呈现高度分工的局面，电子商务支撑体系不断完善，逐步趋于协调发展。基于网络的交易服务、业务外包服务、信息技术外包服务模式和产品不断创新，服务规模逐渐扩大，成为国民经济增长的新动力。基于网络的产品、技术与服务的创新能力稳步提升，自主发展态势日渐显现。在线交易、在线支付、电子认证、现代物流等领域的关键技术及设备的研发取得突破进展，行业、区域及中小企业的第三方电子商务交易与服务平台加速发展，基础电信运营商、软件供应商等纷纷涉足电子商务，服务于行业、区域及中小企业的第三方电子商务交易与服务平台加速发展，新型业务模式不断涌现。电子认证、在线支付、现代物流、信用体系等电子商务支撑体系建设全面展开，初具规模，呈现出与电子商务应用相互促进、协调发展的新局面。第三方在线支付平台不断涌现，在线支付业务稳步扩大。物流专业化分工和社会化程度逐步提高，物流信息化建设形成一定规模，第三方物流产业迅速发展。信用体系建设得到重视，部分地区加大了信用体系建设的力度，区域性信用信息服务体系建设步骤加快。多项电子商务和物流标准陆续颁布，标准推广应用工作进一步深化。全国300多所院校开设了电子商务专业，各类电子商务继续教育及职业培训快速发展，培养了一批高素质复合型电子商务人才。

四是跨境电子商务获得快速发展。在国际经济形势持续不振的环境下，我国中小外贸企业跨境电子商务逆势而为，近年来保持了30%的年均增速。有关部门正加紧完善网上交易平台、物流、支付结算等方面的配套政策措施，促进跨境电子商务模式不断创新。此外，出现了一站式推广、平台化运营、网络购物业务与会展相结合等模式，这使得更多中国制造产品得以通过在线外贸平台走向国外市场，有力推动了跨境电子商务纵深发展。

（4）电子商务环境、法规日益完善。电子商务发展环境不断改善，全社会电子商务应用意识不断增强，应用技能得到有效提高。相关部门协同推进电子商务发展的工作机制初步建立，围绕电子认证、网络购物等主题，出台了一系列政策、规章和标准规范，为构建良好的电子商务发展环境进行了积极探索，在电商经济转型升级中发挥了重要作用。国务院颁布的《关于加快电子商务发展的若干意见》，确立了我国发展电子商务的指导和基本原则，明确了发展方向和战略重点。《2006—2020年国家信息化发展战略》进一步将电子商务列为国家信息化发展的战略行动计划。《中华人民共和国电子签名法》确立了电子签名的法律效力，为电子商务交易主体提供了法律保障。各地区各部门从实际出发，认真贯彻落实，不断开拓进取，纷纷出台积极的政策措施，加大对电子商务发展的扶持力度。全社会电子商务的应用意识不断增强，对电子商务在国民经济和社会发展中重要作用的认识进一步提高，形成了发展电子商务的良好社会氛围。

（5）电子商务在我国经济中的作用体现。电子商务通过新的服务、新的市场和新的经济组织方式推动了零售业、流通业、制造业、物流快递、宽带、支付等产业的发展，促进了中国经济的转型发展，具体表现为：

一是促进国内需求结构调整。从扩大内需方向来看，电子商务正在拉动全社会消费品需求的快速增长。近年来，电子商务零售交易总额快速增长。其增长率明显高于全社会消费品零售总额增长率。而且，电子商务零售交易总额占全社会消费品零售额的比例越来越高。从转变投资方向来看，电子商务将进一步引导政府和企业投资信息网络特别是新一代信息技术领域，并不断完善经济社会发展环境。比如，电子商务应用需求将直接促进传统制造业以及服务业的信息化投资建设，而电子商务服务业由于电商平台企业的市场竞争，将不断加大在现代物流体系建设以及云计算技术方面的投资，这些投资将加速我国经济转型升级。

二是促进产业与企业结构调整。一方面，电子商务服务业直接促进我国现代服务业发展。从电子商务服务业生态来看，物流配送、电子支付、数据挖掘、网络营销、即时通信等几乎都属于现代服务业的内容，这些现代服务业将随着电子商务经济的发展而不断壮大，在整个服务业中的比重也将不断提高。另一方面，电子商务应用加速传统产业创新发展。首先，电子商务使得制造业的研发呈现出全球化的发展趋势，电子商务平台让全国甚至是全球同类产品同台亮相。制造业企业须根据电子商务行情跟踪国内、国际市场产业发展趋势，并进行内部产品研发、设计、制造，从而推动企业能够根据国际市场变化不断调整产品生产方向与行业选择。其次，电子商务促进企业内部信息化转型，升级“两化融合”。企业内部信息系统接入电子商务平台之后，特别是基于大数据分析工具，使得企业能够及时根据市场行情变化去生产为消费者量身定做的产品，从而拉动企业的柔性制造进程。最后，电子商务将进一步密切上下游企业之间的供求关系，围绕最终产品的生产制造在整个产业链上进行优化重组，从而促进产业分工，优化资源配置效率。这也是当前我国电子商务园区发展的方向。

三是促进区域结构调整。首先是电子商务的扁平性对城市空间规划建设的影响。电子商务突破了空间和时间的限制，使得交易可以在任何时间、任何地点进行，从而大大提高了效率。其次是促进地区经济协调发展。电子商务对地方经济的发展发挥了一种综合的、通用化的、普遍的促进作用。通过促进区域电子商务应用，可以有力引导各地现代服务业的发展，从而推动区域经济健康发展。最后是优化区域经济结构。国内商品市场长期存在区域分割的问题，电子商务的发展能够加速区域经济融合，有效促进全国性大市场的形成，帮助中东西部地区工业品及商品更便捷地销售，缩小地区差异。尤其是农村电子商务的发展带动了跨区交易的形成，在一定程度上缓解了区域经济发展的不平衡。

1.2.3 电子商务的发展趋势

目前，电子商务在世界范围内迅猛发展，具有强大的生命力和良好的发展前景，只要采取有效措施加以扶持和引导，必将在我国的经济贸易活动中发挥更加重要的作用，必将对大众的物质文化生活产生更加深远的影响。移动电子商务、网格电子商务、物联网等将成为电子商务发展的热点，并继续推动我国电子商务朝纵深化、个性化、专业化、国际化、区域化、融合化、泛在化方向发展。

1. 电子商务发展方向

（1）纵深化趋势。电子商务的基础设施将日益完善，支撑环境逐步趋向规范，企业发展电子商务的深度将进一步拓展，个人参与电子商务的深度也将得到拓展。图像通信网、多媒体通信网将建成使用，三网合一潮流势不可挡，高速宽带互联网将扮演越来越重要的角色，制约中国电子商务发展的网络瓶颈有望得到缓解和逐步解决。

（2）个性化趋势。互联网的出现、发展和普及本身是对传统秩序型经济社会组织中个人的一种解放，使个性的张扬和创造力的发挥有了一个更加有利的平台，也使消费者权益的实现有了更有效的技术基础。在这方面，个性化定制信息需求和个性化商品需求将成为发展方向，消费者根据个人偏好参与到商品的设计和制造过程中。

（3）专业化趋势。面向消费者的垂直型网站和专业化网站前景看好，面向行业的专业电子商务平台发展潜力大。一是面向个人消费者的专业化趋势，要满足消费者个性化的要求，提供专业化的产品线和专业水准的服务至关重要。二是面向企业客户的专业化趋势。对 B2B 电子商务模式来说，以大的行业为依托的专业电子商务平台前景看好。

（4）国际化趋势。中国电子商务必然走向世界，同时面临着世界电子商务强手的严峻挑战。互联网最大的优势之一是超越时间和空间的限制，能够有效地打破国家和地区之间各种有形和无形的障碍，这对促进每个国家和地区对外经济、技术、资金、信息等的交流将起到革命性的作用。电子商务将有力地刺激对外贸易。因此，我国电子商务企业将随着国际电子商务环境的规范和完善逐步走向世界，同时国外电子商务企业将努力开拓中国市场。随着中国加入世界贸易组织（WTO），这方面的障碍将逐步得以消除。

（5）区域化趋势。立足中国国情采取有重点的区域化战略，是有效扩大网上营销规模和效益的必然途径。中国是一个人口众多、幅员辽阔的大国，社会群体在收入、观念、文化水平等很多方面都有不同的特点。在可以预见的相当长的时间内，上网人口仍将主要来自大城市、中等城市和沿海经济发达地区，B2B 电子商务模式的区域性特征非常明显。以这种模式为主的电子商务企业在资源规划、配送体系建设、市场推广等方面都必须充分考虑这一现实，采取有重点的区域化战略，才能最有效地扩大网上营销的规模和效益。

（6）融合化趋势。电子商务网站在最初的全面开花之后必然走向新的融合。一是同类网站之间的合并。二是同类网站之间互补性的兼并。那些具备良好基础和发展前景的网站在扩张过程中必然采取收购策略，主要的模式将是互补性收购。三是战略联盟。由于个性化、专业化是电子商务发展的两大趋势，每个网站在资源方面总是有限的，客户需求又是全方位的，所以不同类型的网站以战略联盟的形式互相协作成为必然。

（7）泛在化趋势。所谓“泛在化”，是指泛在的网络不仅仅需要解决人与人的交流，更需要实现人与物、物与物的交流，即达到“万物互联”的境界。由于网络的泛在和物物互联，多维度交流所产生的数据变得日益纷繁且杂乱无章，要实现从数据到信息，再到知识的转变，就需要泛在化的计算能力支撑。大数据的采集、存储、加工、分析和可视化也将成为未来电子商务发展的重要方向。更重要的是，未来生活中应用和服务的泛在化将变得越发明显，某一项服务将支持多个渠道接入。如近年来吸引大量投资机构关注的 O2O 模式，其核心就是要让服务变得触手可及。

2. 电子商务发展热点

（1）移动电子商务。近年来，互联网和无线通信的发展给人们的生活带来了巨大的影响，运用计算机和互联网获取信息，通过移动电话随时随地进行沟通交流。但随着无线通信技术的发展、生活节奏的加快，人们对于网络提出了更高的要求，希望能够随时随地收发电子邮件，查阅新闻、股票信息，订购各种急需商品，实现实时移动互联。未来的移动通信向宽带化、数据化、多应用化发展。中国的移动互联市场潜力巨大，移动通信技术的不断更新也将推动移动互联网和移动电子商务的发展。

移动电子商务是一种全新的电子商务模式，是指利用手机、掌上电脑、无线信息终端等移动通信设备与互联网有机结合，进行电子商务活动的过程和行为。移动电子商务能提供诸如移动支付、移动股市、移动娱乐、移动办公等服务，人们在生活中可以通过移动电子商务获取所需服务、应用、信息和娱乐，极大地提高工作效率和丰富文化娱乐生活。这种新的电子商务模式将会给人们的生活带来更大的变革，用户能在任何时候使用智能电话或掌上电脑（PDA）查找、选择以及购买商品和服务，可以即时完成采购和商业决策。总之，移动电子商务能够为用户提供全方位的电子商务服务，符合市场需求，顺应电子商务的发展趋势，是今后关注的焦点。

我国移动电子商务市场的前景颇为广阔，它使普通的消费者在预订门票、支付费用、股票交易以及财务办理上受益；而对于商业系统和银行系统而言，在降低传统信用欺诈发生和避免现金交易的同时，使客户的支付方式更快捷、更安全。在未来的发展中，我国移动电子商务将会呈现出以下发展趋势：消费者使用移动设备主要是获取信息而不是进行事务处理和交易；移动电话将集成嵌入式条形码阅读器，这为移动商务带来新的环境；智能手持设备的显示屏将有所改善；语音网络导航将在更多层面发挥效用；移动通信设备将集多种功能于一身，与以往的各种网络通信设备共存。

无论如何，移动互联网和移动电子商务的出现，代表了新一代信息技术的应用方向。从技术进步推动经济发展的历史来看，我们有理由相信企业间的竞争能够加速移动电子商务市场的形成和发展，为电子商务应用增添新的内容；我们有理由相信随着无线网络的带宽不断扩大，移动商务的推行必将十分迅猛，而且由于移动电子商务具有许多传统电子商务无法相比的移动性、个性化、实用性等优势，已经成为电子商务的又一主流形式。

（2）网格电子商务。随着计算机的普及，个人电脑开始进入千家万户。与之相伴而生的是电脑的利用问题。越来越多的电脑处于闲置状态，即使在开机状态下 CPU 的潜力也远远不能被完全利用。我们可以想象，一台家用计算机将大多数的时间花在“等待”上面。即便是使用者实际使用他们的计算机时，处理器依然是等待输入，实际上并没有做什么。互联网的出现使得连接调用所有这些计算机系统成为现实，于是出现了网格计算（grid computing）。根据中国科学技术信息研究所的定义，网格计算（又叫分布式计算）是指两个或多个软件共享信息，这些软件既可以在同一台计算机上运行，也可以在通过网络连接起来的多台计算机上运行。网格计算的目的是，通过任何一台计算机都可以提供无限的计算能力，可以接入浩如烟海的信息。这种环境能够使各企业解决以前难以处理的问题，最有效地使用它们的系统，满足客户要求并降低计算机资源的拥有和管理总成本。目前，网格计算技术的研究主要以美国和欧洲为代表。英国政府已经投资 1 亿英镑，用于研发“英国国家网格”（UK National Grid）。美国政府则注资 5 亿美元作为网格计算技术的基础研究经费，美国军方实施了名为“全球信息网格”（Global Information Grid）的网格计算计划。

将网格计算技术用于电子商务中，以虚拟的方式在一个企业、行业或工作组的内部对各种设备进行共享、管理和访问，通过这种资源的虚拟化，为那些需要快速解决复杂的业务难题、进行计算密集型研究和数据分析以及从事的工作具有实时特性的人们，提供所有必要的访问、数据和处理能力。

网格计算技术的应用在企业电子商务发展过程中将起到至关重要的作用，即有效实现资源共享和提供高效的应用集成。IBM 很早就开始进行网格计算技术的研究，设立了名为“网格计算创新”（Grid Computing Initiative）的科研项目，目的是在客户企业需要时构筑必要的处理系统。此外，IBM 在伊利诺伊大学的超级运算中心、圣迭戈大学的超级运算中心以及美国阿贡国家实验室之间构建了分布式万亿级别的网格计算系统。该系统具有超级处理能力，每秒能完成 13.5 万亿次操作，存储能力接近 700 万亿字节。如果该系统投入商业运作，将产生巨大的效能。

（3）物联网。物联网（internet of things，IoT）被认为是继计算机、互联网之后世界信息产业的第三浪潮。美国将新能源和物联网列为振兴经济的两大利器。我国对传感网发展也高度重视，在《国家中长期科学与技术发展规划（2006—2020 年）》和“新一代宽带移动无线通信网”重大专项中均将传感网列入重点研究领域。

在技术方面，自 1999 年起，中国科学院相关研究所、高校和部分企业在传感网和物联网的许多技术领域所开展的科学研究与产业化攻关，支持了从传感器、信号传输、信息处理、系统集成到示范应用等多方面的研发和产业化发展，在一些关键技术上实现了突破。

在应用发展方面，物联网已在我国公共安全、民航、交通、环境监测、智能电网、农业等行业得到初步的规模性应用，部分产品已打入国际市场。如智能交通中的磁敏传感节点已布设在美国旧金山的公路上；周界防入侵系统水平已处于国际领先地位；智能家居、智能医疗等面向个人用户的应用已初步展开。

物联网作为一个新经济增长点的战略新兴产业，具有良好的市场效益。自 2013 年以来，我国物联网行业规模保持高速增长，年增速一直维持在 15%以上。中国通信工业协会的数据表明，随着物联网信息处理和应用服务等产业的发展，中国物联网行业规模已经从 2013 年的 4 896 亿元增长至 2019 年的 1.5 万亿元，因此物联网被称为是下一个万亿美元级的信息技术产业。

物联网作为中国新一代信息技术自主创新突破的重点方向，蕴含着巨大的创新空间，在芯片、传感器、近距离传输、海量数据处理以及综合集成、应用等领域，创新活动日趋活跃，创新要素不断积聚。物联网在各行各业的应用不断深化，将催生大量的新技术、新产品、新应用、新模式。未来巨大的市场需求将为物联网带来难得的发展机遇和广阔的发展空间。在政策、经济、社会、技术等因素的驱动下，2020 年 GSMA 移动经济发展报告预测，2019—2025 年复合增长率为 9%左右，预计到 2025 年，中国物联网行业规模将超过 2.7 万亿元。

1.3 电子商务对社会经济环境的影响

1.3.1 电子商务对政府的影响

政府对电子商务的支持态度将直接影响电子商务的发展，电子商务的发展也在一定程度上造成对政府机构的影响，具体表现在：

1. 政府机构的业务转型

电子商务的发展导致一些相关的政府部门出于其职能需要而应用电子商务。在这个过程中，政府部门必须进行相应的业务转型。例如，市场监管部门在电子商务环境下需要管理各类企业的经营活动。由于被管理对象已经整合到电子商务中，市场监管部门无法像从前一样监督企业活动，因此就必须要加入企业现有的电子商务贸易活动中才能完成相关工作。国家税务部门也只有在电子商务的环境下进行相关的业务转型，才能完成对电子商务交易活动的征税。管理者采用电子商务后，可以更及时准确地获得企业信息，更严密地监督企业活动，并通过采用相应的技术手段执法，从而加大执法力度，提高政府威信。

2. 政府的政策导向

电子商务是面向全世界的，一切商务活动均建立在互联网上，这必然导致贸易环境的开放。因此，国家要发展电子商务，就必须坚持现行的开放政策。但这与保护民族工业等有一定的矛盾，需要国家采取相应的措施予以解决。

3. 政府机构的认证作用

在电子商务中，安全和认证是最重要和最核心的技术。因为线上交易使双方都无法确认对方的身份，所以这一问题一方面要通过技术手段来解决，同时也需要有一个权威机构来负责其中的仲裁和信誉保证。这一角色应该由政府出面或指定相关机构或部门来承担，它必须要具备一定的法律效力。

1.3.2 电子商务对制造业的影响

1. 电子商务给制造业带来了新机会

网民是B2C方式的重要顾客来源，其文化程度和收入相对较高，购买力强。其中有很多人从事管理和技术工作，由于他们不同程度地涉及单位购买的决策，因而他们又是B2B方式的重要顾客来源。在电子商务中，一方面用户可以根据个人偏好，通过互联网在线描述自己对产品的要求，向生产企业定制商品；另一方面企业通过互联网在进行电子商务的同时，也为网民了解企业信息提供新的机会。因此，电子商务能吸引更多的顾客。

电子商务的需求信息传输快速，订单数据能快速及时回传。这使得企业能更有效地根据订单安排生产，降低生产的盲目性，从而减少商品库存量，降低库存成本。电子商务交易方式能减少销售环节，降低流通费用，避免中间环节对利润的瓜分，从而提高销售利润率。此外，电子商务方式下的电子支付仅需数秒钟即可完成，这使得通过电子商务方式销售的货款回收相对较快，货款更有保证，从而节约了结算资金。可见，电子商务为企业提高效益带来了契机。

2. 电子商务将促使企业组织结构向扁平化发展

在电子商务方式下，企业信息流量加大、流速加快，要求企业相应的决策和反应加快。然而，由于管理幅度的限制，传统的组织结构中的中间层次往往并非只有一层。层次越多，信息传递线路就越长，信息失真就越严重，这就大大地延缓了反应和决策速度。电子商务所必需的计算机技术、互联网技术以及企业的管理信息系统的完善，可以使得企业内外的信息传递更为快速、方便和直接，可以完全跨越原有组织内部大量的中间层，这就为弱化和舍弃中间层提供了可能。

同时，减少管理层次有助于增强组织的反应和决策能力。企业的管理信息系统功能的完备，特别是诸如采购、销售、财务、人事等子系统功能的完备，内部各系统间数据的共享，信息的快速传递，可以增强决策层的管理能力，使其管理幅度变得更宽。这也使得基层人员可以分担原本由中间层承担的部分职能，甚至可以进行日常决策，从而扩大基层人员的管理幅度。这就为弱化和舍弃中间层提供了保障。

3. 电子商务将加速“多品种、小批量”成为主流生产方式

随着科学技术的进步和人们生活条件的不断改善，特别是电子商务这一新的交易方式的出现，消费更加明显地呈现出个性化、多样化和多变性。消费的个性化增强，消费者对于商品的品种、规格、样式、包装等要求各不相同，使得同类产品需求总量被分散到不同品种、规格和样式上。

同时，消费的多样化增强，不同消费群体的购买倾向将被划分得更为细致，目标市场将进一步被分割成更多的细小板块。消费的多变性增强，消费者的需求在不同时段将产生更多的变化，消费潮流将不断快速更新。这造成了制造业生产品种的增多和生产批量的减少，许多企业将无法长期进行单一化的大批量生产。

在电子商务环境下，企业可以运用企业资源计划、供应链管理、管理信息系统、客户关系管理系统来协调相关部门的步骤，提高企业的运营效率。通过网上的情报信息搜集，企业可以对市场变化做出快速反应；通过电子通信手段与客户取得联系，缩短签约时间；通过增值网共享产品规格和图纸，提高产品设计和开发的速度；根据客户订单进行即时生产、即时销售，缩短生产周期。

在电子商务中，企业可以通过客户关系管理系统对客户的要求做出有效的管理，从而进行市场细分并提供个性化服务。企业可以利用互联网提供售后服务，在网站上进行产品功能介绍、技术支持、常见问题解答等。软件生产企业还可以进行在线软件升级。

1.3.3 电子商务对流通业的影响

1. 促进销售方式的革命，引发流通业自身的基础性变革

（1）随着网上购物和在线销售的出现，传统的业务模式和流转程序发生了变化。消费者可以从互联网上直接选购自己需要的商品，生产者、批发商、零售商和网上销售商也可以建立自己的网站并营销商品。一部分商品的流通不再按照原来的产业和行业分工进行，也不再遵循传统商品的购进、储存和运销业务流程运转。网上销售一方面使产业间、行业间的分工模糊化，比如“产销合一”“批零一体”的销售模式大量出现。

另一方面，随着“凭订单采购”“零库存运营”“直接委托送货”等新的业务方式的出现，服务于网络销售的各种中介机构应运而生，行业内部的专业化分工进一步深化。

（2）网上销售打破了时空的界限，传统意义上的商圈被打破，客户扩展到全国乃至全世界，真正意义上的国际化市场形成。这不仅极大地提高了消费者购物的选择性，也加剧了市场竞争的激烈程度。

（3）销售方式的变化对生产经营方式产生了直接的影响。一方面，网上购物为现代社会消费时尚的个性化提供了便利，以消费者为主体的分散式订单生产呼唤柔性生产技术的出现以及在生产中的普遍应用。另一方面，电子商务的应用降低了制造业竞争中的劳动力成本，中小企业在网上营销中可以获得更大的比较优势。因此，在个人商品消费领域，大批量、规模化生产将被高科技小企业的产销合一所取代。

（4）商业利润的来源渠道发生了改变。传统商业是从商品的供应价与销售价之间赚取利润，而网上商业把这种差价缩减到零（即“零利润销售”的概念）。有些情况下，网上商业甚至使商品的销价低于生产成本，它们的商业利润不再从商品的差价中获取，而是来自网上广告、服务、赞助商及其他高利润商品等新的渠道。

2. 推进流通技术的革命，实现产销一体化整合

传统的供应体系分为两类：一是计划经济条件下的“推动式”，即生产什么就出售什么，消费者几乎没有选择的余地。二是市场经济条件下的“拉动式”，即形成了以消费者需求为引导的生产机制。但是由于市场配置资源是依靠公开价格信号实现的，因此这种事后调节不仅具有时滞性，而且对社会资源也会造成一定程度的浪费。电子商务的出现赋予了流通技术革命新的时代特征，即供应链技术。供应链管理以电子商务技术为基础，将商品需求、商品流通和商品生产有机地联系在一起。它不仅可以在库存数量、存货地点、订货计划、配送运输几个方面实现最佳选择，优化企业经营者的利益，而且能够在准确的时间、准确的地点，以恰当的价格和便捷的方式将商品送达到消费者手中，在最大限度上满足消费者的需求。供应链技术将“时滞”变为“实时”，关键在于信息技术从消费延伸到产供销全过程，并通过电子商务技术把众多的生产厂、零售商和消费者联系在一起，在产供销各环节建立起多元化的产销联通体系。

从已开展的实践效果来看，供应链技术相比传统的商业供应体系具有以下明显优点：

（1）供应链条短，流转环节少，面向消费者的直接销售和服务大大增加，商品周转和销售的速度加快。

（2）产销的适应性增强，生产什么、生产多少更加适合消费者具体的实际需要，并且有灵活调节的机制。

（3）交易成本大大降低。这主要是通过以下几个方面实现：一是对最佳期库存量和库存结构进行优化，可减少资金占用及利息、保管费的支出；二是采购过程在网上实现，可以改变“大撒网”式寻求最佳供货商的传统做法，通过信息流替代商流，将商流业务虚拟化，将依靠人工的交易活动转化成数字化的信息传送过程，从而节省包括差旅费、人工费、手续费在内的大量商流费用，降低购买成本；三是在线销售可以避免有形商场及流通设施的投资，进一步降低交易费用，扩大价格竞争的空间。上述

情况表明，降低生产经营成本、提高企业竞争力是企业采用电子商务的内在动力。

3. 催化零售业态的革命，商品流通组织结构面临重大调整

电子商务占全球市场份额的比重日益增大，发展势头令人关注，并有可能引发从百货商店、超级市场、连锁店演进而来的第四次流通革命。从目前情况看，电子商务对传统商业的影响主要有以下几个方面：

（1）对零售业态产业直接影响。对于影响的程度，存在以下两种观点。一种观点认为，在电子商务普及之后，以网上交易为主导的无店铺销售比例将扩大。这就意味着厂商可以不通过批发商和零售商直接向顾客供货，传统流通业将会因此受到极大冲击。另一种观点认为，除了一些特殊行业外，多数制造商并不一定会建立自己的网上直销系统。大多数制造商持审慎观望态度，它们既怕错过网上销售的商机，又不愿意轻易损害与零售商长期培养起来的关系。因此，关键还是要看采取何种方式能够为企业带来更多的效益。这在一定程度上也取决于零售业自身的积极应对和策略选择。

（2）关于商品配送和交割方式的变化。电子商务中的网上零售，实际上已经破除了商家对各种商品批量购进、集中存储、坐店销售的方式，使得商品可以直接送到消费者手中。这种商品交割方式的变化，说明网上购物使传统的物流配送开始向消费末端延伸。这不仅涉及商品配送体系的结构调整及各类有形零售业态如何适应的问题，而且对商业批发集配商品可以提高流通效率、节约社会劳动的理论是一种挑战。传统的批发商、代理商等，在这种冲击面前将有可能萎缩。

（3）随着电子商务尤其是网上购物的发展，商品流通基础设施和配套行业的重点将会发生偏转。各类物流、支付、安全、广告、商务软件、信息服务等新型物流和中介机构的发展呈加速态势，并且有很大的发展空间。

1.3.4　电子商务对国际贸易的影响

1. 积极影响

（1）国际贸易的运行环境和运行方式均出现了较大变化。国际贸易在网上订货、网上促销、网上谈判等一系列的电子商务手段应用下获得了新的发展，特别是以电子数据交换（EDI）为代表的信息技术得到了较大的发展。EDI 的应用实质上是社会化服务系统与信息技术二者之间的相互结合，通过 EDI 可以简化进出口商品的结汇、运输、报关、保险、商检等环节。此外，EDI 既可大幅度减少商品的流通成本和交易费用，又可降低时间、物力、人力、财力的消耗，极大提高了国际贸易的效率。EDI 较好地突破了空间、时间、地域的限制，极大地促进了经济全球化的发展，以互联网为载体使全球形成了一个统一的大市场，加强了各国之间的经贸合作和经贸联系。

（2）改变了国际贸易的经营管理模式。电子商务以新兴信息技术为核心来对传统的国际贸易进行了较好的改造，将市场机制作用予以最大限度的发挥，为国际贸易双方提供了健全、完善的市场环境，实现了各种资源要素和生产要素在全球的优化配置；电子商务还将传统国际贸易中长时间存在的时空限制予以消除，为贸易商提供互动式、多层次、多角度、全方位的商贸服务。

（3）促进了国际贸易经营主体的多元化。电子商务通过互联网技术、信息技术在

网络上建立了海量的电子虚拟企业，联系了大量的外贸公司，为国际贸易搭建了电子商务虚拟贸易平台，实现了传统国际贸易无法完成的市场功能。与此同时，电子商务还降低了国际贸易的门槛，即便是中小型规模的企业，也可利用电子商务虚拟贸易平台参与到国际贸易中。由此可见，电子商务促进了国际贸易经营主体的多元化。

（4）大力发展了国际贸易中的技术贸易和服务贸易。国际化大生产在电子商务的推动下变为了现实，信息已经成为当前最重要的生产要素，国际贸易格局也随之出现了较大的变化，特别是管理咨询服务、教育培训、技术服务、医疗服务都已经获得了迅猛发展。国际技术贸易向知识密集型和信息密集型发展，成为各国引进技术和产业结构升级的重要途径。

2. 消极影响

（1）导致税收流失严重。众所周知，国家财政收入的主要来源是税收，但是电子商务会带来征税的困难。第一，电子商务的发展速度远远超过税收征管手段的改进，很容易会出现税收征管缺位的情况。第二，电子商务交易是虚拟的，并不是在现实生活中的固定场所进行交易，这必然会加大征税的难度。第三，税务机关对纳税人交易信息进行收集、掌握的难度会随着计算机加密技术的发展而增大。

（2）网络技术受限导致贸易纠纷。电子商务平台在展示商品时通常都会采取视频、照片、文字描述等多种方式，但是所展示的商品会由于照片分辨率不高，视角、文字描述不够全面等诸多问题而无法达到100%的客观，必然会与实物存在不小的差距，导致顾客在收到商品后对其不满意，由此而引发的贸易纠纷层出不穷。

（3）加剧了国际贸易中的马太效应。经济发达的国家凭借着其先进的信息技术和雄厚的经济实力，必然会把握住电子商务的发展先机，对全球电子商务统一标准、统一协议和统一框架有较强的话语权，进而形成新型的贸易壁垒，日益加大与发展中国家的差异，这实质上也就是加剧了国际贸易中的马太效应。这样一来，电子商务的发展可能就会使发展中国家现有的国际贸易局面恶化。

1.3.5 电子商务对服务业的影响

电子商务首先在服务业中得到应用，其应用的深度和广度不断加强，成为影响服务业发展的重要抓手。因此，电子商务是如何影响我国服务业的发展正是本书要探究的。

1. 降低服务业交易成本

罗纳德·科斯（Ronald Coase）的交易成本理论认为，企业采用不同的组织形式，是为了降低企业的交易成本。广义上的电子商务是一种新的技术手段和商务模式，应用到企业中可以简化业务流程，优化企业的供应链管理，减少无效和低端供给，节约大量的物力和人力资源，减少服务业企业的各种交易成本及费用。据艾瑞咨询公布的网商调研报告，在全球经济危机期间，电子商务使服务业企业的运输成本下降了80%。这大大节省了交易成本，公司效益得以提升。

2. 提高服务业的服务质量

电子商务可以帮助服务业企业及时获得相关的行业信息和国家政策，第一时间调整企业的战略规划；帮助企业进一步搜集顾客信息，分析和发掘客户的潜在需求，以此不断优化产品和服务，提升客户忠诚度；帮助企业加强与客户的合作与联系，提高客户关系管理水平，尤其是售后服务，维护好老客户的利益，赢得客户信赖，为长期销售奠定良好的客户基础。

3. 优化服务业的资源配置

电子商务能突破时空障碍，助力生产要素在服务类企业间以及部门间的自由流动，克服资源、技术“孤岛”，有效应对市场条块分割难题。在市场机制的作用下，生产要素流向投入产出比更高的行业以及部门，利用率得以提高，使得服务业资源配置效率得到优化。

4. 增加服务业中现代服务业的比重

一方面传统服务业经现代技术手段的改造实现了电子化、信息化，进而升级为现代服务业；另一方面伴随着电子商务应用的不断深入，催生出电子商务服务业，为现代服务业成长带来了新的市场机会。如电子商务物流服务业、电子商务金融服务业等专门为开展电子商务的企业提供了专业化的物流、金融等服务，提高了企业的经营效益。电子商务服务业不仅丰富了现代服务业的内涵，而且带动了如金融、物流等相关行业的较快发展。

5. 增加服务业中生产性服务业的比重

电子商务把金融服务业、科技信息服务业、现代物流业等生产性服务业有机整合起来，重视其在产业链中的突出作用，这使得产业关联度得到提高，产业分工合作更加顺畅，市场规模进一步扩大；而且大部分电子商务服务业本身就是为生产提供专业化配套服务的，是组成生产性服务业的一部分。因此，服务业中生产性服务业比重的增加，有助于改善服务业的内部结构，促进我国产业结构的转型升级。

电子商务对我国服务业发展的影响机制如图 1－1 所示。

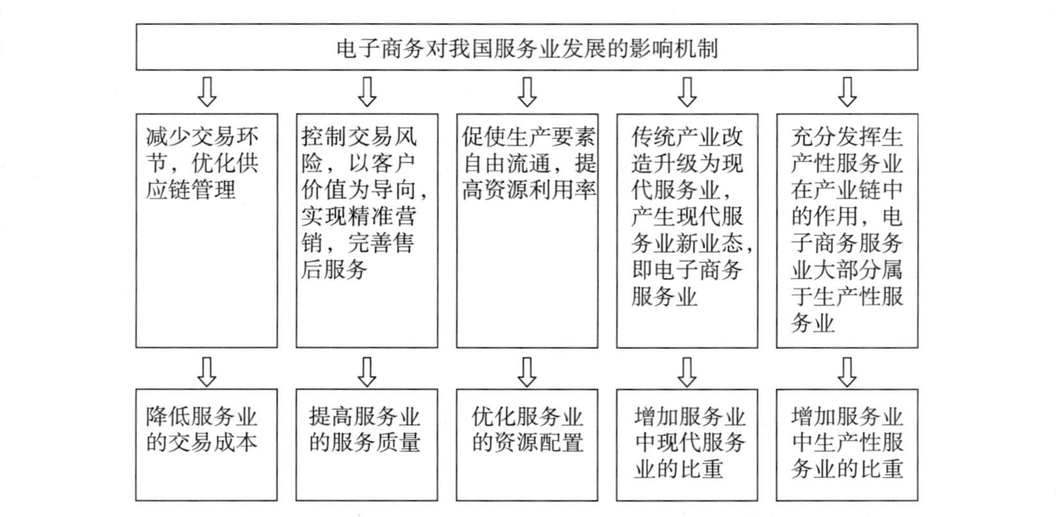

图 1－1　电子商务对我国服务业发展的影响机制

资料来源：张松美．电子商务对我国服务业发展影响的实证研究．沈阳：辽宁大学，2017．

然而，电子商务对服务业尤其是传统的服务业造成了一定程度的冲击，即挤出效应。最典型的如批发零售业，大量的连锁企业关闭线下店铺，企业纷纷裁员，失业人员增加。

6. 冲击服务业的营销理念

在电子商务产生以前，人们通常会认为渠道非常重要，即服务业企业应将营销重点放在渠道上，但这种理念使得生产和销售相分离，忽略了企业和消费者之间的双向沟通，如各类产品展览会、传单、媒体广告以及电话营销等渠道仅仅是企业向消费者的单向传输，未能有效应对消费者向企业的反向沟通。而电子商务提供了企业和消费者双向沟通的路径，根据消费者个性化的需求提供服务，弱化了渠道的作用，使得企业和消费者直接沟通成为可能。因此，在现代信息化的市场经济竞争中，这种重渠道的服务业营销理念面临着电子商务的挑战。

7. 冲击服务业的经营方式

电子商务出现之前的服务业经营方式是线下实体店模式，伴随着实体店的增加，企业规模日渐扩大。但电子商务的出现，线上店铺的迅速发展，如阿里巴巴、京东、唯品会等挤占了线下实体店的生存空间，使得一部分企业规模缩小、裁员甚至倒闭。与此同时，也出现了线上线下相结合的新模式，如苏宁、国美、大润发等企业和电商企业展开了合作。

8. 挑战服务业的相关法律法规

电子商务作为服务业的一种新型业态，由于其特有的特点，服务业领域现有的相关法律法规建设跟不上电子商务的发展，如知识产权保护法、税法等。如何保护网上知识产权所有者的权益，如何对大量的线上商铺进行征税，尤其是阿里巴巴、淘宝等中小卖家的税收问题，一直是亟须解决的难题。

1.3.6 电子商务对农业的影响

在过去很长一段时间里，我国农业发展面临一个突出问题，即农产品流通的市场化程度低、流通成本高，农民没有从流通领域中享受到应得的比较利益。这导致了农业发展与现代科技的相关性联系较低，大大削弱了我国农产品在国际上的市场竞争力。随着国内电子商务的不断发展渗透，餐饮业、交通运输业、旅游业、建筑业、工业等行业纷纷与电子商务相结合，取得了突破性的转型发展机遇。电子商务的出现对农业发展也产生了深远的影响。通过电子商务交易平台，不仅可以拉近生产者和消费者之间的距离，使农产品不再因为地域原因而滞销，还可以简化中间环节，增加农户收益。电子商务不仅能解决距离和收益问题，还对农业产业起到了带动和促进作用，倒逼农业生产企业和农户控制农产品的质量安全，提高农产品的品质。

1. 改变农业生产者思想观念

电子商务的大力发展给传统农业生产经营模式和思想理念带来了巨大冲击，但农户往往固守着老旧观念和生活方式。长期以来，农户习惯于“一手交钱，一手交货”的传统方式。改变这种观念的过程仍然比较漫长，并且在改变期间会遇到各种问题。农户在作为日常消费者的同时，更重要的身份是农业生产者，而往往这种农业生产又与消费理念紧密结合在一起，这也是农业电子商务发展存在的一个新问题和新特点。因此，电子商务只有更深一步地融入农业产业之中，才能更好地营造发展的趋势。

2. 促进农产品物流模式转型升级

农产品物流作为物流业的一个重要分支，主要负责对农业产出物进行运输、仓储、包装、流通加工、配送以及信息技术处理等一系列物流功能活动。而电子商务活动主要包括信息流、物流、商流、资金流等内容。目前，随着信息技术的进步和发展，如5G 时代的到来，商业模式的革新与资金流转方式的改变有力地促进了电子商务的进步和发展，同时也对物流体系提出了更多新的要求。然而，传统物流发展模式已经不再适应电子商务发展的需要，特别是落后的农产品物流体系更是成为阻碍农村电子商务发展的一大瓶颈。推动农村电子商务建设发展，为各地丰富的生态农特产品开拓一条新的销售渠道，成为经济发展的新亮点。在电商环境下，农产品物流也呈现出了一些新的特点，如供应链各环节功能的改变、各参与主体作用的变化、客户对农产品可得性的增强等。结合电子商务环境下农产品物流发展的新特点，优化农产品物流体系，寻求一种低成本、高效率、高效益的农产品物流发展模式，成为当前迫切需要解决的一个重要问题。

3. 促进农业产业化发展

随着互联网电子商务的发展，电子商务正日益展现出其带动作用，特别是在促进农业产业化方面，电子商务具有巨大优势和潜力，这一点不容忽视。农产品的网上交易量大、信息传播速度快，这使农产品的销售量节节攀升。电子商务通过在线的报价信息，使得农户能时刻把握市场的最新行情，可以更加有效地解决农业产出量与市场信息严重脱轨的风险问题，并且极大地提高了农业生产效率，降低了农户风险，避免了较大的经济损失，带动了农业产业发展。

□ 本章小结

随着互联网的蓬勃发展，电子商务迅速崛起。电子商务通过网络信息技术手段来处理商务活动，包括对生产、流通、分配、交换和消费等环节中连接生产和消费的所有活动的电子信息化处理。这些商务活动不仅存在于企业与企业之间，而且涵盖企业内部、个人与企业、企业与政府之间的一切商务活动。由于电子商务通过采用现代信息技术、网络技术、计算机通信技术，对传统商务活动中的纸质信息载体进行了彻底改造，使商品和服务以及交易管理等活动实现了无纸化，因此，电子商务从真正意义上实现了高效率、低成本、数字化、网络化、全球化。

电子商务的飞速增长已是不争的事实，它带来的商机是巨大而深远的。由于电子商务所依托的互联网具有全球性和开放性，因此电子商务的影响将是全面的，电子商务不但在微观上影响企业的经营行为和消费者的消费行为，而且在宏观上影响国际贸易关系和国家的未来竞争力。随着信息技术的不断发展，移动电子商务、网格电子商务、物联网等新趋势的出现和发展必将继续影响和改变我们的生活方式，并对世界经济的发展产生更加深远的影响和作用。

□ 思考与练习

一、复习思考题

1. 什么是电子商务？
2. 电子商务的发展经历了哪几个阶段？各阶段有何特征？
3. 电子商务有哪些特点？
4. 电子商务有哪些功能？
5. 当前电子商务的主要应用领域有哪些？
6. 电子商务对流通业有哪些影响？
7. 电子商务在国际贸易中有什么作用？
8. 电子商务的发展对农业产业化有什么作用？
9. 简述电子商务的分类。
10. 什么是EDI？

二、讨论题

1. 当前“农村淘宝”的发展给传统农业带来了哪些影响？
2. 移动电子商务是否改变了我们的生活？请举例说明。
3. 电子商务的发展给传统企业带来了冲击，讨论我国企业应当如何面对电子商务。
4. 企业只要进行电子商务就能获得成功，你觉得这样的说法对吗？为什么？
5. 讨论电子商务的发展给传统企业带来的机遇与挑战。
6. 你认为未来电子商务发展的方向和趋势是什么？

三、网络实践题

1. 企业应当如何应用电子商务为自身服务？从网上查找相应资料进行说明。
2. 查询不同电子商务模式的典型案例，学习并对比其特点。
3. 实践完成电子商务网络购物的完整交易流程。
4. 用移动终端（手机、平板电脑等）实践移动电子商务的一项业务功能。

四、案例分析

从中农网看农产品B2B的全产业链模式

中国是一个农业大国，“三农”问题一直是政府高度关注的大问题。其中，解决好农产品的流通问题对解决好“三农”问题是至关重要的。在中国，农产品流通问题一直是困扰政府、社会的一个大问题。政府一直在投入巨大的财力、人力和政府资源解决这一问题。我国农业生产具有以下几个特点：

（1）生产规模小、极度分散。一直以来，中国的农业生产规模小并且极度分散。虽然近些年政府一直在推动农业的产业化，但从整体上看基本还是这样的产业结构。规模小、极度分散带来的结果是农产品的流通极度困难。本身农户、合作社、加工企业因为规模小获取信息的能力有限，加上对市场的分析、判断、预测能力也有限，进而开发流通渠道的能力更是有限。从一定角度讲，解决农产品的流通渠道问题，是解决农业生产问题的关键。在当前的环境下，借助互联网的高效链接手段，搭建起高效的线上B2B渠道模式，能有效消除企业之间、产销之间的信息不对称，帮助农户、合作社、加工企业构建能够覆盖全国市场的有效线上渠道。

(2) 地区分布分散。由于农产品本身就存在地区之间的生产差异，因此，全国范围的大流通是基本的市场格局。也就是南方的产品需要跨区域到北方，北方的产品需要跨区域到南方，东部的产品需要跨区域到西部，西部的产品需要跨区域到东部。在这种情况下，构建高效的订单、物流体系就非常重要。特别是能够通过一个平台、一套仓配体系，支持不同的农户、合作社、厂家完成对不同B端用户，甚至是C端的交付就显得非常重要。只有这样才会真正形成高效的物流效率，也才会有效降低农产品的流通成本。而多环节、多层级、多体系的传统流通体系不可能有效解决这一问题。

(3) 季节分布不均。大多的农产品都存在一季生产、全年销售的市场现实。因而需采用金融衍生产品帮助农户、合作社、加工企业解决资金及生产需求，帮助企业构建起完整的供应链金融体系。

在目前的环境下，通过B2B的平台模式，建立在全产业链交易打通、交易透明、交易数据化基础上的供应链金融体系，才能形成完整的数据闭环，继而健康运行。所以在目前的环境下，解决农产品流通的关键手段就是需要构建打通全产业链的互联网B2B平台化模式。在这种模式下，构建起完整的"交易+交付+生态化服务体系"，将会对提升农产品流通效率带来重要价值，可能会带来农业领域的一次重要产业革命。因为只有流通的效率提升了，才会从根本上提升农业的生产效率。所以，政府务必要大力推动农产品流通领域的B2B平台化改造。

在平台化的发展模式当中，围绕农业产业领域，构建起完整的产业互联网平台，将是主要的发展方向。所谓产业互联网，就是构建起连接生产、流通、不同B端用户及C端用户的交易平台，打通农业全产业链的交易关系；努力消除中间交易环节，消除生产、流通、消费之间的信息不对称；构建高效的交易模式、交付模式，切实提升流通效率；构建起交易、信息、物流、金融等生态化的服务体系，切实赋能农业产业链各端，从而发挥推动农业产业健康发展的重要价值。

从目前来看，B2C的模式，或者只是从流通领域局部的B2B模式难以从根本上解决产业效率问题。从目前的B2C模式来看，解决的是农户、合作社、加工企业的销售市场问题，为企业提供了线上销售市场，但是并不能有效解决全产业链效率问题，因为B2C模式没有实现全产业链的打通。

从目前的只是从局部渠道的B2B模式来看，也不可能从根本上解决产业链的流通效率问题，因为只是中间环节的流通效率提升，并不会完整提升全产业链的效率。所以唯一的选择是构建起完整的全产业链B2B平台模式，才会从根本上有效解决全产业链的流通效率问题。

在农产品B2B模式的构建当中，必须要紧密结合农业产业的不同特点，搭建起针对行业分散化的，能够发挥聚合行业产业链上下游各端的完整的产业化模式。在目前的针对农产品的平台中，中农网的模式以其打通全产业链的有效链接，构建起了完整的生态化交易闭环。

从中农网的模式看，正是在构建这样一个连接产业链上游、下游各端，以高效的线上交易模式打通全产业链交易，通过“平台+自营+生态化服务体系”构建起适应农产品产业需求的灵活交易方式，围绕提升产业流通效率，建立起交易、交付、生态化的服务体系。中农网是国内大宗农产品B2B垂直电商平台和供应链服务企业，目前平台GMV达到800亿元，已经成为在国内农产品垂直电商领域具有较大影响力的平台企业。

中农网的模式有以下特点：

(1) 专业化的平台运作模式。中农网的发展模式是首先从专业领域切入，形成在专业垂直领域的订单密度，构建完整的专业领域交易模式，逐步切入不同品类专业领域。从农产品来讲，不同的品类其上下游的用户需求特点完全不同，其交易模式也有很大差异。只有在细分领域更准确地把握用户需求，以更适合的交易方式满足用户需求，才能更好地产生平台的价值，形成用户黏性。

中农网从白糖领域切入，逐步构建了白糖、茧丝、板材、水果等专业交易平台，形成了针对不同农产品品类的专业交易服务模式。

在白糖领域，针对上游供应商规模小，企业类型多，集中于广西、云南、广东的特点，准确把握它们的需求快速销售并回笼资金。针对下游用户企业规模差异大、供应链效率要求高、注重品质的需求特点，突出以价格最优、品质好、确保交付效率为核心要点。因此结合不同上下游用户的特点，构建了不同的交易模式与交付模式，采取了“平台+自营+供应链”的灵活模式，以满足不同用户的需求。构建产地仓、销区仓的仓配体系，支持对不同用户的快速交付，并且有效整合行业经销商的现有存量资源，实现各种资源的有效利用，从而实现在整体白糖细分领域的市场快速发展。

在茧丝领域，针对行业分散的特点，重点在打通全产业链接方面发挥平台的信息服务价值。下属的茧丝交易网在全国盛产茧丝的城市与超过700家的茧丝企业客户达成深度友好合作，覆盖茧站、缫丝厂、绸厂、服装厂、中间商、外贸公司等茧丝绸行业的整个产业链。结合茧丝市场特点，在广西、浙江、四川等地设立合作仓储网点48个，构建了覆盖全国范围内的贸易配送体系，并整合社会仓储、运输、融资、质检等各种服务资源，开展网上交易、结算、行业信息、品质控制、管理等服务。实现茧丝绸各企业从入库、信息发布、合同签订、支付结算、出库的一条龙服务。

在板材领域，针对贸易库存问题，为板材加工厂、贸易商推出了自主研发的“中农易板”App，成为国内木材、板材行业第一个多功能互联网应用系统，App上线2年交易额达38亿元，并且在主要产销区建立合作仓库近40家，大大助力国内板材行业实现高效流通。

在水果领域，针对农产品季产年销的特性，为水果产业链参与者提供交易和产业链的线上线下服务，推出仓储管理产品“果满仓”App及产销对接产品“果来乐”App，随着对产业链数据的不断积累和沉淀，正进一步实现产销精准化匹配。

(2) 持续向产业链上下游场景布局，形成产业链闭环。其实平台化的价值和运营成功的关键在于运营逻辑。技术能力是底层逻辑，构建符合产业需求的运营逻辑，赋能产业链各个环节才是平台的终极价值体现。从垂直平台模式来看，必须要更深度广泛切入供应链各端，只有在整体的供应链各端做深、做专，形成产业闭环，才能最终形成平台的价值。

从中农网的模式看，其交易模式逐步沿供应链两端向上游与下游延伸。在上游，帮助生产、加工企业构建链接农户、合作社、种植、养殖基地的供应链体系，建立起稳定的交易体系，以相关的金融工具帮助农户、合作社与加工企业构建稳定的交易关系。甘蔗项目向上游延伸，拓展涉农业务规模，为蔗农提供融资服务，形成深度的产业链服务；在下游，逐步切入不用的终端用户，以不同的交易服务方式，满足不同渠道商、终端不同用户的需求，特别是有效满足不同用户的个性化需求。在构建其满足C端用户的平台体系过程中，逐步形成完整的产业链闭环。投资的“好伙计”项目，将产业链下游场景纳入公司整体生态圈布局，主要对接大型食品厂、专业连锁门店、高端餐饮等高净值大客户，打造辐射多城市的专业化农产品电商平台服务。

(3) 以技术提升平台效率。技术改变效率一定是B2B平台模式的底层逻辑。B2B的效率改变一定是基于互联网环境，借助互联网的链接手段，实现产业链打通，去中间化，把以往分割的市场、相互不连通的市场体系、各自封闭的运行体系整合成为一个完整的产业化交易体系。在这当中，需要用技术改变效率，技术需要围绕交易构建起完整的体系。

中农网有较强的技术开发能力。整体的技术架构构建起基于互联网环境下的技术体系，形成了完整的B2B2B2C的交易模式，并能够与ERP、仓储物流、大数据、CA认证、第三方金融机构实现共享，实现业务流、资金流、物流与数据流的打通，支持多商户以及B、C端用户，围绕精细化运营构建平台运行技术体系。

建立完整的交易体系。把握农产品B2B电商，未来将实现内外贸易融合发展、网上和网下融合发展、硬件和软件融合发展、围绕转型升级外迁融合发展、农产品电子商务品牌的融合发展五大趋势，构建生态圈融合，供应链闭环，逐步将平台融合为产品层、使用层和技术支持层的生态大融合。实现生产和交易的互联网化和信息化、整个链条和流程的可视化和透明化。

构建科学的交付体系。中农网在全国拥有近400家合作仓储网点，构建了完整的全国性交付物流体系，实现年623万吨货物流转量、90万吨货物发运量，并且实现了从产区到销区的库存配置，完全根据平台交易数据实现智能化调配。实现以大数据智能化分配、物流环节的全程可视化管理。

传统贸易中，白糖流通周期为7～15天，中农网实现了在其平台上进行交易的白糖流通周期，缩短至1～3天，平台交易每吨糖的购销成本从传统贸易中的25元/吨降低到7元/吨，大幅提高了流通效率，降低了流通成本。

用数据提升效率、降低成本。根据历史数据的挖掘，针对上下游用户的不同生产周期、不同市场波峰，以及天气、节日、需求的波动来提前部署。对于采购商而言，不需要在库存上承担现金流的压力，也不需要去承担大宗商品在途时价格波动的风险。同样，对上游或者经销商而言，依赖于平台的赋能，不需要庞大的队伍去运维，有的企业过去几十人的销售队伍的工作量，现在只需要两个人就可以全部完成。

（4）构建生态化运营闭环。中农网针对不同大宗农产品的品类属性，通过垂直方式，进入各个大宗农产品细分领域。逐步切入白糖、茧丝、板材、水果领域，以经营少品种、形成大的订单密度，构建生态化的闭环体系。核心是立足于这些品类行业的现实状况和客户痛点，搭建专属单品B2B平台对应客户，有效满足客户需求，形成不同品类的交易闭环。在这种交易闭环模式基础上，可以构建起围绕企业需求、搭建起生态化的服务体系，特别是金融服务体系，以更有效地支持产业链企业。

总之，面对当前的农产品流通问题，必须要借助互联网平台模式，构建起新的渠道流通模式。根据中国农产品行业的现实，构建起完整的产业互联网平台模式是主要的发展方向，不会是简单的B2C电商模式，也不会是只解决一端环节的B2B模式，需要构建起完整链接产业链各个环节、高效的、针对不同上下游用户个性化需求的交易服务、交付服务以及生态化服务体系。

资料来源：从中农网看农产品B2B的全产业链模式.（2018-06-21）. 搜狐网.

案例思考：

1. 当前我国农业电子商务面临的问题有哪些？
2. 中农网的B2B全产业链模式提供了什么经验和启示？

第2章

电子商务的理论基础

学习目标

- 理解并掌握电子商务经济理论
- 理解网络经济的定义和竞争原则
- 掌握信息论及其研究范围
- 掌握电子商务管理理论
- 理解电子商务管理的层次
- 理解价值链理论
- 掌握电子商务价值链

案例导入

京东全球购价值链分析

一、京东基本情况

（一）京东简介

京东是我国目前最具影响力的自营式电商企业之一，也是我国第一个在美国上市的大型综合电商平台。京东集团拥有丰富的产品品类、完备的供应链管理、快捷可靠的物流配送等竞争优势。

2014年5月22日，京东在美国纳斯达克挂牌，股票代码为JD，成为阿里巴巴、腾讯、百度之后的中国第四大互联网上市公司。2016年6月20日，京东与沃尔玛达成深度战略合作。2017年1月，中国银联同京东金融签署战略合作协议，并宣布后者旗下支付公司正式成为银联收单成员机构。2017年10月，京东物流首个全流程无人仓正式亮相。2017年11月1日至11日，京东全球好物节交易额达到1 271亿元。2018年4月，京东到家与武汉中商联合推出“轻松购”无人自动收银项目。

（二）京东全球购发展现状

京东于2015年4月15日正式上线京东全球购业务，首批产品品类超过15万种，商家店铺超过450家，所有商品来自英国、法国、美国、澳大利亚等发达国家和地区。

京东全球购与海外商家的合作分为自营模式和平台模式。其中，自营模式是京东自主采购，由保税区提供支持；平台模式是通过跨境电商引入海外品牌。目前，京东全球购通过“自营+平台”的模式开展跨境业务，设立国家特色馆，满足消费者不同的需求。在这种模式下，其盈利也来源于两方面：一是自主采购时保税区提供支持，通过商品差价获得利润；二是收取海外商家入驻的质保金和平台使用费。

二、京东全球购价值链管理分析

（一）库存管理分析

京东依靠大数据分析消费者的需求，能够预计未来时间段内商品的销售量，做好库存准备。这种应用大数据进行库存管理的方式已经实现了自动补货、快速验货、自动输送的能力。此外，企业还需要重视库存管理的风险，做好防范措施。库存风险是由于各种内部因素和外部因素的不确定性而造成损失的可能性。例如，销售能力、经济政策等都有可能造成存货过多或欠缺等风险。特别是对于跨境采购来说，各部门之间更要加强信息沟通，随时掌握市场动向，确保采购方面符合市场需求，以免造成不必要的损失。

京东全球购的库存模式有保税仓和海外直邮，根据不同的库存模式可以采用不同的库存管理方法。

（二）市场营销分析

京东全球购依照京东商城的营销战略，实行“线上+线下”的营销模式，线上宣传和线下推广同时进行，提升消费者对品牌的认知度。

“明星效益”通常在品牌宣传工作中具有显著效果。在电子商务中，线上宣传也采用“明星效益”，例如邀请知名明星为品牌做宣传，符合广大用户的心理。在跨境需求旺盛的当下，京东全球购打出“我们为你跑遍全球”的广告语，迎合消费者的心理，有助于树立品牌良好形象。

线下宣传工作也是市场营销的一个宣传途径。例如，我们最熟悉的就是京东快递配送小车醒目的红色标识，以及各个线下自提点、配送站的门牌，这种潜移默化的影响都是对品牌认知的宣传。

随着跨境电商销售的规模化发展，京东全球购作为企业发展的战略之一，将获得项目营销的更大投入，带来新的利润增长。

（三）物流配送分析

跨境电商中企业和消费者的关系通过物流配送联系起来，配送服务的质量往往会影响消费者对商品质量甚至企业品牌的判断。因此，提高物流配送水平对企业来说至关重要。

京东一直坚持使用自由物流，为不同需求的消费者提供高质量的配送服务。例如，我们熟知的“211限时达”“次日达”“夜间配”“上门自提”等专业服务，满足了消费者对收货时间的不同要求，弥补了时间差，从而提高了消费者的满意度和忠诚度。

物流配送水平是一个企业核心竞争能力的体现，同时是提高企业价值链管理的重要环节，京东将信息流和物流有效结合起来，从而提升了整个价值链的价值。

（四）服务体系分析

京东一贯坚持“以人为本”的服务理念和为用户提供全方位、人性化服务的愿景，为消费者营造舒适的购物环境。因此，京东全球购也遵循同样的理念服务于顾客。

京东自建支付体系，满足各种支付要求。消费者可以根据自身情况选择在线支付、货到付款、分期付款或白条支付，同时可以选择微信支付、QQ钱包支付、微信好友代付等支付方式，不仅信任度高，而且方便快捷。

（五）价值链整合分析

京东对价值链的有效管理，不仅能降低企业经营成本，同时利用大数据技术建立完善的管理系统。对跨境电商企业来说，不仅要重视和加强价值链管理，还要对虚拟价值链进行有效整合，而京东全球购正是通过对价值链进行有效整合，围绕客户需求，尽可能提供增值服务，来提高竞争能力。

三、京东全球购的发展趋势

京东全球购立志于走国际化道路，不仅采购海外商品，还为我国本土产品销售到全球做努力。“走出去”的发展战略需要很长时间的探索，从实际来看，这比全球采购更加困难，面临着许多难题。所以其要通过全球购平台更深入地了解国际贸易市场，为“走出去”奠定基础。

另外，京东全球购也可以在与海外物流合作的基础上逐步建立海外仓储系统，为海外品牌提供仓储、配送、保税仓等跨境业务。这样一来，京东全球购可以建立覆盖全球的物流系统，使我国本土品牌“走出去”的战略具有重要意义。

资料来源：王鑫．跨境电商价值链的现状及对策：以京东全球购为例．数码世界，2016（12）：245-246.

在过去的几十年里，电子商务从出现到迅速发展，极大地改变了人们的生活理念和生活方式，也改变了现代政府和企业的管理与运作方式，对经济社会、文化等领域产生了巨大的影响。伴随电子商务的不断发展，电子商务与多学科领域的交叉结合，在众多层面产生了一些与电子商务相关的基本理论。本章将对电子商务的理论进行基本的说明和介绍。

2.1　电子商务经济理论

互联网的普及，使得网络中的各种经济活动越来越频繁，形成了网络经济。与传统经济相比，网络经济更加快速，涉及范围更广，交易方式更加灵活。电子商务活动是网络经济中最活跃的部分，通过加深对网络经济的认识，企业可以更好地掌握现代经济方式，深入了解电子商务活动。

网络经济是建立在国民经济信息化基础之上，各类企业利用信息和网络技术，整合各式各样的信息资源，并依托企业内部和外部的信息网络进行动态的商务活动，包括研发、制造、销售和管理活动所产生的经济。它建立在信息流、物流和资金流的基础之上，依靠网络实现经济。网络经济极大改变了企业的传统经营模式和经营理念。

2.1.1 网络经济的定义及层次

网络经济是伴随着计算机网络的产生和发展而出现的新经济形态。迅速发展的网络经济，已经成为当代社会经济的重要组成部分，它的进一步发展必将对未来经济产生更大的影响。

1. 网络经济的定义

到目前为止，人们对网络经济的认识还处于初级阶段，没有一个公认的规范定义，在众多说法中，有两种比较有代表性的说法：

定义一：网络经济是生产者和消费者通过网络联系而引发的各种经济活动，其主要特征是以信息产业和服务业为主导。

定义二：网络经济是基于网络技术发展而来的，以多媒体信息为主要特征的一种新经济潮流和形态，包括对现有经济、产业结构和社会生活的种种变革，是信息化社会最集中、最概括的体现。

对于网络经济的定义，我们可以从不同的层面来理解：

从社会的角度看，在不同的社会形态中都有与之相适应的经济形态存在，如原始社会的自然经济形态、封建社会的农业经济形态、资本主义社会的工业经济形态。进入信息社会，也有一种与之相适应的经济形态——网络经济，这种经济形态充分体现了信息社会的特点。

从产业的角度看，网络经济是电子商务产业的综合体现，包括网络通信的基础设施、网络设备等所有硬件设备和网络中的通信协议、网络平台等所有软件、提供软件各企业间的经济活动（包括网络中各种经济活动），所有这些都是网络经济在产业方面的表现。

从网络经济参与者的角度看，网络经济是一个全球性的市场，是存在于虚拟世界中的特殊交易。在这个市场中，消费者更加自主，个性化表现更加突出。

2. 网络经济的划分层次

网络经济是包括电子交易在内的，通过互联网进行的各种经济活动。这些经济活动既包括企业之间、消费者与企业之间以及政府对企业产品的购买，也包括企业内各部门之间的协调、生产环节之间的衔接和政府通过网络对社会经济的监控与调节。经济不单单指流通领域的商品交换，也涵盖了生产、分配和消费。从经济内容上看，网络经济包含了电子网络行业本身的经济活动和其他市场主体通过电子网络开展的经济活动两大部分。

1999年，美国得克萨斯州立大学的电子商务研究中心在一篇名为《测度互联网经济》的论文中，将目前在世界范围内（尤其是美国）运行的网络经济分为四个不同但却相互关联的层面，即互联网基础结构层、互联网应用层、互联网中介层和互联网交易层。这个分法得到了很多人的认同，成为划分网络经济的重要标准之一。

具体分层如下：

（1）互联网基础结构层。这一层主要包括那些提供产品和服务用于网络基础结构建设的公司，目前的互联网基础结构主要建立在IP协议的基础上，为电子商务的运作提供前提条件。基础结构层主要包括互联网主干网营运商、互联网服务提供商（ISP）、互联网硬件和软件公司、个人电脑（PC）和服务器生产商、光纤制造商及线路加速硬件制造商。

（2）互联网应用层。这一层经济组织所提供的是建立在 IP 网络基础结构平台之上，并为在线的商业活动运行提供技术可行性的产品和服务。主要包括互联网咨询商、互联网商业软件商、网络发展软件供应商、搜索引擎软件商、在线培训及网络应用数据库。

（3）互联网中介层。这一层的主要功能是给买卖双方在互联网上的接触和交易提供便利条件，提高电子商务的运作效率，在整个经济过程中起着催化剂的作用。通过这一层经济单位，可以使基础结构和应用部分的投资转化为商业的运作。主要包括垂直产业的做市商、在线旅行代理商、在线经济、门户网站/内容提供商、互联网广告经济商和在线广告等。

（4）互联网交易层。互联网商业运作包括通过互联网向消费者提供的产品服务销售，以及在互联网上进行的其他商业活动。具体包括网上零售商、在线产品销售、订购公司、在线机票销售服务、在线娱乐与专业服务等。

在实际的经济活动中，大多数公司的经营活动并不只是局限于某一领域，而是根据实际需要在各个领域开展活动。

2.1.2 网络经济的特点

网络经济是指建立在计算机网络基础上的生产、分配、交换和消费的经济关系。它以信息为基础，以计算机网络为依托，以生产、分配、交换和消费网络产品为主要内容，以高科技为支持，以知识和技术创新为灵魂。从经济形态上，它是信息经济或知识经济的主要形式，又称数字经济。网络经济是知识经济的一种具体形态，这种新的经济形态正以极快的速度影响着社会经济与人们的生活。与传统经济相比，网络经济具有以下几个显著的特征：快捷性、高渗透性、自我膨胀性、边际效益递增性、外部经济性、可持续性和直接性。

1. 快捷性

消除时空差距是互联网给世界带来的根本性变化之一。首先，互联网突破了传统的国家、地区界限，使整个世界紧密联系起来，把地球变成一个“村落”。在网络上，不分种族、国家、职业和社会地位，人们可以自由地交流、漫游，沟通信息，人们对空间的依附性大大降低。其次，信息突破了时间的约束，人们的信息传输、经济往来可以在更小的时间跨度上进行。网络经济可以 24 小时不间断运行，经济活动更少受到时间因素制约。再次，网络经济是一种速度型经济。现代信息网络可用光速传输信息，网络经济可实时收集、处理和应用信息，节奏大大加快了。如果说 20 世纪 80 年代是注重质量的年代，90 年代是注重再设计的年代，那么 21 世纪的头 10 年就是注重速度的时代。因此，网络经济的发展趋势应是对市场变化发展高度灵敏的“即时经济”或“实时运作经济”。最后，网络经济从本质上讲是一种全球化经济。由于信息网络把整个世界变成了“地球村”，地理距离变得无关紧要，基于网络的经济活动对空间因素的制约降到最低限度，整个经济的全球化进程大大加快，世界各国的相互依存性空前加强。

2. 高渗透性

迅速发展的信息技术和网络技术具有极高的渗透性功能，使得信息服务业迅速地向第一、第二产业扩张，使三大产业之间的界限模糊，出现了三大产业相互融合的趋势。三大产业分类法也受到了挑战。为此，学术界提出了"第四产业"的概念，用以涵盖广义的信息产业。美国著名经济学家波拉持在1977年发表的《信息经济：定义和测量》中，第一次采用四分法把产业部门分为农业、工业、服务业和信息业，并把信息业按其产品或服务是否在市场上直接出售，划分为第一信息部门和第二信息部门。第一信息部门包含现在市场中生产和销售信息机械或信息服务的全部产业，诸如计算机制造、电子通信、印刷、大众传播、广告宣传、会计和教育等。第二信息部门包括公共、官方机构的大部分和私人企业中的管理部门。除此之外，非信息部门的企业在内部生产并由内部消费的各种信息服务，也属于第二信息部门。从以上产业分类我们可以看出，作为网络经济的重要组成部分——信息产业已经广泛渗透到传统产业中。对于诸如商业、银行业、传媒业和制造业等传统产业来说，迅速利用信息技术、网络技术，实现产业内部的升级改造，以迎接网络经济带来的机遇和挑战，是一种必然选择。

不仅如此，信息技术的高渗透性还催生了一些新兴的"边缘产业"，如光学电子产业、医疗电子器械产业、航空电子产业和汽车电子产业等。以汽车电子产业为例，汽车电子装置在20世纪60年代出现，70年代中后期发展速度明显加快，80年代已经形成了统称汽车电子化的高技术产业。可以说，在网络信息技术的推动下，产业间的相互结合和发展新产业的速度大大提高。

3. 自我膨胀性

网络经济的自我膨胀性突出表现在四大定律上：

(1) 摩尔定律（Moore's Law）。这一定律是以英特尔公司创始人之一的戈登·摩尔命名的。1965年，摩尔预测到单片硅芯片的运算处理能力，每18个月就会翻一番，而与此同时，价格则减半。实践证明，30多年来，这一预测一直比较准确，预计在未来仍有较长时间的适用期。根据该定律可预测2010年一台普通电脑的运算能力是1975年时一台普通电脑的1 000万倍。

(2) 梅特卡夫法则（Metcalf Law）。按照此法则，网络经济的价值等于网络节点数的平方，这说明网络产生和带来的效益将随着网络用户的增加而呈指数形式增长。从目前的趋势来看，互联网的用户大约每隔半年就会增加1倍，而互联网的通信量每隔100天就会翻一番。截至2015年12月，全球互联网用户达32亿人，而在2022年12月，咨询机构Kepios在其季度报告中指出，现在全球共有48.8亿人活跃在社交网络上。这种大爆炸性的持续增长必然会带来网络价值的飞涨。这正是凯文·凯利所说的"传真效应"，即在"网络经济中，东西越充足，价值就越大"。

(3) 马太效应（Matthews Effect）。在网络经济中，由于人们的心理反应和行为惯性，在一定条件下，优势或劣势一旦出现并达到一定程度，就会导致不断加剧而自行强化，出现“强者更强，弱者更弱”的垄断局面。马太效应反映了网络经济时代企业竞争中的一个重要因素——主流化。“非摩擦的基本规律其实很简单——你占领的市场份额越大，你获利就越多，也就是说，富者越富。”Compuserve 和 AOL 是美国的两家联机服务供应商，在 1995 年之前，Compuserve 占有市场较大份额，在相互竞争中占有优势。而从 1995 年开始，AOL 采取主流化策略，向消费者赠送数百万份 PC 机桌面软件，“闪电般地占领了市场”，迅速赶超 Compuserve。

(4) 吉尔德定律（Gilder's Law)。据美国激进的技术理论家乔治·吉尔德预测，在可预见的未来，通信系统的总带宽将以每年 3 倍的速度增长。随着通信能力的不断提高，吉尔德断言，每比特传输价格的走势呈现出“渐近曲线”（asymptotic curve）的规律，价格点无限接近零。

网络经济的四大定律不仅展示了网络经济自我膨胀的规模与速度，而且提示了其内在的规律。

4. 边际效益递增性

边际效益随着生产规模的扩大会显现出不同的增减趋势。在工业社会物质产品生产过程中，边际效益递减是普遍规律，因为传统的生产要素——土地、资本、劳动都具有边际成本递增和边际效益递减的特征。与此相反，网络经济却显现出明显的边际效益递增性。

网络经济边际成本递减。信息网络成本主要由三部分构成：一是网络建设成本，二是信息传递成本，三是信息的收集、处理和制作成本。由于信息网络可以长期使用，并且其建设费用与信息传递成本与入网人数无关，所以前两部分的边际成本为零，平均成本都有明显递减趋势。只有第三种成本与入网人数相关，即入网人数越多，所需信息收集、处理和制作的信息也就越多，这部分成本就会随之增大，但其平均成本和边际成本都呈下降趋势。因此，信息网络的平均成本随着入网人数的增加而明显递减，其边际成本则随之缓慢递减；但网络的收益却随入网人数的增加而同比例增加：网络规模越大，总收益和边际收益就越大。

网络经济具有累积增值性。在网络经济中，对信息的投资不仅可以获得一般的投资报酬，还可以获得信息累积的增值报酬。这是由于，一方面信息网络能够发挥特殊功能，把零散而无序的大量资料、数据和信息按照使用者的要求进行加工、处理、分析和综合，从而形成有序的高质量的信息资源，为经济决策提供科学依据。另一方面，信息使用具有传递效应，信息的使用会带来不断增加的报酬。举例来说，一条技术信息能以任意的规模在生产中加以运用。也就是说，在信息成本几乎没有增加的情况下，信息使用规模的不断扩大可以带来不断增加的收益。这种传递效应也使网络经济呈现边际收益递增的趋势。

5. 外部经济性

一般的市场交易是买卖双方根据各自独立的决策缔结的一种契约，这种契约只对缔约双方有约束力而并不涉及或影响其他市场主体的利益。但在某些情况下，契约履行产生的后果却往往会影响到缔约双方以外的第三方（个体或群体）。这些与契约无关的却又受到影响的经济主体，可统称为外部，它们所受到的影响被称为外部效应。契约履行所产生的外部效应可分为外部经济性和外部非经济性。通常情况下，工业经济带来的主要是外部非经济性，如工业“三废”，而网络经济则主要表现为外部经济性。正如凯文·凯利提出的“级数比加法重要”的法则，网络形成的是自我增强的虚拟循环。增加了成员就增加了价值，反过来又吸引更多的成员，形成相互促进的优势。“一个电话系统的总价值属于各个电话公司及其资产的内部总价值之和，属于外部更大的电话网络本身”，网络成为“特别有效的外部价值资源”。

6. 可持续性

网络经济是一种特定信息网络经济或信息网络经济学，它与信息经济或信息经济学有着密切关系。这种关系是特殊与一般、局部与整体的关系。从这种意义上讲，网络经济是知识经济的一种具体形态，知识、信息同样是支撑网络经济的主要资源。美国未来学家托夫勒指出：“知识已成为所有创造财富所必需的资源中最为宝贵的要素，知识正在成为一切有形资源的最终替代”，正是知识与信息的特性使网络经济具有了可持续性。信息与知识具有可分享性，这一特点与实物显然不同。一般实物商品交易后，出售者就失去了实物；而信息、知识交易后，出售信息的人并没有失去信息，而是形成出售者和购买者共享信息与知识的局面。现在，特别是在录音、录像、复制、电子计算机和网络传统技术迅速发展的情况下，信息的再生能力很强，这就为信息资源的共享创造了更便利的条件。更为重要的是，在知识产品的生产过程中，作为主要资源的知识与信息具有零消耗的特点，正如托夫勒指出的：“土地、劳动和原材料，或许还有资本，可以看作有限资源，而知识实际上是不可穷尽的”，“新信息技术把产品多样化的成本推向零，并且降低了曾经是至关重要的规模经济的重要性。”网络经济在很大程度上能有效杜绝传统工业生产对有形资源、能源的过度消耗，造成的环境污染和生态恶化等危害，实现了社会经济的可持续发展。

7. 直接性

由于网络的发展，经济组织结构趋向扁平化，处于网络端点的生产者与消费者可直接联系，从而降低了传统的中间商层次存在的必要性，显著降低了交易成本，提高了经济效益。为解释网络经济带来的诸多传统经济理论不能解释的经济现象，姜奇平提出了“直接经济”理论。他认为，如果说物物交换是最原始的直接经济，那么当今的新经济则是建立在网络上的更高层次的直接经济。从经济发展的历史来看，它是经济形态的一次回归，即农业经济（直接经济）—工业经济（迂回经济）—网络经济（直接经济）。直接经济理论主张网络经济应将工业经济中迂回曲折的各种路径重新拉直，缩短中间环节。信息网络化在发展过程中会不断突破传统流程模式，逐步完成对经济存量的重新分割和增量分配原则的初步构建，并对信息流、物流和资本流之间的关系进行历史性重构，压缩甚至取消不必要的中间环节。

2.1.3 网络经济的竞争原则

网络经济有着与传统经济迥然不同的特征、原理和规律。在网络经济中，企业必须顺应环境的变化，采取全新的竞争原则和竞争策略，方有可能在激烈的竞争中取胜。下面提出的五大竞争原则，概括了一家公司由弱变强的若干重要途径。

1. 主流化原则

为了赢得市场最大份额而赠送第一代产品的做法被称为主流化原则。主流化原则有助于吸引顾客，迅速提高市场份额，使企业在市场上占有主流地位。

主流化原则可以推广为：企业降低价格锁定特定的用户群，发展长远的顾客。所谓锁定，是指通过吸引顾客，顾客无法放弃企业的产品，从而使企业占领市场的过程。由于惯性、懒惰与时间的珍贵，人们愿意始终只和一个相对固定的公司进行交易。低价推动的正反馈机制是主流化原则的灵魂。例如，微软公司通过每 6 个月发行一个新版本的方法，从用户身上获取大量利润。用户不但本身被锁定在微软产品上，通过重复购买产生累积效应，而且还会向其亲戚朋友进行推荐，使微软产品的影响迅速扩大，在消费者心目中逐步变成一种时尚，一种非买不可的产品。这时，该产品就取得了主流地位。

2. 个人市场原则

在传统经济中，通常是以全体顾客为对象的大批量生产和大众化销售方式。在网络经济中，出现了“柔性生产”技术。由于互联网的互动作用，企业易于了解消费者的个人偏好，可以借助网络和计算机，适应个人的需要，有针对性地提供低成本、高质量的产品或服务。个体化产品的售价要比大批量生产的产品价格高，这主要是因为支出的成本较高，但它更容易激起顾客的购买欲望。例如，宏道资讯（Broad Vision）可在网上向人们提供经过剪裁的个人报纸，顾客只要说出感兴趣的新闻的范围、类型和侧重点，以及对于版面设计或其他方面的基本要求，就能得到一份充满个人色彩的、图文并茂的报纸。

3. 特定化原则

与个人市场原则密切相关的是特定化原则，即挖掘个人市场，然后瞄准市场中某类特定顾客。公司必须首先找出具有代表性的个人习惯、偏好和品味，据此生产出符合个人需要的产品。然后，公司找出同类型的大量潜在客户，把他们视作一个独立的群体，向他们出售产品（服务）。为了吸引特定顾客的注意力，公司应迎合他们共同的人生经历、价值观念和兴趣爱好，创造一个虚拟社会，唤起一种社区意识。因为虚拟社会能使客户树立对品牌的忠诚。对建立虚拟社会投入得越多，得到的客户忠诚和收入回报也就越多。一项产品一旦成了虚拟社会注意的焦点，它就达到了锁定客户的目标，该社区的成员将会拒绝购买其他同类产品。为了锁定客户，仅靠产品的品牌化是不够的，客户还应因其忠诚而受到奖励。瞄准特定市场是一个循环往复的过程：公司跟踪调查单个顾客的消费行为，将有关数据输入电脑，从而对某一消费者群体的购买行为作出预测，并施加一定的影响，如邮寄广告或有针对性的购物指南。那些老客户还可以享受额外的打折优惠。

瞄准特定客户是弱小公司的最佳策略。由于小公司的资源和能力有限，只能瞄准范围有限的特定客户群。随着锁定一部分客户并不断扩大战果，公司可遵循主流化原则迅速提高市场占有率。但是，随着市场份额的上升，瞄准特定市场的效果将逐步下降，因为未受控制的份额在迅速缩小。当然，随着公司的发展，它所瞄准的客户的范围将会不断扩大。

4. 价值链原则

一种产品的生产经营会有多个环节，每个环节都有可能增值，我们将其整体称作价值链。价值链原则包括三层含义：其一，公司不应只着眼于价值链某个分支的增值，而应着眼于价值链的整合，着眼于整个价值链的增值。其二，公司应尽可能多地拥有或控制价值链上的分支，并从中赚取尽可能多的利润。其三，公司应缩短价值链，通过砍掉某些价值链分支获取收入。

价值链的每一环节都应有价值增值，并使价值乘数达到最大。所谓价值乘数，是指增值总量与增加的投资之比。价值乘数的大小与客户数量、反应率、结账率（实际购买人数）和价格成正相关，与广告费用成负相关。公司应设法稳定价格、增加客户数量、提高反应率和结账率，减少广告费用。而要做到这一点，关键是瞄准特定市场，锁定比较狭窄的客户群；或者运用“柔性生产”，使个人需要得到较大的满足，使产品可以有更高的售价。换而言之，个人市场原则和特定化原则可使价值乘数最大化。

在控制价值链分支方面，能带来巨额利润的是建立一个新的价值链，即建立一个由相关公司组成的存在上下游关系的产业。例如，微软公司构建起一个产业，其中不仅包括微软公司，还包括成千上万个开发商、合作伙伴和追随者。索尼等游戏机制造商单纯出售游戏机是亏损的，但它可以锁定用户并将其纳入自己的价值链中，可以通过出售游戏软件，以及从影院、快餐店及玩具制造厂等生产相关产品的价值链的分支获取利润。

5. 适应性原则

由于互联性的存在，市场竞争在全球范围内进行，市场呈现出瞬息万变之势，精心制订好的发展计划，很可能在转眼间就成为一堆废纸。因此，对公司的经营策略及时作出调整，或使公司的组织结构具有足够的弹性，以适应市场的急剧变化，已成为公司必须遵循的最基本的竞争原则之一。公司的适应性原则包括三方面的内容：公司产品的适应性、公司行为的适应性和公司组织的适应性。

（1）公司产品的适应性，即公司产品（服务）能适应消费者不断变化的个人需要。

（2）公司行为的适应性，即公司行为要适应市场的急剧变化，具体从三方面进行：1）让市场来管理——让市场对公司的产品（服务）进行评价，并以此为依据不断作出改进，以满足消费者的需要。例如，网景公司发起“寻错奖励”运动，发动顾客发现它所生产的软件存在的问题。2）让市场来定价——不是由公司来给产品（服务）定价，而是时刻由市场来定价。几乎每个订单都由与网络相连的任何制造商竞价。3）让市场来营销——市场可以非常有效地促销产品。网景公司初期赠送浏览器软件的举动，就是这方面的典范。通过发放足够多的产品，会扩大公司影响力，使人们开始关注公司，对公司的产品产生浓厚的兴趣，继而需要公司的产品，并按照公司开出的价格付账。

（3）公司组织的适应性，即公司组织要富有弹性，能随着市场的变化而伸缩自如。公司组织通常等级森严、权力集中。在网络经济中，面对大量信息的快速传递、市场的急剧变化、全球范围的竞争对手，公司现有的僵化的组织结构已经难以为继。如果任何一项行动都必须等待公司总裁的批准，这往往会变得毫无意义。

在网络经济中，由于外界环境的变化极其迅速，因此推动公司发展的不再是效率，而是高度的适应性。应该把公司看成是有机体，它可以感受环境、适应环境，甚至改变环境。市场环境则是一种选择机制，它可以判定哪种有机体更适合生存。公司可通过下列方式来设计自己的组织结构，使之具有高度的适应性：

1）多元化。圣达菲研究所只有三位长期职员，分别是物理学家、经济学家和生物学家，其余都是临时雇员。它使跨学科的工作人员每天聚集在一起，平等参与讨论会中的话题。由于环境的变化是多方面的，不断变化的新成员带来的多元化思想增强了该组织对市场的适应性。

2）可渗透边界。一个组织的边界应该是模糊的，具有可渗透性，使组织可以随时吸收它所需要的人，放弃它暂时不需要的人。以快速变化著称的投资银行，为了对市场上的新机会迅速作出反应，以小组作为其基本组织单元。小组成员可随时更新，新成员能带来新技术和新思想，并与外部专家建立关系。投资银行鼓励员工相互交流，并与组织之外的人交流，对建立新关系的员工予以奖励。具有渗透性的组织可以轻而易举地与外部建立关系，并借此把知识、人才和机会抓到手中。

3）大与小的辩证法。传统上认为，大公司由于官僚主义盛行，难以适应市场变化；小公司则反应敏捷，具有很强的适应性。但是，在网络经济中，小公司也存在问题，为发展经济网要消耗大量时间和人力资源，降低了公司的经济效益。在网络经济中，公司要既大又小。它要足够大，以便具有足够大的视野，把握全球市场的转变，进行大规模的投资；它又要足够小，以便灵活、机动、目标单一，能对市场的变化作出即时反应。要做到大与小的统一，关键在于如何看待基础设施。软件、网络、工艺和资本设备都是基础设施的一部分。一个公司不必拥有基础设施，但可以利用它并从中获益。

2.2 信息论

信息，指音讯、消息、通信系统传输和处理的对象，泛指人类社会传播的一切内容。人们通过获得、识别自然界和社会的不同信息来区别不同事物，得以认识和改造世界。在一切通信和控制系统中，信息是一种普遍联系的形式。信息科学是一门重要的新兴科学，它与传统的自然科学、社会科学以及系统科学、哲学都有密切的联系。信息资源、信息技术革命、企业信息化、社会信息化、信息社会等也成为当代社会生活中最热门的话题。本部分主要阐述信息论的发展情况、定义、类型及研究范围。

2.2.1 信息论的发展情况

信息论是20世纪40年代后期从长期通信实践中总结出来的一门学科，是专门研究信息的有效处理和可靠传输的一般规律的科学。彻里（Cherry）曾写过一篇早期信息理论史，他从石刻象形文字写起，经过中世纪启蒙语言学，直到16世纪吉尔伯特（Gilbert）等人在电报学方面的工作。20世纪20年代奈奎斯特（Nyquist）和哈特莱（Hartley）最早研究了通信系统传输信息的能力，并试图度量系统的信道容量。1948

年10月，克劳德·香农（Claude Shannon）在《贝尔系统技术学报》上发表了论文《通信的数学理论》，其中首次将通信过程建立了数学模型，这篇论文的发表奠定了现代信息论的基础，被视为现代信息论研究的开端，香农被称为“信息论之父”。由于现代通信技术飞速发展和其他学科的交叉渗透，信息论的研究已经从香农当年仅限于通信系统的数学理论的狭义范围扩展开来，发展为信息科学的庞大体系。

信息论是建立在概率论基础上而形成的，是一门用数理统计方法来研究信息的度量、传递和变换规律的科学，它主要是研究通信和控制系统中普遍存在的信息传递的共同规律以及研究信息的获得、度量、变换、存储和传递等问题的基础理论，也就是从信源符号和信道噪声的概率特性出发的。这类信息通常称为语法信息。其实，信息系统的基本规律也应包括语义信息和语用信息。语法信息是信源输出符号的构造或其客观特性，其表现与信宿的主观要求无关，而语义则应考虑各符号的意义，同样一种意义可用不同语言或文字来表示，各种语言所包含的语法信息可以是不同的。一般来说，语义信息率可小于语法信息率；电报的信息率可低于表达同一含义的语声的信息率就是一个例子。更进一步，信宿或信息的接收者往往只需要对他有用的信息，他听不懂的语言是有意义的，但对他是无用的。所以语用信息，即对信宿有用的信息一般小于语义信息。倘若只要求信息系统传送语义信息或语用信息，效率显然会更高一些。在目前情况下，关于语法信息，已在概率论的基础上建立了系统化的理论，形成一个学科；而语义和语用信息尚不够成熟。因此，关于后者的论述通常称为信息科学或广义信息论，不属于一般信息论的范畴。概括起来，信息系统的基本规律应包括信息的度量、信源特性和信源编码、信道特性和信道编码、检测理论、估计理论以及密码学。

传统的通信系统如电报、电话和邮递，分别是传送电文信息、语声信息和文字信息的；而广播、遥测、遥感和遥控等系统也是传送各种信息的，只是信息类型不同，所以也属于信息系统。有时，信息必须进行双向传送，例如电话通信要求双向交谈，遥控系统要求传送控制用信息和反向的测量信息等。这类双向信息系统包含以下要素：一是信源，即信息的源泉或产生待传送的信息的实体，如电话系统中的讲话者，电信系统还应包括话筒，它输出的电信号作为含有信息的载体。二是信宿，即信息的归宿或接收者，在电话系统中也就是听者和耳机，后者把接收到的电信号转换成声音，供听者提取所需的信息。三是信道，即传送信息的通道，如电话通信中包括中继器在内的同轴电缆系统，卫星通信中地球站的收发信机、天线和卫星上的转发器等。四是编码器，在信息论中泛指所有变换信号的设备，实际上就是终端机的发送部分。它包括从信源到信道的所有设备，如量化器、压缩编码器和调制器等，使信源输出的信号转换成适于信道传送的信号。五是译码器，即编码器的逆变换设备，把信道上送来的信号转换成信宿能接收的信号，可包括解调器、译码器和数模转换器等。

当信源和信宿已给定，信道也已选定后，信息系统性能就取决于编码器和译码器。在设计一个信息系统时，除了选择信道和设计其附属设施外，主要工作也就是设计编译码器。一般情况下，信息系统的主要性能指标是它的有效性和可靠性。有效性就是在系统中传送尽可能多的信息；而可靠性是要求信宿收到的信息尽可能与信源发出的信息一致，或者说失真尽可能小。最佳编译码器就是要使系统最有效和最可靠。但是，可靠性和有效性往往是相互矛盾的。有效常导致不可靠，反之也是如此。从定量意义上说，应使系统在规定的失真或基本无失真的条件下，传送最大的信息率；或者在规定信息率的条件下，失真最小。计算这个最大信息率并证明达到或接近这一值的编译码器是存在的，就是信息论的基本任务。香农认为信息论的内容应更广泛一些，即包括提取信息和保证信息安全的理论。后者就是估计理论、检测理论和密码学。

2.2.2　信息论的定义

1. 信息的定义

信息（information）是客观事物状态和运动特征的一种普遍形式，客观世界中大量存在、产生和传递着以这些方式表示出来的各种各样的信息。然而，这只是对于我们所生活的三维空间而言的，信息还有更深藏的本质。信息还存在于四维空间，这里所说的四维空间不包括时间，而是空间的四维状态。三维空间中的信息只是四维空间中真实信息的影子。信息大量存在于四维空间中，其本质是在四维空间中存在的一种信息子（informer，假想的存在于四维空间的组成信息的基本单位）的规则排布。非世界三要素的信息定义：信息是事物及其属性标识的集合。不含世界三要素的信息定义：信息是确定性的增加——逆香农信息定义；信息就是信息，信息是物质、能量、信息及其属性的标示——逆维纳（Wiener）信息定义；信息是事件（corridor）发生的根本原因。

2. 信息的性质

信息的性质有：客观性、广泛性、完整性和专一性。首先，信息是客观存在的，它不是由人的意志所决定的，但它与人类思想有着必然联系。其次，信息是广泛存在的，四维空间被大量信息子所充斥。再次，信息的一个重要性质是完整性，每个信息子不能决定任何事件，须有两个或两个以上的信息子规则排布为完整的信息，其释放的能量才足以使确定事件发生。最后，信息还有专一性，每个信息决定一个确定事件，但相似事件的信息也有相似之处，其原因的解释需要信息子种类与排布密码理论的进一步发现。

3. 信息论机制

在平常状态下，信息子杂乱无章地分布于四维空间中。当三维空间中的分子摩擦碰撞时，其中的能量逃逸到四维空间中，启动了信息子的规则排布，排布好的信息子又将能量释放出来，进入三维空间，引起其他分子的摩擦碰撞，如此循环下去。如果被引起摩擦碰撞的分子恰好是决子（decider，决定事件的因子），并且有一定物质的量的决子被引起摩擦碰撞时，事件发生。当然，不同分子摩擦碰撞产生的能量不同，其引起的信息子的排布形式的种类也不同，因而决定的事件也不同。

2.2.3　信息论的类型

一般把信息论分成三种不同的类型：

（1）狭义信息论，它是一门应用数理统计方法来研究信息处理和信息传递的科学。它是研究通信和控制系统中普遍存在着的信息传递的共同规律，以及如何提高各信息传输系统的有效性和可靠性的一门通信理论。

（2）一般信息论，主要是研究通信问题，还包括噪声理论、信号滤波与预测、调制与信息处理等问题。

（3）广义信息论，不仅包括狭义信息论和一般信息论的问题，而且包括所有与信息有关的领域，如心理学、语言学、神经心理学和语义学等。

2.2.4 信息论的研究范围

信息论的研究范围极为广阔，主要包括信息与通信、信息科学。

1. 信息与通信

信息就是一种消息，它与通信问题密切相关。1948年香农在题为《通信的数学理论》的论文中系统地提出了关于信息的论述，创立了信息论。维纳提出的关于度量信息量的数学公式开辟了信息论的广泛应用前景。1951年信息论学科得到美国无线电工程学会承认，并在此后得到了迅速发展。20世纪50年代，信息论对各门学科发起冲击，60年代进入消化、理解的时期，在已有的基础上进行重大建设，研究重点是信息和信源编码问题。20世纪70年代后，由于数字计算机的广泛应用，通信系统的能力有了很大提高，如何更有效地利用和处理信息，成为日益迫切的问题。人们越来越认识到信息的重要性，认识到信息可以作为与材料和能源一样的资源而加以充分利用和共享。信息的概念和方法已广泛渗透到各个科学领域，它迫切要求突破香农信息论的范围约束，以便使它能成为人类各种活动中所碰到的信息问题的基础理论，从而推动其他许多新兴学科进一步发展。人们已把早先建立的有关信息的规律与理论广泛应用于物理、化学、生物等学科中去。一门研究信息的产生、获取、变换、传输、存储、处理、显示、识别和利用的信息科学正在形成。

2. 信息科学

信息科学是人们在对信息的认识与利用不断拓展的过程中，在信息论、电子学、计算机科学、人工智能、系统工程学和自动化技术等多学科基础上发展起来的一门边缘性新学科。它的任务主要是研究信息的性质，研究机器、生物和人类关于各种信息的获取、变换、传输、处理、利用和控制的一般规律，设计和研制各种信息机器和控制设备，实现操作自动化，以便尽可能地把人脑从自然力的束缚下解放出来，提高人类认识世界和改造世界的能力。信息科学在安全问题的研究中也有着重要应用。

2.3 电子商务管理理论

随着信息技术和网络技术的不断发展，电子商务迎来了高速发展的时期。电子商务与传统管理理念相结合，形成了全新的管理模式——电子商务管理。电子商务是近几十年才发展起来的，但是电子商务管理的思想可以追溯到计算机技术和信息技术发展的早期。电子商务管理是在信息技术迅猛发展和社会经济管理模式不断变革的过程中产生的。

电子商务管理的定义如下："从事电子商务活动的各个实体为了有效地实现预期目标，遵循一定的原则，运用一定的方法，利用计算机技术、网络技术、通信技术和计划、组织、领导、控制等基本功能，针对企业电子商务活动组织中的物流、商流、信息流、资金流等进行管理，使以电子商务企业为代表的社会各个企业得到更有效率的产出，以取得最佳经济效益的一系列活动的总称。"该定义一方面强调了电子商务管理中计划、组织、领导和控制的管理职能，说明电子商务管理有着不同层次的管理职能，不仅有运作层面的管理，还有战略层面的管理；另一方面强调了计算机技术、网络技术和通信技术在电子商务管理中的应用。同时，上述定义强调了电子商务管理是对电子商务中"四流"的管理。

2.3.1　电子商务管理的内容

电子商务不仅是一种帮助企业降低成本、创造效益的工具，更是一种管理理念的体现。电子商务管理的内容是电子商务管理研究的核心，包括与从事电子商务活动的组织相关的人、财、物、时间、信息和技术等要素组成的信息流、物流、资金流的资源管理等内容。

1. 电子商务管理原理

电子商务管理原理从电子商务管理的对象、职能、构成与定义来研究电子商务组织的管理机制、组织结构、运营模式等相关内容，包括电子商务管理的对象与职能、电子商务管理的意义和特点、电子商务组织的管理体制以及电子商务的运作流程。

2. 电子商务管理内容

电子商务管理是针对电子商务"四流"（即物流、商流、信息流、资金流）的管理，因此，其内容包含了电子商务物流管理、电子商务商流管理、电子商务信息流管理、电子商务资金流管理、电子商务企业管理和电子商务环境管理等内容。

3. 电子商务管理方法

电子商务管理方法是实现企业电子商务活动有效管理的重要手段，主要从电子商务活动的核心内容来研究电子商务管理的系统方法，包括企业资源计划（ERP）方法、供应链管理（SCM）方法、客户关系管理（CRM）方法和电子商务系统评价（ECSE）等内容。

2.3.2　电子商务管理的层次

电子商务管理可以划分为宏观、中观和微观三个层次。

1. 宏观层次

电子商务是信息技术发展进步的时代产物，其发展涉及社会经济的方方面面。宏观层次的电子商务管理包括电子商务时代的变革趋势，电子商务生态学，电子商务经济、科技和法律环境管理，政府电子商务管理，电子商务管理发展对策研究以及趋势等内容。

2. 中观层次

电子商务管理的中观层次是指从整个企业的角度来考量的电子商务企业管理。电子商务的发展对于企业来说既是绝佳的发展机遇，又是巨大的挑战。一方面，企业的市场得到了拓展，电子商务模式可以有效地帮助企业解决以往的资金、仓储、信息传递等问题；另一方面，要适应当今网络经济的快速发展，企业的结构、战略就必须做出相应的调整。电子商务企业管理是适应网络经济环境和电子商务发展的必然结果，包括电子商务企业管理理论的变革、电子商务企业管理战略、电子商务企业文化战略、电子商务企业风险，以及 ERP、CRM 等电子商务企业管理工具的应用。

3. 微观层次

从微观层次来看，可以将电子商务管理划分为电子商务组织管理、电子商务物流管理、电子商务商流管理、电子商务信息流管理以及电子商务资金流管理五个方面，即电子商务的“四流”加上组织管理。

（1）电子商务组织管理。全球化浪潮的到来和知识经济、网络经济的发展，对企业的竞争战略、管理规模和层级、人员素质等都提出了新的挑战，企业传统的缺乏灵活性的组织结构已无法适应经济和市场发展的需要。在网络经济的影响下，传统的实体组织出现多样化的形式，具有更多的网络经济特色，呈现出团队化、扁平化、柔性化、网络化、虚拟化和无边界等特征，组织结构、管理体制都相应地发生变化。电子商务组织管理的范畴就是电子商务组织与管理体制的相关内容，包括组织与组织管理、电子商务组织结构和电子商务组织形态等内容。

（2）电子商务物流管理。电子商务的快速发展，引发了对电子商务物流管理的研究与实施的热潮。在我国，随着经济的飞速发展，电子商务的应用及普及使得电子商务物流管理日益成为整个经济发展中重要竞争力的体现。电子商务物流管理与传统的物流管理相比具有一定的特殊性：第一，电子商务物流以虚拟的方式表现，可以通过各种组合方式寻求物流的合理化；第二，电子商务的网络特性便于对物流网络进行虚拟化控制，变革传统物流的以商流为中心的运作方式；第三，电子商务的快捷使其对物流时效性的要求更充分，对物流的运作管理水平和方式提出了新的挑战；第四，电子商务的无时空性使得物流管理的空间范围远远超越了传统物流，对社会化的物流体系的要求与信赖更加明显。正是这些特性使得电子商务物流管理超越了传统的物流管理，新的时代需要新的技术与手段，也需要更加有效的管理方式，电子商务物流管理应时代的要求而出现。

（3）电子商务商流管理。电子商务的发展对传统的商品流通领域形成了巨大的冲击，商务电子化使商品流通效率得到很大的提高，商流信息传递更为快捷。商务电子化增加了客户与商家之间信息的可获取性，消除了交易双方的信息不对称性，因此可以大量节省客户与商家之间的交易费用。在电子商务条件下，网络的高速发展在给商流运行带来便利的同时，也带来了许多新的变革。

（4）电子商务信息流管理。信息流是电子商务发展至关重要的一环。随着社会经济的发展和科学技术的进步，特别是电子商务的广泛开展，物流、商流、资金流在企业中都是以信息流的形式出现的。信息流关系到电子商务发展的方方面面，如何保障电子商务活动中信息流的有效传递和应用，关系到整个电子商务系统的运作效率。

（5）电子商务资金流管理。在现代市场经济条件下，资金如同企业的血液，是企业从事生产经营活动必不可少的基本条件。资金是企业构成的支柱，没有资金，企业的生存和发展都无从谈起。随着电子商务的不断发展，加强资金流管理对企业的生存和发展都具有重要的意义。电子商务资金流管理包括电子商务支付管理、电子商务资本运营管理等内容。

2.4 电子商务价值链

价值链有多种，在传统条件下，企业所处的价值链或价值网络是相对简单的。但随着网络化生产组织方式的出现，互联网环境下的价值链结构更为复杂，并且呈现出价值网络形式。实践表明，价值链思想是研究和分析企业竞争优势的有效工具。基于价值链的分析一般包括三个方面：第一，企业内部价值链，用于划分企业的主要价值活动；第二，外部产业价值链，从战略高度分析、考虑是否可以利用产业链的上游、下游来帮助企业进一步降低成本，或者调整企业在整个产业价值链中所处的位置；第三，分析竞争对手的价值链，对于电子商务企业而言，研究竞争对手的价值链是明确企业竞争地位和竞争优势的重要途径。

2.4.1 价值链理论

1. 实体价值链

价值链概念是由美国哈佛大学商学院教授迈克尔·波特（Michael Porter）于1985年在其所著的《竞争优势》一书中首次提出的，即“每一个企业在设计、生产、销售、配送和辅助其产品的过程中进行种种活动的集合体，所有这些活动都可以用价值链表示出来”。整个社会生产按照产品的形态可以分为有形的和无形的，有形产品如物质产品，无形产品基本上是服务和信息（知识）。按照波特的理论以及从产品形态出发，可以将价值链分为有形产品价值链和无形产品价值链。我们将二者合称为实体价值链（physical value chain，PVC）。

（1）有形产品价值链。波特的价值链分析以制造业为原型，按照物质产品生产过程中所涉及的流程和职能域，他将企业的增值活动概括为两种类型，即基本活动（如内部后勤、生产经营、外部后勤、市场、销售和服务）和辅助活动（如采购管理、技术开发、人力资源管理和企业基础设施）。波特将价值链视为一系列连续完成的活动，是原材料转换成一系列最终产品并不断实现价值增值的过程。波特的价值链通常被认为是传统意义上的价值链，偏重于以单个企业的观点来分析企业的价值活动，企业与供应商、顾客可能的连接，以及企业从中获得的竞争优势。按照波特的价值链理论对生产过程进行优化，我们会发现，为了获得更高效率，每个企业必须高度专业化，最终，企业的各种生产活动将进一步分化独立，每个企业占据价值链的一个独立节点。

（2）无形产品价值链。我们已经对有形产品价值链有了初步认识，下面了解服务和信息产品的特性、生产过程及其价值链。服务在于能获得顾客满意，确切地知道顾客的需求，并在适当的时间和地点，以客户满意的方式满足顾客；信息产品是基于数据、信息、知识的整理、综合和深层次的挖掘。它们体现出的最主要特征是知识化。它们的生产相对不受时空的限制，过程也相对单一，特别是互联网的出现使信息的收集、加工和传递变得简单。但是我们必须正视一个现实，知识的最终价值在于能够指导物质生产，只有依附于实物才有其存在的价值，所以服务和信息产品的生产仍然属于价值链的一个环节。也就是说，无形产品的生产过程在价值链中的地位和作用，与有形产品的生产过程是一样的，其本质没有超出价值链涵盖的范畴。

2. 虚拟价值链

20世纪90年代以后，随着信息技术特别是网络技术的发展，人们把信息技术应用到价值链的管理中，使得价值链的每一个环节最优，整个价值链的效率最高。这时传统的价值链开始发生变化，一方面纵向延伸，除提供产品外，还能为客户提供满意的服务，从而把顾客纳入价值链的管理；另一方面横向延伸，企业之间进行联合、兼并，形成企业联盟或者战略联盟，取得在某行业、领域的优势。价值链上的每个企业之间的关系也发生了变化，维系它们的不仅仅是实物形态的价值链，更多的是基于业务信息的传递、处理和共享，信息的创造和利用也逐渐成为价值链的组成部分，电子商务逐渐成为企业的运行方式。

杰弗里·雷波特（Jeffrey Rayport）和约翰·斯威尔克莱（John Sviokla）敏锐地发现了这个变化，于1995年提出了“虚拟价值链”（virtual value chain，VVC）的概念，认为当今每个企业都在两个世界中竞争，即管理者可感知的物质世界以及由信息构成的虚拟世界，而后者是指电子商务这一新的价值增长点。在深刻思考信息技术对商业模式的影响后，他们进一步指出虚拟价值链不仅是价值增值活动中的支持元素，还能创造价值。虚拟价值链在任一阶段创造价值均包括信息的收集、组织、选择、合成和分配等五项活动。虚拟价值链与实体价值链（即传统的基于实体市场的实物价值链）平行运作。虚拟价值链可用于实物价值链的各阶段，水平地使价值增加，只是虚拟价值链需要在互联网上操作，即供应商等利用互联网创造新的企业。供应商通过互联网销售产品可以取得新的市场。

随着全球性竞争的加剧、市场环境和顾客需求的快速变化，壁垒森严的劳动分工、面向职能的管理模式面临严峻的挑战，离散的单个活动不能使顾客得到满足，只有当各种价值活动有序地集合在一起时，才能为顾客创造满意的价值。有些价值活动是企业的优势所在，有些是企业的薄弱环节，不同企业在虚拟价值链上相同价值活动的互补、整合或不同价值活动的合作、共享，能增强价值链满足顾客需求的能力。相对于竞争来说，处于电子商务虚拟价值链各价值点上的企业之间更需要合作和协同。

3. 实体价值链与虚拟价值链的区别

虚拟价值链是产品虚拟化、主体虚拟化和过程虚拟化的结果，并且随着产品、主体和过程数字化程度的增加，虚拟价值链的作用空间也不断增加。实体价值链与虚拟价值链有很多不同，表2-1从经济管理、管理内容、增值过程、信息的作用等多个方面进行比较。

表 2-1　实体价值链与虚拟价值链的区别

比较项目	实体价值链	虚拟价值链
经济管理	边际效应递减	边际效应递增
管理内容	实物产品	数字产品
增值过程	活动是连续的	活动是非连续的
信息的作用	辅助因素	创造价值
中介	物理中介	传统中介减少，信息中介兴起
客户角色	产品接受者	参与产品制造者
关注焦点	产品、服务可察觉的核心价值	信息交流

随着电子商务的迅速发展，数字产品的范围不断扩大，各种信息中介蓬勃发展。伴随着企业信息化的进程，企业业务流程中的信息技术的使用越来越广泛，虚拟价值链在价值创造中的地位更加重要。因此，实体价值链向虚拟价值链迁移这个问题凸显，当然，这里说的迁移并非无限制的迁移，因为任何时候一个运行良好的电子商务系统必定是两者的巧妙平衡。实体价值链向虚拟价值链的迁移如图 2-1 所示。随着产品、主体、过程三个维度虚拟化程度和数字化程度的加深，虚拟价值链的作用空间不断增加。

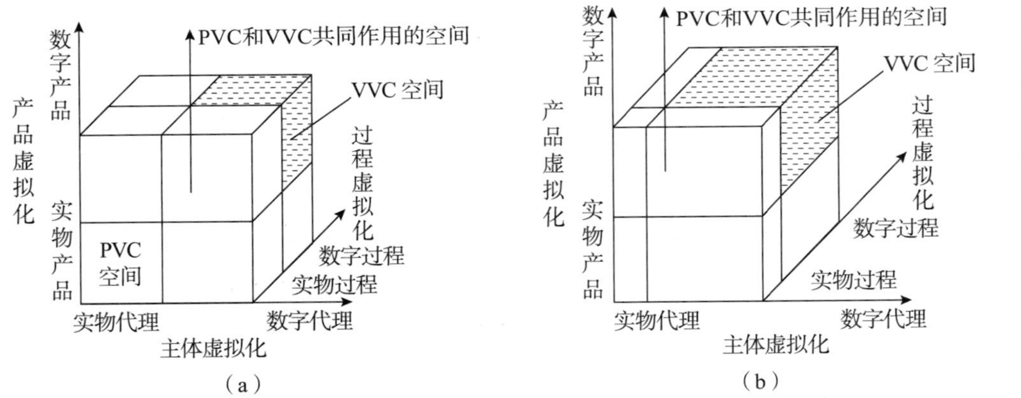

图 2-1　实体价值链向虚拟价值链的迁移

实体价值链的基本准则是标准化、大批量和大众沟通，而虚拟价值链的基本准则是客户导向、小批量和一对一沟通，即生产系统和沟通系统高度灵活性的统一。在实体价值链向虚拟价值链迁移的过程中，为了能让价值链与每个客户形成一条沟通渠道，构建者要提高沟通的灵活性；供货者要改变过分依赖标准化生产的战略，考虑到客户个性化的要求，提高生产和后勤的灵活性；操作者要不断进行系统革新，使产品和沟通达到客户导向的要求。然而不管是由于信息技术介入而带来的一系列价值链变化

（产生了虚拟价值链），还是由于产品和服务形式的增多而带来的价值链变化，价值链的内涵从本质上讲都没有发生变化，它所描述的仍然是价值创造的过程。

2.4.2 电子商务价值链

根据实体价值链的定义，我们可以对电子商务价值链理解如下：电子商务价值链是指电子商务环境下各实体在进行产品和服务的设计、开发、生产、推广及售后等一系列价值创造和价值增值活动过程中形成的价值链，它带来了更多的价值创造和增值方式。而传统企业在价值链中的地位和作用也会发生很大的改变。电子商务价值的创造取决于由供应商、制造商和消费者组成的各种价值链活动，取决于这些当事人交易的信息流的大量流动。例如，通过在互联网上提供各种支付形式的订购，消费者能很快地订购产品，而购买信息能实时地发送给制造商和供应商。实时的事务处理提高了企业的竞争力和效率，通过对信息的组织管理，企业还可以发现消费者的潜在需求。通过跟踪消费者信息，企业能比它的竞争者更早挖掘消费者的偏好，从而提供更有针对性的产品和服务。基于以上分析可以看出，电子商务的发展使商务价值日益建立在以高科技和通信技术为手段的数据、信息和知识基础之上，可以说电子商务本身是技术发展的产物，因此电子商务产生价值的核心价值链，就是由传统的实体价值链中分化出的虚拟价值链，虚拟价值链成为分析电子商务给行业带来的变化的重要工具。

在电子商务中，信息不是实体价值链战略活动的副产品，而是扮演着战略性角色，虚拟价值链的活动总是围绕着信息开展。我们可以把虚拟价值链看作是由收集、组织、选择、综合和分配信息组成的。当虚拟价值链活动为消费者、供应商、制造商提供信息通道从而使大部分交易变得透明时，实体价值链活动履行了订购、装配成品和提供服务的过程。目前，从价值链的形态分析，电子商务中利用信息技术的情况不外乎以下几种：

（1）将电子商务用于全面提升价值链的各个环节，从而提高价值链的整体运作效率，这是目前制造业利用信息技术的普遍方式。随着信息技术应用程度的提高，价值链将逐渐分化，使得实体价值链向虚拟价值链发展，价值链的联系由实物形态发展到信息互联。

（2）电子商务和传统业务相结合，增强或者创造新的价值链环，特别是关键价值活动，从而强化竞争优势。

（3）电子商务企业大量涌现，以提供电子商务平台和电子商务服务为主要的关键价值活动。目前比较成功的淘宝网，其价值链源自参加网上交易的买卖活动，为交易双方提供安全、便捷的中介服务。

（4）借助互联网，对信息进行收集、加工，提供信息咨询的新兴公司。伴随着世界经济一体化、信息网络化和企业信息化的进程进一步深化，电子商务企业面临新的环境：电子市场的进一步完善和扩展，全球客户的激增和应用范围、区域的扩大；企业业务外包需求的增加和各种电子应用服务系统的完善；消费者日趋成熟，其需求个性化、多样化以及品牌的全球化；企业（群）间在服务、质量、创新和反应速度方面的竞争日趋激烈；企业内部信息化和企业外部动态联盟的不断发展。在这种经济背景下，各企业对于自身在电子商务中的定位决定了其在价值链中的位置和商业模式。

值得注意的是，电子商务的价值链不在于技术本身，而在于它所依附的商业模式，以及信息技术与传统商业模式的结合。具体商业模式的运用和价值的获得最终取决于人们对信息技术的利用程度，包括信息的收集、分析、传输和共享。可以预见电子商务应用的最高境界，应该是知识和信息的生产、共享和传递不受时间和空间的限制，企业的主要活动不再是降低成本、提高效率，而是创造价值和寻找新的价值增长点。

□ 本章小结

本章从电子商务的经济理论、信息论、管理理论和价值链四个方面对电子商务理论基础进行阐述。

网络经济是伴随着计算机网络的产生和发展而出现的新经济形态。迅速发展的网络经济已经成为当代社会经济的重要组成部分，它的进一步发展必将对未来经济产生更大的影响。

信息论是建立在概率论基础上的，是一门用数理统计方法来研究信息的度量、传递和变换规律的科学，它主要是研究通信和控制系统中普遍存在着信息传递的共同规律以及研究最佳解决信息的获限、度量、变换、储存和传递等问题的基础理论，也就是从信源符号和信道噪声的概率特性出发的理论。

随着信息技术和网络技术的不断发展，电子商务迎来了高速发展的时期。电子商务与传统管理理念相结合，形成了全新的管理模式——电子商务管理。虽然电子商务是近几十年才发展起来的，但是电子商务管理的思想可以追溯到计算机技术和信息技术发展的早期。电子商务管理是在信息技术迅猛发展和社会经济管理模式不断变革的过程中产生的。

电子商务价值链是指电子商务环境下各实体在进行产品和服务的设计、开发、生产、推广及售后等一系列价值创造和价值增值活动过程中形成的价值链。随着电子商务的发展和新技术的出现，电子商务环境下的价值链对传统价值链的突破和创新日益扩大，带来更多的价值创造和增值方式，传统企业在价值链中的地位和作用也会发生很大的改变。

□ 思考与练习

一、复习思考题

1. 什么是网络经济？
2. 网络经济包括哪几层？
3. 网络经济的特点是什么？
4. 网络经济的原则是什么？
5. 什么是信息？

6. 信息论的类型有哪些？

7. 电子商务管理的内容是什么？

8. 电子商务管理的层次是什么？

9. 什么是价值链？

10. 什么是电子商务价值链？

二、讨论题

1. 在当前的电商行业发展中，有哪些企业发展体现了网络经济的自我膨胀性定律？

2. 价值链原则如何在当前经济形势下指导电商行业发展？

3. 除了本章中提到的信息与通信和信息科学，你觉得在当前的经济发展中，信息论的研究范围还包括哪些方面？

4. 电子商务管理层次的划分对运用电子商务有何启示？

5. 试分析和讨论电子商务与物流管理的关系。

6. 实体价值链与虚拟价值链的区别体现在哪些方面？

三、网络实践题

1. 进入淘宝、天猫、京东和1号店网站，比较这四个网站的不同之处，分析它们的成功模式。

2. 上网收集有关拼多多的资料，梳理其发展历程，并用SWOT分析工具分析其目前的发展状况，制成word文档，并与同学讨论。

3. 上网收集关于“边际效益递增性”的案例并与同学讨论。

4. 上中国知网查找关于电子商务价值链的期刊论文，找出关于价值链最新的前沿研究观点。

四、案例分析题

拼多多上市的潜台词：新零售风口下的电商再进化

有关拼多多IPO的消息引发了诸多关注，伴随着拼多多上市后不断攀升股价的是人们对于拼多多产品质量的诟病。无论怎样，拼多多的上市都可以给我们提供一个全新的思考样本，那就是在互联网红利即将落幕的当下，传统电商是否可以通过模式创新实现突破，从而获得新的发展。

对于拼多多，很多人将它定义为新经济的类型，也有人将它看作互联网巨头赋能传统经济模式的一种体现。无论如何，拼多多能够用三年的时间走完别的企业十年甚至更长时间才能走完的道路，的确值得我们思考。拼多多这种全新的电商模式的发展，似乎能够给当前的行业发展提供一些借鉴。

一、新模式、新技术、新手段加持传统电商成为可能

在新零售的概念提出之后，人们对于电商的关注开始减少，甚至有人将电商当作一个老旧的概念。但是，拼多多的崛起让我们看到了传统电商在有了新模式、新技术、新手段的加持之后依然具有非常强劲的发展潜力。

很多人依然将拼多多的模式看作传统电商一种，认为传统电商借助大型互联网平台的赋能焕发新的生机与活力。

传统电商并未过时，只是需要真正抓住供需两端的基本需求。

之所以有人认为传统电商过时，其中一个很重要的原因在于，按照当下的发展模式已经难以满足用户的基本需求。因为按照传统的电商逻辑，大型的电商平台是通过流量赋能的方式来运行的。

那时，用户需要海量的卖家，卖家需要海量的用户，而搭建一个电商平台便能够轻而易举地解决卖家和用户两端的痛点和难题。然而，随着流量的不断聚集，用户和卖家之间的对接效率开始下降，两者的体验开始降低。于是，有关电商模式即将过时的说法便开始出现。

拼多多的崛起让我们看到了一个现象，那就是只要我们能够满足买卖双方的基本需求，即使是传统的电商模式依然具有巨大的潜力，依然能够受到市场的青睐。对标当下如火如荼的新零售市场，我们不难看出，其实它们都是在借助新技术、新模式、新手段来满足买卖双方不断出现的新需求。

只要传统电商能够把握好用户痛点，能够借助新技术、新模式等手段来满足发展的需求，它本身依然有巨大的发展潜力。阿里巴巴的新零售、京东的智慧零售、网易的电商3.0，其实都是按照这样一种逻辑向前推进。

虽然消费升级是一个趋势，但基于用户自身的能量依然不可忽视。很多人会将消费升级与当下火热的新零售联系在一起，但是他们不知道的是，在消费升级的背后，是卖方无法找到用户兴奋点的茫然。电商平台的用户活跃度之所以会下降，转化率之所以会降低，其中一个很重要的原因就在于：用户找不到真正激发他们下单的契机。

拼多多的崛起说明人与人之间的社交关系能够促使他们下单，能够激发沉寂用户的购物活跃度。在消费升级成为一个趋势的当下，如果我们一厢情愿地进行电商的升级和创新，但是忽略了真正能够触发人们购物的兴奋点，那么消费升级到最后也许会是一个伪命题。

拼多多的上市，让我们看到了借助强社交关系链的方式促使用户转化的巨大能量。其实除了社交关系链之外，能够激发用户下单的方式和手段还有很多。用户自身的能量依然无法忽视，未来我们要做的并不是炫酷的高科技，而是如何利用最简单的方式激发用户的购物热情。以电商为原点的外部融合，能够帮助我们找到更多破解当下行业发展困境的方式和方法。

其实，破解当下电商发展困境的方式和方法还有很多，并不是借助以大数据、云计算和智能科技为代表的新技术这么简单，电商行业与现有行业的深度融合同样能够帮助我们找到激发电商行业发展活力的方式和方法。

拼多多之所以能够在很短的时间内获得如此飞速的发展，其中一个很重要的原因在于它实现了电商和社交两种行业的融合，将电商进行了社交化的改造。这说明我们不仅能够借助社交激发电商的潜能，而且能够让电商的用户群体从一、二线城市下沉到三、四线城市。

将电商看作一个原点，找到电商与外部行业更多的结合点，或许能够为我们破解当下电商行业的发展困境提供全新的思考方式。电商与新技术的结合是一种思路，它与社交行业的结合同样是一种思路。未来，当更多的行业开始与电商实现融合，我们同样能够找到更多破解当下电商发展困境的方式和方法。

拼多多的成功上市告诉我们，仅仅依靠新零售的方式并非电商行业的唯一发展方向，更多的发展方向是借助新模式、新技术、新手段。随着未来人们将目光聚焦到这一领域，或许将会衍生出更多新的电商类型。

二、深度赋能：传统电商转型的“金科玉律”

无论是哪一种电商模式，其实都是在借助新的方式实现全新的赋能方式的转变，深度赋能成为未来一段时间电商行业发展的主要方向。在移动互联网时代，可能仅仅搭建一个平台就能够满足买卖双方的需求。进入新的阶段，必须借助新的方式赋能才能真正满足电商发展的根本需要。

1. 模式赋能

找到一种适合当下电商行业的发展模式，似乎能够给电商行业的发展打开全新的思路，现在很多的电商平台基本上采用的是B2B模式。然而，这种模式难以给行业本身带来改变，必须通过新的模式才能打破当下面临的发展困境。

未来，随着对于模式赋能认识的深入，特别是对于电商思考的逐步开启，我们将会找到更多新的模式对传统电商进行赋能。

2. 技术赋能

技术赋能表现得比较明显，以阿里巴巴、京东、苏宁为代表的电商平台，都通过将新技术加入传统电商来实现赋能。尽管很多人将新技术赋能电商看作新零售，但是从本质上来看，这依然仅仅是技术赋能传统电商的一种简单的模式而已。

同互联网技术与传统零售业相结合产生的电商不同，新的市场条件下的赋能，更加侧重于新技术与零售行业的深度融合，以及环节和流程的改造。通过将不同技术加入电商行业的具体流程和环节当中，我们能够找到真正破解传统电商发展困境的方式和方法。

除了大数据、智能科技，区块链技术、虚拟现实技术都可以对传统电商进行赋能，而且这种赋能成功的关键不是新技术与传统电商的简单相加，而是将这些技术与电商深度融合之后，改变电商原有的元素，从而给行业的发展带来更加本质的改变。

3. 流量赋能

尽管流量红利的时代已经过去，但是我们依然可以通过线上和线下流量的双向流动，给电商行业的发展带来新的发展能量，这其实就是新零售概念当中线上和线下流量的有机流动。除了简单的流量移动之外，我们还能够对流量本身进行精准改造。由此，我们可以找到破解电商市场流量红利减退后所面临的难题的方式和方法。

对于流量赋能来讲，不再仅仅是流量获取，然后进行简单粗暴的输送，我们更加关注的是在对这些流量进行精准分析、细化之后再对电商进行赋能的方式。对流量进行精准细分既可以借助大数据的方式，又可以加入智能科技的手段，这样做的目的只有一个，就是提升流量的精准性，最终实现电商活跃度和转化率的双重提升。

新零售风口的来临、消费升级时代的到来，让很多人认为传统电商即将成为过去式，然而，拼多多的上市似乎又给我们带来了一个全新的思考方式。

在新零售的风口之外，我们似乎依然能够借助对电商行业的深度挖掘，找到激活用户活性的方式和方法，通过新模式、新技术、新手段，我们或许能够找到一条新的电商进化之路。

资料来源：拼多多上市的潜台词：新零售风口下的电商再进化.（2018-07-28）.网易.

案例思考：

1. 在本案例中，拼多多从哪些方面体现出在新零售风口下运用电子商务理论进行电商模式的创新？

2. 在新零售风口下，你认为电子商务的进化之路的出口在哪里？

第3章

电子商务的商业模式

学习目标

- 学习电子商务商业模式的概念
- 了解电子商务商业模式的环境分析方法
- 了解电子商务商业模式的分类
- 了解电子商务的创新
- 掌握电子商务商业模式的分析工具

案例导入

爱彼迎的商业模式分析

一、爱彼迎公司介绍

爱彼迎（Airbnb）是一家联系旅游人士和家有空房出租的房主的服务型网站，它可以为用户提供各式各样的住宿信息。这家公司成立于2008年8月，总部位于美国加利福尼亚州旧金山市，现在已经成为短租市场举足轻重的企业。爱彼迎提供了一个旅行房屋租赁社区，用户可通过网络或手机App发布、搜索度假房屋租赁信息并完成在线预订程序。爱彼迎用户遍布192个国家的34 000多个城市，发布超过100万条租房信息，曾经一晚定出3 000万间。

二、商业模式类型：O2O和P2P模式的结合

O2O模式全称online to offline，又称为线上线下电子商务模式，O2O是由亚历克斯·兰佩尔（Alex Rampell）于2011年3月提出的概念，实质是互联网经济与实体经济的深度融合和价值链对接，并且创造了一种全新的生态协同效应。它通过打折、提供信息、服务等方式，把线下商店的消息推送给互联网用户，从而将他们转换为自己的线下客户。这样线下服务就可以通过线上来收揽客户，消费者可以线上筛选服务，进行线上结算。爱彼迎是一家进行短租服务的网站，通过为用户提供短时期的住宿信息，完成住宿需求方与房主之间线上与线下的交易。它的O2O模式并非简单的互联网模式，不同于传统的 B2B、B2C、C2C 模式，O2O 更加重视线下能力。可以说，在 O2O 模式中，线下能力的大小很大程度上决定了这个模式最终能否成功。在爱彼迎发展初期，融资遇到了很大的困难，但其创始人用自己的线下能力获得了维持网站继续运营的资金：他们在美国总统大选期间，以奥巴马和麦凯恩为卖点各做了 500 个麦片盒，并都写上“限量版”，卖出每盒 40 美元的高价，但里面装的就是普通麦片。结果以奥巴马为卖点的麦片盒销售一空，他们就用这笔资金支撑网站的运营。这是爱彼迎的团队第一次证明自己的线下能力。而在爱彼迎的扩张时期，通过雇用专业摄影师为房东免费拍照，进行对房屋这一产品的实勘也进一步体现了该公司的线下能力。

P2P 即 peer to peer，是目前新出现的一种商业模式概念，即分享经济。分享经济是在全球普遍出现产能过剩的情况下提出的一种新的经济分类概念，能够重新对闲置的资源进行合理的利用，并实现经济效益。它的核心是人人都可以参与且每个实体都是对等的，它要求严格监管各个层级的服务流程，保证交易的公开透明，使交易双方通过更多其他方式快速建立交流沟通并树立信任感，提高交易的可持续性和公司发展的可持续性。爱彼迎通过整合社会闲散房屋资源，提供有别于传统酒店的住宿模式，其联合创始人乔·吉比亚（Joe Gebbia）这样解释道：“在宏观层面上，分享经济改变了全球各地的生活。它不局限于美国，而是一种非常普遍的事情，作为分享经济领域的指导者，我们目睹了这一点。这不仅仅是在旧金山开始的一个炫酷的事物。所以分享经济也成为公司的理念和发展基础，其更加重视分享，提倡一种新的生活理念，创造新的需求，引导供给方观念的转变，这是一种开创性行为。”

三、核心战略

1. 价值实现

在 2008 年创业初期，为了获得运行经费，几位创始人通过做一些边缘业务来保证团队的运作，例如在美国大选中销售麦片，筹集了最初的 3 万美元的项目经费，后来加入了创业孵化器——Y Combinator 的 2009 年冬季班，且获得了 2 万美元的投资。此后又获得了红杉资本 60 万美元的种子基金。通过不断调整目标客户群，整合房屋资源，实行产品差异化管理，公司在 2010—2011 年实现了 800%的增长，随后成功进行了 B 轮融资，金额为 1.1 亿美元，公司估值 13 亿美元。2015 年结束的 E 轮融资给公司带来了 15 亿美元的资金，公司估值达到了 255 亿美元，成为当时仅次于小米、Uber 的第三大创业公司。爱彼迎的利润全部来源于中介费用，其向租客收取 6%～12%的服务费，向房东收取 3%的服务费。

2. 占领客户

爱彼迎的初期目标客户定位为只追求便宜价格的沙发客，这一客户群体不要求舒适的住宿环境，更多的是追求价格便宜。后来公司创始人逐渐意识到这一客户群体并不够广泛，用户也不能满足更多盈利的需求，于是公司将目标更多投向了吸引更多用户的短期房屋租赁上，并通过吸引来自竞争对手 Craigslist 的用户来达到扩大用户群的目的。为此他们通过技术手段推出了一项功能：允许用户在爱彼迎发布信息的同时，将信息内容拷贝一份发布到 Craigslist 上。这项成功的技术帮助爱彼迎吸引了更多人注册、发布更多的租赁信息，并使原本习惯去 Craigslist 发布信息的用户开始变成爱彼迎的用户，而原本的爱彼迎用户黏性更强了，因为他们确确实实在这里获得了更多的收入。

随着用户的增加，用户需求也更加多样化，他们不仅要求价格便宜，还希望住宿环境漂亮舒适，于是爱彼迎决定通过为房东提供出租房间的专业拍照服务来包装自己的产品，提升房屋的预订量，扩大用户群体，将用户目标定位到中端短期租住客户。

目前爱彼迎的目标客户还在进行持续调整，随着公司的全球化发展，其开始朝着本土化、个性化、具有设计感的非廉价住房转变，开始发展不同于廉价酒店和高档酒店的第三种具备独特设计和当地风情的民宅体验，进行产品差异化管理。

3. 强化供应链管理，打造核心竞争力

分享经济这一理念的开创性确实能带来几乎是零边际成本的高收益，但也的确存在着劣势，比如线下管理容易存在疏漏，客户之间信任感难以建立，国际化行为的本土适应性低，行业门槛低、壁垒低等。针对这些，爱彼迎采取如下措施打造自己的竞争力，成为行业的独角兽。

首先，对房东的实地考察和线下管理。爱彼迎通过免费为房东进行房屋专业拍摄，一方面美化包装了产品，提高了预订房间率，另一方面也对房东以及房屋的各个方面进行了实地考察，从而达到对产品和产品供应商的全面了解掌控，优化了线下管理。

其次，爱彼迎在2011年开放了社交网络连接功能，允许用户接入它们的Facebook和领英（LinkedIn）账号。当启用社交网络连接功能后，人们可以看到与房东的共同好友是谁，或是哪些人曾经租住了这间房，查看房东收到的过往房客对他的评价，人们也可以根据房东的地理位置、性别等参数进行搜索，找出感兴趣的房源。当这一产品特性上线后，爱彼迎上已有16 516 967对好友关系，并且持续猛增。爱彼迎还专门为用户提供对社交圈内房东的查找功能。通过这个功能搜索房源，搜索获得的所有房东结果都和房客具有社会关系，这个功能对无论如何都觉得住在陌生人家里奇怪的房客而言有着巨大的吸引力。然而即使房客和房东之间在Facebook上没有社交关系，Facebook也是衡量房东可信度的重要方式。

最后，在国际化方面，2011年爱彼迎推出了11种语言版本，主攻国际市场，在热门的旅行景点发展短租市场，在美国市场之外占有约75%的同类产品市场份额。爱彼迎先后在巴塞罗那、柏林、汉堡、哥本哈根、米兰、圣保罗开辟了办事处，并且在2012年伦敦奥运会来临之际收购了英国的一家竞争对手Crashpadder。爱彼迎充分利用了先行者优势，率先抢占市场，并根据本土特色来进行快速的调整适应，扩大市场份额。

4. 以应变能力为关键，随需而变

爱彼迎及时注意到App对于人们生活的渗透，于是在2013年7月开始允许房东通过移动设备发布信息和上传照片。这些使用App的房东对客户需求的响应速度是非移动用户的3倍多，这意味着订单的成交率高出了8倍。此后在对App的改版中，又陆续加入和优化了其他功能，包括动态图片、地图定位、探索目的地等。

在2011年6月发生的一件大事，让爱彼迎进一步增强了措施。在旧金山，一个爱彼迎房东的家被其房客洗劫一空。爱彼迎最后决定联合劳埃德保险社向房东免费提供最高达100万美元的财产保障。2013年4月30日，爱彼迎开始推行“身份验证”项目，把用户的线上信息和用户的线下信息加以配对。这些线下信息包括美国的正式身份证明如驾驶证或护照，也包括只有验证身份的人才知道答案的个人知识问题。只有两种方式提供的姓名一致，身份验证才算通过。爱彼迎进一步确认了用户身份的真实性，这是一种建立信任较好的机制，保证了房东的财产安全以及房客的个人安全，提高了交易的成功率，并降低了恶性事件发生的概率。

爱彼迎的迅速发展和扩张体现了电商时代的大趋势，它的成功使它成为分享经济商业模式的一个典范，变成了这一类创业公司的参照系。很多时候一些刚开始并不被人们理解的观念也许就可以改变我们的生活，重要的是坚持下去，而爱彼迎的成功恰恰是做到了这一点。未来随着这类商业模式的发展，可能会出现更多法律层面的问题。

资料来源：从零到300亿美元的Airbnb创业故事（下）：危机、未来和成功经验.（2018-09-19）.36氪网.

3.1 电子商务商业模式概述

3.1.1 电子商务商业模式的概念

商业模式的概念早在20世纪50年代就被提出来，但直到20世纪90年代才开始广泛传播和使用。它是指为了实现客户价值的最大化，把能使企业运行的内外部各种要素整合起来，形成一个完整高效的具有独特核心竞争力的运行系统，并通过最优实现形式满足客户需要、实现客户价值，同时使系统达成持续盈利目标的整体解决方案。

电子商务商业模式是指在网络环境和大数据环境中基于一定技术基础的商务运作方式和盈利模式。研究和分析电子商务模式的分类体系，有助于挖掘新的电子商务模式，为电子商务模式创新提供途径，也有助于企业制定特定的电子商务策略和实施步骤。

商业模式是一个整体的、系统的概念。商业模式包括六个要素：（1）定位，是明确本企业的市场定位，明确的定位告诉企业应该做什么在市场环境中才不会被淘汰。（2）业务系统，是指企业达成定位所需要的业务环节、各合作伙伴扮演的角色以及利益相关者合作与交易的方式和内容。业务系统是商业模式的核心。（3）关键资源能力，是让业务系统运转所需要的重要的资源和能力，包括一些原材料、核心专利技术等。（4）盈利模式，指企业如何获得收入、产生成本、最终赚取利润。盈利模式是在给定业务系统中各价值链所有权和价值链结构已确定的前提下，企业利益相关者之间利益分配格局中企业利益的表现。（5）自由现金流结构，是企业经营过程中产生的现金收入扣除现金投资后的状况，其贴现值反映了采用该商业模式的企业的投资价值。（6）企业价值，即企业的投资价值，是企业预期未来可以产生的自由现金流的贴现值。商业模式是一个整体，并不是单独的某个要素或者某几个要素就是商业模式。

商业模式的各要素之间必须有内在联系，这个内在联系能够把各要素有机地关联起来，使它们互相支持，共同作用，形成一个良性循环。只有商业模式的各要素之间互相作用，才能使商业模式发挥出作用，而各要素单独作用并不会产生突出的效果，只有组合所有要素、所有部分，商业模式这个系统才会发挥出“1+1>2”的效果。

3.1.2 商业模式与盈利模式之间的区别与联系

盈利模式是对企业经营要素进行价值识别和管理，在经营要素中找到盈利机会，即探求企业利润来源、生产过程以及产出方式的系统方法。还有观点认为，它是企业通过自身以及相关利益者资源的整合形成的一种实现价值创造、价值获取、利益分配的组织机制及商业架构。

商业模式包含盈利模式的部分，好的商业模式能够创造价值，帮助企业实现盈利，形成一定的竞争优势。这样的商业模式能够促进盈利模式的完善。而盈利模式也能够在一定程度上促进一个好的商业模式的形成，两者相互促进。

3.1.3 电子商务商业模式的环境分析

分析电子商务商业模式的环境主要用到PESTN分析和SWOT分析方法。

1. PESTN分析

P是政治（politics），E是经济（economy），S是社会（society），T是技术（technology），N是自然环境（nature），这些是企业的外部环境，一般不受企业掌控。

（1）政治会对企业监管、消费能力以及其他与企业有关的活动产生十分重大的影响，主要是指一个国家或地区的政治制度、体制、方针政策、法律法规等。这些因素常常制约、影响着企业的经营行为，尤其影响企业较长期的投资行为。在思考政治环境时，通常涉及以下几点：政治环境是否稳定；国家政策是否会改变法律，从而增强对企业的监管并收取更多的赋税；政府所持的市场道德标准是什么；政府的经济政策是什么；政府是否关注文化与宗教；政府是否与其他组织签订过贸易协定等。

政治环境因素对企业影响的特点有以下几点：1）不可预测性。企业很难预测国家政治环境的变化。2）直接性。国家政治环境直接影响企业的经营状况。3）不可逆转性。政治环境一旦影响到企业，就会发生十分迅速和明显的变化，而企业是无法阻止和转移这种变化的。

（2）经济环境是指国民经济发展的概况、国际和国内经济形势及经济发展趋势、企业所面临的产业环境和竞争环境等。市场营销人员需要从短期与长期两个方面来看待一个国家的经济环境，特别是在进行国际营销的时候。

企业的经济环境主要的组成因素：1）社会经济结构，是指国民经济中不同的经济成分、不同的产业部门及社会再生产各方面在组成国民经济整体时相互的适应性、量的比例以及排列关联的状况。社会经济结构主要包括：产业结构、分配结构、交换结构、消费结构和技术结构。其中，最重要的是产业结构。2）经济发展水平，是指一个国家经济发展的规模、速度和所达到的水平，反映一个国家经济发展水平的常用指标有国内生产总值、国民收入、人均国民收入和经济增长速度。3）经济体制，是指国家经济组织的形式，它规定了国家与企业、企业与企业、企业与各经济部门之间的关系，并通过一定的管理手段和方法来调控或影响社会经济流动的范围、内容和方式等。4）宏观经济政策，是指实现国家经济发展目标的战略与策略，它包括综合性的全国发展战略和产业政策、国民收入分配政策、价格政策、物资流通政策等。5）当前经济状况。当前经济状况会影响一个企业的财务业绩。经济的增长率取决于产品和服务需求的总体变化。其他经济状况影响因素包括税收水平、通货膨胀率、贸易差额和汇率、失业率、利率、信贷投放以及政府补助等。6）其他一般经济条件和趋势对一个企业的成功也很重要。工资、供应商及竞争对手的价格变化以及政府政策，会影响产品的生产成本和服务的提供成本以及它们被出售的市场的情况。这些经济因素可能会导致行业内产生竞争，或将公司从市场中淘汰出去，也可能会延长产品寿命，鼓励企业用自动化取代人工，促进外商投资或引入本土投资，使强劲的市场变弱或使安全的市场变得具有风险。

（3）社会环境是指一定时期整个社会发展的一般状况。主要包括以下方面：1）人口因素对企业战略的制定具有重大影响。例如，人口总数直接影响着社会生产总规模；人口的地理分布影响着企业的厂址选择；人口的性别比例和年龄结构在一定程度上决定了社会的需求结构，进而影响社会供给结构和企业生产结构；人口的教育文化水平直接影响着企业的人力资源状况；家庭户数及其结构的变化与耐用消费品的需求和变化趋势密切相关，因而会影响到耐用消费品的生产规模等。对人口因素的分析可以使用以下一些变量：结婚率、离婚率、出生率和死亡率、平均寿命、年龄和地区分布、性别比例、教育水平和生活方式等。2）社会流动性主要涉及社会的分层情况、人口内部各群体的规模、财富及其构成的变化以及不同区域（城市、郊区及农村地区）的人口分布等。3）消费心理对企业战略也会产生影响。例如，一部分顾客的消费心理是在购物过程中追求有新鲜感的产品多于满足其实际的需求，因此，企业应有不同的产品类型以满足不同顾客的需求。4）生活方式变化主要包括当前及新兴的生活方式与时尚。国际交流使社会变得更加多元化，人们对物质的要求会越来越高，对社交、自尊、求知、审美的需要更加强烈，这也是企业面临的挑战之一。5）文化传统是一个国家或地区在较长历史时期内形成的一种社会习惯，它是影响经济活动的一个重要因素。例如，春节就为某些行业带来了商机。6）价值观，是指社会公众评价各种行为的观念标准。不同的国家和地区人们的价值观存在差异。例如，西方国家的个人主义较强，而东方国家的企业则注重内部关系融洽。

（4）技术环境是指社会技术总水平及变化趋势、技术变迁、技术突破对企业的影响，以及技术与政治、经济、社会环境之间的相互作用的表现等（具有变化快、变化大、影响面大等特点）。科技不仅是全球化的驱动力，也是企业的竞争优势所在。

在技术环境上除了要考察与企业所处领域的活动直接相关的技术手段的发展变化外，还应及时了解：1）国家对科技开发的投资和支持重点；2）该领域技术发展动态和研究开发费用总额；3）技术转移和技术商品化速度；4）专利及其保护情况；等等。

（5）自然环境（物质环境）的发展变化也会给企业带来市场机会或环境威胁。因此，对自然环境的变化也应该加以密切关注，自然资源的短缺与环境的破坏更应该引起高度关注。社会市场营销观念正是要求企业在经营过程中，不仅要满足消费者当前的需要，更要考虑人类社会长远的利益。经济学是研究在资源稀缺的条件下资源配置的社会科学。在发展中国家，资源问题与环境问题更加突出。因此任何企业在选择目标市场时，都必须考虑资源的制约与环境的保护。我国在发展社会主义市场经济的过程中，资源的合理利用与环境的保护尤其需要引起关注，不能为了眼前的、局部的、个人的利益而肆无忌惮地浪费资源与破坏环境。

2. SWOT 分析

所谓 SWOT 分析，即基于内外部竞争环境和竞争条件的态势分析。SWOT 分析，就是将与研究对象密切相关的各种主要内部的优势和劣势、外部的机会和威胁等通过调查列举出来，并采用矩阵形式排列，然后用系统分析的思想，把各种因素相互匹配加以分析，从中得出一系列结论，而结论通常带有一定的决策性。运用这种方法，可以对研究对象所处的情景进行全面、系统、准确的研究，从而根据研究结果制定相应的发展战略、计划以及对策等。

S（strengths）是优势，W（weaknesses）是劣势，O（opportunities）是机会，T（threats）是威胁。按照企业竞争战略的完整概念，战略应是一个企业“能够做的”（即组织的优势和劣势）和“可能做的”（即环境的机会和威胁）之间的有机组合。

（1）优势与劣势分析（SW）。企业是一个整体，由于竞争优势来源的广泛性，在做优劣势分析时必须从整个价值链的每个环节上将企业与竞争对手做详细的对比，如产品是否新颖，制造工艺是否复杂，销售渠道是否畅通，以及价格是否具有竞争性等。如果一个企业在某一方面或几个方面的优势正是该行业企业应具备的关键成功要素，那么该企业的综合竞争优势就强一些。需要指出的是，衡量一个企业及其产品是否具有竞争优势，只能站在现有潜在用户角度上，而不能站在企业的角度上。

（2）机会与威胁分析（OT）。比如替代品对公司不仅有威胁，可能也会带来机会。企业必须分析，替代品给公司的产品或服务带来的是“灭顶之灾”，还是提供了更高的利润或价值；购买者转而购买替代品的转移成本是什么；公司可以采取什么措施来降低成本或增加附加值来降低消费者购买替代品的风险。

（3）整体分析。从整体上看，SWOT 可以分为两部分：第一部分为 SW，主要用来分析内部条件；第二部分为 OT，主要用来分析外部条件。利用这种方法可以从中找出对自己有利的、值得发扬的因素，以及对自己不利的、要避开的因素，发现存在的问题，找出解决办法，并明确以后的发展方向。根据这个分析，可以将问题按轻重缓急分类，明确哪些是急需解决的问题，哪些是可以稍微拖后一点儿的事情，哪些属于战略目标上的障碍，哪些属于战术上的问题，并将这些研究对象列举出来，依照矩阵形式排列，然后用系统分析的思想，把各种因素相互匹配起来加以分析，从中得出一系列相应的结论。而结论通常带有一定的决策性，有利于领导者和管理者做出较正确的决策和规划。

3.2 商业模式制定的过程——商业画布

3.2.1 商业画布的概念

商业画布是一种能够帮助创业者催生创意、确保找对目标用户、合理解决问题的工具。商业画布能够提供灵活多变的计划，满足用户的需求。更重要的是，它可以将商业模式中的元素标准化，并强调元素间的相互作用。

3.2.2 商业画布的内容

1. 重要合作

重要合作（key partnerships）主要是指那些跟公司业务有关联的对象，对业务或者公司发展有非常大的影响的人或者机构。比如公司发展过程中的重要投资者、技术上的合伙伙伴、售后服务的合作者、物流上的重要合作者等。

2. 关键业务

一个公司一般会发展多项业务，但是并不是每一项业务都是关键业务（key activities）。比如云南白药集团的经营涉及药品、健康和医药流通等，而其关键业务是云南白药系列和田七系列产品的制造和销售。

3. 价值主张

价值主张（value propositions）是公司通过销售自身产品以及提供服务等向消费者传达本公司的价值，客户在与公司业务接触中感知公司的价值。对于客户价值主张，在实际操作中体现在客户选择产品或服务时的几项关键指标。如客户在采购大型设备时主要关注的有质量、售后服务、价格、品牌等方面，那么客户在选择供应时也将从这几个方面进行考察。

4. 客户关系

客户关系（customer relationships）是指企业为了达到经营目标与客户建立的一种关系。客户关系有可能只是一种简单的交易关系，也有可能发展为合作关系、供应关系、战略联盟关系。它不仅可以为交易提供方便，降低交易成本，也可以为企业深入理解客户的需求和双方交流信息提供机会。

5. 客户细分

客户细分（customer segmentation）是指企业在明确的战略业务模式和特定的市场中，会根据客户的属性、行为、需求、偏好以及价值等因素对客户进行分类，并提供有针对性的产品、服务和销售模式。按照客户的外在属性分层，通常这种分层最简单直观，数据也很容易得到。

6. 核心资源

核心资源（key resources）是指为公司创造价值和形成显著的竞争优势，在企业的经营发展当中起到关键性作用的人才或者是资源、技术专利等。核心资源能创造、发展企业的核心技术，推动企业的技术和管理升级，扩大企业的市场占有和提高企业的经营绩效，此外还包括具有专业诀窍、广泛的外部关系，或者创新精神和人格魅力的人员。

7. 分销渠道

分销渠道（channels）是指产品或者服务从生产厂商直接或者间接到达客户手里的过程中经过的企业或者个人。在网上购买商品，很多是客户下单后直接从厂家寄到客户家里；而有的产品由厂商提供，还有一级代理商、二级代理商等。

8. 成本结构

成本结构（cost structure）就是构成成本的要素。生产企业一般涉及劳动力工资、土地的租金或者购置费、购买原材料费用、购买生产所需机器设备费用、使用技术或者开发技术产生费用、管理者报酬、税费、广告费等，其成本结构就是产品成本中各项费用所占的比例或各成本项目占总成本的比重。

9. 收入来源

一般电子商务的收入来源（revenue streams）有以下几种：销售产品或者提供服务获得的收入、销售广告空间获得的收入、对订阅内容的个人或者企业收取费用、参加拍卖的费用、财产性收入、进行投资等。

商业画布的内容如图3-1所示。

<table>
<tr><td rowspan="2">重要合作</td><td>关键业务</td><td rowspan="2">价值主张</td><td>客户关系</td><td rowspan="2">客户细分</td></tr>
<tr><td>核心资源</td><td>分销渠道</td></tr>
<tr><td colspan="2">成本结构</td><td colspan="3">收入来源</td></tr>
</table>

图3-1 商业画布的内容

3.2.3 商业画布的特点

1. 完整性

商业画布涉及九个要素，基本可以确定一款产品的商业模式的方方面面，学习人员或者管理人员一般可以通过这张商业画布清晰地看出该产品的商业模式是否足够完整或者存在什么方面的不足。

2. 一致性

根据商业画布可以判断商业模式的各个方面是否能够保持一致。比如，设计合作伙伴的假设与设计渠道假设是否一致等。

3. 同一性

通过商业画布可以清楚地看到各个环节、公司的同事、工作人员可以保持一个进度、一个方向。

4. 方向性

在商业画布上的要素都很清晰明了，无论是管理者还是其他利益相关者都能通过公司的商业画布知道公司的发展方向，具有方向上的指引。商业画布可以呈现公司的全貌，使员工对各自的职责也有更加清晰的认识。

案例3-1

唯品会商业画布

唯品会信息科技有限公司成立于2008年8月，总部设在广州，旗下网站于同年12月8日上线。

唯品会主营业务为互联网在线销售品牌折扣商品，涵盖名品服饰鞋包、美妆、母婴、居家等各大品类。2012年3月23日，唯品会在美国纽约证券交易所上市。2017年总营收为729亿元，增长28.8%。唯品会在中国开创了“名牌折扣+限时抢购+正品保障”的创新电商模式，并持续深化为“精选品牌+深度折扣+限时抢购”的正品特卖模式。这一模式被形象地称为“线上奥特莱斯”。唯品会每天早上10点和晚上8点准时上线200多个正品品牌特卖，以最低至1折的折扣实行3天限时抢购，为消费者带来高性价比的“网上逛街”的购物体验。美国《财富》杂志发布的2017年中国500强榜单中，唯品会位列第115名，并位列B2C电商第三。而在《财富》杂志同期发布的“2017年中国500强净资产收益率最高40家公司”榜单中，唯品会凭借35.53%的资产收益率位列第三名，稳居互联网行业第一。截至2017年6月30日，唯品会已连续19个季度实现盈利。唯品会在美国零售行业杂志*Stores*联合德勤发布的“2017全球250强零售商排行榜”中，蝉联“全球增速最快的顶尖零售商”。在BrandZ™“2017年最具价值中国品牌100强”中，唯品会排名第40位，并获“最佳新晋中国品牌”称号。唯品会商业画布具体见图3-2。

<table>
<tr>
<td rowspan="2">重要合作：
•强大的供应商网络
•联合太平洋保险，推出了正品担保服务</td>
<td>关键业务：
•奢侈品电子交易
•自建仓库
•售后服务</td>
<td rowspan="2">价值主张：
“消费者满意”是唯品会最大的目标。因此，唯品会坚持以安全诚信的交易环境和服务平台，为会员提供优质、高效、愉悦的售卖服务，以提升客户满意度为己任，为消费者提供畅快、安心、放心便捷的消费流程体验和服务</td>
<td>客户关系：
•购物体验
•无条件退货
•CSC呼叫系统</td>
<td rowspan="2">客户细分：
•奢侈品消费群体
•高档品消费群体
•二三线品牌消费群体</td>
</tr>
<tr>
<td>核心资源：
•折扣商品
•服务规划
•仓库网络</td>
<td>分销渠道：
•电子交易平台
•仓储物流</td>
</tr>
<tr>
<td colspan="2">成本结构：
•进货费用
•物流费用
•库存费用</td>
<td colspan="3">收入来源：
通过线上电子交易，直接获取销售与进货之间的毛利润</td>
</tr>
</table>

图3-2　唯品会商业画布

3.3　电子商务商业模式的分类

电子商务模式可以从多个角度建立不同的分类框架，第一种分类是最常用的分类，它针对不同的对象进行划分，主要涉及的对象有政府、企业、消费者，有B2G、B2B、C2B、C2C模式。按照为消费者提供的服务内容不同，可将B2C模式分为电子经纪、电子直销、电子零售、远程教育、网上预订、网上发行、网上金融等。B2B模式可分为名录模式、B2B和B2C兼营模式、政府采购和公司采购、供应链模式、中介服务模式、拍卖模式、交换模式等。其中中介服务模式又可以细分为信息中介模式、CA中介服务、网络服务模式、银行中介服务等。拍卖模式是指卖方指定价格，买方被动接受，而定价是否合理需要相当长的时间来检验。

第二种是基于价值链的分类。保罗·蒂莫（Paul Timmers）提出的分类体系是基于价值链的整合，同时也考虑到了商业模式创新程度的高低和功能整合能力的多寡。按照这种体系，电子商务的商业模式可以分为电子商店、电子采购、电子商城、电子拍卖、虚拟社区、协作平台、第三方市场、价值链整合商、价值链服务供应商、信息中介、信用服务和其他服务等。

第三种分类是混合分类。迈克尔·拉帕（Michael Rappa）将电子商务的商业模式分为经纪商、广告商、信息中介商、销售商、制造商、合作附属商务、社区服务提供商、内容订阅服务提供商、效用服务提供商等。其中经纪商又可以分为买/卖配送、市场交易、商业贸易社区、购买者集合、经销商、虚拟商城、后中介商、拍卖经纪人、反向拍卖经纪商、分类广告、搜索代理等；广告商又可以分为个性化门户网站、专门化门户网站、注意力/刺激性营销、免费模式、廉价商店等。中国学者吕本富和张鹏将电子商务的商业模式分为B2B、网上金融、网上销售、网上拍卖/买、网络软服务、网络硬服务、数字商品提供者、技术创新、内容服务、网络门户、网上社区、旁观者等。其中B2B模式根据职能又划分为采购、销售、物流、售后服务等类型；网上金融模式根据金融领域又划分为网络证券、网络银行、网上保险、个人理财、风险资本等类型。

3.4 电子商务商业模式创新

管理学大师彼得·德鲁克（Peter Drucker）曾经说："当今企业之间的竞争不是产品的竞争，而是商业模式的竞争。"所以，不管是企业还是当今的电子商务，商业模式的创新就是生命力的体现。市场环境瞬息万变，如果依靠一成不变的模式来开展业务、发展经济，往往会被时代所淘汰，只有不断创新，找到适合自身企业、符合当代社会经济发展规律的商业模式，才能让企业立于不败之地。

3.4.1 商业业态创新

商业业态是指针对特定消费者的特定需要，按照一定的战略目标，有选择地运用商品经营结构、店铺位置、店铺规模、店铺形态、价格政策、销售方式、销售服务等经营手段，提供销售和服务的类型化经营形态。传统的商业业态存在许多问题，比如高昂的店铺租金导致高价格的商品。电子商务的商业业态有产品销售型、平台型、门户网站型。网上购物方便快捷，消费者可以更好地货比三家甚至是成千上万家，可选择的价格更低，物流更快。创新商业业态是企业成功的关键，简单模仿是很难持久的，只有真正地做到了创新才能持续发展。

电子商务的网络生态是一种动态平衡状态，为了获得整体的发展，各网络主体间、网络主体和所处网络环境之间会形成特定的相互关系，这种特定的合作形式使这种相互关系形成了某种结构性特点。电子商务业态主体生态位是指各业态主体在电子商务业态中通过与外部和内部环境及其他主体之间相互作用、相互影响，以此来占据相应地位，发挥相应的作用。

1. 功能生态位

功能生态位指的是电子商务业态中每个主体的相应位置，以及在各种业态的功能中扮演的角色，包括承担的责任和发挥的作用，以及电子商务在流通过程中的本地化。电子商务业态包含多种业态形式，同一业态的主要形式在不同价值链中的作用不同，所扮演的角色和对应的状态也不同，这一现象就说明了功能生态位的多样性。

2. 时间生态位

时间生态位是指业态主体对时间的精确计算、把握、利用，以及业态主体间的时间关联性。在电子商务业态中信息和资源具有相应的时效性，唯有及时有效对它们加以利用，才能使它们的价值有所体现，以此来获得相应的回报。所以，电子商务业态的各业态主体必须加强对时间的把握，这直接反映出电子商务业态不同主体关于时间生态的生态位不同。

3. 空间生态位

空间生态位简单来讲指的是电子商务业态的市场份额或者说是市场占有率。一般情况下，各类电子商务业态会选择在不同的目标市场中竞争，也就是利用信息调研和分析进行有目的的市场行为，以此来占领市场。电子商务的主要业态具有成本低、市场细分、可以差异化营销占领市场等优势，并以此来实现电子商务业态主体的空间差异化。

3.4.2　流通方式创新

流通方式创新是指在实体经济以信息化带动工业化的进程中，凭借先进理论、思维方法、经营管理方式和科学技术手段，对传统流通格局中的商流、物流、资金流和信息流所进行的全面改造和提升，以便全面、系统、大幅度地提高流通的效能。商品流通需要运输工具，是以货币为媒介的商品交换形式，也就是商品生产者用生产的商品换成货币，然后再用货币购买自己所需要的商品。而消费者通过劳动工作获得货币收入，然后去购买所需的商品。在传统的商品流通方式中，销售方需要有专门的收银员，或者是销售方自己销售的同时收取货币。然而有时往往需要准备点钞机，清点当月或当天的销售收入，还需要准备验钞机，检验收到货币的真假性，甚至还要小心柜台资金的安全。在网上销售商品，有第三方支付平台做保障，现在使用最广泛的有支付宝支付和微信支付。相较于传统的流通方式，资金更安全、过程更简单。

3.4.3　盈利模式创新

根据企业生命周期理论，大多数企业都会经历企业诞生、发展、成熟、衰退的生命轨迹。企业寿命的长短往往与企业的盈利模式有很大的关系。对盈利模式进行创新是企业发展的不竭动力和生命源泉，只有进行创新，改变或改动原有的盈利模式，不再依靠单一的方式和渠道，寻找创新盈利模式的方法和平台，才能不断推动企业的发展。相较于传统的商务活动，电子商务不再依靠实体店铺，不再支付高昂的店铺租金，也不再只面对方圆几里的客户，突破了原有的方式，大大地降低了成本。

3.5 电子商务商业模式的分析工具

电子商务商业模式的分析工具有利益相关者分析、盈利模式分析、价值链分析等。

3.5.1 利益相关者分析

利益相关者分析（stakeholder analysis）用于分析与客户利益相关的所有个人和组织，帮助客户在战略制定时分清重大利益相关者对于战略的影响。

利益相关者是指与客户有一定利益关系的个人或组织群体，可能是客户内部的（如雇员），也可能是客户外部的（如供应商或群体压力）。大多数情况下，利益相关者有以下人员：所有者和股东、银行和其他债权人、供应商、购买者和顾客、广告商和管理人员、雇员、工会、竞争对手、地方及国家政府、管制者、媒体、公众利益群体、政党、宗教以及军队等。

利益相关者能够影响组织，他们的意见一定要作为决策时需要考虑的因素。所有利益相关者不可能对所有问题保持一致意见，其中一些群体要比另一些群体的影响力更大，如何平衡各方利益成为战略制定考虑的关键问题。除了对战略制定产生影响以外，利益相关者分析也是评价战略的有力工具。

3.5.2 盈利模式分析

盈利模式是指企业在运营发展过程中所形成的收入结构、成本结构以及目标利润，换言之，就是企业赚钱的渠道方式。它是探求企业的利润来源、生成过程和产出方式的一种系统分析方法。从广义的角度来说，盈利模式是企业在经营过程中确立起来的以盈利为目的的商务结构与业务结构。

根据互联网的商用功能，电子商务的盈利模式可分为以下三类：基于产品销售的盈利模式、基于服务销售的盈利模式、基于信息交付的盈利模式。

基于产品销售的盈利模式是指在网络平台上销售商品货物，它的收入主要来源于销售各种产品的数量乘以价格的汇总，而成本结构可能涉及采购费用、生产费用、销售费用等。基于服务销售的盈利模式是指在互联网平台主要提供服务来获得收入，维持运营企业的发展，比如提供打印服务、修改服务等。信息交互是指发出和接收信息的过程，信息的交流过程通常由信息源、信息、信息传递的通道网络、接收方、反馈、噪声等六个要素组成。目前信息交互网站的盈利主要来源于网络广告、无线增值、互联网增值。交互网站强调个性、迎合用户群体的心理需求。

3.5.3 价值链分析

企业有许多资源、能力和竞争优势，如果把企业作为一个整体来考虑，又无法识别这些竞争优势，就必须把企业活动进行分解，通过考虑这些单个的活动本身及其相互之间的关系来确定企业的竞争优势。这就是价值链分析方法的使命，即寻求企业的竞争优势，帮助企业更好更长远地发展。

1. 价值链分析的定义

价值链分析法是由美国哈佛商学院教授迈克尔·波特提出来的，是一种寻求确定企业竞争优势的工具。价值链分析方法是企业为一系列的输入、转换与输出的活动序列集合，每个活动都有可能相对于最终产品产生增值行为，从而增强企业的竞争力。企业对信息技术和关键业务流程的优化是实现企业战略的关键。企业通过在价值链过程中灵活应用信息技术，发挥信息技术的使能作用、杠杆作用和乘数效应，可以增强企业的竞争能力。进行价值链分析，需要企业高管团队具备相当水平的组织领导与管理能力。

2. 价值链分析的内容

企业的生产经营活动可以分成基本活动和辅助活动两大类（见图3-3）。基本活动是指生产经营的实质性活动，一般可以分为内部后勤、生产经营、外部后勤、市场销售和服务这五种活动。这些活动与商品实体的加工流转直接相关，是企业的基本增值活动。

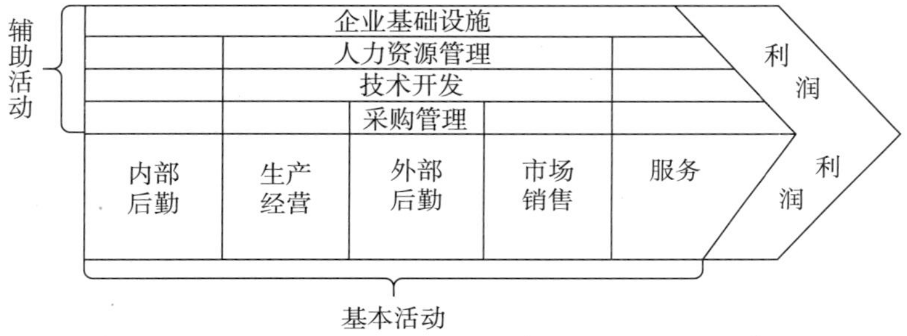

图3-3　价值链分析

辅助活动是指用以支持基本活动而且内部之间又相互支持的活动，包括企业投入的采购管理、技术开发、人力资源管理和企业基础设施。采购管理、技术开发、人力资源管理三种辅助活动既支持整个价值链的活动，又分别与每项具体的主体活动有着密切的联系。

3. 价值链分析的步骤

（1）把整个价值链分解为与战略相关的作业、成本、收入和资产，并把各个环节分配到“有价值的作业”中。

（2）确定引起价值变动的各项作业，并根据这些作业，分析形成作业成本及其差异的原因。

（3）分析整个价值链中各节点企业之间的关系，确定核心企业与顾客和供应商之间作业的相关性。

（4）利用分析结果，重新组合或改进价值链，以更好地控制成本动因，产生可持续的竞争优势，使价值链中各节点企业在激烈的市场竞争中获得优势。

4. 价值链分析的特点

（1）价值链分析的基础是价值，其重点是价值活动分析。各种价值活动构成价值链。价值是买方愿意为企业提供给他们的产品所支付的价格，也是顾客需求满足的体现。价值活动是企业所从事的物质上和技术上的界限分明的各项活动。其是企业制造对买方有价值的产品的基石。

（2）价值链列示了总价值。价值链除包括价值活动外，还包括利润，利润是总价值与从事各种价值活动的总成本之差。

（3）价值链的整体性。企业的价值链体现在更广泛的价值系统中。供应商拥有创造和交付企业价值链所使用的外购输入的价值链（上游价值），许多产品通过渠道价值链（渠道价值）到达买方手中，企业产品最终成为买方价值链的一部分，这些价值链都在影响着企业的价值链。因此，获取并保持竞争优势不仅要理解企业自身的价值链，而且也要理解企业价值链所处的价值系统。

（4）价值链的异质性。不同的产业具有不同的价值链。在同一产业中，不同的企业的价值链也不同，这反映了它们各自的历史、战略以及实施战略的途径等方面的不同，同时也代表着企业竞争优势的一种潜在来源。

□ 本章小结

在电子商务迅速发展的今天，学习电子商务的商业模式显得尤为重要。商业模式是电子商务运营展开的盈利模式，是商务运作方式。商业模式的制定可采用商业画布，包括重要合作、关键业务、价值主张、客户关系、客户细分、核心资源、分销渠道、成本结构、收入来源这九个组成部分，通过画出商业画布，完善九项内容，从而找到企业的商业模式。了解主要的电子商务商业模式，还需要清楚商业模式的分析工具——盈利模式分析、利益相关者分析、价值链分析。

□ 思考与练习

一、复习思考题

1. 电子商务选择不同的商业模式需要考虑哪些因素？
2. 商业画布的内容有哪些？
3. 商业模式与盈利模式的关系是什么？
4. 电子商务的主要商业模式有哪些？

二、讨论题

1. 讨论盈利模式创新的重要性。
2. 描述电子商务企业的盈利模式。
3. 讨论什么是商业模式，以及如何与盈利模式相区分。
4. 讨论一个有效的商业模式需要哪些要素。

三、网络实践题

1. 在淘宝网上体验如何申请成为淘宝店主，了解申请流程，并思考对淘宝店家的管理上存在哪些漏洞。

2. 在手机应用市场下载微商App，体验微商的运营模式。

3. 搜集各种类型的电子商务商业模式案例，进行分析比较，探究各类电子商务商业模式的利弊。

4. 通过学习电子商务的商业模式，预测未来商业模式会往哪些方向发展延伸。

四、案例分析题

“三只松鼠”是由安徽三只松鼠电子商务有限公司于2012年7月推出的互联网森林食品品牌，代表着天然、新鲜以及非过度加工，主要销售坚果、干果和茶叶等产品。上线65天，其销售额在天猫坚果类跃居第一名，在花茶类跃居前十名。2012年“双十一”当日，上线刚刚4个多月的“三只松鼠”实现销售额766万元，一举夺得坚果零食类目冠军宝座，并且成功在约定时间内完成10万笔订单。

“三只松鼠”创始人章燎原认为，做互联网食品品牌有两个核心：一是必须让供应链更短，以保证产品的新鲜度；二是要高度重视提升顾客体验。

“三只松鼠”在全国范围内寻找产品的原产地，统一采取订单式合作，并提前支付预付款；保证每一家厂商生产不超过两样产品，并在选址上尽量靠近主要产品的原产地。与一些食品连锁商家委托加工、专做贴牌的做法不同的是，“三只松鼠”在收购原材料之后，先委托当地企业生产加工成半成品，并增加对半成品的检验环节，然后，把合格的半成品送回“三只松鼠”位于芜湖高新区的10 000平方米的封装工厂中，或存于0～5℃的冷库中，或保存在20℃恒温的全封闭车间。相对于传统销售，这样做大大减少了货架期，使商品从生产出来到卖给消费者的时间控制在一个月以内，实现了以销定产。

“三只松鼠”注重把服务意识融入产品当中。“三只松鼠”的产品被加工得易剥，并附送纸袋、夹子、垃圾袋、纸巾和微杂志等配件。产品使用双层包装，在包装上突出可爱的三只松鼠的形象。

此外，“三只松鼠”还注重数据分析，强调以数据化为基础来提升顾客体验，用软件对顾客的购买行为进行分析，主要包括：顾客购买的客单价、二次购买频率、购买内容、购买打折商品的比例和购买次数等。通过对顾客购买行为分析，获得顾客消费偏好，以此为依据对不同类型的顾客提供不同的服务，而顾客每次购买“三只松鼠”产品所收到的包裹都会不一样。

案例思考：

1. “三只松鼠”的商业模式属于哪一类？
2. “三只松鼠”对其供应链的管理措施有哪些？
3. “三只松鼠”在加强顾客体验方面采用了哪些措施？

第4章

电子商务技术基础

学习目标

- 理解互联网技术的概念和特点
- 熟悉云计算技术的体系结构
- 了解大数据技术的概念和商业应用价值
- 了解物联网技术的特点和体系架构
- 了解移动互联网技术和机器智能的内涵

案例导入

创美工艺个性化柔性制造

一、企业背景与问题

创美工艺（常熟）有限公司（以下简称创美工艺）成立于1993年，主要业务包括液晶产品、电器产品、精密仪器以及汽车等的构件及零部件冲压加工，并专业从事复印机光学结构件的组装，以及对结构件进行两次加工等，拥有的生产设备有高速冲床、数控冲床、线切割机床、加工中心、机器人、镀锌生产线、冲床等。该公司虽然近几年发展较快，但仍存在一些问题。

创美工艺的生产过程存在以下几个典型的问题：多部门、多业务、多系统的交叉使用导致信息离散及同类数据在不同拥有者之间的数据差异；决策层无法及时获取数据，导致决策的制定和执行都出现延迟。

用户的个性化、定制化需求与生产过程的规模化、协同之间的矛盾也亟待解决。而这些问题的核心是“管理的颗粒度问题”。当把管理的颗粒度无限放大，即形成“个性化”；而当把管理的颗粒度无限缩小，即会产生大量重复、规律性的产品。应达到不同层级的标准化，最终实现标准化生产与个性化制造的融合。

二、解决方案

创美工艺通过UAP物联网中间件对生产工厂进行了全面的自动化与智能化改造。

其中最重要的一点便是创美工艺通过对生产工厂设备数据的采集、集成、展示分析以及PCS监控等四大系统的整合，实现了生产设备和生产过程通过UAP平台的直接控制。

创美工艺在小尺寸液晶显示器事业部车间首先试点。它搭建了一条智能生产线，通过对工业软件和设备的集成，根据MES系统指令完成作业加工和物流执行。整条生产线的中间过程，比如上料、加工、成品运输和设备管理，均通过软件指令自动完成，设备间的协同由机械手进行操作，设备状态通过MES系统实施秒级实时监控，全程无须人工干预。工人只需在生产线的起始位置准备物料，并在生产线的尾端接收成品即可。同时，创美工艺还实现了多屏融合和信息移动化，这使得管理、信息能够实时传递，从而节省了大量的信息沟通时间。

生产过程全程条码化。这种设计也让个性化定制和生产过程自动化很好地结合起来。生产过程条码化减少了人工干预，降低了手工操作的失误率，提高了产品质量；减少了生产中的不确定性，提高了生产效率；使工人避免了简单枯燥高频度的重复工作，可以将更多精力投入到需要及时决策以及靠软件指挥机器无法完成的现场工作之中。此外，创美工艺对机器与机器、人与机器等所有的过程进行数据采集，将物理的变量变成数字，将其中的颗粒度做到机器与机器的协调与配合标准化。

在此基础上，创美工艺通过为用户提供一系列以经济成本为基础的生产工艺数据以及生产中的冲压数据、冲压规律，向客户分享实际的颗粒度的生产数据。这样，客户就能够对冲压规律有更清楚的了解，他们在进行设计时，就会选择合适颗粒度的模具，从而做出兼顾客户需求与冲压规律，价格便宜且经济实惠的产品。

三、应用效果

创美工艺利用物联网技术连接生产工厂，实现了完全自动化的、个性化的柔性制造，创造了中国的“工业 4.0”样本。创美工艺应用设备数据采集系统、数据集成系统、PCS监控系统以及数据展示分析系统，实现了生产的全面自动化，并能根据数据的变化进行智能化生产。此外，创美工艺还向客户展示模具的数据，客户可以根据自己的要求选择合适颗粒度的模具，由此实现小批量个性化的柔性制造。这种做法不仅大大缩短了创美工艺对产品的交付时间，还大大降低了成本。

资料来源：魏毅寅，柴旭东．工业互联网技术与实践．北京：电子工业出版社．2017：205.

4.1　互联网技术

4.1.1　互联网的概念

1. 互联网的定义

互联网是一个通过各种传输介质将世界各地不同结构的计算机网络互相连接起来形成的大型网络。1995 年 10 月，美国联邦网络委员会（The Federal Networking Council，FNC）通过的决议指出，互联网是全球性的信息系统，其定义应包含以下内容：

（1）互联网是一个全球性的网络。

（2）互联网上的计算机必须通过唯一的地址（IP 地址）链接在一起。

（3）互联网可以通过传输控制协议和网际协议（TCP/IP 协议）进行通信。

（4）通过互联网可以让用户使用到更高水平的服务。

2. *互联网的起源和发展*

20世纪60年代末，美国军方为了在“冷战”中取得优势，开始研究计算机系统的安全性和可靠性。1969年9月2日，美国国防部高级研究计划局（Advanced Research Projects Agency，ARPA）首次启动了ARPA网络。同年10月25日，ARPA的研究人员在加利福尼亚大学洛杉矶分校、斯坦福研究院、加利福尼亚大学圣巴巴拉分校和犹他大学这四个学校正式进行第一次计算机网络通信实验并获得成功，这一天也称为互联网或者是其前身阿帕网（ARPANET）的诞生日。1983年，ARPANET完成了由早期的主机—主机通信协议向传输控制协议/网际协议（TCP/IP）的过渡，互联网正式出现。从那以后，为了保守军事机密，美国国防部把ARPANET分成公用性的ARPANET和纯军用性的MILNET两个网络。1986年，美国国家科学基金网络（National Science Foundation Network，NSFNET）计划启动。1990年，ARPANET停止运营，NSFNET代替ARPANET成为互联网的主干网。

20世纪90年代，互联网进入发展的黄金时期。万维网（world wide web，WWW）的出现和美国信息高速公路计划的提出，推动了互联网的飞速发展。1986—1994年，并入互联网的计算机子网从100个增加到7 000多个，几乎每年都以100%的速度增长。

我国是在20世纪90年代加入互联网的。21世纪互联网的发展渗透到了社会经济生活的方方面面，并深刻影响着其他行业的发展和变化，为各个产业带来了前所未有的变革。联合国国际电信联盟（ITU）的研究结果显示，截至2021年底，全球网民已突破49亿人，网络普及率达到63%。互联网的发展历史造就了当前由几万个子网自愿互联起来的全球性计算机网络。互联网上的每台计算机都采用相同的协议（TCP/IP协议）与其他的主机进行通信，每台主机都有一个全球唯一的地址（IP地址）。

4.1.2 互联网的体系结构

互联网的各层级及协议的集合，称为网络的体系结构。下面就分别来谈谈这两个方面的内容。

1. *互联网的层级*

互联网是一个通过网络接入点（NAP）的多主干网结构，各个网络之间可以通过由电信公司经营的网络接入点互相连接。随着互联网逐渐发展成为一个网络与网络之间串联起来的庞大网络，网络接入点逐渐变成了互联网交换点（IXP）。目前全球大约有上百个互联网交换点，每个互联网交换点拥有多台以太网交换机。互联网服务提供商（ISP）之间的网络通过互联网交换点直接连接，以实现提供高速、稳定、安全的互联网服务的目标。

互联网的接入级可以分为五个层级：互联网交换点（IXP）；国家互联网服务提供商（国家ISP）；地区互联网服务提供商（地区ISP）；本地互联网服务提供商（本地ISP）；校园网、企业网和个人网络用户等。

2. 互联网协议

互联网协议是由多个协议组成的，包括 TCP/IP 协议、HTTP 协议、FTP 协议等。TCP/IP 协议（transmission control protocol/internet protocol）是一系列通信协议的总称，实际上包括上百个各种功能的协议，如远程登录、文件传输和电子邮件等。这个协议是互联网最基本的协议，是国际互联网络的基础。通常所说的 TCP/IP 是互联网协议族，而 TCP 和 IP 是保证数据完整传输的两个最基本的重要协议。其中，TCP 协议称为传输控制协议，IP 协议称为网际协议。TCP/IP 有四层，即网络接口层、网际层、传输层和应用层。

（1）HTTP（hyper text transfer protocol）协议，即超文本传输协议，是负责传输和显示 WWW 页面的互联网协议。最早的 HTTP 协议于 1991 年开发，并不断完善。HTTP 运行在 TCP/IP 模型的应用层。与其他互联网协议一样，HTTP 采用客户机/服务器模式。当用户（客户机）的 WWW 浏览器打开一个 HTTP 会话并向远程服务器发出 WWW 页面请求时，作为回答，服务器会产生一个 HTTP 应答信息，并把它送回到客户机（请求者）的 WWW 浏览器。应答信息包括客户机服务器上显示过的页面。如果客户机确定收到的信息是正确的，就断开 TCP/IP 连接，HTTP 会话结束。

（2）SMTP、POP 和 IMAP 协议。互联网通过一套称为邮件服务器的程序和硬件管理并存储电子邮件。与个人计算机不同，这些邮件服务器及其程序必须每天 24 小时不停地运行，否则，就不能收发邮件。简单邮件传输协议（simple mail transfer protocol，SMTP）和邮局协议（post office protocol，POP）是两个负责用客户机/服务器模式发送和检索电子邮件的协议。当用户计算机上运行的电子邮件客户机程序请求邮件服务器进行邮件传输时，邮件服务器采用 SMTP 标准。互联网信息访问协议（internet message access protocol，IMAP）是一种优于 POP 的新协议。与 POP 类似，IMAP 也能下载邮件、从服务器中删除邮件或询问是否有新邮件。但 IMAP 克服了 POP 的一些缺点：通过客户机电子邮件程序，IMAP 可在服务器上创建并管理邮件文件夹或邮箱、删除邮件、查询某封信的部分或全部内容，完成所有这些工作都不需要把邮件从服务器下载到个人计算机上。

（3）FTP 协议（file transfer protocol），即文件传输协议，是 TCP/IP 的组成部分，用于在 TCP/IP 连接的计算机之间进行文件传输，采用的是客户机/服务器模式。FTP 允许文件双向传输：从客户机到服务器或从服务器到客户机。FTP 既可以传输二进制数据，又可以传输 ASCII 码文本，用户可在两种模式中任选一种。二进制数据包括文字处理文档、电子表格、图像和其他数据。ASCII 码文本是只包含键盘输入字符的文件，不含有排版格式，这种文本和 Windows 的 Notepad 所创建的文件类型是一样的。有些版本的 FTP 允许传输 EBCDIC 码文件。EBCDIC 是 IBM 发明的一种八位编码系统，可用数字代表字符。IBM 的大型机和微机用 EBCDIC 存储信息。

4.1.3 互联网的特点

互联网是继技术革命之后对人类社会影响最大的一项技术突破。在过去的几十年里，它给人们的生产和生活带来了翻天覆地的变化，以更加高效的方式，实现了以往任何技术无法做到的人、财、物的连接。因此，互联网的本质在于“连接”。它是一个通过不同的介质将多个网络连接起来的巨型网络，具有如下几个特点。

1. 平等

互联网的平等体现在两个方面。其一，互联网是一个没有中心节点的网状结构，虽然每个节点的重要性各有不同，但是没有任何一个节点可以成为绝对的权威。这是由互联网的技术结构所决定的。其二，不论性别、年龄、国籍、肤色……任何人都可以作为信息发布者在网络上发表文字、声音、图像和视频等。同时，他们也可以作为信息接收者在网站上浏览网页、下载资料。

2. 开放

互联网的开放具体可以概括为以下几个方面：首先，互联网上的交流是开放的，即使相距千里也可以通过互联网传递信息、发送语音、视频聊天等。其次，网页和应用程序的价值取决于用户数量的多少，用户数量越多，网页和应用程序也就越有价值。最后，互联网的发展正在经历一个开放程度由低向高不断演变的过程。以Web的发展为例，从Web1.0到Web3.0，乃至将来的Web4.0，这是一个越来越开放、互动程度越来越高的结构设计。互联网未来的发展也将不断体现开放和互动的特征。

3. 互动

从信息传播的角度来看，与传统的单向信息传递媒介（如报纸、电视）相比，互动既是互联网的一个特性，也是其优势所在。在互联网上，用户可以在接收信息的同时发表观点与评论，与信息的发布者实现即时的互动。从电子商务的角度来看，通过互联网和大数据渠道，生产企业可以更好地掌握顾客消费的意向、态度、习惯等，从而有的放矢地投放广告。同时，企业还可以收集顾客购买产品后对于产品生产、设计及服务的反馈意见，为产品的更新和升级提供反馈，真正实现以顾客为中心的产品销售和服务。

4. 即时

网络搜索、手机应用、虚拟社区、网络社交平台等这些渠道使得信息传播的速度和广度超乎人们想象，这得益于由互联网的结构所决定的即时特性。同时，信息技术的不断进步，使得部分传统商品被数字化，例如书籍，消费者完成购买以后就可以即时阅读电子书。在工业互联网时代，由于大量物体的全面互联，网络即时性会更加明显。例如运动手环和体重秤与智能手机相连接，智能手机上的应用程序可以通过计算手环和体重秤上记录的信息，即时为用户提供与身体状况相关的数据。

5. 共享

互联网用户可通过相互之间的连接共享信息和资源，共享的特点是由互联网连接的本质所决定的。关于互联网共享信息的典型例子是维基百科。这是一个基于维基技术的全球性多语言百科全书协作计划，同时也是一部由多种语言编成的网络百科全书。只要遵循一定的协议，所有人都可以通过维基百科发布文章，而这些内容也可以被自由地下载和复制，真正实现了全民共享信息资源。

4.1.4 互联网的主要技术

互联网技术是指在计算机技术的基础上开发建立的一种信息技术。互联网技术的普遍应用，是进入信息社会的标志。互联网技术根据对信息存储、处理和传输方式的不同，可以分为以下三个层次：

第一层是硬件技术，主要指数据存储、处理和传输的主机和网络通信方面的技术。

第二层是软件技术、包括可用来收集、存储、检索、分析、应用、评估信息的各种软件技术。它包括我们通常所指的企业资源计划（ERP）、客户关系管理（CRM）、供应链管理（SCM）等商用管理软件的开发与利用，也包括用来加强流程管理的工作流（WF）管理软件、辅助分析的数据仓库和数据挖掘（DW/DM）等软件开发和利用。

第三层是应用技术，指收集、存储、检索、分析、应用、评估使用各种信息的能力和技术，包括应用 ERP、CRM、SCM 等软件直接辅助决策，也包括利用其他决策分析模型或借助 DW/DM 等技术手段来进一步提高分析的质量，辅助决策者做决策等。

4.2 云计算技术

云计算的概念最早是由谷歌（Google）正式提出的。早在 2006 年，谷歌的“Google101 计划”就是基于云计算的一次尝试性的实践。它是传统计算机技术和网络技术发展融合的产物，其根本目的是改变传统的 IT 运作模式，基于网络把分布在不同空间的多个成本相对较低的普通计算机服务器资源整合成一个具有强大计算能力的系统，并通过与这种方式相匹配的商业模式把这些计算能力按照用户的需求以通用的、可伸缩的方式分布到终端用户那里。

根据中国信息通信研究院发布的《云计算白皮书（2023）》，2022 年全球云计算市场规模为 4 910 亿美元，增速为 19%。预计在大模型、算力等需求刺激下，市场仍将保持稳定增长，到 2026 年，全球云计算市场将突破万亿美元。2022 年，我国云计算市场规模达 4 550 亿元，较 2021 年增长 40.91%。相比于全球 19%的增速，我国云计算市场处于快速发展期，预计到 2025 年，我国云计算整体市场规模将超万亿元。

4.2.1 云计算的概念

按照美国国家标准与技术研究院（NIST）的定义，云计算是一种通过网络提供可用、便捷、按需的网络访问，并按照使用量的多少进行付费的模式。这种模式将包括网络、服务器、存储、应用软件和服务等资源放入可配置的计算资源共享池，用户只需投入很少的管理工作，与服务供应商交互就能将这些资源进行快速提取。魏毅寅、柴旭东（2017）认为云计算技术是网格计算、分布计算、并行计算的延伸与发展。按照构成云的网络不同，云计算可以分为四种模式：私有云、社区云、公有云和混合云。

云计算的特点主要有高虚拟化、高可靠性、按需服务和计费，以及资源供应能力的可伸缩性和高通用性。

4.2.2 云计算的商业模式

目前公认的云计算的商业模式有三种：软件即服务（software as a service，SaaS）、平台即服务（platform as a service，PaaS）和基础设施即服务（infrastructure as a service，IaaS）。

1. 软件即服务

软件即服务（SaaS）是通过互联网提供软件及相关数据服务的模式，也是最早出现的一种云计算服务模式。用户不需要下载和安装软件，只需要通过浏览器就可以在云上运行各种应用，使用各种资源和服务，并按照使用量进行付费。硬件和软件的管理和维护工作均由SaaS云供应商负责。目前应用较多的SaaS有：Google Apps、Saleforce CRM、Office Web Apps等。

2. 平台即服务

平台即服务（PaaS）主要针对的用户是开发人员和软件公司，是一种通过提供软件开发工具包（SDK）和集成开发环境（IDE）使得用户可以在平台上方便地编写和部署应用的模式。PaaS不仅能通过API的形式提供丰富的服务，同时还能动态地对应用进行管理和监控，并根据应用的运行状态及时调整资源，以应对流量的突然涨落。目前应用较多的PaaS有Force.com、Google App Engine、Windows Azure Platform等。

3. 基础设施即服务

基础设施即服务（IaaS）是一种通过虚拟化技术为用户提供伸缩性更强、支持应用更多的计算和存储资源，用户可以在其上部署和运行包括操作系统和应用在内的任意软件的一种模式。IaaS是一种免维护低成本的模式，用户不仅省去了前期硬件购置的成本，而且主要的后期维护也都由IaaS云供应商负责。IaaS采用开放式的标准，应用可以在不同公司的多个IaaS上自由迁移。此外，在虚拟主机的支持下，IaaS所支持的应用的范围也更为广泛。目前应用较多的IaaS有Amazon EC2、IBM Blue Cloud、Cisco UCS等。

4.2.3 云计算的体系结构

魏毅寅、柴旭东（2017）基于尤瑟夫（Youseff）、伦克（Lenk）等关于云计算体系结构的研究，提出了一种面向服务的层次化云计算体系架构，如图4-1所示。

4.2.4 云计算的主要技术

1. 资源感知技术

资源感知技术是云计算的一项基础性技术，因为云计算的资源都是分散存储于“云”当中的，只有通过感知技术才能够在感知接入层实现资源的自动化和智能化发现与接入，并通过传输网络将资源传递到上一层，从而实现信息的融合与处理。目前较为领先的资源感知技术有基于语义的云服务感知技术和分布式资源描述框架（resources description framework，RDF）技术。

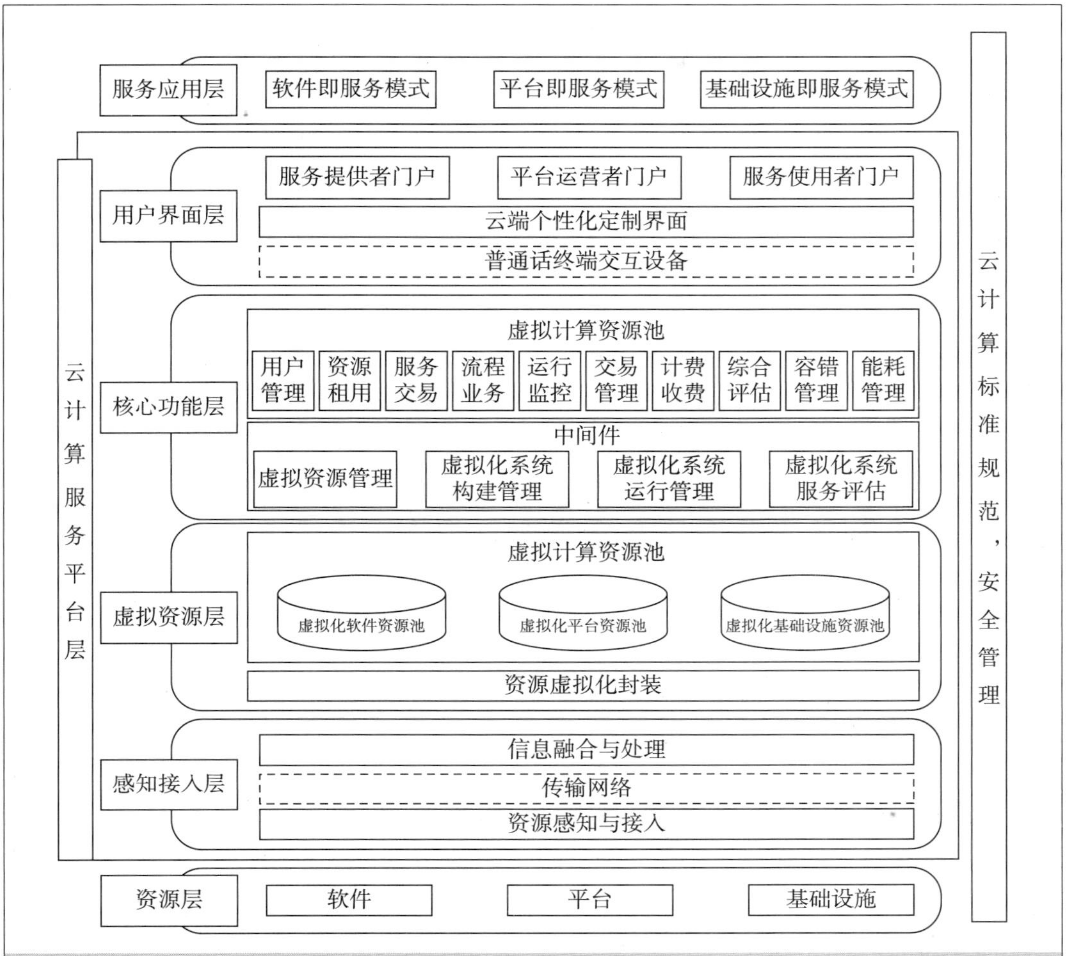

图 4－1　云计算系统体系结构

资料来源：魏毅寅，柴旭东．工业互联网技术与实践．北京：电子工业出版社，2017：57.

2. 资源的虚拟化技术

资源的虚拟化技术是云计算技术体系中最重要的技术之一，它的重要职责是为计算资源提供统一标准的封装形式，使云应用系统运行环境实现高效的热备份和热迁移，使得计算资源能够得到最大程度的共享，使得系统运行更加可靠和稳定。同时，虚拟化技术在提供有效的计算资源的同时还能够起到用户隔离和安全保护的作用。根据对象的不同，虚拟化技术可划分为：软件资源虚拟化、平台资源虚拟化和技术设施虚拟化。运用较多的虚拟化产品包括 Cirix Xen、VMware ESX Server 和 Microsoft Hype-V 等。

3. 虚拟化云服务的构建、运行和评估技术

虚拟化云服务的构建技术主要是解决云计算中按需为顾客构建云服务环境的问题。例如 Cisco 的 CloudVerse 技术，其通过多应用的、统一的资源调度引擎来满足多用户复杂、动态的使用需求，并对后端资源状态进行实时监控。

虚拟化云服务的运行技术主要是保证云计算服务能够更加高效和可靠地运行。例如MapReduce、VMare和Vmotion等都是较为成功的虚拟化云服务运行技术。它们不但能保证后台复杂任务高效地并行执行，而且能实现服务的实时监控和容错迁移。

虚拟化云服务评估技术的核心是从云服务的高效性、可靠性、通用性、使用成本以及应用风险等方面对云服务的质量给出一系列的评价指标和评估方法，从而为云服务的选择、计费、运营等活动提供指导。目前运用较多的云服务评估技术包括服务水平协议（SLA）和亚马逊的EC2服务单行计算单位等。

4. 可信云服务技术

可信云服务技术主要关注的是云服务过程当中的安全问题。目前代表性的可信云服务技术包括云可信权威（cloud trust authority）服务以及我国趋势科技、瑞星等企业率先提出的云安全技术。

5. 普适人机交互技术

普适人机交互技术是普适计算、移动互联、多媒体等技术相互结合的产物，目的是使云计算用户在使用过程中能够产生更为友好和普适的人机交互体验环境的技术。国内外的很多IT企业都在这项技术上付出了努力，例如Ncomputing云终端、联想公司的虚拟云终端等。

4.3 大数据技术

现如今，世界充斥着比以往更多的信息。互联网（社交、搜索、电商等）、移动互联网（微博等）、物联网（传感器、智慧地球等）、车联网、GPS、医学影像、安全监控、金融（银行、股市、保险等）、电信（通话、短信等）都在疯狂产生数据。

4.3.1 大数据的概念

2008年9月，美国《自然》杂志专刊第一次正式提出“大数据”概念。2011年2月1日，《科学》杂志专刊通过社会调查的方式，第一次综合分析了大数据对人们生活造成的影响，详细描述了人类面临的数据困境。2011年5月，麦肯锡研究院发布的报告第一次对大数据做出了相对清晰的定义：大数据是指其大小超出了常规数据库工具获取、存储、管理和分析能力的数据集。

IBM提出大数据具有5V的特点，包括：volume（大量）、velocity（高速）、variety（多样）、value（低价值密度）、veracity（真实性）。

维克托（Viktor）和肯尼斯（Kenneth）在《大数据时代》一书中指出，大数据是一种前所未有的，通过对海量数据进行分析，获得巨大价值的产品和服务，或是有深刻洞见的方式。丽莎·亚瑟（Lisa Arthur）则在《大数据营销》一书中将大数据比喻成“数据毛球”，意思是大数据包含的是纷繁杂乱的应用程序、信息和流程。我国学者赵乃真和杨尊琦则指出，大数据通常用来形容一个公司创造的大量结构化和半结构化数据，当这些数据需要被用于支持决策时，公司还需要花费很多的时间和金钱将这些数据下载到关系型数据库中并加以分析。

4.3.2　大数据的起源与发展历程

2008 年末，“大数据”得到了美国部分知名计算机科学研究人员的认可。业界组织计算社区联盟（Computing Community Consortium）发表了一份有影响力的白皮书——《大数据计算：在商务、科学和社会领域创建革命性突破》，其中提出大数据真正重要的是新用途和新见解，而非数据本身。此组织可以说是最早提出大数据概念的机构。

2010 年 2 月，肯尼斯在《经济学人》上发表了长达 14 页的大数据专题报告《数据，无所不在的数据》，其中写道：“世界上有着无法想象的巨量数字信息，并以极快的速度增长。从经济界到科学界，从政府部门到艺术领域，很多领域都已经感受到了这种巨量信息的影响。科学家和计算机工程师已经为这个现象创造了一个新词——‘大数据’。”肯尼斯成为最早洞见大数据时代趋势的数据科学家之一。

2012 年 7 月，联合国在纽约发布了一份关于大数据在政务方面的白皮书，总结了各国政府应如何利用大数据更好地服务和保护人民。这份白皮书举例说明了在一个数据生态系统中，个人、公共部门和私人部门各自的角色、动机和需求。

我国 2014 年政府工作报告中首次出现“大数据”一词。其中指出，要设立新兴产业创业创新平台，在大数据等方面赶超先进，引领未来产业发展。此后，“大数据”立即成为国内的热议词。

2015 年，国务院正式印发了《促进大数据发展行动纲要》，明确提出要推动大数据发展和应用，在未来 5～10 年打造精准治理、多方协作的社会治理新模式，建立运行平稳、安全高效的经济运行新机制，构建以人为本、惠及全民的民生服务新体系，开启大众创业、万众创新的创新驱动新格局，培育高端智能、新兴繁荣的产业发展新生态。此举标志着大数据正式上升为国家战略。

2016 年，“十三五”规划纲要指出，把大数据作为基础性战略资源，全面实施促进大数据发展行动，加快推进数据资源共享开放和开发应用，助力产业转型升级和社会治理创新。

4.3.3　大数据的主要技术

1. 大数据集成与清洗技术

大数据集成指的是通过逻辑和物理这两种不同的形式把不同来源、格式、特性的数据有机集中的技术。大数据清洗是在数据集成的基础上，对在平台上集中的数据进行重新审查和校验的过程，其目的是及时发现和纠正可识别的错误，对无效值和缺失值进行处理，从而使得数据更加“干净”和一致。只有经过集成和清洗的数据才能被传送到位于下一级的中间件系统或是存储系统进行下一步的应用和处理。目前广泛应用的成果包括多数据源集成（如 Gobblin、Kettle、Sqoop）、实时数据采集（如 Kafka、Flume）等。

2. 大数据存储与管理技术

大数据存储与管理技术指的是采用分布式存储和云存储等技术将数据进行经济、安全、可靠的存储管理的技术。在这个过程中首先需要确定数据的优先级，并采用高吞吐量数据库技术和非结构化访问技术支持云系统中数据的高效快速访问。目前较为成熟的技术包括异地数据存储（如GFS、Lustre）、大数据快速访问（如FastRAQ、SuoerBlck）等。

3. 大数据分析挖掘技术

大数据分析挖掘技术指的是从海量、不完全、有噪声、模糊及随机的大型数据库中发现隐含在其中有价值的、潜在有用的信息和知识的技术。已有成果包括分布式计算引擎（如Spark、JDBC、ODBC）、数据分析算法（如Q-Learning、Brief Networks）、机器学习、交互式分析等。

4. 大数据可视化技术

大数据可视化技术利用二维综合报表、VR和AR等计算机图形图像处理技术和可视化展示技术，将数据转换成图形和图像并进行有效显示，从而使得枯燥、抽象的数据变得更加直观和易于理解。同时，运用大数据可视化技术对这些数据进行处理以后可以实现基于可视化数据的分析、交流和决策支持。比较成熟的技术包括多维数据分析展示（如Analytics、Pentaho）、交互式数据展示（如Tableau、ManyEyes）、虚拟现实数据展示、增强现实数据展示等。

5. 大数据标准与质量体系技术

大数据标准与质量体系技术包括工业互联网中大数据通用技术、平台、产品、行业、安全等方面的标准与规范，涉及数据规范、标准、控制、监督等技术。已有成果包括大数据标准体系框架、大数据交易规范体系以及大数据质量管控等。

6. 大数据安全技术

大数据安全技术涉及大数据采集、传输、存储、挖掘、发布及应用等，以及用户管控、数据溯源、隐私数据保护及安全态势感知等。较为成熟的技术有：大数据隐私保护（如RBAC）、数据水印（如Patchwork、NEC）、数据应用追溯和安全防护（如区块链）等。

4.3.4 大数据的商业应用价值

大数据时代，商业运营中的诸多方面都离不开数据的支持，主要表现在客户定位、营销策划、物流管理、流程管理和风险控制等方面。

1. 客户定位

通过对收集到的顾客购买行为数据的处理和分析，可以更好地对不同顾客的偏好、态度、习惯、意愿等进行推断和预测，并以此为依据对顾客进行细分，进而在细分的基础上挖掘顾客的需求，对顾客精准地投放广告。同时还可以对顾客对于广告和宣传的反馈进行追踪，为下一步的营销策划提供依据。

2. 营销策划

电子商务企业通过对销售过程中的海量数据的收集、分析和整合，挖掘出对自己有用的关于不同用户群体的信息，并根据不同用户群体的需求和兴趣，在正确的时间用正确的方式给正确的用户精准地投放广告，从而提高营销的效率。同时，发送给顾客的信息也是通过个性化展示处理的，通过技术的手段为顾客筛选和过滤掉并不需要的信息，从而使得顾客对信息的接收更有针对性。

3. 物流管理

从供应链的视角出发，将所有可用于数据收集的终端仪器和设备（如条形码扫描设备、射频识别阅读仪、全球定位系统）通过互联网关联起来，并将从这些渠道获得的大量非结构性数据进行进一步的处理和分析，可以为提高物流和供应链的效率的决策提供支持。

4. 流程管理

基于大数据所提供的分析结果，企业可以更好地掌握市场需求的变化，从而对包括计划、采购、生产、仓储、运输等在内的业务流程进行设计、分析和优化。通过数据模型，可以更好地探析当下流程管理中存在的不足，为企业制定有助于创造价值的目标流程，并在保证成本尽可能低、速度尽可能快的前提下对流程进行优化。

5. 风险控制

在大数据背景下，企业能够通过对海量数据进行分析，更好地把握顾客和市场的需求变化，从而避免产品的市场风险和存货风险。企业通过大数据还能清晰地看到技术和市场趋势、供求关系和顾客偏好的变化等，从而更好地抵御风险。另外，企业通过大数据分析可以在一定程度上发现同行业中竞争对手的动向，从而在战略上做好应对的准备，以获取竞争优势。

4.4 物联网技术

4.4.1 物联网的概念

物联网（IoT）的概念有狭义和广义之分。狭义的物联网概念最早由凯文·艾什顿（Kevin Ashton）于1999年提出。凯文指出，物联网是通过射频识别等信息传感器将现实世界中的实体与互联网连接，进而实现智能化识别与管理的网络。而关于物联网的广义的概念是由国际电信联盟（ITU）于2005年在突尼斯举行的信息社会世界峰会（World Summit on the Information Society，WSIS）上提出的，即物联网是人和物之间、物和物之间的一种全新的通信形式，使得信息交换从过去的三个维度扩展为四个维度（任何时间、任何地点、任何人、任何物体），由此产生各种新的成倍增加的连接，进而衍生出一个全新的动态网络。不论是广义的还是狭义的物联网概念，都包含了两层含义：其一，互联网是物联网的核心和基础，物联网是互联网的延伸和扩展；其二，物联网通过传感技术将虚拟的网络和现实的物理世界连接起来，实现了人与人、人与物、物与物之间的连接和交互。物联网的概念模型如图4-2所示。

4.4.2 物联网的结构特点

物联网属于一种传感器网加上互联网的网络结构，具有如下特点。

1. 大规模网络

物联网是一种大规模的网络结构，体现在两个方面：其一，为了能够准确、及时地收集信息，一般传感器设备都会被部署在很大的区域范围内，比如要实时监控快递

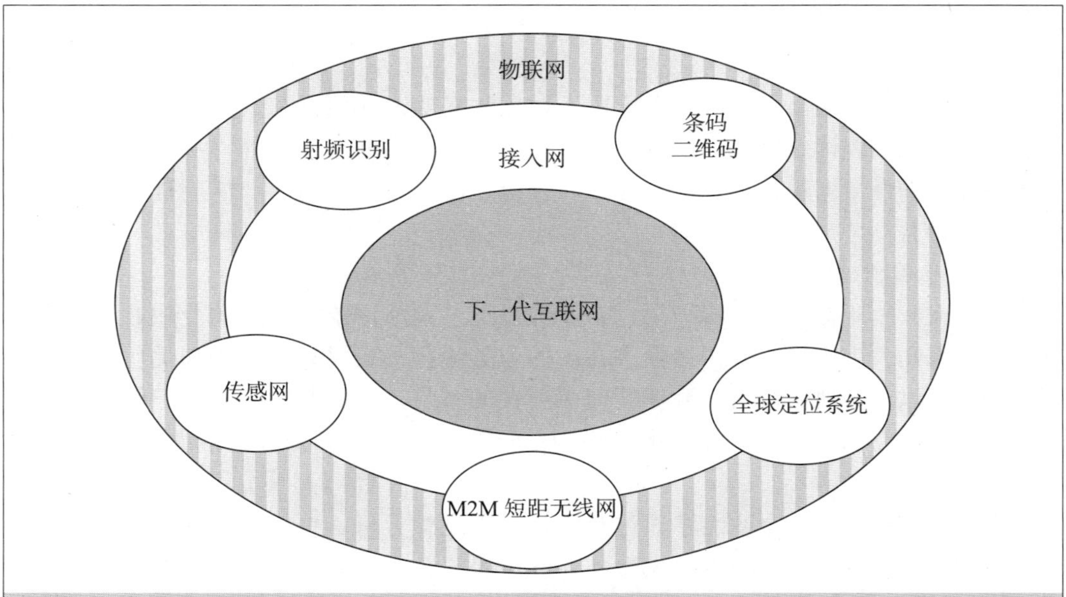

图 4-2 物联网概念模型

资料来源：沈苏彬，毛燕琴，范曲立，等．物联网概念模型与体系结构．南京邮电大学学报（自然科学版），2010，30（4）：1-8.

公司包裹物流情况，就要在每一台运输车辆和每一个物流转运节点都部署传感设备。因此，需要部署的区域范围就涵盖了运输车所到的每一个角落，通常会跨越多个省市，甚至覆盖全国。其二，在同一个区域内，传感器设备的部署很密集。例如，在任何一个物流转运节点都需要在到货区、分装区、待投区、问题件区等不同的区域密集部署无数个传感器设备，以保证实时收集和记录每一个包裹的物流状态。

2. 自组织能力

在传感网络中，有的传感器设备会被部署在没有基础设施的地方。例如，在监控原始森林中动植物生长状况的传感器设备的部署过程中，使用飞机将传感器撒播到面积广阔的原始森林中，或随意放置到人不可到达或危险的区域。由于传感器设备的位置事先无法精确设置，传感器设备间的邻居关系也无法预先知道，因此就要求传感器设备必须具有自组织能力，能够自动进行配置和管理，并通过网络协议和拓扑控制机制自动创建和转发数据到网络系统。

3. 多跳路由

物联网中的传感器设备一般只能直接与它邻近的设备通信，并且通信距离一般只有几十米到几百米。而在实际运用当中，这样的短距离远远不能达到需求。这就需要部分传感器设备同时承担路由器的职责，使得信息能够更加稳定地远距离传输。传感器网络的多跳路由采用普通的网络节点来实现，这样每个传感器设备既可以发起信息，也可以转发信息。

4. 动态网络

传感网络受外界环境条件变化的影响极大，极小的改变都会使传感网络的拓扑结构产生改变，使传感网络的传感器设备、观察者和感知对象等要素发生移动。例如，电能耗尽有可能造成节点出现问题或失效；环境条件的变化或者新的传感器设备加入都可能带来通信链路的变化等。这就要求传感网络系统要能够根据外部环境的变化及时作出动态的反应以适应这些变化。

5. 可靠网络

传感器设备的应用范围及其广泛，有的传感器被部署在极其恶劣的环境当中，且部署的数量巨大，难以实现定期维护，这就要求传感器设备具有可靠的质量和稳定性，具备在极端的环境中准确、稳定地收集和传输信息的能力。同时，传感网络的安全性和通信保密性也非常重要，在使用过程中，传感器设备有可能遭到无关人员或动物的破坏。因此，除了要求传感器设备有坚固的外观以外，还需要保证所存储信息的稳定性和保密性，防止他人盗取监控数据和伪造监控信息。

4.4.3　物联网的体系架构

虽然受各种硬件和软件多样化的影响，物联网的结构复杂而多样，但究其本质可以把物联网的结构分成三个层次，即感知层、网络层和应用层，如图 4-3 所示。

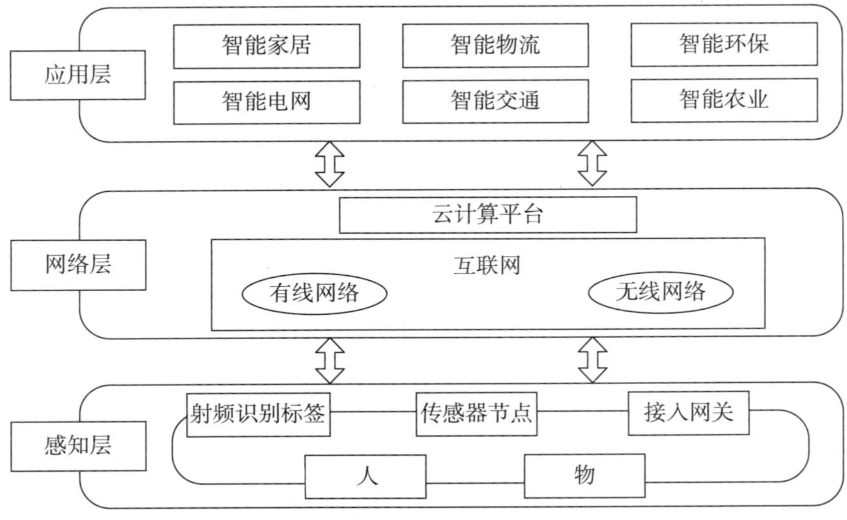

图 4-3　物联网的体系架构

第一层为感知层，这是实现物联网全面感知的基础。其职责是通过二维码、射频识别（RFID）和传感器等设备和技术，识别物体，采集信息。在信息被采集、识别和记录下来之后，通过互联网传输到网络层，并进入下一步的处理和分析。

第二层是网络层，负责通过网络对传感器采集到的信息进行安全无误的传输，并对收集到的信息进行分析处理，同时将结果提供给应用层使用。云计算技术在这个层面的运用可以建立可靠、高效、适用和实用的智能化信息共享平台，实现对各类别信息资源的共享和优化管理。

第三层是应用层，主要解决人机交互界面和数据应用的问题，是输入和输出控制的终端。应用层直接接触用户，为用户提供丰富的服务功能，用户通过智能终端在应用层上定制需要的服务。

4.4.4 物联网的主要技术

根据物联网产业对物品信息的基础感知、传导输送和后台应用处理等产业链环节，物联网技术分成感知层、网络层和应用层三类信息技术。

1. 感知层技术

物联网感知层的技术主要包括NFC、RFID、传感器、局域网、无线网络通信等智能感知技术。通过这些技术可实现对物体的识别和对数据的采集和捕获，同时对收集到的数据进行短距离的传输，这是物联网发展和应用的基础。感知层技术通常包含两个方面：一是物体的数字化处理，通常运用感知技术将客观存在的物体转换为数字化的形式，并进行收集，这个过程主要借助短距离有线或无线传输技术，将收集的信息传输到网关设备，主要依靠局域网、无线网络、蓝牙、紫蜂协议（ZigBee）等技术；二是在仅传递物体的识别码的情况下，感知层技术可实现的数据短距离传输。

2. 网络层技术

物联网的网络层主要实现信息的传送和通信的功能，是物联网实现物物远距离互联的保证。目前，物联网的网络层功能的实现，主要借助互联网技术、移动通信技术等公众网络和专有网、局域网等现有的网络信息传输技术。随着互联网基础设备的日益完备，物联网网络层的信息接入要求将得到进一步满足，信息孤岛的情形将有所缓解，更多的信息系统将实现互通。

3. 应用层技术

物联网应用层技术既是物联网产业的核心技术，也是物联网实现信息有效利用的关键技术。能否实现产品智能控制与管理目标，主要依赖于应用层技术对感知和传输信息的加工、处理和分析能力。应用层技术对农业、工业、交通、电力、物流、物业管理、城市生活等领域的海量数据进行处理，实现信息共享、协同、互通的功能，为客户提供智能实用的物联网应用。物联网应用层技术包括查询类（远程抄表、可穿戴设备）、扫描类（Apple Pay、Samsung Pay等智能支付设备，ETC扫描收费）、监管类（食品溯源、物流监管）、智能类（现代家居、可穿戴设备）等。

4.5 移动互联网技术

4.5.1 移动互联网的内涵

移动互联网是移动通信与互联网融合而产生的移动数据业务，其整合了移动设备和互联网的优势。基于运营商提供的无线网络支持和互联网企业提供的各种应用，移动互联网可以实现随时随地的分享与互动。无线移动技术的不断成熟和发展推动着移动互联网业务的不断进步，为移动互联网带来了很大的应用空间，同时也开创了许多可持续发展的基于移动互联网的新商业模式，为传统的互联网业务开拓了新的思路，而移动互联网本身也逐步发展成为移动运营商最核心的业务之一。与传统的互联网相比，移动互联网具有灵活性、移动性、实时性、定位性、保密性以及局域网限制等特点。

4.5.2 移动互联网的主要技术

移动互联网的主要技术包括移动终端、网络服务平台、应用服务平台和网络安全控制等关键技术。

1. 移动终端技术

移动终端技术主要包括终端制造技术、终端硬件平台技术和终端软件平台技术。其中，终端制造技术是集成了机械工程、自动化技术、信息通信技术和电子技术等的技术、设备和系统的统称。终端硬件平台技术是为移动互联网信息输入、输出、存储与处理等提供支持的技术，包含处理器芯片技术、人机交互技术等。终端软件平台技术是通过用户与硬件间的接口界面与移动终端进行数据或信息交换的技术，包括移动操作系统、移动中间件以及移动应用程序等。

2. 网络服务平台技术

网络服务平台技术是指利用计算机信息技术将多台移动互联网终端设备与互联网连接，形成设备网络互联的技术。它包括四个方面的技术：

其一，移动通信网络技术。从1G时代开始，移动通信网络技术迅速发展，经历了2G和3G时代，4G网络已非常成熟并应用广泛，从2020年开始又迎来了5G网络时代以及由此带来的巨大的产业变革。

其二，无线局域网技术。通过采用802.11ad标准，无线局域网基于接入点（AP）监测、管理与安全控制，无线网络控制器（AC）接入管理，可实现AC-PC体系架构和WLAN解决技术。

其三，无线MESH网络技术。应用MESH路由器，除少数网关以有线方式连接外，骨干网络均采用无线技术连接。WMN技术则采用多跳无线网络技术。

其四，其他接入网络。采用NFC、IrDA、ZigBee、UWB、Bluetooth技术，实现小范围的无线局域网（WPAN）。

3. 应用服务平台技术

应用服务平台技术是基于各种协议形成的可将相关应用提供给移动互联网终端的技术，包括HTML5.0、Widget、Mashup、RSS、P2P等。HTML5.0技术是在先前版本的HTML的基础上增加了创新属性和元素的技术。Widget技术是基于代码复用的思想，采用在Web页面上可执行的代码和丰富的表达媒介的技术。Mashup技术是一种基于网络的内容集成技术，其通过整合不同渠道获取的元数据构成面向用户的全新服务。RSS技术又称为聚合内容技术，是一种应用于信息服务站点的简单XML技术。用户通过此技术可以获得经过选择和汇总的Web站点内容。P2P技术又称为对等技术，其采用分布式网络结构模型，通过文件、语音、流媒体等技术，实现计算机系统间的直接通信，从而达到计算机资源和网络带宽的共享和高利用率。

4. 网络安全控制技术

网络安全控制技术是维护网络和信息的稳定和安全，避免系统和用户受到来自外界的不良入侵和破坏的技术，主要包括信息加密技术、身份确认技术、防火墙技术、入侵检测技术、交换式局域网技术、数据安全存储技术、安全扫描与漏洞检测技术等。

4.6 机器智能

4.6.1 智能的定义

关于什么是智能的讨论由来已久，虽然在各个学科领域，学者给出了各不相同的定义，但归结其本质，根据对人脑已有的认识和智能的外在表现，可以认为智能是知识与智力的总和。其中，知识是一切智能行为的基础，而智力是获取知识并运用知识求解问题的能力，是头脑中思维活动的具体体现。智能是指个体对客观事物进行合理分析、判断及有目的地行动和有效地处理周围环境事宜的综合能力。智能至少包括三个方面：理解、分析、解决问题；归纳推理和演绎推理；自适应环境而生存发展（夏志杰，2017）。

4.6.2 机器学习方法

早在20世纪四五十年代，从人类第一台计算机问世开始，人们就开始了对人工智能的探索。科学家一直致力于通过模仿人类的思考方法来生产出一种可以像人一样思考和学习的智能机器，但是几十年来收效甚微。1972年，弗莱德·贾里尼克（Fred Jelinek）在其负责的IBM的语音识别项目中，提出了包含两个隐含马尔可夫模型（声学模型和语言模型）的统计语音识别的框架结构。这个模型的提出，不但使得语音识别的效率得到了质的提升，同时也开创了一种采用统计的方法解决智能问题的途径。

贾里尼克的这种方法将智能问题转变为数据问题，通过大量数据的使用，模型的参数得到不断的改善。通过这种方法，随着数据的积累和数量的增加，系统会变得越来越“聪明”。由于积累数据的过程就是机器学习的过程，因此这种方法又称为机器学习方法。现在这种方法已经成为人工智能的核心。为了使这种机器通过学习获得智能的方法与传统的人工智能区别开来，学者通常将这种新的人工智能称为“机器智能”。

目前，人们在运用机器智能的学习方法解决复杂问题时，通常会运用“知识发现”和“数据挖掘”的方法，试图从海量数据中找到有用的知识。并且随着互联网的出现，机器学习可用数据的数量正极速增长，其优势也越来越明显，如今已经解决了很多需要类似人类智能才能解决的问题。2016年，谷歌的AlphaGo在围棋赛中战胜世界冠军李世石，这标志着机器智能已经达到了一个新的高度。

□ 本章小结

本章对电子商务中常用的各项技术进行了概括，包括互联网技术、云计算技术、大数据技术、物联网技术、移动互联网技术和机器智能。通过本章的学习，学习者应当在充分理解这些技术概念的基础上，了解这些技术的特点，并掌握它们的体系架构，对这些技术所涉及的具体的操作性技术有所了解，同时掌握这些技术在电子商务中的实践和应用。

□ 思考与练习

一、复习思考题

1. TCP/IP的结构分为几层？由哪些主要协议组成？
2. 简单描述物联网与互联网的联系与区别。
3. 云计算有哪些商业模式？请举例说明。
4. 云计算的各层结构中各需要哪些技术支持？
5. 大数据的商业应用价值体现在哪些方面？请举例说明。
6. 请简要概括物联网的各层结构中主要运用到的技术。
7. 与传统的互联网相比，移动互联网具有哪些特点？
8. 移动互联网的主要技术有哪些？
9. 简述机器学习方法。

二、讨论题

1. 基于移动互联网的特点，有哪些新的商业模式有待开发？
2. 云计算和大数据对于普通消费者来说有什么价值？
3. 云计算和传统的IT有什么区别？对于用户来说有什么优势？
4. 除了商业领域外，大数据还可能运用于哪些行业？
5. 物联网的实现对于制造业和服务业各会带来怎样的影响？
6. 预测未来10年机器智能会对我们的工作和生活带来怎样的影响。

三、网络实践题

1. 上网搜索国际和国内最新的云计算和大数据应用案例。
2. 试用扫描二维码的方式完成一次购物，并记录和分析其过程。
3. 找到一个快递单号，通过网络查询这个单号对应的包裹的物流情况，分析这个商品从生产出来到送达消费者手中经历了哪些环节，运用了哪些技术手段。
4. 上网查询至少3个关于机器智能最新的应用案例。

四、案例分析题

案例1 阿里巴巴与线下商场的共荣共进——JUMP计划

喵街是阿里巴巴集团打造的新一代消费者逛街神器。杭州城西每10个人中，就有1个人在使用喵街。以城西银泰城为例，活动期间商场销售总额的20%来自喵街。有4家商场——城西银泰城、水晶城、西溪印象城、西城广场通过喵街红包引导成交总额超过600万元，通过即时优惠引导成交超过100万元。

更值得一提的是，喵街即时优惠，为消费者节省了92.67万元。而在整个活动期间，喵街为消费者让利287万元。600余家商户进驻喵街，实现了全业态覆盖。对商户来说，喵街是一个很好的运营工具，其针对商场引流、顾客体验、店铺运营、商场资讯等经营需求，分别设计了“即时营销”“权益营销”“有料”等玩法。

从公测数据来看，喵街实用功能大受消费者欢迎。在3天活动期间，有超过16 000位用户使用了喵街室内地图功能，超过32 000位用户利用它来寻找店铺的位置。近5 000位用户使用了停车找车功能，这其中有3 522位用户还通过喵街停车缴费，而喵街停车免费一小时的权益，为消费者节省了21 132元。

在吃饭高峰期间，有3 194名消费者通过喵街排队领号。以每人平均需要等待20分钟来计算，喵街为消费者节省了1 065小时。喵街的吃喝玩乐购咨询社区“有料”，在3天活动期间有32 591名消费者获得了最新的商场导购资讯。

喵街开启JUMP计划（Joint Upgrade Marching Plan），面向全国商业综合体、购物中心、百货开通入驻方案，商家在升级相应的基础设施后，可以接入喵街的基础服务、营销服务以及智慧服务。目前申请入驻喵街的包括大悦城、恒隆广场、金鹰、凯德集团、天虹商场等400多家百货、购物中心企业。

一个良好的O2O方案要满足两方面的要求：一方面要为消费者提供更好的体验，另一方面要为商家提高经营效率。JUMP计划正是对准这两个方面，其核心是，在移动互联的环境下，集结消费者行为数据、地图和导航技术、Wi-Fi技术等，为百货和购物中心提供基础设施升级、即时营销和百货商品全渠道的全套解决方案。

资料来源：联商资讯网.

案例讨论：

1. 案例中运用了哪些数据采集方式？
2. 通过案例学习，请总结这种“新零售”的几个重要特点。
3. 智能技术和传感技术在客户的体验和商家的运营效率方面各有哪些运用？

案例2 菜鸟电子面单，大数据改变物流

从2013年“双11”开始，传统的纯人工作业方式特别是手写纸质面单和快递分拨中心人工分单模式已不能支持日益增长的包裹量，商家的发货能力与快递公司的处理能力都遭遇到瓶颈，必须寻找一个能够有效解决商家发货效率低下同时能提高快递公司作业效率的方法，于是菜鸟电子面单就应运而生了。电子面单对物流行业的推动作用可以通过一组数据来体现：从“双11”单日调取峰值来看，2014年“双11”期间单日调取峰值为1 200万单，2015年为1.2亿单，2016年达到3.01亿单，再到2017年的3.66亿单。从签收时间上来看，2013年“双11”包裹签收1亿件耗时9天，2014年耗时6天，2015年提速到了4天，而2016年更提速到了3.5天。菜鸟电子面单的出现，推动了行业的快速发展。

菜鸟电子面单是菜鸟网络联合主流物流公司推出的一种在线标准化服务平台，它实现了行业统一的电子面单接入规范与面单应用标准。菜鸟电子面单服务向所有软件服务商（ISV）免费开放，商家通过ISV系统可以快速接入并使用菜鸟电子面单服务。菜鸟电子面单在整个交易发货、物流操作链路中起到了数据连接的关键作用，把交易订单、物流订单、包裹轨迹等信息有机地串联在一起；打通了快递公司与商家ERP系统之间双向互动的通道，可实时跟踪订单各个环节的处理状态，并将包裹的作业数据

可视化，极大地提高了各系统间作业的处理效率。

菜鸟智能分单技术是继电子面单之后对于快递行业的又一重要贡献，菜鸟基于沉淀的大量订单历史数据加上地址库服务能力，并结合一些特定的业务规则研发出了一套融合算法模型，重新定义了快递行业的分拣规则。在电子面单生成时，能够通过菜鸟大数据计算系统实时计算出这个面单对应的包裹将由哪个末端中心来分拣，对应哪个末端派件网点。目前，菜鸟智能分单二段码计算能力能够达到98%的覆盖率和99.9%的准确率。

基于电子面单的二段码和三段码、全自动化分拣、全网动态路由调度等基础服务陆续推出，菜鸟创建了一个数据驱动的社会化物流平台。目前，菜鸟正在智能仓储、机器人、无人机、国际物流全程数据打通与履行链路等领域进行积极的尝试与努力，期待通过菜鸟的数据与计算能力，以技术驱动全球物流行业的升级与革新。

资料来源：阿里巴巴集团双 11 技术团队. 尽在双 11：阿里巴巴技术演进与超越. 北京：电子工业出版社，2017.

案例思考：

1. 菜鸟是如何利用大数据提高物流配送效率的？
2. 大数据对物流的影响体现在哪些方面？
3. 基于大数据的菜鸟平台是否存在安全隐患？

第 5 章

电子支付

学习目标

- 理解电子支付的定义
- 了解电子支付的分类
- 了解电子支付系统的构成、功能以及分类
- 了解各种电子商务支付工具的概况

案例导入

移动支付是一个金矿，每个人都想把握住这个入口。近年来，二维码与 NFC 纷争不断。在国内，二维码的发展可谓顺风顺水，特别是“攀上”了微信和支付宝之后。而 NFC 的发展，业界用得最多的词是“惨绝人寰”，不仅产业链过长，也缺乏相关应用。市场一度认为，二维码大有完全替代 NFC 之势。然而，2014 年 3 月 16 日，在央行紧急叫停二维码支付等面对面业务以后，使得 NFC 再度受到关注。长期以来，二维码与 NFC 似乎一直以互为对立面的形式存在。作为移动支付的两种方式，二维码与 NFC 谁更胜一筹？未来的竞争局势究竟如何？

二维码与 NFC 的优劣难定体现在安全层面上。二维码容易复制，缺乏唯一性。而 NFC 在技术上有很多优势，安全可靠，不会获取用户私人信息等。在支付体验上，NFC 也比二维码更加便捷。但是 NFC 也有致命的缺点，即整个支付系统的搭建成本更高，至少需要商场 POS 终端支持 NFC 功能。而二维码扫描已经在国内得到广泛应用，商家基本上不需要重新购置设备。而且抛开技术层面来说，在支付宝和微信的线下大战中，二维码的支付体验就已经非常好了。例如，在超市支付中使用超市扫码枪扫描付款。对于一般小额支付无须输入密码。在微信和支付宝的推动下，二维码和 NFC 都取得了一定的成就。二维码支付在国内发展得如火如荼，腾讯当家人马化腾更是喊出了“未来二维码将成为移动互联网的重要入口”这一口号。自 2014 年 3 月，央行以二维码安全性存疑，需要等待安全验证为由，联合工业和信息化部暂停了线下二维码的

支付服务，自此，二维码支付在市场中偃旗息鼓。但在2014年秋天，支付宝、微信支付再次布局二维码支付，并开始在全国范围内推广。如今，除了支付宝、微信支付之外，多家银行的手机客户端都提供了扫码支付功能。

而NFC在中国市场的发展一直以来仿佛“沉睡的巨人”。但不可否认的是，NFC终端依然是运营商拓展线下近场支付的重要手段。近两年，NFC的发展也开始有些起色。其中，中国银联主导的“闪付”项目，在各行各业已经累计应用超过100个，覆盖公交、地铁、出租、高铁等各类公共交通领域。2015年，中国移动启动了约300万张的NFC USIM全卡产品集采工作。2015年7月，中国电信与中国银联联合推出4G-NFC移动支付新产品。据了解，中国电信在其4G-NFC手机钱包客户端中开辟“银联专区”，手机用户通过该“专区”能够很方便地将银联合作银行卡下载到手机卡上，从而使得手机具备银行卡功能，并能在全国500万部具有“银联-闪付”标识的POS机上进行手机支付。另外，Apple Pay也使用NFC技术进入中国市场，为中国NCF支付市场再添一支主力军。

据前瞻产业研究院《2015—2020年中国移动支付行业市场前瞻与投资战略规划分析报告》分析，从日本近场支付发展经验来看，日本二维码与NFC实现了共同发展。日本手机文化盛行、移动互联网发达，运营商借助二维码、NFC共同培养了用户基于手机的移动支付消费习惯，推进了移动支付的发展普及。运营商作为二维码、NFC的主导方，充分发挥了两种支付方式的长处，各尽所能，优势互补。在日本，二维码、NFC支付均存在各自成熟的商业模式，有效地调动了产业链参与各方的积极性。

资料来源：移动支付入口二维码、NFC谁更胜一筹？.（2015-11-10）．前瞻网.

5.1　电子支付概述

20世纪90年代，国际互联网开始普及，逐步从大学、科研机构走入企业和家庭，其功能也从信息共享演变为一种大众化的信息传播手段，同时商业贸易活动也逐步进入互联网时代。使用互联网，既降低了成本，也造就了更多的商业机会，电子商务技术从而得以发展，逐步成为互联网应用的最大热点。为适应电子商务这一市场潮流，电子支付随之发展起来。

5.1.1　电子支付的定义与演变

1. 电子支付的定义

电子支付既是一种支付行为，也是以电子方式处理交易支付的各种支付系统的总称，它是交易过程中支付手段或支付工具的电子化形式，是依托于各种交易行为而存在的。目前关于电子支付的定义有广义和狭义之分。广义的电子支付是指支付系统中所包括的所有以电子方式，或者称为无纸化方式进行的资金的划拨与结算；狭义的电子支付也称为网上支付，指在电子商务的应用和推广中，为顺利完成整个交易过程所建立的一套通用的电子交易支付方法和机制。

2005年，央行出台《支付清算组织管理办法（征求意见稿）》和《电子支付指引

（第一号）》，传递出要将第三方支付纳入监管的信号。2010年6月21日，中国人民银行出台《非金融机构支付服务管理办法》，从此第三方支付结束了无人监管的状态，开始“持证上岗”，进入了有法可依、有规可循的阶段。截至2021年5月27日，已获支付牌照机构的有228家，已经注销牌照的有39家，4家目前牌照未能续展但仍未注销。

总之，电子支付是以电子方式处理交易支付的各种支付的总称，指电子交易的当事人，包括消费者、厂商和金融机构，使用安全电子支付手段，通过网络进行的货币支付或资金流转。电子支付是电子商务系统的重要组成部分。

2. 电子支付方式的演变

随着货币的演变发展，支付工具越来越多样化，支付方式越来越丰富。从最初的物物交换，到一般等价物的产生，再到以贝壳作为货币，然后到现金，最后出现纸币，货币经历了几千年的发展，在人类支付结算活动中扮演着重要的角色。如今，现金和银行卡成为人们经济生活中重要的支付工具。票据的产生，为企业与企业之间的支付结算提供了一条捷径。现金支付、银行卡支付、票据支付作为传统支付结算方式，在目前以及未来很长一段时间内将是主要的支付结算方式。

1999年，招商银行全面启动国内首家网上银行——“一网通”。建立由网上企业银行、网上个人银行、网上证券、网上商城、网上支付组成的较为完善的网络银行服务体系。从此，电子支付在中国浮出水面，而支付方式也开始从传统支付方式向电子支付方式过渡。电子支付在发展初期主要采取网上银行支付方式。我国的互联网用户随着互联网的快速发展而快速增长，从而推动了网上银行用户的增长。

2005年是我国“电子支付元年”。网上银行支付被越来越多的商家和消费者所认识和接受。网上银行支付日渐成为消费者的首选付款方式。与此同时，电话支付、手机支付、第三方支付等全新的电子支付概念层出不穷，这预示着我国开始进入真正的电子支付时期。

2006年，电子支付进入“电子支付1.0时代”，电子支付产业保持快速增长，网上银行支付、移动支付、电话支付等支付方式继续发展。而此时电子支付迅速进入以价格战为代表的行业恶性竞争阶段。外世资讯（CCW Research）的数据显示，有80.5%的网民正在使用或愿意接受网上支付。网上支付的对象结构产生了变化，为传统行业提供的支付服务额度也越来越高。在网上支付中，纯粹的互联网业务比例在降低，而电子客票、代收费等业务所占的比例逐步增加。

2014年10月31日前各发卡银行、收单机构关闭境内POS渠道使用芯片磁条复合卡中磁条刷卡的功能，改为只能使用芯片进行交易。

从2015年起，各家银行陆续停发磁条卡，只发行芯片卡。同年，有金融机构与电信营运商合作，开发附有储值卡功能的流动电话卡。其适合装有安卓（Android）系统及附有NFC功能的智能手机使用，用户可以接受有关储值卡的POS终端机使用此手机支付工具，是一种先充值后支付的模式。

2016年，有金融机构推出手机虚拟信用卡服务。若用户拥有该机构的Visa、MasterCard或银联信用卡，便可在安装安卓系统及附有NFC功能的智能手机使用相关手机App，生成有关信用卡的虚拟信用卡。继而用手机上的虚拟信用卡，接受Visa Pay-

Wave、MasterCard PayPass及银联闪付的POS终端机以“拍卡”形式进行支付。像一般信用卡一样，虚拟信用卡是一种以信用额先支付后还款的模式。

2017年，已有两家金融机构推出扫码支付服务，安装iOS及安卓系统的智能手机用户可在安装手机App后，打开App的付款功能，消费时将App生成的一/二维码展示给收银员扫描，便可从有关钱包或银行账户中扣款支付，是一种先充值后支付的模式。

由于市场需求正在觉醒并逐渐变得多元化，在政策法规和市场发展趋势的双重作用下，电子支付从以单纯支付网关为业务特色的1.0时代逐渐进入以多元化平台和按需支付为业务特征，并且能够提供完整的支付解决方案乃至电子商务解决方案的全新电子支付产业时代，即电子支付2.0时代。

伴随着电子商务的飞速发展以及信息技术的日新月异，第三方支付以金融创新的姿态成为时尚新宠，中国的电子支付行业已经迈入3.0时代。相比于各类产品百花齐放的1.0时代和业务能力高速提升的2.0时代，3.0时代对于整个电子支付行业而言，将是前所未有的机遇。

5.1.2 电子支付的分类

随着电子商务的发展，特别是网上购物、网上订票、网上缴费的流行，电子支付越来越受到消费者的青睐。电子支付根据支付方式（渠道）的不同，主要分为以下几类。

1. 网上支付

网上支付是电子支付的一种形式，是目前我国应用最为广泛的电子支付模式。通过网上支付方式可以足不出户完成资金转移，实现支付。客户和商家之间可采用信用卡、电子钱包、电子支票和电子现金等进行网上支付，并且采用此种支付方式节省了交易的开销。

（1）网上银行支付。网上银行（E-bank）又称网络银行、在线银行，是金融机构利用计算机和互联网技术在互联网上开设的银行，是一种不受时间、空间限制的全新的银行客户服务系统。用户首先向自己所拥有的借记卡、信用卡的发卡银行申请开通网上支付；在网上购物或消费时，通过网站提供的接口，将消费金额直接转入商家对应银行的账户；商家确认信息正确后，商家将用户购买的商品邮寄给用户。

（2）第三方支付。第三方支付是具备一定实力和信誉保障的独立机构，采用与各大银行签约的方式，提供与银行支付结算系统接口的交易支持平台的网络支付模式。在第三方支付模式中，买方选购商品后，使用第三方平台提供的账户进行货款支付，并由第三方通知商家货款到账、要求发货；买方收到货物，检验商品进行确认后，就可以通过第三方付款给卖家，第三方再将款项转至卖家账户上。

（3）银联电子支付。中国银联电子支付有限公司是中国银联控股的银行卡专业服务公司，拥有面向全国的统一支付平台，主要从事以互联网等新兴渠道为基础的网上支付、企业B2B账户支付、电话支付、网上跨行转账、网上基金交易、企业公对私资金代付、自助终端支付等银行卡网上支付及增值业务。

2. 移动支付

随着手机、移动PC等手持式电子设备在人们生活中扮演越来越重要的角色，其推动了移动支付的迅速发展，使得移动支付在内容形式上也不断丰富。目前国际上并没有一个关于移动支付的标准定义，各相关组织分别就移动支付下了不同的定义。国外的移动支付联盟（Mobile Payment Forum）认为移动支付就是通过无线连接，使用一种移动通信设备作为电子支付工具，使付款人向收款人进行支付的一种电子方式转移。中国人民银行对移动支付的定义是指单位、个人（以下简称用户）直接或授权他人通过移动通信终端或设备，如手机、掌上电脑、笔记本电脑等，发出支付指令，实现货币支付与资金转移的行为。中国银联将移动支付定义为用户使用移动手持设备，通过无线网络（包括移动通信网络和广域网）购买实体或虚拟物品以及各种服务的一种新型支付方式。移动支付不仅能给移动运营商带来增值收益，而且可以增加银行业的中间业务收入，同时能够帮助双方有效提高用户黏性和忠诚度。

综合各机构对移动支付的定义，所谓移动支付就是指利用手机、移动PC等无线通信网络终端，转移货币价值以履行对价义务的一种支付方式。移动支付是移动运营商和金融机构共同推出的能够实现远程在线支付的移动增值业务。狭义的移动支付是指使用手机作为终端的通信工具，而广义的移动支付是指交易双方使用移动终端设备为载体，通过移动通信网络实现商业交易。移动支付所使用的移动终端可以是手机、平板电脑、笔记本电脑等，其手段包括手机短信、互动式语音应答（基于手机的无限语音增值业务的统称）、WAP等多种方式。具体来说，移动支付就是将移动网络与金融系统相结合，将移动通信网络作为实现移动支付的工具和手段，为客户提供商品交易、缴费、银行账号管理等金融服务。它利用手机等作为支付手段，将客户消费的金额从手机中扣除，服务提供方则通过与移动运营商的结算来获得收益。移动支付系统为每个手机客户建立一个与手机号码绑定的支付账户，客户通过手机即可进行现金的划转和支付。

在移动支付产业中，其整个系统由消费者、商业机构、支付平台、银行、移动运营商等多个环节组成。移动支付的主要原理是在移动运营支撑平台上构建移动数据增值业务，把移动客户的手机号码当作关联支付账户，使移动客户可以通过手机进行身份确认和交易活动。目前，移动支付主要有移动运营商手机支付、银联手机支付、商业银行手机支付、移动POS等类型。

3. 固定电话支付

固定电话支付是基于中国电信固定电话网络及合作金融机构清算系统，整合合作双方客户资源和商户资源，通过电话支付终端向用户提供自助支付、自助金融等电子支付服务的电信增值业务。目前各银行已经推出自己的电话银行，如工商银行95588、民生银行95568、招商银行95555等。电话支付终端类似于POS机，用户通过电话即可足不出户进行刷卡缴费、商品订购、自助金融等。支出款项可以依托个人银行账户支付，也可以委托电话运营商代为支付。相对于互联网交互性强、发散性的特点，电话是独立、封闭的语音系统，同时电话是专线系统，是点对点的数据传输，其安全性更有保证。消费者通过商家网站（在线下单）或打电话（商家帮用户下单）订购商品和服务，然后再拨打银行的电话银行系统，按照自动语音提示完成支付，待商家确认收款（实时到款通知）后给用户提供商品配送或服务。

4. 有线电视网络支付

有线电视网络支付是指消费者借助有线电视网络，实现电视购物、缴纳费用等相关业务的支付方式。通常情况下，数字电视支付主要涉及四类主体：一是通过遥控器发起交易，接受和查询交易结果的数字电视用户；二是通过数字电视特定终端或联网的商户机接受数字电视用户支付的商户；三是提供购物信息、通信渠道和相关安全技术的数字电视运营商；四是按客户发送的交易请求完成交易并将结果按需发送给客户或商户的商业银行。与电话支付相同，有线支付也可采取通过消费者银行卡账户支付和由电视运营商代为支付后与有线电视费一并结算这两种支付形式。依托在机顶盒终端或遥控器安装金融刷卡装置实现在线支付，成为金融系统和网络运营商双方都认可的方式，其特点是采用端到端的加密方式和终端（机顶盒）实名控制，交易方式安全。

5. 金融专网支付

金融专网支付是指通过金融专网实现的支付活动的总称。主要包括以下三种类型：

（1）ATM 支付。ATM 即自动柜员机，是指银行在不同地点设置的一种小型机器，可为客户提供提款、存款、转账等服务。

ATM 作为一种向顾客自动提供现金的终端设备，它通常有三种安装方式：第一种是安装在银行、商店、宾馆等营业厅内，称为大堂式；第二种是安装在银行营业厅外，诸如银行门外、商店、车站、医院等场所的临街墙面上，称为穿墙式，由于安装地点不同，穿墙式比大堂式采取了更严密的安全防范措施，如加装防尘、防爆装置等；第三种是安装于室外，便于车辆的驾驶人员不下车就可以进行操作的驾驶者式 ATM。由于 ATM 既可安装于银行内，也可安装于远离银行的购物中心、机场、工厂等其他公共场所，因此，ATM 系统是银行柜台存取款系统的延伸。

（2）POS 支付。POS（point of sale）即销售终端，是一种多功能终端，把它安装在信用卡的特约商户和受理网点中与计算机联成网络，就能实现电子资金自动转账，它具有支持消费、预授权、余额查询和转账等功能，使用起来安全、快捷、可靠。POS 系统的推广使用，使银行、商场、客户方的交易都能在短时间内迅速完成，给三方都带来了较大的经济效益和较好的社会效益。

（3）电子汇兑。电子汇兑是银行受理汇款人委托，通过电子汇兑系统将其款项汇给异地收款人的一种电子化资金汇划结算方式。它能够满足客户异地款项结算的需要，既可办理转账汇款，也可办理现金汇款，快捷、方便，24 小时内即可到账。使用电子汇兑方式，汇款人需购买电汇凭证后详细填写电汇凭证内容，银行审核凭证无误并收妥客户资金后，进行相应的账务处理。

6. 卡基支付

卡基支付包括银行卡支付与非银行卡支付，其中，银行卡支付包括借记卡支付和信用卡支付。

（1）银行卡支付。银行卡（bank card）是由商业银行等金融机构以及邮政储汇机构向社会发行的具有消费信用、转账结算、存取现金等全部或部分功能，作为结算支付工具的各类卡的统称。银行卡按账户性质分为借记卡和信用卡两大类。

1）借记卡（debit card）是指先存款后消费（或取现）、没有透支功能的银行卡。借记卡是一种具有转账结算、存取现金、购物消费等功能的信用工具。借记卡按等级可分为普通卡、金卡和白金卡；按使用范围可分为国内卡和国际卡；按发行对象不同可分为个人卡和单位卡；按账户币种不同可分为人民币卡、外币卡和双币种卡；按功能不同可分为转账卡（含储蓄卡）、专用卡、储值卡。转账卡具有转账、存取现金和消费功能。专用卡是在特定区域、专用用途（指百货、餐饮、娱乐行业以外的用途）使用的借记卡，具有转账、存取现金的功能。储值卡是银行根据持卡人要求将资金转至卡内储存，交易时直接从卡内扣款的预付钱包式借记卡。

2）信用卡（credit card）是商业银行或信用卡公司依照用户的信用度与财力向个人和单位发行的，具有消费信用的银行卡。按发卡对象的不同，可分为公司卡和个人卡；根据持卡人的信誉、地位等资信情况的不同，可分为普通卡和金卡；根据信用卡流通范围的不同，可分为国际卡和地区卡；根据清偿方式的不同，可分为贷记卡和准贷记卡。贷记卡是指发卡银行给予持卡人一定的信用额度，持卡人可在信用额度内先消费、后还款的信用卡；准贷记卡是指持卡人先按银行要求交存一定金额的备用金，当备用金不足支付时，可在发卡银行规定的信用额度内透支的信用卡。国际卡是一种可以在发行国之外使用的信用卡，境外五大银行卡组织（MasterCard、Visa、美国运通公司、JCB和大来信用卡公司）分别发行的万事达卡Master卡、Visa卡、运通卡、JCB卡和大来卡属于国际卡；地区卡是一种只能在发行国国内或一定区域内使用的信用卡。

（2）非银行卡支付。非银行卡是指非金融机构发行的具有消费信贷或电子钱包等功能的卡片，主要是指预付卡，包括各种储值卡、消费卡、积分卡等。

预付卡也称为储值卡、消费卡、福礼卡、智能卡、积分卡等，顾名思义就是先付费再消费的卡片。预付卡分为记名卡和非记名卡，记名卡可挂失，非记名卡不可挂失。关于预付卡的定义，欧盟各中央银行所提出的预付卡是指“以特种塑料板形式存在的，具有真实购买力的多用途支付卡”。作为国际清算银行正式机构的巴塞尔银行监理委员会于1998年发布过一个关于电子货币的定义：在零售支付机制中，通过销售终端在不同的电子设备之间或者在公开网络（如因特网）上执行支付的“储值”和“预付支付机制”。其中，“储值”是指保存在物理介质（硬件或卡介质）中可用来支付的价值，如智能卡、多功能信用卡等；“预付支付机制”则是指存在于特定软件或网络中的一组可以传输并可用于支付的电子数据，通常被称为“数字现金”，也有人将其称为“代币”，由一组二进制数据和数字签名组成，持有人只需输入电子货币编码、密码和金额，就可直接在网络上使用。中国人民银行于2010年6月发布的《非金融机构支付服务管理办法》对预付卡有明确规定：“预付卡是指以营利为目的发行的，在发行机构之外购买商品或服务的预付价值，包括采取磁条、芯片等技术并以卡片、密码等形式发行的预付卡。”此类预付卡在我们日常生活中颇为常见，如移动、联通等电话卡，商场超市的购物卡、礼品卡，城市公交卡，加油卡，等等。

按使用范围不同，预付卡可划分为单用途预付卡和多用途预付卡。单用途预付卡是由发卡机构发行的，只在本企业或同一品牌连锁商业企业购买商品或服务用的一种预付卡，如家乐福卡、百盛卡等商场、超市等商家提供的购物卡。多用途预付卡是由发卡机构发行的，可以在发行机构之外的企业或商户购买商品或服务用的一种预付卡，可跨地区、跨行业、跨法人使用，如电信行业的手机卡等。

5.2　电子支付系统

电子支付系统是利用计算机技术进行交割、转账、记账等一系列的金融服务活动。它由支付服务系统、支付清算系统和支付信息管理系统三个层次构成。支付服务系统主要指银行与客户之间的电子自助服务活动，其典型代表有 ATM/POS 系统、企业银行系统、家庭银行系统以及网上银行系统。支付清算系统主要指完成金融机构之间的支付与清算活动，主要有电子汇兑等大额支付系统。支付信息管理系统是指提供信息服务的内部系统，主要负责金融机构的增值服务与监管活动。

美国早在 1918 年就建立了专用的资金传送网，后经多次改进，于 20 世纪 60 年代组建了电子资金转账系统（EFT）。随后英国、印度、德国也相继研制了自己的电子资金传输系统。到 1985 年，电子数据交换（EDI）技术出现并在电子支付中得到了广泛应用，而且在国际金融活动中占有重要地位。随着各种 EFT 的广泛应用，产生了各种各样的电子支付系统。在零售服务方面，如银行卡授权支付体系和自动清算系统，以及新近发展起来的网上支付体系等小额支付系统；在批发业务方面，企业银行系统与金融机构之间的电子汇兑系统等大额支付系统也迅速发展起来。

5.2.1　电子支付系统的构成

电子支付系统的构成如图 5－1 所示，主要包括结算系统和清算系统。

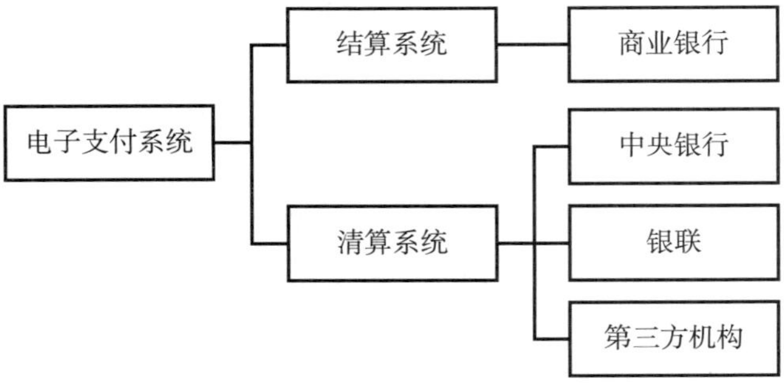

图 5－1　电子支付系统的构成

一个国家的电子支付系统一般由支付服务系统、支付清算系统和支付信息管理系统三个层次组成。

1. 支付服务系统

它主要指完成银行与客户之间的支付与结算的系统，也就是联机采用分布式数据库的综合业务处理系统。它一般在银行的柜台上完成，是银行为客户提供金融服务的窗口，其特点是账户多、业务量大、涉及客户与银行双方的权益，是支付系统的基础，也是金融信息系统的数据源点。根据我国金融电子化30多年的实践结果，支付服务系统在我国具体包括公司业务系统、储蓄业务系统和新型电子化服务三类系统。

在该层次，银行要完成支付与结算活动，必须以客户为中心，提供完善的电子自助服务，它通常包括ATM、家庭银行等银行卡授权支付系统，POS等商业支付系统，自动清算所（ACH）等支票支付结算系统，企业银行系统以及近几年发展起来的网上支付系统，等等。具体如下：

ATM系统是利用银行卡在自动取款机或自动柜员机上执行存取款和转账等金融交易的自助银行系统。

家庭银行系统是消费者在家中通过电话、计算机、电视机屏幕等设施和相应的软件系统所进行的现金管理、资金划拨及支付账单等服务的系统。通常，它使用银行卡账户进行支付。

POS系统。持卡人在银行特约商户消费后，通过位于商业网点的POS终端和专用网或公共数据通信网与银行主机相连完成电子转账工作。整个过程包含了商品交易、资金支付、转账和清算等内容。

自动清算所（ACH）系统是用于金融机构的支付处理系统，特别是高价位、周期性的小额支付。如工资、抵押、汽车贷款、社会保险等的支付，有信用交易和借贷交易两种形式。

企业银行系统的服务对象是大中型公司或政府机构在内的具有法人身份的电子银行系统，它与电子汇兑系统相结合，为企业提供诸如资金管理、财务管理、商务管理、投资功能业务等金融交易和信息增值服务等内容。

网上支付系统是由互联网与电子银行专用网等构成的开放式支付系统，网上支付是电子商务发展的核心。它根据不同的网络货币产生了三种支付系统，即网上支票支付系统、网上信用卡支付系统以及网上现金支付系统。

2. 支付清算系统

这是一种跨行业务与资金清算系统。支付清算系统是国民经济资金流动的大动脉，社会经济活动大多要通过清算系统才能最终完成。该系统一般由政府授权的中央银行组织建设、运营和管理，各家商业银行和金融机构共同参加。这类系统几乎涉及各地区或国家的所有银行或金融机构，系统庞大而复杂。

这是电子支付体系的高层，也是银行完成客户服务活动的基础。它完成往来银行与金融机构之间、中央银行与商业银行之间的支付与结算活动。该层支付体系主要由自动清算所、电子汇兑系统以及外汇交易结算系统等构成。下面介绍六种主要的电子支付清算系统：

（1）环球同业银行金融电信系统（SWIFT）。它是一种电子汇兑系统，一个在全球金融机构间支付以及交换财务信息的网络，也是银行间的国际结算系统。它在全球范围内把金融成员机构串联起来，传送与汇兑相关的各种金融信息，并支持外汇交易、金融市场、证券和贸易等金融活动的各种需要。成员机构收到信息后，将信号转送到相关的资金调拨或清算系统内，最终完成各种资金转账处理。

(2) 纽约清算所银行同业支付系统(CHIPS)。它是世界性的资金调拨系统,完成世界 90%的外汇交易,主要用于外汇交易有关的美元、欧元的支付,是国际贸易资金清算的桥梁。

(3) 联邦储备通信系统(Fedwire)。它是美国第一条支付网络,隶属于美联储体系,是美国国家级的支付系统,它实时处理大额资金的划拨业务,并逐笔清算资金。

(4) 证券清算与结算支付系统。它完成证券经营机构、银行与交易所等之间的清算和结算工作。如美国国家证券结算公司,为美国八大证券交易所服务的清算系统,负责美国 98% 的债券与股票清算和结算工作,其中 Fedwire 负责其债券交易活动。

(5) 期货的清算与结算支付系统。该系统的参与者包括交易所、清算组织、清算成员和结算银行。如美国芝加哥商品交易所(CME)和芝加哥贸易局贸易清算公司(BOTCC)。

(6) 外汇交易结算系统。一般而言,大的金融机构将为进行国际贸易的客户提供外汇贸易。常用的双边清算系统有 SWIFT 提供的 ACCORD 服务系统,由英国 12 家银行建设的清算系统 Fxnttl;常用的多边清算系统有设在英国伦敦的 ECHO 系统等。

我国的电子支付系统主要包括同城清算所、电子联行系统、电子资金汇兑系统、银行卡支付系统、网上支付系统、邮政储蓄汇兑系统、中国现代化支付系统等。2002 年 7 月 27 日,央行正式批准由上海银行牵头组建"城市商业银行资金清算中心",它负责办理全国城市商业银行的异地资金清算以及中国人民银行批准的其他业务。

3. 支付信息管理系统

也就是通常所说的广义的金融管理信息系统,它是连接金融综合业务处理系统,对各子系统所产生的基础数据进行采集、加工、分析和处理,为管理者提供及时、准确、全面信息及信息分析工具的核心系统。它的建设和完善对提高金融业的经营管理水平具有重要作用,是防范和化解金融风险的必由之路,也是金融现代化的重要标志。

通过上述三种支付系统可以完成金融支付体系的所有支付活动。在实际金融业务中,支付服务系统主要完成客户与商业银行之间的资金支付与结算活动;支付清算系统主要完成中央银行与商业银行之间的资金支付与清算活动;而支付信息管理系统体现的是金融系统的增值服务与监管方面的内容,它是建立在支付服务系统与支付清算服务系统基础之上的。

5.2.2 电子支付系统的功能

与传统支付系统相比,电子支付系统要复杂得多,其中应用了大量的先进技术来解决在线支付中可能出现的问题,以保证支付过程顺利进行。电子支付系统所具备的功能也比较多,具体来讲有以下几个方面。

1. 处理多方参与的支付问题

在传统商务中,支付过程一般只涉及交易双方,在支付金额较大时银行也会参与其中。而在电子支付体系中,支付过程的参与方除了买卖双方及银行之外,还有 CA 认证中心、支付网关等。电子支付系统要保证相关信息在各个参与方之间传递时畅通无阻,使支付过程顺利进行,不出现差错。

2. 使支付更加方便快捷

电子支付使支付过程电子化、网络化，即使支付双方是在异地交易，也能保证资金的即时到达，充分发挥了信息和网络的优点。例如，消费者想给在异地过生日的朋友送去鲜花以表达祝福，给朋友一个惊喜，通过电子支付可立即实现愿望。

3. 保证信息的安全性

在电子支付中应用了很多保密技术，以保证交易和支付信息的安全性。例如，可采用双密钥体制加密信息，再通过数字签名、数字信封等技术加强信息在传输过程中的保密性和完整性，防止信息被不法分子截获，给消费者带来损失。

4. 防止欺诈

电子支付中应用了数字签名、数字证书等先进技术对支付参与各方进行身份认定。在证实各方身份的前提下，支付才能够进行，这样可防止不法分子利用网络骗钱。例如，不法分子如果想假冒某网上商城骗取消费者的钱财，在支付时电子支付系统就会验证其数字证书。因为CA认证中心发放的数字证书都是唯一的，就像身份证号和每个人是一一对应的一样，电子支付系统会在认证中心的帮助下，辨别出是不是真正的网上商城，避免消费者上当。

5. 为纠纷提供证据

与传统商务一样，电子商务交易中也可能发生很多纠纷。例如，消费者已经付过款项，而商家可能由于系统出错或者其他原因认为消费者并未付款，拒绝发货，双方会由此产生纠纷。电子支付系统中应用了数字签名等技术，可以迅速提供充分的证据，证明本次支付是否发生，从而解决纠纷。

5.2.3 电子支付系统的分类

根据电子货币的支付流程的差别，可以把电子支付系统大体分为类支票电子货币支付系统模式和类现金电子货币支付系统模式两种。

1. 类支票电子货币支付系统模式

类支票电子货币支付系统模式是典型的基于电子支票、电子票证汇兑、信用卡、网络银行账号等方式的网络支付系统模型，它支持大、中、小额度的资金支付与结算。顾名思义，类支票电子货币支付系统模式就是类似传统的纸质支票应用系统模式，原理上差不多。它主要涉及三个当事实体，即买方、卖方和各自的开户银行。银行可为同一个，也可以为不同银行。当然，在网络平台上还涉及CA认证中心。

类支票的基本应用过程可简要描述为以下几个步骤：

（1）电子商务买卖双方都在银行拥有账户，而买方应在开户行有一定的存款。

（2）在买卖双方开始交易以前，买方先从银行得到电子支付票证，即授权的电子货币。

（3）买方把授权的电子货币交给卖方，卖方验证此电子票证的有效性后，继续交易过程。

（4）卖方将收到的电子票证转给自己的开户银行，要求资金兑付。

（5）银行收到卖方的电子票证，验证确认后进行后台的资金清算工作，且给买卖双方回送支付结算成功消息。至此，这次网络支付完毕。

图 5－2 即为类支票电子货币支付系统模式的运作示意图，它反映了上述五个步骤。其中，作为电子货币载体的电子票证如电子支票、信用卡号、网络银行账号等就是网络支付工具，由银行发行与管理，代表着一种信用，而且其发出和传输、信用的运用几乎是立刻发生的。如果买卖双方不在同一银行，那么在银行之间就要应用一些标准的清算中心体系，这通常由国家中央银行（对国内交易）或一个第三国银行（对国际贸易，且第三国中央银行有良好的信用）协调。

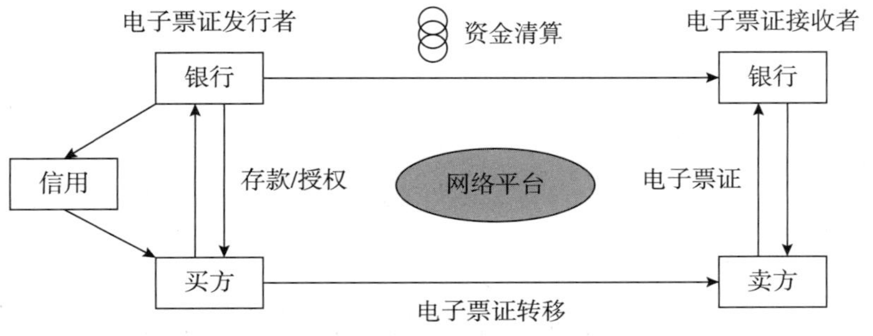

图 5－2　类支票电子货币支付系统模式运作示意图

类支票电子货币支付，包括信用卡网络支付过程在内，虽然减少了材料费用、运输费用等，并且应用快捷方便，但每次支付结算都需要银行的支持与中介，需花费一定时间与成本，而且都是不匿名的，交易双方的身份不能被保护，这是其弱点。所以，它用于微小数额的支付还是有些不方便。

2. 类现金电子货币支付系统模式

传统的纸质现金作为目前人们日常生活中最常用的一种支付结算工具，使用方便直观，支付成本很低，且是匿名使用和不可追踪的。这可保证买卖双方的自由不受干涉，一定程度上保护了客户的隐私。正是借助纸质现金的这些优点，一些企业与研究机构推出了类现金电子货币支付系统模式，以满足电子商务下网络支付结算的个性化需要。

类现金电子货币支付系统模式是一种新的网络支付模式。其主要的网络支付工具是类现金电子货币，较有代表性的是电子现金。顾名思义，类现金就是类似传统的纸质现金。所以，类现金电子货币的网络支付系统模式与传统纸币的支付模式基本类似，原理上差不多，只是在货币表现形式上有所不同。类现金电子货币表现为经过特殊加密的电子信息串，用户可以像用纸币一样用类现金在网络平台上进行日常买卖。类现金同样主要涉及三个当事实体，即买方、卖方和各自的开户银行。银行可为同一个，也可以为不同银行。当然，在网络平台上还涉及 CA 认证中心。类现金的基本应用过程可简要描述为以下几个步骤：

（1）电子商务中的买方先在开户银行中有一定的存款，且对应其类现金账号。

（2）在买卖双方开始交易以前，买方先从银行通过银行存款请求兑换类现金，就像去银行从资金账号中提取纸质现金一样。

(3) 银行根据买方的请求把相应的类现金发送至买方的计算机，买方即可随便使用。

(4) 买方根据付款数额把相应数目的类现金发送至卖方的计算机，卖方验证此类现金的有效性后，继续交易过程。

(5) 卖方可把收到的类现金暂时存储起来，也可发送相应银行，银行清算后增加卖方账号的对应资金数额，卖方还可以把收到的那份现金发送给自己的另一个商务伙伴，如供应商进行网络支付。至此，这次类现金的网络支付过程完毕。图 5-3 即类现金电子货币支付系统模式的运作示意图，它反映了上述五个步骤。从支付应用过程可以看出，与传统的纸质现金应用非常类似，每次网络支付结算并不要银行的中介参与，接收者收到后可灵活支配，不需要马上去银行兑换，还可支付给其他的商业伙伴，真正体现了货币的流通特点。银行在类现金电子货币的网络支付结算过程中，无须每次都表现它的存在，只是在发行与兑换时参与运作，所以支付结算速度比类支票更快，运作成本更低，但不适宜较大数额的资金支付与结算。

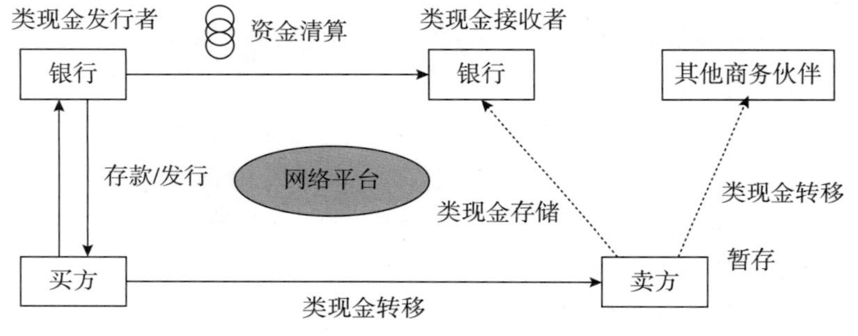

图 5-3 类现金电子货币支付系统模式运作示意图

5.2.4 电子支付方式的分类

通过对目前国内外正在使用中与实验中的电子支付方式的分析，分类如下：

1. 按开展电子商务的实体性质分类

按开展电子商务的实体性质分类，把当前的电子支付方式分为 B2C 型支付方式和 B2B 型支付方式两类。这也是目前较为主流的电子支付结算分类方式。

(1) B2C 型支付方式。这是企业与个人、政府部门与个人、个人与个人进行网络交易时采用的支付方式。如信用卡网络支付、IC 卡网络支付、电子现金支付、电子钱包支付以及最新的个人网络银行支付等。这些方式适用于金额不是很大的网络交易支付结算，应用起来较为方便灵活，实施较为简单，风险也较小。

(2) B2B 型支付方式。这是企业与企业、企业与政府部门进行网络交易时采用的支付方式，如电子支票网络支付、电子汇兑系统，国际电子支付系统 SWIFT 与 CHIPS，中国国家现代化支付系统（CNAPS）、金融 EDI 以及企业网络银行服务等。这种支付方式适用于金额较大的网络交易支付结算。

我们把一些基于专用金融通信网络平台的电子支付结算方式，如 SWIFT、CHIPS、CNAPS、金融 EDI 等都归结为 B2B 型支付方式，主要有如下三个原因：

第一，它们的确可为 B2B 类电子商务进行支付结算，只不过现在是交易事务（在互联网平台进行）与支付结算事务（在金融专用网进行）发生了分离。

第二，银行金融专用网本来也是大众化的互联网支付平台的一部分。随着新一代互联网如 IPV6 的使用，银行金融专用网 EDI 网与互联网有融合的趋势。

第三，银行等金融机构基于企业与企业、企业与政府部门之间电子商务的快速拓展，正在逐渐改进这些传统的企业间电子支付方式，以支持基于互联网平台的电子商务的支付与结算。互联网银行服务包括转账、理财、股票、缴费和收费等业务的开展正逐渐融合电子汇兑、金融 EDI、国际电子支付等 EFT 业务于互联网平台上。

上述 B2C 型支付方式和 B2B 型支付方式之间的界限是模糊的，并不绝对。例如：信用卡虽大多用于个人网络支付，但也可用于企业之间的小额支付结算，西方国家的电子支票可用于个人之间、个人与企业间的支付结算。

2. 按支付数据流的内容性质分类

在进行网络支付时，用电子支票与用电子现金支付在网络平台上传输的数据流的内容性质是有区别的，正如用纸质现金支付与用纸质支票支付传递的信息性质不同一样，收到 100 万元的纸质现金给人的感觉是收到了真的 100 万元金钱，而收到 100 万元纸质支票只是收到了可以得到 100 万元的指令。因此，根据电子商务流程中用于网络支付结算的支付数据流的内容性质不同，即传递的是指令还是具有一般等价物性质的电子货币本身，可将电子支付方式分为如下两类：

(1) 指令传递型支付方式。支付指令是指启动支付与结算的口头或书面命令。电子支付的支付指令是指启动支付与结算的电子化命令，即一串指令数据流。支付指令的用户从不真正地拥有货币，而是由他指示银行等金融中介机构替他转拨货币，完成转账业务。指令传递型支付系统是对现有电子支付基础设施和手段（如 ACH 系统和信用卡支付等）的改进和加强。

指令传递型支付方式主要有银行网络转拨指令方式（包括 EFT、CHIPS 与 SWIFT 电子支票、互联网银行、金融 EDI 等）、信用卡支付方式等。

(2) 电子现金传递型支付方式。电子现金传递型支付是指客户进行电子支付时在网络平台上传递的是具有等价物性质的电子货币本身，即电子现金的支付结算机制。其主要原理是：用户可从银行账户中提取一定数量的电子现金，且把电子资金保存在一张卡（如智能卡）或者用户计算机中的某部分（如一台 PC 或个人数字助理 PDA 的电子钱包）中。这时，用户拥有真正的电子“货币”。他就能在互联网上直接把这些电子现金按相应支付数额转拨给另一方，如消费者、银行或供应商。

3. 按支付金额的规模分类

由于不同规模的企业及个体消费者的消费能力、网络商品与服务的价格是不同的，大到几十万元的汽车，小到几角钱一条的短消息服务，因此，同一个商务实体针对这些不同规模的资金支付，也会采用不同的支付结算方式。

根据电子商务中进行电子支付金额的规模大小来划分，可以将电子支付方式分为如下三类：

（1）微支付。在中国一般5元以下可以称为微支付，如浏览一个收费网页、在线收听一首歌曲、上网发送一条手机短信息等。由于互联网的快速普及，这类小额的资金支付经常发生。因此，企业与银行业发展一个良好的微支付体系将大大有利于数目众多的小额网络服务的开展，特别是在普通大众中进行电子商务业务的推广。

（2）消费者级电子支付。消费者级电子支付指满足个体消费者和商业（包括企业）或政府部门在经济交往中的一般性支付需要的电子支付服务系统，亦称小额零售支付系统。这种电子支付方式在中国一般为5～1 000元。由于金额不大不小的一般性电子支付业务在日常事务中是最多的，一般占全社会总支付业务数量的80%～90%。所以，这类系统必须具有极大的处理能力，才能支持经济社会中发生的大量支付交易。如买一本书、买一束鲜花、下载一个收费软件、企业批发一些办公用品，等等。因此，支持这种档次消费的电子支付工具也发展得最成熟与最普及。常用的有信用卡、电子现金、小额电子支票、个人网络银行账号等。

（3）商业级电子支付。商业级电子支付指满足一般商业（包括企业）部门之间的电子商务业务支付需要的电子支付服务系统，亦称中大额资金转账系统。这种电子支付方式在中国一般为1 000元以上。中大额资金转账系统的发生次数虽然远远不如消费等级电子支付，但其支付结算的金额规模占整个社会支付金额总和的80%以上，因此是一个国家电子支付系统的主动脉。

一般来说，银行与银行之间、银行与企业之间、企业与企业之间、证券公司与银行之间等发生的支付，金额较大，安全性要求高，属于中大额支付系统处理的业务。常见的商业级电子支付方式主要有金融EDI、电子汇兑系统、电子支票、CNAPS、互联网银行服务等。

5.3 电子商务支付工具

5.3.1 信用卡支付

1. 信用卡的定义

信用卡（credit card）是一种非现金交易付款的方式，是银行提供给用户的一种先消费后还款的小额信贷支付工具，最早的信用卡出现于19世纪末。

信用卡分为贷记卡和准贷记卡两种，具有提供结算服务，方便购物消费，增强安全感；简化收款手续，节约社会劳动力；促进商品销售，刺激社会需求等特点。信用卡由银行或其他财务机构签发给那些资信状况良好的人士，用于在指定的商家购物、消费，或在指定银行机构存取现金的特制卡片，是一种特殊的信用凭证。

2. 信用卡的功能

（1）直接消费功能。直接消费功能是信用卡最基本的功能。持卡人在标有发卡银行的特约商家（包括商店、宾馆、酒楼、娱乐场所、机场、医院等场所）消费时，持有人只需出示身份证件即可用卡代替现金消费结账，或者利用POS系统通过专线即时支付。随着互联网业务的普及，信用卡借助网络平台可实现在线支付，而无需POS机等辅助设备。

（2）储蓄存款与取款功能。凭信用卡可在发卡银行指定的同城或异城储蓄所、在线家庭银行、ATM 机等办理存、取款业务。用信用卡办理存、取款手续比使用存折方便，它不受存款地点和存款储蓄所的限制，可在所有开办信用卡业务的城市通存通取。信用卡账户内的保证金、备用金及其他各种存款视同储蓄存款，按规定利率计息。

（3）通存通兑功能。持信用卡可在工作时间内到发卡银行的任何营业机构存、取款，也可以 24 小时在 ATM 机上提款。

（4）转账与支付结算功能。持卡人凭卡可在发卡银行的营业机构从自己的账户转账付款，也可利用 ATM 机或电话银行、网络银行等将信用卡账户的资金转至其他账户。

（5）透支信贷功能。持具有信贷功能的贷记卡类信用卡可在发卡银行允许的额度内透支用款，但需按期补还透支款，并支付相应利息。

总之，使用信用卡可以大大减少现金货币的使用、简化收款手续、节约社会劳动力，提高整个社会的金融电子化与信息化程度。借助信用卡提供基于各种平台上的支付结算服务功能，可大大方便客户购物消费，增强客户的安全感，进而促进商品销售，刺激社会需求。

3. 信用卡支付的优点

信用卡具有支付结算、消费信贷、自动取款、信息记录与身份识别等多种功能，是集金融业务与电脑技术于一体的高科技产物，它已经成为当今发展最快的一项金融业务之一，并将在一定范围内替代传统现金的流通。在美国和欧洲等发达国家和地区，信用卡已经成为最普遍的电子支付方式。在基于互联网的电子商务迅速发展的今天，信用卡应用型电子货币作为不受地域限制而采用的电子支付工具，受到人们的普遍关注。其引人注目的原因，除其支付结算体系本身的电子化处理方式易实现并且在日常工作生活中非常容易普及的优点之外，还因为信用卡比较适用于计算机网络空间即虚拟空间的操作，借助互联网，消费者只要在 Web 页面填写信用卡账号和密码，就可实现即时的网络支付结算。

5.3.2　电子现金支付

电子现金也是电子货币的一种，目前电子现金的表现形式主要有两种，即预付卡式电子现金和纯电子形式电子现金。

预付卡式电子现金的应用，属于类似电话卡的先储值后扣费形式，与带读卡器的智能卡网络支付模式基本相同，这里不再叙述。本节主要讲的是纯电子形式电子现金，也就是通常所讲的电子现金。纯电子形式电子现金没有明确的物理形式，以特殊的电子数据形式存在，特别适用于买卖双方物理上处于不同地点，通过网络进行网络支付的情况。支付行为表现为把电子现金从买方扣除并传输给卖方，卖方既可以继续使用，也可以去银行兑换。在传输过程中，通过加密保证真正的卖方才可以使用这笔电子现金。

1. 电子现金的定义

电子现金，又称数字现金，英文为 E-cash，是一种以电子数据形式流通的、能被客户和商家普遍接受的，通过互联网购买商品或服务时使用的货币。电子现金是一种隐形货币，表现为由现金数值转换而来的一系列电子加密序列数，通过这些加密序列数来表示现实中各种金额的币值。在传统商务中用纸张作为介质，而在电子商务中用摸不着的电子数字串作为介质。其实，纸质现金与电子现金都是货币的代币。电子零钱或电子硬币本质上也属于电子现金范畴，它特指价值数额微小的电子现金。

可以说，电子现金是纸质现金的电子化，具有与纸质现金一样的诸多优点。随着电子商务的发展，电子现金必将成为网络支付的一种重要工具，特别是涉及个体的、小额网上消费的电子商务活动，比如距离很远的两个个体消费者进行 C2C 电子商务时的电子支付与结算。

2. 电子现金的属性

电子现金从产生到投入应用，具备下列属性：

（1）货币价值。电子现金必须有银行的认证、信用与资金支持，才有公信的价值。

（2）可分性。电子现金可用若干种货币单位，并且可像普通的纸质现金一样，把大钱分为小钱。

（3）可交换性。电子现金可以与纸币、商品与服务、银行账户存储金额、支票等进行互换，体现了等价物性质。

（4）不可重复性。同一个客户在已用某个电子现金后，就不能再用第二次，也不能够随意复制使用。所以发行银行有巨大的数据库记录存储电子现金序列号，应用相应的技术与管理机制防复制。

（5）可存储性。电子现金能够安全地存储在客户的计算机硬盘、智能卡或电子钱包等特殊用途的设备中，最好是不可修改的专用设备，取出应用需要严格的身份认证。

3. 电子现金支付的优点

电子现金可以理解为纸质现金的电子化，与其他电子支付方式相比，更能体现货币的特点与等价物的特征，可以说是真正的货币。因此，电子现金具有与纸质现金类似的特点，在支付上也表现出纸质现金的应用特征，这与其他的电子支付方式有着明显不同。电子现金支付的主要优点如下：

（1）匿名性。保护客户的隐私是电子现金的主要优点，因此电子现金不能提供用于跟踪持有者的信息，即使在进行网络支付时也无法追踪。

（2）独立与多功能性。电子现金不依赖于所用的计算机系统，只要有对应的电子现金软件就可使用，并具有纸质现金多功能的特点，可以方便地存、取或转让。

（3）灵活性。电子现金在支付过程中无须银行作为中介，因此可在更大的范围内使用，不像信用卡限于授权的商店，使用起来更加方便与灵活。

（4）经济性与较高效率。电子现金借助互联网在发送者与接收者之间的直接传输就完成了支付过程，不但具有较高的效率，而且应用比较经济，还可以将金额分得比较小，如一元电子现金，这种较适合互联网上一些小额资金的支付结算，如 C2C 电子商务支付。

（5）较好的安全性。充分利用数字签名、隐蔽签名等安全技术来保证安全，以防抵赖、防伪造。如果需要，还可附加后台银行认证，提高防止伪造与防止重复消费的识别能力。另外，无须携带，方便旅行时使用，但要注意防丢失。

（6）对电子现金应用软件的依赖。客户、商家与电子现金发行银行都需使用对应的电子现金软件。

（7）大大节省资源，避免类似纸币的巨额保管、运输、维护费用。

4. 电子现金支付的缺点

（1）电子现金发展到现在仍然没有一套国际兼容的统一技术与应用标准，且接收电子现金的商家和提供电子现金开户服务的银行较少，因而不利于电子现金的流通。这也是电子现金发展得还不太成熟的地方。

（2）电子现金的灵活性和不可跟踪性带来发行、管理和安全验证等一系列问题。从技术上说，各个商家都可发行电子现金，如果不加以控制，那么电子商务将不能正常发展，甚至带来严重的经济和金融问题。

（3）应用电子现金需要在客户、银行和商家计算机均安装对应的电子现金软件，且对三方的软、硬件都有较高要求，运作成本较高。为加强认证、防伪与防重复消费，银行需要建立大型数据库进行记录，因而加大了投入，也限制了电子现金的自由流通性。

（4）电子现金无法满足人们对纸质现金的直观与触摸感要求，在亲和力上差一些，不容易被传统人士所接受。

（5）对于无国家界限的电子商务应用来说，电子现金还存在税收、法律、外汇的不稳定性，以及货币供应的干扰和金融危机的可能性等潜在问题。

5.3.3　智能卡支付

1. 智能卡的定义

所谓智能卡，是一种集成电路卡，又称 IC（integrated circuit）卡，其形状、大小都与信用卡类似，它是通过集成电路芯片来存储用户的个人信息和电子货币，实现支付与结算等功能的银行卡。

智能卡由于具有存储量大、使用范围广、安全性能好、自动处理能力强等优点，受到人们的青睐。

2. 智能卡的分类

（1）根据与读卡器的连接方式不同，智能卡可分为接触型智能卡和非接触型智能卡。

接触型智能卡的芯片上一般有 8 个接触点，通过这些接触点和读卡器连接，可以进行信息的读写。

非接触型智能卡的表面没有接触点，射频卡就是其中的一种。射频卡通过电磁感应方式与读写器进行通信，完成数据的读写。射频卡在使用时无须把卡插入读写器中，而是把卡在读写器前晃一下，甚至放在口袋里都可以完成。卡与读写器的距离一般保持在 10 厘米左右。

（2）根据卡片中嵌入的集成电路功能的不同，智能卡可以分为存储卡、逻辑加密卡和CPU卡。

存储卡由一个或者多个集成电路组成，具有记忆功能。卡中存储的内容可以进行读、写、删除等操作，但卡本身没有计算功能。

逻辑加密卡是带有逻辑加密功能的存储卡，除了存储卡的功能外，还对数据的读、写、删除等操作提供密码保护，用户在进行这些操作之前需要输入保护密码。但是这种卡仍没有计算功能，适用于保密功能要求不是很高的场合。IC电话卡就是逻辑加密卡的一种。

CPU卡中嵌入了中央处理器（CPU）和较大容量的存储器，具有自己的操作系统，能进行复杂的密码运算，还可通过编程完成很复杂的工作。一般用于电子付款、清账等。如中国建设银行的龙卡信用IC卡就是一种CPU卡。

目前金融领域中使用的智能卡大多是接触型CPU卡，本节中主要介绍这种智能卡。

3. 智能卡的特点

智能卡融合了信用卡和集成电路等多项技术，相对于其他种类的卡来说具有以下几个特点：

（1）安全性高。智能卡从硬件、软件等几个方面都设置了安全措施。对卡上存储的信息可设置个人识别码（PIN）保护，只有输入正确才能进行访问，而且可以控制卡内不同区域的存取特性，对不同的区域设置不同的安全密码。此外，有些智能卡还设有“自爆”装置，如果别人想利用非法手段打开它，那么卡内存储的信息将立即自动消失。因此，智能卡的安全性要高于信用卡等磁条卡。

（2）存储量大。智能卡的芯片上集成了RAM、ROM等多种存储器，而且还能存储文字、图像、声音等多媒体信息。

（3）对网络性能要求相对较低。智能卡高安全性使其在应用中对计算机网络的实时性要求降低，便于在网络质量不高的环境中应用。

（4）携带和使用方便。智能卡体积小、重量轻，便于携带。

5.3.4 电子钱包支付

电子钱包是客户在电子商务网站购物时进行小额支付结算的常用工具，通常与信用卡、电子现金等一起使用。

电子钱包，英文为E-wallet或E-purse，它是一个客户用来进行安全网络交易，特别是安全网络支付并且储存交易记录的特殊计算机软件或硬件设备，就像生活中随身携带的钱包一样，能够存放客户的电子现金、信用卡号、电子零钱、个人信息等，经过授权后又可方便地有选择地取出使用的新式网络支付工具，可以说是“虚拟钱包”。

电子钱包本质上是个装载电子货币的“电子容器”，可把有关方便网上购物的信息，如信用卡信息、电子现金、钱包所有者身份证及地址等信息集成在一个数据结构里，以后整体调用，需要时又能方便地辅助客户取出其中的电子货币进行网络支付，是小额购物或购买小商品时常用的新式虚拟钱包。因此，在电子商务中应用电子钱包时，真正支付的不是电子钱包本身，而是它装的电子货币，就像生活中钱包本身并不能购物付款，但可以方便地打开钱包，取出钱包里的纸质现金、信用卡等来付款，看起来就像用钱包付款了。

电子钱包本身可能是个特殊的计算机软件，也可能是个特殊的硬件装置。当其形式上是软件时，常常称为电子钱包软件，如 Microsoft Wallet；当其形式上是硬件时，电子钱包常常表现为 IC 卡，用集成电路芯片来储存电子现金、信用卡等电子货币。

可以说，电子钱包是平常生活中钱包的电子化模拟，具有与现实钱包类似的诸多优点，特别在涉及个体的、小额网上消费的电子商务活动方面，应用起来很方便，又具有效率。

5.3.5　个人网络银行

资金的支付对于传统交易和电子商务来说都是非常重要的环节，而电子商务中的支付过程和支付手段都更强调电子化。在电子商务中，银行通过网络提供的电子支付服务是保证买卖双方交易顺利进行的桥梁。

根据面向的客户种类不同，网络银行可以分为个人网络银行和企业网络银行。

1. 个人网络银行的定义

个人网络银行指银行通过互联网站点和网页，向个人消费者提供开户、销户、查询、转账、支付结算、存取款管理、网上证券、投资理财等银行服务和产品。它是网络银行提供的一种面向个人消费者的业务。

例如，招商银行在其主页上就提供了“个人网络银行”业务，已在网上开户的消费者登录招商银行“一网通”网站后，即可进行余额查询、转账、缴费和账户管理等个人业务的处理。

2. 个人网络银行的分类

根据所提供服务的权限不同，个人网络银行可以分为大众版和专业版。

(1) 大众版。消费者只要拥有银行存折或者信用卡就可以使用个人网络银行的大众版。大众版提供账户余额查询、交易记录查询、转账、缴费、账户管理等业务。

(2) 专业版。消费者只有开通了专业版，才能使用网络银行方式进行支付结算。消费者必须向银行提交申请，经过银行的认证之后才能开通个人网络银行的专业版。专业版建立在严格的身份认证基础之上，向消费者发放数字证书并在交易时对该数字证书进行验证。

3. 个人网络银行支付模式

到目前为止，个人网络银行的支付通常是通过信用卡账号实现的，即网络银行的账号和信用卡账号关联，在使用网络银行支付时，直接从消费者的信用卡中扣除相应资金。因此，个人网络银行支付模式本质上应属于信用卡支付模式。

个人网络银行支付模式的流程如下所述：

(1) 消费者在银行办理业务时可开通个人网络银行的信用卡，如中国银行的长城电子借记卡、招商银行的“一卡通”等。

(2) 消费者利用信用卡的账号在银行网站上开通个人网络银行的账号，并向账号中存入资金。

（3）在网上商城选择商品，选用网络银行支付方式。在网页上输入个人网络银行的账号和密码，核对支付金额无误后即可确认支付。

（4）银行在后台进行转账，将资金打入网上商城的账号。

（5）商城在自己的收单银行确认资金到账后，向消费者发送交易成功的信息并开始准备发货。

□ 本章小结

作为电子商务关键环节的电子支付，在电子商务的快速发展中愈发显示其重要性。网络化的支付结算方式相比于传统的支付结算方式更加快捷、成本更加低廉，而且实现了对网上交易者来说更加方便的随时随地支付，它是金融电子化的发展趋势。目前，世界上基于互联网平台的网络支付与结算方式正在大力发展中，如信用卡、电子现金、电子支票等。随着技术的进步、日益迫切的电子商务发展需求，以及人们传统观念的革新，越来越多更加安全、可靠、方便、快捷的电子支付手段正不断研发出来，并且投入应用实践。本章介绍了电子支付的基本理论，分析了电子支付的系统构成、功能以及分类，详细描述了多种电子商务支付工具。

□ 思考与练习

一、复习思考题

1. 什么是电子支付？
2. 简述电子支付系统的构成以及各构成部分之间的关系。
3. 不同的电子商务支付工具分别有哪些特点？
4. 简述电子支付活动的流程。
5. 电子支付可分为哪几种类型？
6. 电子支付方式的演变经历了哪几个阶段？

二、讨论题

1. 简述信用卡在线支付方式的流程和过程中使用的安全手段。
2. 简述电子现金的属性和优缺点。
3. 画出电子钱包在线支付示意图，并根据此图简要描述电子钱包网上支付流程。

三、网络实践题

1. 通过互联网查询资料就以下问题展开讨论：

（1）现实中的各种电子支付是怎样运用的？

（2）电子支付与传统支付有哪些不同？

（3）电子支付的发展趋势是什么？

2. 通过互联网查询资料就以下问题展开讨论：

（1）纸币是否具有储藏职能？

（2）黄金具有储藏职能，它储藏的是什么？

（3）纸币是不是货币？

（4）纸币是否有条件地发挥了储藏职能？它储藏的是什么？

3. 通过互联网查询资料就以下问题展开讨论：

（1）结合本章内容，谈谈如何完善我国的电子支付风险监管。

（2）传统商业银行的支付风险与非金融机构的支付风险有何不同？为什么？

（3）电子支付风险监管有何发展趋势？

4. 信用卡是电子商务中使用最广泛的一种在线支付工具，是发展电子支付的基础。登录各大银行的网站和一些相关论坛，了解并整理每个银行发行的信用卡的种类。

5. 登录银行网站进行信用卡在线支付操作，深刻理解信用卡在线支付方式的操作步骤和处理过程。

6. 腾讯公司的微信支付现阶段已经非常普及，并且非常方便。利用微信支付完成一次支付，写出支付流程，讨论在支付过程中可能出现的安全问题，并提出解决方案。

四、案例分析题

支付宝

支付宝（中国）网络技术有限公司成立于2004年，是国内的第三方支付平台，致力于为企业和个人提供“简单、安全、快速、便捷”的支付解决方案，始终以“信任”作为产品和服务的核心，旗下有“支付宝”与“支付宝钱包”两个独立品牌，已成为全球最大的移动支付厂商之一。

支付宝与国内外180多家银行以及Visa、MasterCard等机构建立了战略合作关系，成为金融机构在电子支付领域最为信任的合作伙伴之一。

2020年2月，尼泊尔央行向支付宝颁发牌照。2020年7月，支付宝入选区块链“战疫”优秀方案名单。2020年10月，支付宝上线“晚点付”功能。从2020年开始，支付宝与中国银联基于条码互联互通业务展开密切沟通和探索，并陆续在北京、天津、广州、深圳、成都、重庆、西安等多个城市实现收款码扫码互认。2021年12月，支付宝与中国银联在全国范围实现了收款码扫码互认。2022年2月，支付宝公布“支持中国女足发展工作小结”，已累计向中国足协拨款2.5亿元。

支付宝的产品和服务包含以下几个方面：

1. 使用

使用支付宝支付服务需要先注册一个支付宝账户，分为“个人账户”和“企业账户”两类。在支付宝官方网站或者支付宝钱包注册均可。

2. 认证

用户使用支付服务需要实名认证，是央行等监管机构提出的要求，实名认证之后可以在淘宝开店，接受更多的支付服务，更重要的是有助于提升账户的安全性。

实名认证需要同时核实会员身份信息和银行账户信息。自2016年7月1日，实名认证不完善的用户，其余额支付和转账等功能会受到限制。

个人支付账户分为三类，各类账户的功能、额度和信息认证标准不同。其中，Ⅰ类账户只需要一个外部渠道认证客户身份信息，例如，互联网核查居民身份证信息，对应的付款限额只有自账户开立起累计1 000元的限额。该类账户余额可以用于消费和转账，主要适用于客户小额、临时支付。Ⅱ类和Ⅲ类账户的客户实名认证强度相对较高，分别通过至少三个、五个外部渠道验证客户身份信息。其中，Ⅱ类账户的余额付款限额为年累计10万元，Ⅲ类账户的余额付款限额为年累计20万元。

3. 钱包

支付宝也可以在智能手机上使用，该手机客户端为支付宝钱包。支付宝钱包具备电脑版支付宝的功能，也因为手机的特性包含更多创新服务，如“当面付”“二维码支付”等。此外，还可以通过添加“服务”来让支付宝钱包成为自己的个性化手机应用。

4. 安全

由于支付涉及用户的资金安全，因此遵循官方的安全规范至关重要。如安全控件、短信校验服务、数字证书、第三方证书、支付盾、宝令、宝令手机版、安全保护问题、安全策略、手机安全设置等。

5. 还款

2009年1月15日，支付宝推出了信用卡还款服务，支持国内39家银行发行的信用卡。其主要优势包括：免费查询信用卡账单、免费还款，此外还有自动还款/还款提醒等增值服务。2014年第一季度，76%的信用卡还款是用支付宝钱包完成的。

6. 转账

支付宝转账包括：转账到支付宝账号，资金瞬间到达对方支付宝账户；转账到银行卡，用户可以转账到自己或他人的银行卡，支持百余家银行，最快2小时到账。

7. 小荷包

支付宝App上线“支付宝小荷包”功能，用户可以把钱放进不同的“小荷包”，专款专用、分类管理。每个“小荷包”的存入和支出都有独立账单，享有和余额宝相同的收益，还可对支出进行限额。

案例思考：

1. 结合案例，分析支付宝相比于传统的货币使用的优缺点。
2. 分析支付宝存在的风险，并就政府对支付宝的监管提出策略建议。
3. 谈一谈支付宝对传统货币使用的影响以及货币的未来发展趋势。
4. 讨论国内外对待支付宝分别是什么态度。

第 6 章

网络营销

学习目标

- 理解网络营销的定义
- 了解网络营销的主要理论
- 了解网络营销的主要模式
- 掌握网络营销与传统营销的区别
- 掌握网络营销行业内竞争力分析
- 理解网络营销战略的含义
- 掌握网络营销战略规划

案例导入

东北小哥的真心话：后真相时代网络自媒体运营之道

2020 年初，我与东北小哥在咖啡厅再次相遇。听他眉飞色舞、两眼放光地讲述在抖音运营视频自媒体的经历，看得出这次创业经历给他带来了某种成就感。于是，我终于找到了下载安装抖音软件的理由，并成为他抖音账号的粉丝。东北小哥在他的抖音账号发布了与旅游主题相关的短视频，他本人是这些视频中唯一的主角。他以东北人特有的口音，幽默风趣而又生动活泼地揭示了各个旅游景点可能面临的“坑”。东北小哥的视频自媒体以一种充满诚意的姿态，在网络空间中打出了一套“内容+运营+模式”的组合拳。在施展组合拳的过程中，东北小哥将个人特点和兴趣爱好转化为职业，又渐渐将这份职业升华成事业，成为一名兼具旅游品牌形象推广和行业监督责任的“网红”。

1. 意义在何方？一位网络红人的扪心自问

在运营旅游防坑指南视频账号之前，东北小哥就已经在抖音拥有了几个百万级粉丝的账号，这为他带来了相对丰厚的收入，也支撑着他持续从事自媒体运营。“网红”即网络名人，是那些在网络空间中具有一定影响力的人。他们往往因为某个事件或者某种行为而受到网民的广泛关注和传播。“网红”既是一种依托于网络空间而构成的身份，也是一种职业，还是一种新兴的业务。围绕网络身份的构建与持续运营，形成了将影响力转化为营销力的商业模式。这份职业无疑很适合这位喜欢自由的年轻人。不用按时上下班，不用租办公室，几乎不需要资本支持。三台电脑，两个助手，外加自由但不分昼夜的工作时间，以及一个有趣的灵魂，构成了他创业的全部投入。

在信息泛滥的时代，猎奇的内容和夸张的标题，似乎成为各路网络自媒体运营者的必杀绝技。简单粗暴的注意力争夺战，将一个个曾经附庸风雅、阳春白雪的账号，渐渐推上了内容粗鄙、文题不符的从俗之路。东北小哥早期运营的自媒体，成为这条路上的佼佼者。只要找到那些吸引眼球的内容，就可以适当加工并进行推送。阅读的人多了，生意自然也就来了。

“这有什么意义？”在第一次与东北小哥见面的一个小时内，这句话我听他说了三次。那次见面，他并没有向我展示他的自媒体账号。他说，做这些事情虽然能赚一些钱，但很庸俗。发布一些纯粹搞笑的内容，受众看后哈哈一乐，能给社会和他人带来多少价值？“特别傻！这有什么用呢？”听到如此评价自己所做的事情，我感受到了他内心深处的不认同。

2. 近山识鸟音，东北小哥的西南山水缘

再见东北小哥，就回到了开篇的那个场景。这次，在他熠熠发光的眼眸中，我看到了他的认同感。还是在抖音，东北小哥运营了一个专门揭露各地旅游服务消费陷阱的视频自媒体。自2019年8月12日上线以来，迄今共计发布了72条为旅游者提供防坑防骗情报的小视频，在2020年疫情暴发前一直保持着活跃的视频更新频率。第一条视频仅有3万次播放量，第五条视频播放量就高达1 000多万，上线15天的时间就有133万人关注，即使是在人才辈出的抖音也算得上现象级的涨粉速度。

谈起做这个防坑防骗旅游视频自媒体的缘起，东北小哥说起了他自己。东北小哥上大学时来到了昆明，毕业后留在了昆明。生性活泼、喜爱郊游的他，自然而然被西南地区壮美绚丽的自然资源和丰富多彩的民族文化所吸引。所谓“近水知鱼性，近山识鸟音”，作为东北小哥的第二故乡，云南这个闻名世界的旅游大省，为东北小哥的创业提供了天然素材。游走于山水之间，纵情于绝顶之上，这为东北小哥打开眼界的同时，也给他带来了对旅游业务的深刻体验。他相信做旅游类自媒体是充满前景的，于他也是合适的。

旅游并不仅仅是去有风景的地方看一看，而是到崭新的环境中寻求心灵的解放和精神的寄托，在旅途中寻找到“诗和远方”。游历是属于每一个旅游者独有的体验，即使走过一致的旅游历程，产生的体验却存在着极大的差异。许多人听着郝云的歌“是不是对生活不太满意……既然不快乐又不喜欢这里，不如一路向西去大理”，就真的去到了大理。但去到大理的每个人，心中都会有一个只属于自己的大理。由于体验的独特性和信息的不对称性，旅游信息服务一直在提升旅游体验方面发挥着重要的作用。

东北小哥的每个视频虽然只有2～3分钟，却有着非常明确的着眼点——防坑防骗。在制作视频内容时，他也试图将旅游服务的价值传达给受众。这些视频虽然直接，经常扎心，偶尔刺耳，却实实在在地给消费者分析了旅游服务的利弊得失。

3. 从哗众取宠到以理服人，吸睛不忘走心

东北小哥的旅游自媒体是一种新型的旅游服务信息提供者。他通过短视频的方式

向旅游者讲授利益相关的事情，降低旅游者的决策成本，从而帮助他们获得更好的旅游体验。东北小哥之所以能够在短短几个月内快速收获数百万粉丝，有人觉得是因为他有趣，东北人天生就有幽默感，说话自带二人转腔调；有人说他会找痛点，粉丝需要什么他就说什么。简而言之，能够持续在一个领域独树一帜、获得认可，不仅需要付出巨大的努力，还需要打造专属自身的某种独特性。

在后真相时代，“网红”成为最具情绪煽动性的一群人。为了创造与网民的情绪共振，“带节奏”成为广大自媒体运营者的必修课。诚然，引起共情是后真相时代吸引注意并构建影响力的重要手段。然而，能产生共情的并不都是猎奇搞笑，或是煽动情绪的内容。在东北小哥的系列视频中，我们发现了另一种更为重要的共情策略——以理服人，通过说真话、揭示真相来赢得人心。

东北小哥的每个短视频无不透露出其追求真实，帮助旅游者防坑防骗的良苦用心，其以坦诚的态度向大家揭示“坑”点所在。一是自己“总结”说，通过实地调研、资料研究，以及经验总结，展示旅游知识储备，内容做到有理可依；二是别人“点评”说，通过在景点实地采访游客的方式，让观点从更多的旅游者口中说出，加强内容的可信度；三是视频“呈现”说，将景点实地录像嵌入防“坑”短视频中，让受众产生直接的感官感受，简单直观，以理服人。

东北小哥系列短视频的评论区一直热火朝天，有肯定的评论，也有否定的评论。有证实东北小哥所说坑人之处的，也有理解景点坑人之举而反对东北小哥的。对此，东北小哥都会予以回复，有的自嘲自黑，有的轻松幽默，也有的言辞激烈，甚至会单独上传视频进行回应。这些与受众的交互过程，展现出了东北小哥最真实的一面，大家对他的信任也在潜移默化中加深。

自媒体运营者需要找到自己受众群体偏好的最大公约数。尽管有着不同的偏好，但游客关注点的最大公约数其实就是三个字：值不值。东北小哥的视频总是站在消费者的立场。视频中的他，就像一位邻家小哥，用轻松活泼的东北腔，向你讲述关于旅游的亲身体验。他总是能以独特的视角，说出最窝心的真话。真诚的态度，再加上立场的一致，使得观众在不知不觉中就对他产生了认同。而信任往往具有溢出效应，所谓“爱屋及乌”，一旦信任一个“网红”，受众就会接纳其推荐的相关事物。

4. 种下梧桐树，引得凤凰来

目前抖音的日活跃用户数量已超6亿。自媒体运营成功的关键在于获得足够多的粉丝，并且与他们构建持久的关系。东北小哥在他的自媒体拥有了百万粉丝后，开始变得越来越忙碌。除了日常视频内容的设计、制作与发布，与粉丝们保持互动外，他还需要花费大量的时间和精力去研究自媒体市场和受众偏好的变化。此外，日益涌入的合作机会也需要他去联络与甄别。这些潜在的合作伙伴自然是看中了东北小哥的流量，都希望借助他的平台来提升自己业务的销量，包括旅游景区的管理者、旅游服务的提供者、旅游地经营性场所的运营者，甚至还有一些与旅游服务相关的商品。借着与潜在的合作者的接洽，东北小哥得到了大量外出旅游的机会。

事业的发展需要不断良性循环注入新的力量。围绕东北小哥的抖音账号，内容的提供者、呈现者、受众、游客、旅游服务提供者、广告商，构成了一个商业生态系统。视频内容激活了受众的社会化参与力量，促进了视频内容的分享和转发，并持续扩大影响力。广告商与旅游服务提供者的加盟，让东北小哥获得了更多的信息，并逐步发展出线下的旅游服务运营体系，将线上的视频与线下的体验相连接，从而进一步激发受众参与，形成内容分享和价值创造的双重闭环。

5. 尾声：东北小哥该继续讲真话吗？

在自媒体创业的滚滚洪流中，说真话的东北小哥是一道独特的风景。在受众满怀着对“诗和远方”美好向往的同时，东北小哥给他们浇了一盆冷水，提醒大家，别忘了脚下可能有“坑”。东北小哥和团队具备丰富的网络内容运营经验，对如何激起受众的好奇心，找出内容爆点有着自己的见解，再加上敢于说真话的诚意和勇气，使他们最终找准定位，获得了阶段性成功。接下来的问题就是如何持续地成功。然而，说真话意味着对他人利益的触动。流量在带来利润的同时，也总是会带来模仿者和诋毁者。现在，抖音已出现不少模仿东北小哥的账号，质疑的声音亦如暗流涌动。

东北小哥应该坚持在旅游自媒体中“讲真话”吗？他和他的团队还可以再做些什么呢？

资料来源：东北小哥的真心话：后真相时代自媒体运营之道．（2020-12-10）．中国管理案例共享中心网站．

6.1 网络营销理论

网络营销（on-line marketing，E-marketing），亦称作网上营销或者电子营销，指的是一种利用互联网的营销形态，以互联网为核心平台，以网络用户为中心，以市场需求和认知为导向，利用各种网络应用手段去实现企业营销目的的一系列行为。网络营销以互联网和计算机网络为媒体，以新的方式、方法、技术和理念实施网络营销活动，能更有效地促成个人和组织电子商务交易活动的实现。其功能包括电子商务、企业展示、企业公关、品牌推广、产品推广、产品促销、活动推广、挖掘细分市场、项目招商等方面。网络营销是随着互联网进入商业应用而产生的，尤其是万维网、电子邮件、搜索引擎、社交软件等得到广泛应用之后，网络营销的价值越来越明显。总体来讲，以互联网或移动互联为主要平台开展的各种营销活动，都可称为整合网络营销。

网络营销依托互联网为主要平台，一方面基于互联网，以互联网为营销介质，另一方面属于营销范畴，是营销的一种表现形式。目前关于网络营销的理论已发展得比较成熟，主流的网络营销理论有以下几种。

6.1.1 直复式营销

直复式营销（direct-marketing）是一种为了在任何地方产生可度量的反应或达成交易而使用一种或多种广告媒体的相互作用的市场营销体系。

直复式营销使用的媒体范围很广，主要有以下几种：

（1）电话：通常以呼叫中心（call center）为核心，针对预选目标群进行集中的电话推销或调查。经常使用该媒体推销多以服务性业务为主，如娱乐性服务项目、休闲俱乐部、酒店预订服务等。

（2）直邮广告：是国内直复式营销最常用的媒体，其所适用的范围与电话营销相比更广。最常见的模式是邮购公司直邮广告，零售商店、超市也会大量寄发直邮广告，吸引顾客购买产品。

（3）报刊广告：报刊会刊登一些直接促销的广告，希望顾客能够直接汇款购买产品或索取产品目录。

（4）电视广告：使用这一媒体的直复式营销模式通常是电视直销。

（5）互联网络：这一新媒体的技术特点，极大地满足了直复式营销所要求的媒体综合性，使直复式营销中个性化、互动性的特点有了更大的发挥空间。

成功导入直复式营销模式的关键有以下几点：

第一，推广与销售渠道的加减法。减少高成本媒介，增加低成本媒介。如果你已经全面开展电话营销，那么不妨测试一下电子邮件营销的投资回报。或者在初期的客户培育中采用电子邮件或网络的方式，或者通过手机开展营销，等等。如果你已经每年投入大量的广告预算，那么不妨尝试逐步增加销售型的广告，在推广品牌的同时，直接获取订单。直复式营销既是获取潜在客户的渠道，也是销售的渠道。在传统的销售渠道基础上开辟直复式渠道，如目录销售、电视购物、家庭购物、建立和经营网上商店、开展电话销售等。直复渠道与传统渠道的紧密配合可以达到相得益彰的效果，应不断地提高重复销售的能力与客户获取成本的风险控制。重复销售能力是回收客户获取投入以及主要利润的来源，也是未来的销售额的主要来源。

第二，激励营销的创意。今天的消费者越来越“懒惰”，越来越“挑剔”。如果不去主动地刺激和激励，那么自动消费和重复消费的比例会越来越少。传统的广告和促销需要创意，成功的直复式营销模式更需要持续不断的创意，刺激客户来尝试产品和服务，并重复购买。传统的激励更多的是大众的统一的优惠和折扣，但是直复式营销的激励可以针对不同人群，在不同的时间，提供个性化的激励。激励客户初次尝试，激励客户填写信息，激励休眠客户的再次消费，激励客户多次消费，激励客户交叉消费，激励客户介绍客户等是直复式营销永远的创意，也是直复式营销成功的关键。激励的设计和优化，需要直复式营销运营系统的支持，同时直复式营销系统也只有在反馈激励打动客户的情况下，才能获得更大的回报。

6.1.2　4C 理论

4C 理论也被称为 4C 营销理论（见图 6－1）。与传统的 4P 理论相对应，4C 理论以消费者需求为导向，重新设定了市场营销组合的四个基本要素：顾客、成本、便利和沟通。4C 营销理论强调企业首先应该把追求顾客满意放在第一位，其次是努力降低顾客的购买成本，然后要充分注意到顾客购买过程中的便利性，而不是从企业的角度来决定销售渠道策略，最后还应以消费者为中心实施有效的营销沟通。

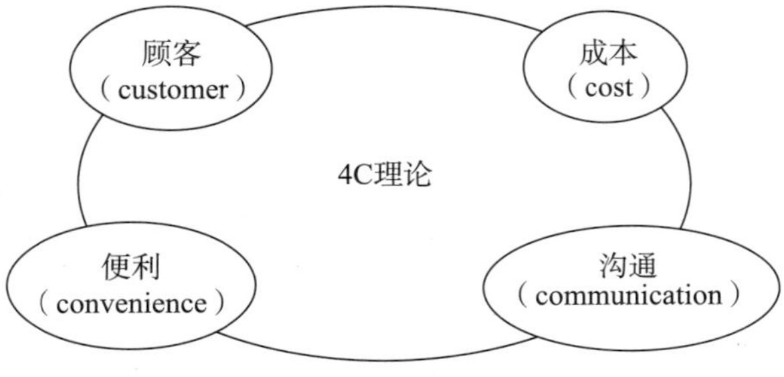

图 6－1　4C 理论

6.1.3 5C理论

5C分别指顾客（customer）、成本（cost）、便利（convenience）、沟通（communication）和认证（certification）（见图6-2），即在4C的基础上增加了认证。建立企业信用信息公示体系是十分必要的，可通过互联网融合线下线上信息、展示企业资质、彰显品牌价值、查询品牌真伪。

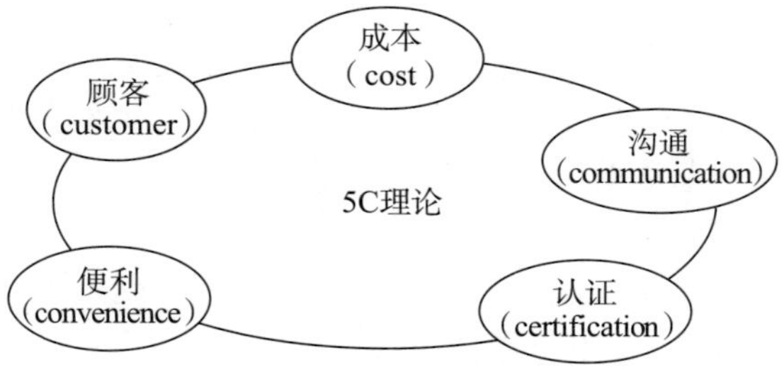

图6-2 5C理论

6.1.4 5R理论

5R理论构成图见图6-3。第一个R是relevance，即关联，指客户需要什么样的产品和服务，而不是企业能生产或者提供什么样的产品和服务。第二个R是receptivity，即感受，指客户什么时候想买或什么时候从生产厂商那里认知产品。第三个R是responsive，即反应，指当客户产生需求时，企业如何去应对需求。第四个R是recognition，即承认，指企业在市场中的地位和美誉度。第五个R是relationship，即关系，指买方和卖方之间的长期互相促进的所有的活动。简而言之，营销活动必须从以产品为中心的方式转向以客户为中心的方式，这也是现代整合营销传播的精髓。

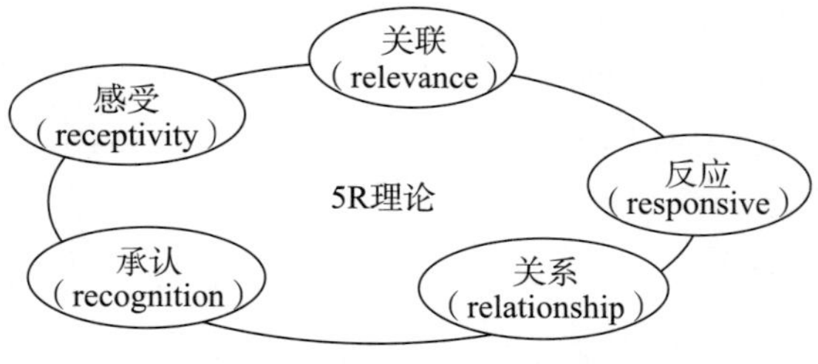

图6-3 5R理论

6.2 网络营销模式

网络营销模式是指企业借助于互联网进行各项营销活动从而实现企业营销目标的营销模式。根据互联网发展的不同阶段，网络营销的手段、方法和工具也有所不同。

网络营销模式从单纯的网站建设模式向多元化模式转变。

目前常用的网络营销模式主要有以下几种。

6.2.1　在线商店模式

在线商店模式的主要目标是利用网络技术缩短企业与顾客的距离，它是向消费者直接销售产品或提供服务的经营模式。在线商店可以分为两大部分：第一部分是消费者可以接触到的部分——在线商店的前台部分，即顾客在电子商店中选择商品、通过购物车核对所购物品的品种和数量、下电子订单、进行电子支付、选择付款方式和送货方式等系列过程；第二部分是在线商店的后台管理部分，包括网站的维护与更新、客户关系管理、订单管理、电子支付平台、库存管理和商品配送系统等部分。

6.2.2　O2O立体营销

O2O立体营销，是基于线上（online）、线下（offline）的全媒体深度整合营销，以提升品牌价值转化为导向，运用信息系统移动化，帮助品牌企业打造全方位渠道的立体营销网络，并根据市场大数据分析制定出一整套完善的多维度立体互动营销模式，从而实现大型品牌企业以营销效果为全方位视角，针对受众需求进行多层次分类，选择性地运用报纸、杂志、广播、电视、音像、电影、图书、网络在内的各类传播渠道，以文字、图片、声音、视频、触碰等多元化的形式进行深度互动融合，涵盖视、听、光、触觉等人们接受资讯的全部感官，对受众进行全视角、立体式的营销覆盖，帮助企业打造多渠道、多层次、多元化、多维度、全方位的立体营销网络。

6.2.3　中立交易平台模式

中立交易平台模式是众多电子商城广泛使用的一种模式。电子商城属于一种完全的电子商务企业，它既不生产产品，也不购买产品，只是为其他企业提供一个电子交易的平台，通过扩大电子商城的知名度来吸引消费者到商城购物，通过招商吸引商家进驻商城，通过向进驻商城的商家收取服务费从而实现盈利。

中立交易平台模式的优点是将分散的电子零售店集中起来，为招商企业提供统一的电子结算渠道、物流配送系统及其他配套服务，实现规模经济；具有为消费者提供信息集成的综合优势，减少消费者搜索信息的成本，从而增加商城的访问量，增强品牌形象和知名度。

6.2.4　网上采购模式

采购是企业为进行正常的生产、服务和运营而向外界购买产品和服务的行为，它是企业运营过程中的一个重要组成部分，直接影响着生产环节，对销售以及企业最终利润的实现有着很大的影响。网上采购就是企业通过互联网采购产品，包括企业通过网络了解供应商的产品信息，通过比较选择合适的供应商，经过贸易洽谈达成交易及签订采购合同的全部过程。企业实行网上采购可以建立网上采购平台，也可以利用公共采购平台。在传统采购中，由于中间环节过多，提高了进货成本，也由于管理不善及其他人为因素，造成了采购原材料价格过高或质量低下。相比之下，网上采购则有着如下优点：

（1）利用网络将采购信息进行整合和处理、统一订货，选择合适的供货商，可以求得最大批量的折扣。

（2）利用网络将生产信息、库存信息和采购系统连接在一起，并根据需要适时采购，能最大限度地降低库存，减少资金占用和仓储成本，避免价格波动对生产的影响。

（3）实行库存、采购管理的自动化和科学化，能提高采购效率和保证原料质量，避免人为因素造成的不必要损失。

网上采购有以下三种形式：

（1）以卖方为主的形式。这种方式由卖方列出销售产品目录，让买方选购。

（2）以买方为主的形式。这种方式由买方列出要买的产品目录，由卖方进行竞价。

（3）中立采购平台形式。由中间机构设立公共采购平台将买卖双方联系在一起。

6.2.5 网络招投标模式

招标是由采购方或主办单位发出通知，说明准备采购的商品或建筑工程的要求，提出交易条件，邀请卖主或承包人在指定的期限内提出报价。投标是一种严格按照招标方规定的条件，由卖主或承包人在规定的期限内提出报价，争取中标达成协议的一种商务方式。网络招投标是通过互联网完成招标和投标的全过程，它的优点如下：

（1）网络招投标体现了“公开、公平、竞争、效益”的原则。电子招标网络系统的可靠性和安全性可以避免招投标过程中的暗箱操作，使不正当交易、招标人虚假招标、私泄标底、投标人串通投标、贿赂投标等腐败现象得以遏制。

（2）网络招投标减轻了企业招投标过程中的信息发布、信息交换等方面的负担，提高了工作效率，缩短了招投标周期，降低了招投标过程中的成本，节约了资源。

（3）企业通过网络实行网络招投标可以实现标书审核的电子化，既可以扩大招标范围，获得更大的主动权，又充分体现了“择优录取”的原则。

6.2.6 网络拍卖模式

网络拍卖是卖方借助拍卖网站通过不断变换标的价格向购买者销售产品的行为。网络拍卖的竞价形式有两种，即正向竞价和逆向竞价。网络拍卖通常借助两种方式来实现，一种是现场与网络在线的同时竞拍；另一种就是单纯网络上的多标的同时挂牌倒计时拍卖。

前一种拍卖方式对技术和流程的要求更高一些，适用于司法拍卖的严格程序和大宗货物、珍贵艺术品、古董等标的的拍卖。后一种拍卖方式的技术要求要相对低一些，优点是不受拍卖持续时间的严格限制，可以自主设定时间，实际上就延长了拍品展示和竞拍的时间，能够有更大空间来提高实际成交价。

网络拍卖最大限度地保留了严格的流程和手续，同时同步进行现场拍卖会的在线直播，兼具传统拍卖的优势，并且这种方式更有利于司法监管和规范化执行，对传统行业改革真正起到了推动和借鉴的作用。

网络拍卖既要求后台管理的精细化与规范化，也要求普通竞拍人的客户端操作简便、稳定流畅。前者要求拍卖系统的功能模块清晰，操作性强，操作记录、音视频资料、出价等拍卖信息、成交记录、相关手续文档等规范化信息能实现清晰的分类管理和存档。后者要求出价信息、拍卖会的音视频信息等信息传输能够尽量少占用带宽，保障在线竞拍人客户端的最少资源占用，保证整个竞拍过程的稳定流畅和顺利进行。

网络拍卖按照操作主体还可以分为平台共用和企业自用。对于前者，如中拍协的网络拍卖平台，可以提供给会员单位进行网络拍卖。该种形式以一种类似于第三方平台的形式，一方面节约了资源，另一方面也保障了刚好的技术服务和信用等级。后者最近也发展得很快，实际上拍卖公司的在线网络竞拍在国外已经发展得很成熟了。这种方式使企业在公众面前建立起了良好的企业形象，同时为拍卖标的吸引了更多关注，而网络竞拍人则以一种低调的形式和操作去拍得标的，这在艺术品市场中的表现更加突出。

网络拍卖也要求硬件的基础保障。例如，对于服务器的稳定要求，包括服务器提供方的资质、技术水平、处理突发事件的容灾减灾能力，以及服务器本身的硬件配置。另外，服务器网卡和接入光纤的带宽也是影响客户端稳定流畅的重要标准。

对于真正实现网络拍卖的功能要求来说，一支专业的技术团队，才是起到最大作用的背后力量。对于整套系统框架的设计、功能模块的实现、信息传输的优化，以及对整个拍卖流程和细节的关注等，这些都是网络拍卖稳定流畅和规范安全的强有力保障。

6.2.7 网络直播营销模式

“直播带货”是一种全新的销售方式，即商家、“网红”、职业主播等采用实时直播的方式在直播间向观众全方位、近距离地介绍商品，引导观众下单，并解答观众提出的问题。当前，淘宝、京东、快手以及抖音等电商网站和社交平台纷纷成为国内主流的直播带货平台。这种销售方式改变了传统的网络消费方式，从之前的“货对人”到现在的“人对人”。“直播带货”从2009年开始萌芽起步，当时主要是一些网络名人向粉丝分享商品。2016年被认为是“直播带货”元年，淘宝、京东等电商平台相继设立了自己的直播部门，使得直播电商业务得以迅速发展。2020年，受新冠肺炎疫情影响，线下经济持续低迷，商家纷纷转到线上进行“直播带货”，这种销售模式最终迎来了爆发期。数据表明，仅2020年上半年就有千万场次的直播，每天的直播有数万场。

截至2021年5月，仅快手平台的日活跃用户数就高达3.7亿人，展示出了网络平台强大的带货能力。首先，直播平台不偏向头部用户，这让每位客户都可以获得平等的展示机会。其次，直播间用户可以和带货主播更自由深入地进行互动，对带货主播产生信赖感。最后，网络直播平台有跨时空的网络销售环境，现场直播能更细致地展示产品功能。该种直播方式，使得主播和用户的距离拉近，营造了良性的、独属于网络的营销氛围，为直播带货的成功奠定了基础。网络直播营销也被称为“网红经济”，它成功获得了“粉丝”的信任，并在维系流量和与“粉丝”保持紧密联系的基础上，将流量和对于“粉丝”的影响力转化为商业价值。如图 6-4 所示，“网红经济”的商业模式主要通过围绕“网红”打造的吸引流量环节和变现环节来实现。

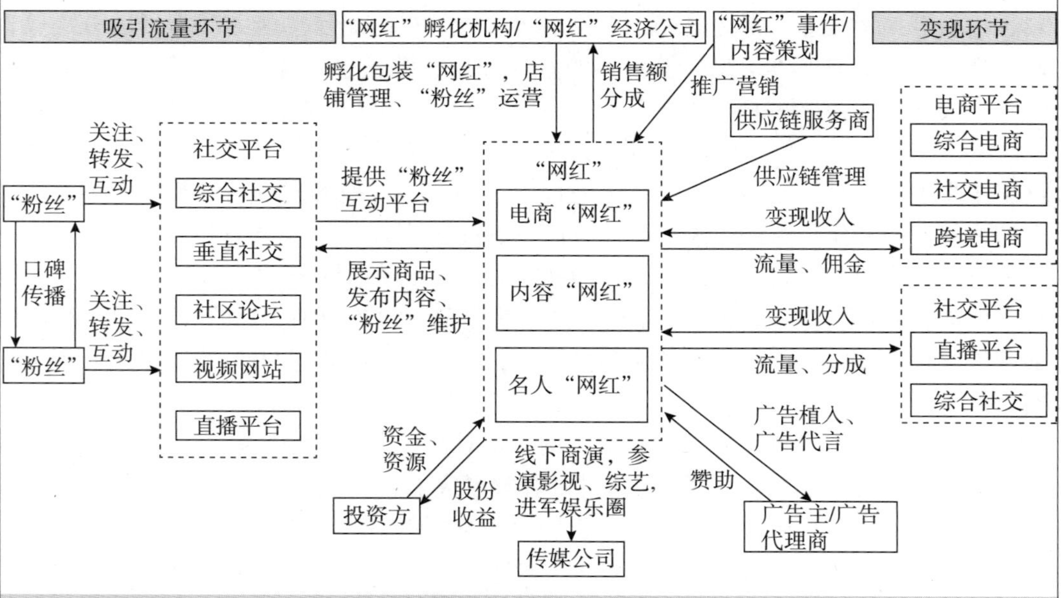

图 6-4 “网红”产业链结构示意图

如图 6-4 所示，“网红”分为电商“网红”、内容“网红”以及名人“网红”。在本章开篇案例中提到的东北小哥就是典型的内容“网红”，其通过视频自媒体聚焦流量，再通过广告、销售旅游服务，以及流量转化等方式获得收入。不管哪一类型的“网红”，只要有了足够的流量，获得收入的路径就是非常清晰的，其通过直播带货，代打广告以及自营广告等多种形式，都能够带来可观的收入。

6.3 网络营销环境

6.3.1 宏观环境

宏观环境是指一个国家或地区的政治、经济、社会文化、科技等因素影响企业进行网络营销活动的宏观条件。

1. 政治因素

政治因素主要涉及网络营销的政策、法律环境。政策既影响着宏观经济形势，也影响着企业的生产经营活动，其对企业生产经营活动有着决定性的影响，指导着企业正确地确定自己的经营方向、经营目标、经营方针、经营战略和策略。法律环境主要包括政府制定的法律、法规。企业需要分析网络营销政治环境的稳定性，政策环境的文化特征，以及政策对于市场的保护。

2. 经济因素

经济因素对技术创新影响至关重要，经济因素是指影响一个国家或地区的宏观经济状况，主要包括经济发展状况、经济结构、居民收入、消费结构等方面的情况。

经济发展状况是指企业所在地区的生产力布局情况。不同的经济发展状况关系到企业财务活动的发展程度、范围、投资方向、资金来源和盈利水平等。

经济结构是指经济系统中各个要素之间的空间关系，包括企业结构、产业结构、区域结构等，其中，经济主体与经济客体的关系是最基本的经济结构。

居民收入是指一个国家物质生产部门的劳动者在一定时期内创造的价值总和。人均国民收入这一指标能大体反映一国的经济发展水平。居民收入分为纯收入和毛收入。纯收入就是指除去成本和费用后的利润。毛收入是指不除去成本和费用的收入。当纯收入升高时，一般而言居民的收入就会较高，社会的整体消费水平就能得到提高。当纯收入下降时，居民的收入就会较低，消费水平就会降低。

消费结构是指各类消费支出在总费用支出中所占的比重。它是目标市场宏观经济的一个重要特征，能够反映目标市场的文化、经济发展水平和社会习俗。目前，大多数发达国家消费结构的特征是，基本生活必需品的支出在家庭总费用支出中所占比重较小，而服装、交通、娱乐、卫生保健、旅游、教育等的支出在家庭总费用支出中占据较大比重。发展中国家消费结构的特征是，基本生活必需品在家庭总费用支出中占有较大比重，但这种情况会随着经济的发展、家庭收入水平的提高不断发生变化。消费结构的特征决定着目标市场产品需求的构成，从而影响企业的产品经营决策。

3. 社会文化因素

社会文化因素包括企业所处的社会结构、社会风俗和习惯、信仰和价值观念、行为规范、生活方式、文化传统、人口规模与地理分布等因素。任何企业都处于一定的社会文化环境中，企业技术创新活动必然会受到所在社会文化环境的影响和制约，为此，企业应该了解和分析社会文化环境，针对不同的文化环境制定不同的技术创新策略，组织不同的创新活动。

4. 技术因素

技术因素的影响主要表现在对生产力、生产方式、生产效率等诸多方面的影响上。技术进步不仅改变生产力和生产方式，还能对市场有直接且明显的影响。互联网技术本身对社会生产力、企业经营方式、市场竞争状态、人们生活习惯和方式等带来了重大影响。技术进步有可能给市场、网络营销带来翻天覆地的变化。下面重点介绍 Web 技术对网络营销的影响。

6.3.2 Web 技术

1. Web1.0

Web1.0 时代是一个竞争激烈的时代，虽然各个网站采用的手段和方法不同，但第一代互联网有着诸多共同的特征，表现在技术创新主导模式、基于点击流量的盈利共通点、门户合流、明晰的主营兼营产业结构、动态网站方面。

Web1.0 基本采用的是技术创新主导模式，信息技术的变革和使用对于网站的产生与发展起到了关键性的作用。新浪最初就是以技术平台起家，搜狐以搜索技术起家，腾讯以即时通信技术起家，盛大以网络游戏起家，从中我们可以看出，在这些网站的创始阶段，技术性的痕迹相当之重。

Web1.0 的盈利都基于一个共通点，即巨大的点击流量。无论是早期融资还是后期获利，依托的都是为数众多的用户和点击率，以点击率为基础上市或开展增值服务，决定了盈利的水平和速度，充分地体现了互联网的“眼球经济”色彩。

Web1.0 的发展出现了向综合门户合流的现象，早期的新浪与搜狐、网易等，继续坚持了门户网站的道路，腾讯、谷歌等也纷纷走向了门户网络，尤其是对新闻信息有着极大的、共同的兴趣。这一情况的出现，在于门户网站本身的盈利空间更加广阔，盈利方式更加多元化，占据网站平台，可以更加有效地实现增值意图，并延伸至主营业务之外的各类服务。

Web1.0 在合流的同时，还形成了主营与兼营结合的明晰产业结构。新浪以新闻＋广告为主，网易拓展游戏，搜狐延伸门户矩阵，以主营作为突破口，以兼营作为补充点，形成主营与兼营相结合的发展方式。

2. Web2.0

Web2.0 是相对于 Web1.0 的新时代，指的是利用 Web 平台，由用户主导而生成的内容互联网产品模式，为了区别传统由网站雇员主导生成的内容而定义为第二代互联网，Web2.0 是一个新的时代。Web 2.0 可以说是信息技术发展引发网络革命所带来的面向未来、以人为本的创新 2.0 模式在互联网领域的典型体现。Web2.0 的特点如下：

（1）用户参与网站内容制造。与 Web1.0 网站单向信息发布的模式不同，Web2.0 网站内容通常由用户发布，使得用户既是网站内容的浏览者，也是网站内容的制造者，这也就意味着 Web2.0 网站为用户提供了更多参与的机会，例如微博、维基百科、知乎等所运用的就是典型的用户创造内容的指导思想，而 tag 技术（用户设置标签）将传统网站中的信息分类工作直接交给用户来完成。

（2）Web2.0 更加注重交互性。用户不仅在发布内容过程中实现与网络服务器之间的交互，而且也实现了同一网站不同用户之间的交互，以及不同网站之间信息的交互。

（3）符合 Web 标准的网站设计。Web 标准是国际上正在推广的网站标准，通常所说的 Web 标准一般是指网站建设采用基于 XHTML 语言的网站设计语言，实际上，Web 标准并不是某一标准，而是一系列标准的集合。Web 标准中典型的应用模式是 CSS＋XHTML，其摒弃了 HTML4.0 中的表格定位方式，优点之一是网站设计代码规范，并且减少了大量代码，以及网络带宽资源浪费，加快了网站访问速度。更重要的一点是，符合 Web 标准的网站对于用户和搜索引擎更加友好。

（4）Web2.0 与 Web1.0 没有绝对的界限。Web2.0 技术可以成为 Web1.0 网站的工具，一些在 Web2.0 概念之前诞生的网站本身也具有 Web2.0 特性，例如 B2B 电子商务网站的免费信息发布和网络社区类网站的内容也来源于用户。

（5）Web2.0 的核心不在于技术而在于指导思想。虽然 Web2.0 有一些典型的技术，但技术是为了达到某种目的所采取的手段。Web2.0 技术本身不是 Web2.0 网站的核心，重要的在于典型的 Web2.0 技术体现了具有 Web2.0 特征的应用模式。因此，与其说 Web2.0 是互联网技术的创新，不如说是互联网应用指导思想的革命。

(6) Web2.0是互联网的一次理念和思想体系的升级换代，由原来自上而下的由少数资源控制者集中控制主导的互联网体系，转变为自下而上的由广大用户集体智慧和力量主导的互联网体系。

(7) Web2.0体现了交互性，可读可写，用户的参与性更强。

3. Web3.0

假如说Web1.0的本质是联合，那么Web2.0的本质就是互动，它让网民更多地参与了信息产品的创造、传播和分享，但Web2.0没有体现出网民劳动的价值，所以Web2.0缺乏商业价值，纯粹的Web2.0会在商业模式上遭遇重大挑战，它需要跟具体的产业结合起来才会获得巨大的商业价值和商业成功。Web3.0是在Web2.0的基础上发展起来的，它能够更好地体现网民的劳动价值，并且是能够实现价值均衡分配的一种互联网方式。

总体而言，Web3.0不仅仅是一种技术上的革新，而是以统一的通信协议，通过更加简洁的方式为用户提供更为个性化的互联网信息资讯定制的一种技术整合。它将会是互联网发展中由技术创新走向用户理念创新的关键一步。

Web 3.0将建立可信的社会网络服务（social networking services，SNS）系统，可管理的即时通信（voice over internet protocol，VoIP）与实时传讯（instant messaging，IM），以及可控的博客等，实现数字通信与信息处理、网络与计算、媒体内容与业务智能、传播与管理、艺术与人文的有序有效结合和融会贯通。

Web 2.0模式下的网络社交平台，只是简单地将人和人通过互联网这一平台连接起来。通过互联网在SNS平台上注册结交朋友这一途径，并不能确保注册信息的可靠性和有效性，并不是每一次交际圈的扩展都会带来相应的利益需求，这一过程进行下去的结果只会导致本身信息的外泄和零乱、不可靠信息的泛滥，而这些都颠覆了人们想利用互联网来扩展人际交往的初衷。这一问题在Web 3.0模式下，将通过对用户的真实信息的核查与认证这一方式来得到解决。高可信度的信息发布源为以后交际圈的扩展提供了可靠的保障。与此同时，人们在交际的过程中，也可以更迅速地找到自己需要的人才，并且可以完全信任这些可信度高的用户所提供的信息，利用这些信息进一步扩展对自己的有利的交际圈。

Web 3.0模式下可管理的VoIP与IM，同样为互联网用户提供了方便快捷的服务方式；可信度高、信用度好的用户发布的信息将会被自动置顶，既提高了信息源发布者的可信度，同时又使得这些有用、真实的信息更快地出现在用户的面前，发挥了信息的最大效力，提高了信息的使用率，降低了信息查找的时间损耗。

Web 3.0模式下可控的博客等，同样也是为了提高消息的利用率与查找信息的便捷度而生的。这些原本在Web 2.0模式下允许用户随意发布的博客等，使得网络上堆积了大量杂乱无章的信息，为用户的搜索带来了极大的不便。由此，Web 3.0提出了“可控”这一概念，将信息的发布与使用连接起来，如果想搜索高可信度的信息，可以点击可信度高的用户撰写的博客等，实现可信内容与用户访问的对接。

4. Web 3.0与网络营销

Web3.0的诞生意味着网站内的信息可以直接和其他网站的信息进行交互，能通过第三方信息平台同时对多家网站信息进行整合使用；用户在互联网上拥有自己的数据，并能在不同的网站上使用；完全基于 Web，用浏览器即可实现复杂的系统程序才能实现的系统功能；信息的筛选与聚合更加精准化、智能化、个性化，用户拥有高度的自主权。

基于 Web3.0 时代网络营销的特点，目前已经出现了以下几种新的网络营销方法：

（1）精准营销。企业通过分析客户在互联网上的相关信息，能识别出客户的喜好与消费倾向，向客户推送合适的营销广告。广告的呈现既可以利用传统的网页广告，也可以采用电子邮件形式以及短信等数据库营销手段或者结合搜索引擎营销手段，采取搜索结果与广告相绑定的方式进行广告传播，真正实现精准营销，在最大程度上降低企业投放广告的成本。精准营销在 Web3.0 技术下可以为其他营销方式提供客户精确定位，进一步降低企业成本，规避风险。

（2）嵌入式营销。在 Web3.0 技术下，企业通过客户行为模拟可以方便地获得竞争对手的营销反应。企业在分析客户行为并为其制定营销方案的同时也把竞争对手的行为纳入分析，从而制定出符合客户价值与企业资源能力相匹配的独特价值的营销方案，进而与客户维持良好的营销关系。

（3）Widget 营销。企业可以为顾客在其博客或个性化主页上提供 Widget（Web widget）。Widget 是一种提供在线的功能性和内容的应用软件，分布遍及潜在的海量的网站。Widget 代表着一种全新的广告方式，与其他传统的在线广告不同，Widget 是由客户上传到网站上的，故 Widget 是由客户驱动的，而非由商家推动的，Widget 可以结合新的技术实现企业与客户间的直接对话，快速获得营销反馈，及时进行调整，提高营销效率。

（4）数据库营销。数据库营销是企业通过收集和积累大量消费者数据，经过处理后预测消费者的购买倾向、估计消费者购买产品的概率，并利用这些数据对产品进行精确定位，有针对性地制作营销信息，以达到引导消费者购买产品的目的。当前数据库营销已经得到广泛应用，在 Web3.0 的条件下，企业可以获得更加精确与丰富的客户数据。主要的数据库营销手段有定向直邮、电子邮件营销、网络传真营销、短消息服务等。

6.3.3 网络营销竞争环境分析

1. 网络营销与传统营销的区别

网络的特点赋予了网络营销新的特点，使网络营销所依赖的基础和环境与传统营销相比有很大的不同。网络营销与传统营销的区别有以下几个主要方面：

（1）营销理念的不同。传统的市场营销观念，如生产观念、产品观念、推销理念等，以企业的利益为中心，未能充分考虑消费者的需求，单纯追求低成本的规模生产，极易导致产销脱节现象的发生；一些现代的营销观念，如市场营销观念、社会营销观念等，提出了以消费者需求为中心的口号并且努力付诸实施。

（2）信息传播模式和内容的转变。在信息传播的时代，传统营销争取客户的手段是单向的信息传播方式，如广告宣传，消费者处于被动地位，他们只能根据企业提供的固定信息来确定购买意向，缺乏双向反馈的机制。而网络营销采用了交互式双向信息的传播方式，企业与消费者之间的沟通及时且充分，消费者在信息传接的过程中可以主动查询自己需要的信息，也可以反馈自己的信息。

（3）营销竞争方式的差异。传统营销是在现实空间中厂商间进行面对面的竞争，游戏规则就像是“大鱼吃小鱼”；而网络营销则是通过网络虚拟空间进入企业、家庭等现实空间，游戏规则像是“快鱼吃慢鱼”。从现实空间到虚拟市场的转变，使得具有雄厚资金实力的大企业不再是唯一的优胜者，也不再是唯一的威胁者。在网络营销条件下，所有的企业都站在同一条起跑线上，这就使小企业实现全球营销成为可能。

（4）营销策略的不同。在传统营销中，利润最大化是企业追求的目标，产品、价格、渠道和促销成为企业经营的关键性内容（该策略被称为 4P 营销策略）。在网络营销中，营销环境发生了变化，地域概念消失了，宣传和销售渠道转移到了网络上，价格策略的运用也受到了很大的限制，这就促使传统的 4P 组合策略向 4C 组合策略（顾客、成本、便利、沟通）转化。

2. 网络营销行业内的竞争力分析

企业要想获利，不仅依靠企业的内部活动，还依赖于企业所处的竞争环境。要想了解竞争力如何给网络企业带来战略优势，以及在一定竞争格局下，企业应该如何选择竞争战略，就必须分析网络营销给组织业务带来的机会、机遇以及挑战、威胁。

针对企业竞争力的分析，哈佛大学商学院波特（Porter）教授提出了五力模型（见图 6－5），指出企业在市场竞争中所需要面对的五种力量，勾画出企业获取价值能力的主要因素，决定着企业从行业中获利的最终潜力。这五种力量分别是：行业内竞争、潜在进入者威胁、替代产品威胁、供应商议价能力，以及购买者议价能力。

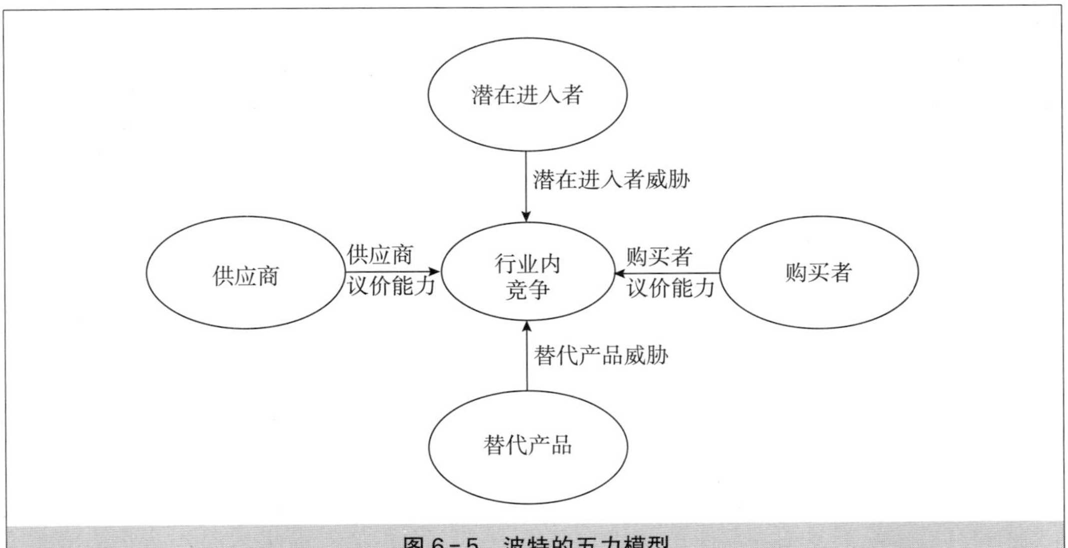

图 6－5　波特的五力模型

（1）行业内竞争。行业内竞争反映了行业内市场的竞争激烈程度，它通常与以下六种因素相关：一是行业内竞争者的数量；二是固定成本的高低；三是行业内企业市场战略的相关性；四是企业提供产品和服务的同质性；五是行业总体的增长率；六是是否具备超额能力，即来自外部的扩大投资机会。

（2）潜在进入者威胁。进入壁垒决定了潜在进入者进入市场参与竞争的可能性。如果一个行业有较高的进入门槛，则潜在进入者的威胁就会降低。在一个行业内，新企业进入门槛的高低可以由以下五个方面进行判断：一是固定成本的高低，二是顾客对产品的信任度和品牌忠诚度，三是行业内经验、知识和技能的积累，四是高转换成本和强网络外部性所带来的用户黏性的高低，五是核心技术知识产权的保护力度。

（3）替代产品威胁。如果行业内的产品雷同度高，而替代产品实用性强、质量较高，则行业获得的利润就会开始下降。由于互联网降低了信息成本，增加了用户可得的产品种类，因此增加了来自替代品的压力。

（4）购买者和供应商的议价能力。购买者和供应商是两股对立但统一的力量，类似于一个硬币的两面。当购买者的议价能力较强时（供应商的议价能力较低），大致由于以下几种情况所导致：一是购买者高度集中，通过联合增强了议价能力；二是供应商各自分裂，难以建立联合竞价机制；三是市场透明度高，购买者可以进行比较选择；四是产品差异化低，从而引发了同质竞争；五是低转换成本和弱网络效应，使得购买者很容易转换供应商。

6.4 网络营销的方法

6.4.1 搜索引擎营销

搜索引擎（search engine）是指根据一定的策略、运用特定的计算机程序从互联网上搜集信息，在对信息进行组织和处理后，为用户提供检索服务，将用户检索相关的信息展示给用户的系统。搜索引擎包括全文索引、目录索引、元搜索引擎、垂直搜索引擎、集合式搜索引擎、门户搜索引擎与免费链接列表等。

搜索引擎营销（search engine marketing，SEM），即根据用户使用搜索引擎的方式，利用用户检索信息的机会，尽可能将营销信息传递给目标用户。简单来说，搜索引擎营销就是基于搜索引擎平台的网络营销，利用用户对搜索引擎的依赖和使用习惯，在用户检索信息的时候将信息传递给目标用户。搜索引擎营销的基本思想是让用户发现信息，并通过点击进入网页，进一步了解所需要的信息。企业通过搜索引擎付费推广，让用户直接与公司客服进行交流，最终实现交易。一般认为，搜索引擎优化设计主要有以下两个目标：被搜索引擎收录、在搜索结果中排名靠前。简单来说，搜索引擎营销所做的就是以最小的投入在搜索引擎中获得最大的访问量并产生商业价值。多数网络营销人员和专业服务商对搜索引擎的目标设定也基本处于这个水平。但从实际情况来看，仅仅做到被搜索引擎收录并且在搜索结果中排名靠前还很不够，因为取得这样的目标实际上并不一定能增加用户的点击率，更不能保证将访问者转化为顾客或者潜在顾客，所以它们只能说是搜索引擎营销策略中两个最基本的目标。搜索引擎营销的方法包括搜索引擎优化（SEO）、付费排名、精准广告以及付费收录。搜索引擎营销包含以下五种基本要素：信息源（网页）、搜索引擎信息索引数据库、用户的检索行为和检索结果、用户对检索结果的分析判断、对选中检索结果的点击。对这些要素以及搜索引擎推广信息传递过程的研究构成了搜索引擎推广的基本任务和内容。

利用搜索引擎工具可以实现以下四个层次的营销目标：

（1）被搜索引擎收录。

（2）在搜索结果中排名靠前。

（3）增加用户的点击（点进）率。

（4）将浏览者转化为顾客。

6.4.2 博客营销

博客营销是通过博客网站或博客论坛接触博客作者和浏览者，利用博客作者个人的知识、兴趣和生活体验等传播商品信息的营销活动。博客最初的名称是 Weblog，由 web 和 log 两个单词组成，按字面意思就是“网络日记”，后来演化为 blog。

博客的内容通常是公开的，用户可以发表自己的博客，也可以阅读别人的博客，因此博客可以理解为一种个人思想、观点、知识等在互联网上的共享。由此可见，博客具有知识性、自主性、共享性等基本特征，正是博客这种性质决定了博客营销是一种基于包括思想、体验等表现形式的个人知识资源，它通过网络形式传递信息。博客营销正是利用了博客这种网络应用形式作为开展网络营销的工具。公司、企业或者个人利用博客这种网络交互性平台，发布并更新企业、公司或个人的相关概况及信息，密切关注并及时回复平台上客户的相关疑问以及咨询，并通过较强的博客平台帮助企业或公司零成本获得搜索引擎的较前排位，达到宣传目的。

与博客营销相关的概念还有企业博客、职业博客、营销博客等，这些都是从博客具体应用的角度来进行描述，主要区别于个人博客。博客营销主要表现为以下三种基本形式：

（1）利用第三方博客平台开展的互联网营销。

（2）企业自建博客频道，开展博客营销。

（3）个人运营博客网站，从事博客营销。

博客营销的主要模式为：选择知名度高的大博客托管网站开设博客，建立合适的博客环境，制订博客营销计划，通过博客宣传产品，寻找客户。然后对博客营销的效果进行评估分析，并根据评估结果不断完善营销计划，让博客营销在企业营销战略体系中发挥应用的作用。

6.4.3 播客营销

播客营销就是以播客为主要传播载体的营销方式。或者更通俗地说，播客营销就是通过播客来推广。播客（podcasting）指的是一种在互联网上发布文件并允许用户订阅以自动接收新文件的方法，或用此方法来制作的电台节目。这种新方法在 2004 年下半年开始在互联网上流行，用以发布音频文件。很明显，上述定义是从技术角度来进行思考的，随着互联网的发展，播客不但在技术上有所创新，而且发展成为以视频或音频为主要内容的博客。博客所具备的特点，播客同样具备。与博客的区别是，播客的内容表现形式并不是以文字、图片为主，而是以视频、声音为主。博客具备的网络特点，例如支持简易信息聚合（real simple syndication，RSS）等，播客同样可以具备。

值得一提的是，很多人简单地把播客营销理解为播客广告是不准确的。播客营销方式有多种，不一定只是播客广告。播客广告是播客营销中一种较低层次的应用，不能反映出播客营销的巨大传播价值。

6.4.4 微博营销

微博营销是指通过微博平台为商家、个人等创造价值而执行的一种营销方式，也指商家或个人通过微博平台发现并满足用户的各类需求的商业行为方式。微博营销以微博作为营销平台，每一个网友都是其潜在的营销对象，企业通过更新自己的微博向网友传播企业信息、产品信息，树立良好的企业形象和产品形象。简单而言，即企业每天通过更新内容就可以跟大家交流互动，或者发布大家感兴趣的话题，这样一来就能达到营销的目的，这种方式就是微博营销。

该种营销方式注重价值的传递、内容的互动、系统的布局、准确的定位。另外，微博的火热发展使得其营销效果尤为显著。微博营销涉及的范围包括认证、有效粉丝、朋友、话题、开放平台、整体运营等。2012年12月，新浪微博推出了企业服务商平台，为企业在微博上进行营销提供了一定帮助。微博营销的特点有以下几个方面：

1. 注重价值的传递

企业微博的经营者首先要明晰企业微博的“索取”与“给予”之分，清楚企业微博是一个“给予”平台，只有那些能对浏览者创造价值的微博自身才有价值，此时企业微博才可能达到期望的商业目的。企业只有认清了这个因果关系，才有可能从微博营销中受益。

2. 注重微博个性化

微博的特点是“关系”“互动”，因此，虽然只是企业微博，但也切忌仅是一个官方发布消息的窗口。微博要像一个人，有感情，有思考，有回应，有自己的特点与个性。

如果一个浏览者觉得你的微博和其他微博差不多，或是别的微博可以替代你的微博，那么都是不成功的。这和品牌与商品的定位一样，必须塑造个性。这样的微博具有更高的黏性，可以持续积累“粉丝”与专注度，因为此时的你有了不可替代性与独特的魅力。

3. 注重发布的连续性

微博就像是一本随时更新的电子杂志，要注重定时、定量、定向发布内容，让用户养成查看的习惯。当用户登录微博后，能够愿意去查看你的微博有什么新动态，这无疑是成功的最高境界，虽然很难达到，但需要尽可能地出现在用户面前，先成为用户思想中的一个习惯。

4. 注重互动性的加强

微博的魅力在于互动，拥有一群不说话的“粉丝”并不是一件好事，因为他们慢慢会成为不看你内容的粉丝，甚至是离开。因此，互动性是使微博持续发展的关键。第一个应该注意的问题就是，企业的宣传信息不能超过微博总信息的10%，最佳比例是3%～5%。更多的信息应该融入“粉丝”感兴趣的内容之中。

虽然“活动内容＋奖品＋关注（转发/评论）”的形式一直是微博互动的主要方式，但实质上奖品要比企业所想宣传的内容更能吸引“粉丝”的眼球。相较于赠送奖品，只有认真回复用户留言，用心感受“粉丝”的思想，才能换取情感的认同。如果情感与“利益”（奖品）共存，那就更完美了。

5. 注重系统性布局

任何一个营销活动，想要取得持续而巨大的成功，都不能脱离了系统性，单纯当作一个点子来运作，将很难持续取得成功。微博营销虽然看起来很简单，但对大多企业来说效果也很有限，从而被很多企业当作可有可无的网络营销形式。其实，微博这种全新形态的互动形式，所发挥出的作用与你本身投入的精力与重视程度高度相关。企业想要微博发挥更大的效果，就要将其纳入整体的营销规划中，这样微博才有机会发挥更大作用。

6. 注重准确的定位

微博“粉丝”众多当然是件好事，但是，对于企业微博来说，“粉丝”的质量更为重要。因为企业微博最终的商业价值，或许就在于这些有价值的“粉丝”。这涉及微博的定位问题，有很多企业抱怨：微博人数都过万了，可转载、留言的人却很少，宣传效果也不明显。这其中一个很重要的原因就是定位不准确。假设企业所在的领域为玩具行业，那么就围绕一些产品目标顾客关注的相关信息来进行发布。吸引目标顾客的关注，并非只是考虑吸引眼球，因为吸引来的有可能不是潜在的消费群体。在起步阶段，很多企业陷入了这个误区当中，完全以吸引大量“粉丝”为目标，却忽视了“粉丝”是否为目标消费群体这个重要问题。

7. 企业微博专业化

虽然企业微博的准确定位很重要，但是专业更重要。同场竞技，只有专业才可能超越对手，持续吸引关注目光，由此可见，专业是企业微博重要的竞争力指标。企业微博不是企业的装饰品，如果不能做到专业，只是流于平庸，倒不如不去建设企业微博，因为作为一个“零距离”接触的交流平台，负面的信息与不良的用户体验很容易迅速传播开，并给企业带来不利的影响。

8. 注重控制的有效性

微博的传播速度快得惊人，当极高的传播速度结合极大的传播规模，所创造出的惊人的力量既有可能是正面的，也有可能是负面的。因此，必须有效管控企业微博这把双刃剑。

9. 注重方法与技巧

很多人把微博定位成短信，在上面发随笔、唠嗑。但是对企业微博来说，却不能如此。企业开设微博不是为了消遣娱乐，而是为了创造企业价值，任何不以创造企业价值为目的的企业微博都没有任何益处。

要想把企业微博做得有声有色，单纯在内容上传递价值是不够的，必须讲求一些技巧与方法。比如，微博话题的设定、表达方法的选择就很重要。如果你的博文是提问性的，或是带有悬念的，能够引导“粉丝”思考与参与，那么浏览和回复的人自然就会很多，也容易给人留下印象。反之，像新闻稿一样的博文，就会让“粉丝”想参与都无从下手。

6.4.5 微信营销

微信营销是网络经济时代企业或个人营销模式的一种，是伴随着微信的火热发展而兴起的一种网络营销方式。微信不存在距离的限制，用户在注册微信后，可与周围同样注册的“朋友”形成一种联系。用户订阅自己所需的信息，商家通过提供用户需要的信息，推广自己的产品，从而实现点对点的营销。

微信营销主要体现在移动客户端进行的区域定位营销，商家通过微信公众平台，展示商家微官网、微会员、微推送、微支付、微活动，形成线上线下微信互动营销方式。常见的微信营销模式如下：

1. 草根广告式——查看附近的人

产品描述：微信中基于LBS的功能插件“查看附近的人”可以使更多陌生人看到强制性广告。功能模式：用户在点击“查看附近的人”之后，可以根据自己的地理位置查找到周围的微信用户。在这些附近的微信用户中，除了显示用户姓名等基本信息外，还会显示用户签名档的内容。用户可以利用这个免费的广告位来为自己的产品打广告。营销方式：营销人员在人流最旺盛的地方后台24小时运行微信，如果“查看附近的人”使用者足够多，那么广告效果也会随之提升，这个简单的签名栏有可能会变成移动的“黄金广告位”。

2. O2O折扣式——扫一扫

产品描述：二维码发展至今，由于其商业用途越来越多，因此微信也就顺应潮流结合O2O开展了商业活动。功能模式：将二维码图案置于取景框内，用户通过扫一扫，可以获得成员折扣、商家优惠或是一些新闻资讯。营销方式：移动应用中加入二维码扫描这种O2O方式早已普及，坐拥上亿用户且活跃度足够高的微信，价值不言而喻。

3. 互动营销式——微信公众平台

对于大众化媒体、企业而言，如果微信开放平台+朋友圈的社交分享功能的开放，已经使得微信成为一种在移动互联网上不可忽视的营销渠道，那么微信公众平台的上线，则使这种营销渠道更加细化和直接。

4. 微信小商店

微信小商店是在微信内实现电商业务的自主运营，无需开发，零成本开店，商家无需另外申请微信支付商户号，同时支持直播带货等营销功能。

5. 大小号助推加粉

通过注册公众账号，商家可以进行品牌建设，也方便推送信息和解答消费者的疑问，可以借此免费搭建一个平台进行客户关系管理。同时可以通过小号主动寻找附近的消费者来推送大号的引粉信息，以此将“粉丝”导入大号中统一管理。

6. 打造品牌公众账号

在申请了公众账号之后，可以在设置页面对公众账号的头像进行更换，建议更换为店铺的招牌。此外，微信用户信息可填写店铺的相关介绍。回复设置的添加分为被添加自动回复、用户消息回复、自定义回复三种，商家可以根据自身的需要进行添加。同时建议商家对每天群发的信息做一个安排表，准备好文字素材和图片素材。如对于餐饮行业而言，一般推送的信息可以是最新的菜式推荐、饮食文化、优惠打折方面的内容。“粉丝”的分类管理可以针对新老顾客推送不同的信息，同时也方便回复新老顾客的提问。一旦这种人性化的贴心服务受到顾客的欢迎，就会触发顾客使用微信分享自己的就餐体验，进而形成口碑效应，将提升商家品牌的知名度和美誉度。

7. 实体店面同步营销

实体店面也是充分发挥微信营销优势的重要场地。在菜单的设计中可以通过添加二维码并采用会员制或者优惠的方式，鼓励到店消费的顾客使用手机进行扫描。一来可以为公众账号增加精准的“粉丝”，二来也积累了一大批实际消费群体，这对后期微信营销的顺利开展至关重要。店面能够使用到的宣传推广材料都可以附上二维码。

8. 开展营销活动

微信营销比较常用的就是以活动的方式吸引目标消费者参与，从而达到预期推广的目的。有了缜密的计划和预算之后，商家完全可以以小成本打造一场效果显著的活动。以签到打折活动为例，商家只需制作附有二维码和微信号的宣传海报和展架，配置专门的营销人员在现场指导到店消费者使用手机扫描二维码即可。消费者在扫描二维码并关注商家公众账号之后，即可收到一条确认信息，在此之前商家需要提前设置好被添加自动回复，用户凭借信息在买单的时候享受优惠。为防止顾客在消费之后就取消关注的情况出现，商家还可以在第一条确认信息中说明后续的优惠活动，使得顾客能够持续关注并且经常光顾该商家。

6.4.6　病毒式营销

病毒式营销（viral marketing）也叫病毒性营销，是一种常用的网络营销方法，其讯息传递策略是通过公众将信息进行廉价复制，告诉给其他受众，从而迅速扩大自己的影响。这种营销方法常用于网站推广、品牌推广等。病毒式营销利用的是用户口碑传播的原理，在互联网上，这种“口碑传播”更为便捷，其可以像病毒一样迅速蔓延，因此，病毒式营销成为一种高效的信息传播方式，而且，由于这种传播方式是用户之间自发进行的，因此几乎是一种不需要费用的网络营销手段。与传统营销相比，病毒式营销的受众自愿接受的特点使得该营销所要用的成本更少，收益更多也更加明显。病毒式营销常常是通过提供免费的产品和服务，然后在每一条发出的信息底部附加一个信息或网址，人们在使用免费产品和服务时就能够看见该信息，进而加入使用该产品和服务的行列，使得提供免费产品和服务的信息在更大的范围扩散。

病毒式营销是利用公众的积极性和人际网络，让营销信息像病毒一样传播和扩散，使得营销信息被快速复制传向数以万计，甚至数以百万计的受众。它具有以下特点：

1. 传播速度快

大众媒体发布广告的营销方式是“一点对多点”的辐射状传播，实际上它无法确定广告信息是否真正到达了目标受众。病毒式营销是自发的、扩张性的信息推广，它并非均衡地、同时地、无分别地传给社会上的每一个人，而是通过类似于人际传播和群体传播的渠道，将产品和品牌信息传递给那些与消费者有着某种联系的个体。例如，当消费者读到一则有趣的新闻，他的第一反应或许就是将这则新闻转发给好友、同事，“转发大军”就构成了成几何倍数传播的主力。

2. 接受率高

大众媒体投放广告有一些难以克服的缺陷，如信息干扰强烈、接收环境复杂、受众戒备抵触心理严重。以电视广告为例，同一时段的电视有各种各样的广告同时投放，其中不乏同类产品的“撞车”现象，大大降低了受众的接受率。而病毒式营销中的信息是受众从熟悉的人那里获得或是主动搜索而来的，在接收的过程中自然会有积极的心态；接收渠道也比较私人化，如手机短信、电子邮件、论坛等。以上方面的优势，使得病毒式营销尽可能地克服了信息传播中的噪音影响，增强了传播的效果。

3. 更新速度快

病毒式营销的传播过程有自己的特点，即在开始时很慢，当其扩大至受众的一半时速度加快，而接近最大饱和点时又慢下来。为防止病毒式营销传播力的衰减，商家一定要在受众对信息产生免疫力之前，将传播力转化为购买力，方可达到最佳的销售效果。

4. 费用低廉

商家可以利用互联网便利的互动传播特性，制定一套合理的营销方案与传播亮点（能吸引大众进行口碑传播的亮点），并借用诸如门户网、论坛、社区、电子邮件、QQ等形式，让信息得以广泛传播开来。如果运作得恰当，可以花很少的费用就能传播数百万人。

6.4.7 事件营销

事件营销（event marketing），或称活动营销，是企业通过策划、组织和利用具有名人效应、新闻价值以及社会影响的人物或事件，引起媒体、社会团体和消费者的兴趣与关注，以求提高企业或产品的知名度、美誉度，树立良好的品牌形象，并最终达成产品或服务的销售目的的一种手段和方式。

简单而言，事件营销就是通过把握新闻的规律，制造具有新闻价值的事件，并通过具体的操作，让这一新闻事件得以传播，从而达到广告的效果。事件营销是国内外十分流行的一种公关传播与市场推广手段，集新闻效应、广告效应、公共关系、形象传播、客户关系于一体，并为新产品推介、品牌展示创造机会，建立品牌识别和品牌定位，是一种快速提升品牌知名度与美誉度的营销手段。20世纪90年代后期，互联网的飞速发展给事件营销带来了巨大契机：通过网络，一个事件或者一个话题可以更轻松地被传播并引起广泛的关注，自此，成功的事件营销案例开始大量出现。

随着市场竞争越来越激烈，企业的营销管理也在不断走向成熟，因此，企业在推广品牌时策划事件营销就必须走出以“私利”为中心的误区，不但要强调与公众的

“互利”，更要维护社会的“公利”。此外，自觉考虑、维护社会公众利益也应该成为现代网络事件营销工作的一个基本信念。而营销实践也证明了自觉维护社会公众利益更有利于企业实现目标；反之，如果企业只是一味追求一己私利，那么将会投入更多的精力和财力去应付本来可以避免的麻烦和障碍。

在利用网络进行事件传播时，企业应该安排专门人员来把控网络信息的传播，既要掌握企业的全面状况，又要巧妙地运用网络媒体的特性，还要尊重公众的感情和权利，保护沟通渠道的畅通完整，最终维护企业的自身利益。

6.4.8 形象营销

形象营销是指基于公众评价的市场营销活动，即企业在市场竞争中，为了实现企业的目标，通过与现实已经发生和潜在可能发生利益关系的公众群体进行传播和沟通，使其对企业营销形成认知，从而建立起企业营销形象基础，形成企业营销形象的管理活动过程。企业塑造和提升营销形象的目的就是期望企业在有利益关系的公众群体中树立稳固的心理地位，使其对企业有较好的评价，产生认同感和归属感，从而便于企业进行产品推广、市场扩张和培养忠诚顾客，为企业市场目标的实现和长远发展营造宽松的社会环境。

在工业化早期，产品需求市场较大，企业只要把人、财、物与技术手段结合起来，生产出产品，就能够生存。因此，“商品力”是决定企业生存和发展的唯一因素。当工业社会进入大规模生产阶段时，企业竞争激烈，产品种类增多，消费者的选择余地增加，企业必须将自己的产品以各种形式介绍给消费者，市场具有了越来越重要的意义。因此，企业的生存和发展不仅取决于“商品力”，同时也取决于“营销力”。在现代高科技的背景之下，社会进入了“无差别化”的时代，商品生命周期缩短，市场瞬息万变，“商品力”的地位相对下降了。尤其是在买方市场下，企业竞争已不是孤立的产品竞争，而是升级为企业整体形象的竞争。这时，“形象力”对企业的生存和发展显得日益重要起来，“形象力”与“商品力”“营销力”一起成为决定企业生存和发展的三大要素。由此，借助企业形象、品牌形象、产品形象等形成的“形象力”而展开的营销活动——形象营销便应运而生。

6.4.9 网络整合营销

网络整合营销（network integrated marketing，NIM）是指在一段时间内，营销机构以消费者为核心重组企业和市场的行为。

具体而言，网络整合营销，即企业综合协调使用以互联网渠道为主的各种传播方式，以统一的目标和形象，传播连续一致的企业或产品信息，实现与消费者的双向沟通，迅速树立品牌形象，建立产品与消费者的长期密切关系，更有效地达到品牌传播和产品销售的目的。网络整合营销是一种对各种网络营销工具和手段的系统化整合，根据环境进行即时性的动态修正，以使交换双方在交互中实现价值增值的营销理念与方法。

网络整合营销是为了建立、维护和传播品牌，以及加强客户关系，进而对品牌进行计划、实施和监督的一系列营销工作。网络整合营销把各个独立的营销工作综合成一个整体，以产生协同效应。这些独立的营销工作包括广告宣传、直接营销、销售促进、人员推销、包装事件、赞助和客户服务等。

简单而言，网络整合营销就是企业通过整合各种网络营销方法，与客户的客观需求进行有效配比，为客户提供一种最佳的网络营销方案或者多种网络营销方案。

6.5 网络营销战略

战略的概念最早源于战争的实践，是筹划和指导战争全局的方略。它强调站在宏观全局的角度，客观地分析内外环境，审视当前的形势，在充分掌握自身优劣信息的基础上，制定出指导参与全局作战的方略。企业战略是指企业为了适应未来环境的变化而寻找长期生存和稳定发展的途径，并为实现这一途径优化配置企业资源，制定长远和总体性的谋划与方略。随着互联网的快速发展，企业从有形市场转向了网络市场，企业的目标市场、企业组织、用户关系、营销手段及竞争形态等发生了变化，企业既面临着全新的挑战，又面临着无限的市场机遇。因此，在网络时代，企业必须确立相应的网络营销战略，提供比竞争者更有价值的产品、更有效率的服务，扩大市场营销规模，以实现企业的经营目标。

6.5.1 网络营销战略的作用

网络营销战略（internet marketing strategy）指的是企业在现代网络营销的观念下，为实现其经营目标，对一定时期内的网络营销发展的总体设想和规划。网络营销战略在企业网络营销活动中所起的重要作用，主要表现为以下几个方面：

1. 战略规划网络营销活动

网络营销战略能从宏观和全局的角度规划企业的网络营销活动，它能够使企业的营销活动符合企业所谋求的整体发展目标。同时，战略规划是在环境分析和科学预测的基础上对未来的展望，因此，通过战略规划，能够使企业充分认识自身的现状，并对未来有比较明确的定位，把握营销的主动性，使企业的网络营销活动能够着眼于迎接未来的挑战，并降低企业经营的风险。

2. 统一协调网络营销活动

网络营销战略以企业总体的发展需要为依据，以企业的全局为对象，体现了全局性和统一性。通过对网络营销战略进行规划，企业可以协调各项营销活动，进一步提高营销效率，使企业能够持续有序地向前发展。

3. 合理配置网络营销资源

网络营销战略的制定需要经过环境评价、组织内部条件分析、决定对策、制定行动方案、实施结果反馈等过程。为了达到最好的网络营销效果，实现战略目标，企业需要对其内部资源和外部环境进行科学分析，同时还要充分协调和利用各种网络营销资源，对不同部门、不同业务、不同产品，以及不同市场的网络营销活动进行合理安排。而网络营销战略能够促进企业网络营销资源的合理配置，促进企业资源最大效用的发挥。

4. 动态适应网络营销环境

企业的网络营销环境是随着社会经济等环境变化而不断发生改变的。因此，企业的网络营销活动也应该随着环境需求的变化而进行动态的调整。网络营销战略为企业实施动态的网络营销管理提供了环境预测、总体方向目标、具体行动的约束准则，能够使企业对网络营销活动进行有预见性的、动态的调整。

5. 提升整体网络营销能力

网络营销战略的制定，具体网络营销任务和目标的明确，需要经历自上而下，再自下而上的过程，这也是企业内部统一思想、统一认识的过程。制定网络营销战略规划的过程，提高了企业网络营销活动的目的性、预见性、整体性、有序性和有效性，从而促进了企业整体网络营销能力的提升。

6.5.2　网络营销战略规划

1. 网络营销战略规划的含义

网络营销战略规划是在网络营销观念的指导下，对网络营销活动所做的一个较为全面而有序的安排，目的是使网络营销活动能明确目标和责任，有条不紊地展开。企业战略是指企业为了适应未来环境的变化，寻求长期生存和稳定发展的途径，为了实现这一途径，优化企业资源配置、制定总体性和长远性的谋划和方略。它的实质是实现企业外部环境和内部环境、企业内部实力和企业目标三者的动态平衡。这就决定了网络营销战略是企业战略的重点。

制定网络营销战略规划，需要把握四点原则。第一，适应性原则。网络营销战略规划要适应外部经济环境，需要符合企业的内部条件。第二，前瞻性原则。战略规划是企业在相对长的一段时期内的经营方案及市场举措，因此，网络营销战略规划要围绕企业经营的实际需求进行，需要具备一定的高度，把握住市场发展的趋势与前沿，并融入现代营销的理念。第三，技术平台化原则。网络营销战略规划的制定与实施要建立在可持续发展的技术平台基础之上，确保技术平台的可行性，并将技术理念贯彻到建设与运营的全过程。第四，整合性原则。网络营销战略规划的制定需要对企业的业务流程进行重新整合，能够系统性地整合线上业务和线下业务的协同关系。

2. 网络营销战略规划的内容

网络营销战略规划的具体内容可以概括为以下八个方面：

（1）明形势。明形势指的是企业在制定网络营销战略规划时，对企业所处环境及竞争形势的判断与摸底，至少应包括以下三个方面的具体内容：一是对企业所面临的外部宏观环境的分析，包括政治、经济、法律、自然环境、技术发展趋势等方面的宏观形势分析；二是对企业自身优劣势的分析，所面临的机遇、挑战，以及威胁的分析，并且梳理出企业所具备的各类资源；三是对企业所处行业发展的现状进行调研，对用户需求变化及偏好进行相对准确的把握，以及对相关技术发展趋势的分析及洞悉。

（2）定位置。定位置在企业制定网络营销战略规划的过程中，主要包括两个方面的具体内容。一是找到网络营销战略所针对的目标市场，明确网络营销所面对的用户群体的属性和特征，从而使网络营销工作精准定位到目标用户群体；二是需要在充分分析企业所处市场竞争环境、掌握竞争对手的详细情况、把握经营环境发展变化的情形下，明晰企业所处的市场地位，以及企业在市场竞争格局中的竞争力和位置。

（3）设目标。设目标指的是企业制定的网络营销战略规划所期望达成的状态。企业要为网络营销战略设立一定的短期和长期的目标，并将这些目标分解到网络营销战略实施的每一个阶段和具体步骤当中去。

（4）立框架。确定企业网络营销的经营模式以及业务模式，并基于此搭建起支撑网络营销具体实施的技术平台框架，理清业务流程和技术融合之间的关系与相互作用。明确企业网络营销的经营模式，即企业希望通过什么样的网络营销运作机制以实现网络营销的目标。

（5）树形象。明确企业网络营销的整体形象和具体风格，以及网络营销战略应该以何种形象实施。网络营销的形象战略要充分考虑企业的经营情况、产品的特点、企业的网络营销经营模式、网站建设和目的等多种因素。恰当的网络营销形象塑造是网络营销效果的保证。

（6）配资源。根据企业的实际情况，以及网络营销战略的具体要求来规划企业的人力、物力、财力以及管理控制能力，预测网络营销战略实施过程中相关资源的运用及变化趋势，确定管理的规划和预算安排。

（7）制方案。制方案即制订网络营销计划，根据网络营销战略规划的内容，制定出具体的、可操作的执行方案，一般是编写网络营销计划书。

（8）抓控制。落实网络营销战略的具体实施，对网络营销计划的具体实行和实施进行必要的检查、监控、跟踪、监督，使网络营销工作产生的各类信息在企业各层级能够顺畅流通与反馈。

□ 本章小结

网络营销是电子商务利用互联网的营销形态，本章介绍了网络营销的相关理论，以及网络营销的模式，对比了网络营销与传统营销的不同，分析了网络营销的环境。网络营销的方法主要有：搜索引擎营销、博客营销、播客营销、微博营销、微信营销、病毒式营销、事件营销、形象营销、网络整合营销等。对于网络营销，不仅需要掌握它的模式、理论方法，还要掌握网络营销战略规划和内容。通过对网络营销的知识进行详细的梳理整合，能更好地帮助我们学习和研究电子商务。

□ 思考与练习

一、复习思考题

1. 博客营销和播客营销有何不同？

2. 实体企业和电商企业的营销方式有何不同？

3. 微信营销和微博营销的对象有何不同之处？

4. 简述网络营销的概念。
5. 网络营销的首要任务是什么?
6. 不同的网络营销模式分别有哪些适用条件?
7. 网络营销的优势有哪些?
8. O2O 立体营销的优势有哪些?

二、讨论题

1. 网络营销产生的技术基础是什么?
2. 网络营销的特点有哪些?
3. 进行网络营销的目的是什么?
4. 微博营销有哪些特点?

三、网络实践题

1. 假设在开学季需要向新生销售生活用品,请你尝试用电子邮件进行销售,并撰写销售过程以及销售心得。

2. 假设在开学季需要向新生销售生活用品,请你尝试用微博进行销售,并撰写销售过程以及销售心得。

3. 寻找一家你熟悉的本地企业,并为该企业制定网络营销战略规划。

四、案例分析题

相宜本草化妆品品牌营销

相宜本草是一家国产天然本草类化妆品品牌,其产品市场化运作时间较短,市场认知度较低。虽然产品拥有良好的品质和口碑,但对于该品牌了解的消费者相对较少。相宜本草总部在上海,公司调查数据显示,相宜本草在上海地区的产品美誉度达 70 分,而知名度只有 30 分,这与相宜本草发展的整体策略有关,即市场投入相对较少,将更多资源及资金投入产品研发及销售渠道。在有限的市场投入情况下,如何产生最好的营销效果?经过多方咨询与沟通,相宜本草采用了网络社区口碑营销(新闻营销、论坛营销、微博营销、视频营销)的策略,借助互联网社区营销新媒介,展开了迎合精准群体心理的营销策略,利用网络快速传播的特点,实现了低成本的广泛传播效应。

相宜本草选择唯伊网作为核心传播载体,以唯伊社区为营销传播中心,整合了浙江本地社区及线下高校资源,实现了线上线下的互动整合营销。由于唯伊网是国内一家新兴的化妆品品牌口碑社区,社区以品牌俱乐部、试用达人为特色,汇集了化妆品品牌的消费者、“粉丝”和意见领袖,用户以年轻人群为主,年龄层次主要在 20～30 岁,品牌消费习惯不稳定,有较大的热情尝试新鲜品牌、新鲜产品,因此,唯伊社区形成了特有的“小白鼠”氛围。

相宜本草整个营销过程大致分为以下几个环节:

第一个环节是免费申请品牌试用装。相宜本草利用消费者的利益驱动和对新鲜事物的好奇心,为品牌造势、吸引眼球、聚集人气。事实上,对于女性消费者而言,申请新品试用装的诱惑力是比较大的,最重要的是她们会重新发现一个也许就存在她们周边的品牌,但她们从未在专卖店里尝试过。而互联网会帮助她们实现诸多新鲜的尝试，同时她们也会在这个过程中更加关注这个品牌，并了解其他消费者对该品牌的口碑评价。在这个过程中，品牌会无形中受到极大关注，这也就意味着抓住受众的眼球，其实就是成功的一部分。

第二个环节是收集消费者的数据资料（包括真实姓名、性别、住址、邮箱、电话、QQ、品牌消费习惯等信息），并向品牌方反馈，以便进行数据挖掘。在这个过程中，相宜本草充分利用了数据资源，进行了电话营销，并且为每个潜在消费者邮寄了相宜本草的会员杂志，很多消费者反馈相宜本草的服务很贴心，这使得消费者对相宜本草这个陌生品牌产生了好感。

第三个环节是网络整合营销传播。唯伊网联合国内知名社区站点开展了推广活动，通过更丰富的传播载体和更广阔的传播范围，快速提升了品牌在网络中的知名度和影响力。

第四个环节是用户分享试用体验。相宜本草以奖品为诱饵，吸引试用用户分享产品体验，引导消费者的正向口碑，利用网络社区口碑的聚集和持续作用，实现产品品牌知名度和美誉度的提升。唯伊社区有着稳定活跃的用户群，收到试用装的用户很快就开了试用体验，并且非常愿意与大家分享试用的过程。因为有着高质量的用户群体和特定的氛围，当然还有奖品为诱饵，试用评论的质量非常高，90%以上的评论都超过了500字，这在化妆品评论网站、社区都是十分罕见的事情。相宜本草曾推出一款免洗眼膜产品，通过百度和谷歌搜索相关评论，基本上可以全部回到唯伊社区，这里的用户是第一波试用用户，而且这一产品可以找到几十篇高质量的评论，此外，相宜本草的其他产品也可以找到上百篇。对于一个新兴品牌，唯伊社区可能会集中汇集最大量的口碑评论，通过互联网的复制传播效应，逐渐扩散口碑。

第五个环节是试用达人推荐。试用达人目前拥有1 700多个网络订阅和忠实的读者群，在网络试用领域有着较高的知名度和影响力。

相宜本草是化妆品领域的年轻品牌，其市场价格也非常适合年轻群体，由于唯伊社区的用户群体与相宜本草的定位相互吻合，因此为最终的营销成功奠定了坚实的基础。

案例思考：

1. 相宜本草的网络营销策略用到了哪些理论？
2. 相宜本草如何体现网络营销战略规划中的“定位置”？

第 7 章

电子商务与商务智能

学习目标

- 理解商务智能的定义
- 掌握商务智能的基本内容
- 了解数据挖掘的基本方法与工具
- 了解商务智能的应用

案例导入

两个经典数据挖掘应用案例

什么是数据挖掘（data mining）？简而言之，就是有组织有目的地收集数据，通过分析数据使之成为信息，从而在大量数据中寻找潜在规律以形成规则或知识的技术。

我们通过几个数据挖掘实际案例来诠释如何通过数据挖掘解决商业中遇到的问题。下面关于“尿不湿和啤酒”的故事是数据挖掘中最经典的案例，而 Target 公司通过“怀孕预测指数”来预测女顾客是否怀孕的案例也是数据挖掘学者最津津乐道的一个话题。

一、尿不湿和啤酒

商业零售连锁巨无霸沃尔玛拥有世界上最大的数据仓库系统之一。为了能够准确了解顾客在其门店的购买习惯，沃尔玛对顾客的购物行为进行了购物篮关联规则分析，从而知道顾客经常一起购买的商品有哪些。在沃尔玛庞大的数据仓库里集合了其所有门店的详细原始交易数据，在这些原始交易数据的基础上，沃尔玛利用数据挖掘工具对这些数据进行分析和挖掘。一个令人惊奇和意外的结果出现了——跟尿不湿一起购买最多的商品竟然是啤酒！这是数据挖掘技术对历史数据进行分析的结果，反映的是数据的内在规律。那么这个结果符合现实情况吗？是否是一个有用的信息？是否有利用价值？

为了验证这一结果，沃尔玛派出市场调查人员和分析师对这一结果进行了调查分析。经过大量实际调查和分析，他们揭示了一个隐藏在“尿不湿和啤酒”背后的美国消费者的一种行为模式：在美国，到超市去买婴儿尿不湿是一些年轻的父亲下班后的日常工作，而他们中有30%～40%的人同时也会为自己买一些啤酒。产生这一现象的原因是：美国的太太们常叮嘱她们的丈夫不要忘记在下班后为小孩购买尿不湿，而丈夫们在购买尿不湿后又随手带回了他们喜欢的啤酒。还有一种情况是，丈夫们在买啤酒时突然记起他们的责任，又去买了尿不湿。

尿不湿与啤酒一起被购买的机会很多，于是沃尔玛就在所有的门店里将尿不湿与啤酒并排摆放在一起，结果尿不湿与啤酒的销售量实现了双双增长。按照常规思维，尿不湿与啤酒风马牛不相及，若不是借助数据挖掘技术对大量交易数据进行挖掘分析，那么沃尔玛是不可能发现数据内这一有价值的规律的。

二、怀孕预测指数

美国零售连锁超市Target通过分析女性客户购买记录，“猜出”哪些是孕妇。他们会从Target的数据仓库中挖掘出25项与怀孕高度相关的商品，制作“怀孕预测指数”。比如他们发现女性会在怀孕4个月左右大量购买无香味乳液，以此为依据推算出预产期，抢先一步将孕妇装、婴儿床等折扣券寄给客户，吸引客户购买。

如果不是在拥有海量的用户交易数据基础上实施数据挖掘，Target不可能做到如此精准的营销。

7.1 商务智能

企业在开展业务的同时，获得了大量数据。来自国外的统计结果表明，全球企业的信息量平均每1.5年翻一番，而目前仅仅利用了全部信息数据的7%。随着知识经济时代的来临，记录客户与市场数据的信息和信息利用能力已经成为决定企业生死存亡的关键因素，越来越多的国内外企业已经根据信息流和数据分析技术进行企业重整，传统的数据记录方式无疑被更先进的商务智能技术所代替。在商务智能解决方案的帮助下，企业级用户可以通过充分挖掘现有的数据资源，捕获信息、分析信息、沟通信息，发现许多过去缺乏认识或未被认识的数据关系，帮助企业管理者做出更好的商业决策，例如开拓什么市场、吸引哪些客户、促销何种产品等。商务智能还能够通过财务分析、风险管理、欺诈分析、销售分析等过程帮助企业降低运营成本，进而获得更高的经营效益。

7.1.1 商务智能的定义

商务智能（business intelligence，BI）指利用数据仓库、数据挖掘技术对客户数据进行系统的存储和管理，并通过各种数据统计分析工具对客户数据进行分析，提供各种分析报告，如客户价值评价、客户满意度评价、服务质量评价、营销效果评价、未来市场需求等，为企业的各种经营活动提供决策信息。其可以系统地开发可以利用的数据，以便检索对支持复杂决策过程有用的信息和知识。商务智能是涉及收集、提供、存取及分析数据方面的应用与技术。

商务智能是一套完整的解决方案，将数据仓库、联机分析处理和数据挖掘等结合起来应用到商业活动中，从不同的数据源收集数据，经过抽取、转换和加载，送入数据仓库或数据集市，然后使用合适的查询与分析工具、数据挖掘工具和联机分析处理工具对信息进行处理，将信息转变成为辅助决策的知识，最后将知识呈现于用户面前，以实现技术服务与决策的目的。

7.1.2 商务智能的发展趋势

早在计算机诞生之初，人们就想让计算机拥有强大的运算能力并帮助人类做事，在那时商务智能就有了雏形。近年来，商务智能市场持续增长。国际数据公司（IDC）预测，到2027年，商务智能市场将达到19.7亿美元，未来几年市场年复合增长率为17.5%。随着企业客户关系管理（CRM）、企业资源规划（ERP）、供应链管理（SCM）等应用系统的引入，企业越来越注重有效利用数据，为准确和快速做出决策提供支持，由此带动对商务智能的巨大需求。

商务智能的发展趋势主要有以下四点：一是功能上具有可配置性、灵活性、可变化性。二是解决方案更开放、可扩展、可按用户定制，在保证核心技术的同时，提供客户化的界面。三是从单独的商务智能向嵌入式商务智能发展。四是从传统功能向增强型功能转变。

7.1.3 商务智能的核心技术

商务智能的支撑技术主要包括ETL（数据的抽取、转换与加载）技术、数据仓库技术、数据集市技术、联机分析处理技术、数据挖掘技术、表示和发布技术。下面我们就其中的几种技术展开具体介绍。

1. 数据仓库技术

实施商务智能首先要从企业内部和企业外部不同的数据源，如客户关系管理、供应链管理、企业资源规划系统以及其他应用系统等搜集有用的数据，并进行转换和合并，因此需要数据仓库和数据集市技术的支持。

数据仓库（data warehouse），也称为数据库，是指从多个数据源收集的信息，以一种一致的存储方式保存所得到的数据集合。数据仓库创始人之一因莫姆（Inmon）将其定义为："数据仓库是一个面向主题的、集成的、稳定的、包含历史数据的数据集合，它用于支持管理中的决策制定过程。"在构造数据仓库时，要经过数据的清洗、数据的抽取转换、数据集成和数据加载等过程。面向不同的需求，要对数据进行清洗以保证数据的正确性，然后对数据进行抽取，转换成数据仓库所需的形式，并实现加载到数据仓库。

2. 联机分析处理技术

联机分析处理（on-line analytical processing，OLAP）又称多维分析，它用于对数据仓库中的数据进行多维分析和展现，能够为分析人员、管理人员或执行人员提供从多种角度对经过转化的原始数据的理解，并对真实反映企业特性的信息进行快速、一致、交互的存取，从而获得对数据更深入的了解。由于它的技术核心是"维"这个概念，因此联机分析处理也可以说是多维数据分析工具的集合。

进行联机分析处理分析的前提是已有建好的数据仓库，之后即可利用联机分析处理复杂的查询、数据对比、数据抽取和报表来进行探测式数据分析。之所以称其为探测式数据分析，是因为用户在选择相关数据后，通过切片（按二维选择数据）、切块（按三维选择数据）、上钻（选择更高一级的数据详细信息以及数据视图）、下钻（展开同一级数据的详细信息）、旋转（获得不同视图的数据）等操作，可以在不同的粒度上对数据进行分析尝试，得到不同形式的知识和结果。

3. 数据挖掘技术

与联机分析处理的探测式数据分析不同，数据挖掘是按照预定的规则对数据库和数据仓库中已有的数据进行信息开采、挖掘和分析，从中识别和抽取隐含的模式和知识，为决策者提供决策依据。数据挖掘的任务是从数据中发现模式。模式有很多种，按功能可分为两大类：预测型（predictive）模式和描述型（descriptive）模式。

预测型模式是可以根据数据项的值精确确定某种结果的模式。挖掘预测型模式所使用的数据也都是可以明确知道结果的。描述型模式是对数据中存在的规则做一种描述，或者根据数据的相似性把数据进行分组。描述型模式不能直接用于预测，在实际应用中，根据模式的实际作用，可细分为分类模式、回归模式、时间序列模式、聚类模式、关联模式和序列模式等。其中包含的具体算法有货篮分析、聚类检测、神经网络、决策树方法、遗传算法、连接分析、基于范例的推理和分析以及各种统计模型。

联机分析处理与数据挖掘的区别和联系是：联机分析处理侧重于与用户的交互、快速的响应速度及提供数据的多维视图；而数据挖掘则注重自动发现隐藏在数据中的模式和有用信息，尽管允许用户指导这一过程。联机分析处理的分析结果可以给数据挖掘提供分析信息作为挖掘的依据，数据挖掘可以拓展联机分析处理的深度，可以发现联机分析处理所不能发现的更为复杂、细致的信息。数据挖掘的研究重点偏向数据挖掘算法以及数据挖掘技术在新的数据类型、应用环境中使用时所出现的新问题的解决上，如对各种非结构化数据的挖掘、数据挖掘语言的标准化以及可视化数据挖掘等。

后文将对数据挖掘技术进行详细介绍。

4. 表示和发布技术

为了使分析后的数据直观、简练地呈现在用户面前，需要采用一定的形式表示和发布出来，通常采用的是一些查询和报表工具。目前越来越多的分析结果是以可视化的形式表现出来，这就需要采用信息可视化技术。

所谓信息可视化是指以图形、图像、虚拟现实等易为人们所辨识的方式展现原始数据间的复杂关系、潜在信息以及发展趋势，以便我们能够更好地利用所掌握的信息资源。随着Web应用的普及，商务智能的解决方案能够提供基于Web的应用服务，这样就扩展了商务智能的信息发布范围。作为基于Web的商务智能解决方案，需要一些基本的组成要素，包括基于Web的商务智能服务器、会话管理服务、文件管理服务、调度分配和通知服务、负载平衡服务和应用服务等。

7.2 数据库技术

7.2.1 数据库概述

数据库是按照数据结构来组织、存储和管理数据的仓库。数据库是长期存储在计算机（存储介质）内部的、有组织的、可共享的、结构化的逻辑相关数据的集合。它最初产生于20世纪60年代中期，随着信息技术和市场的发展，特别是20世纪90年代以后，数据库不再仅仅是存储和管理数据，而转变成用户所需要的各种数据管理的方式。数据库有很多种类型，从最简单的存储有各种数据的表格到能够进行海量数据存储的大型数据库，其在各个方面都得到了广泛的应用。

在信息化社会，充分有效地管理和利用各类信息资源，是进行科学研究和决策管理的前提条件。数据库技术是管理信息系统、办公自动化系统、决策支持系统等各类信息系统的核心部分，是进行科学研究和决策管理的重要技术手段。

数据库中的数据以一定的数据模型组织、描述和存储在一起，具有尽可能小的冗余度、较高的数据独立性和易扩展性的特点，并可在一定范围内为多个用户共享。

数据库具有如下特点：尽可能不重复，以最优方式为特定组织的多种应用服务，其数据结构独立于使用它的应用程序，对数据的增、删、改、查由统一软件进行管理和控制。从发展的历史看，数据库是数据管理的高级阶段，它是在文件管理系统基础上发展起来的。

数据库是按照数据结构来组织、存储和管理数据的，它是在计算机存储设备上建立的一个仓库。它本身可视为电子化的文件柜——存储电子文件的处所，用户可以对文件中的数据进行新增、截取、更新、删除等操作。在经济管理的日常工作中，常常需要将相关的数据放进这样的“仓库”中，并根据管理的需要进行相应的处理。

数据库的基本结构分三个层次，反映了观察数据库的三种不同角度。以内模式为框架所组成的数据库叫作物理数据库；以概念模式为框架所组成的数据叫作概念数据库；以外模式为框架所组成的数据库叫作用户数据库。

物理数据库是数据库的最内层，是物理存储设备上实际存储的数据的集合。这些数据是原始数据，是用户加工的对象，由内部模式描述的指令操作处理的位串、字符和字组成。

概念数据库是数据库的中间一层，是数据库的整体逻辑表示。它指出了每个数据的逻辑定义及数据间的逻辑联系，是存储记录的集合。它所涉及的是数据库所有对象的逻辑关系，而不是它们的物理情况，是数据库管理员概念下的数据库。

用户数据库是用户所看到和使用的数据库，表示了一个或一些特定用户使用的数据集合，即逻辑记录的集合。数据库不同层次之间的联系是通过映射进行转换的。

数据库能够实现数据共享，减少数据的冗余度，实现数据的独立性，使数据实现集中控制，具有数据一致性和可维护性，能确保数据的安全性和可靠性以及修复故障等特点。

7.2.2 数据结构与数据模型

数据结构分为数据的逻辑结构和数据的物理结构。数据的逻辑结构是从逻辑的角度（即数据间的联系和组织方式）来观察数据、分析数据，与数据的存储位置无关；数据的物理结构是指数据在计算机中存放的结构，即数据的逻辑结构在计算机中的实现形式，所以物理结构也被称为存储结构。这里只研究数据的逻辑结构，并将反映和实现数据联系的方法称为数据模型。比较流行的数据模型有三种，即按图论理论建立的层次结构模型和网状结构模型以及按关系理论建立的关系结构模型。

1. 层次结构模型

层次结构模型实质上是一种有根结点的定向有序树（在数学中“树”被定义为一个没有回路的连通图）。按照层次结构模型建立的数据库系统被称为层次模型数据库系统。IMS（information management system）就是其典型代表。

2. 网状结构模型

按照网状数据结构建立的数据库系统被称为网状数据库系统，其典型代表是DBTG（data base task group）。用数学方法可将网状数据结构转化为层次数据结构。

3. 关系结构模型

关系式数据结构把一些复杂的数据结构归结为简单的二元关系（即二维表格形式）。在关系数据库中，对数据的操作几乎全部建立在一个或多个关系表格上，通过对这些关系表格的分类、合并、连接或选取等运算来实现数据的管理。

7.2.3 数据分类与网络数据库

1. 数据分类

数据分类就是把具有某种共同属性或特征的数据归并在一起，通过其类别的属性或特征来对数据进行区别。换句话说，就是把相同内容、相同性质的信息以及要求统一管理的信息集合在一起，把不同的和需要分别管理的信息区分开来，然后确定各个集合之间的关系，形成一个有条理的分类系统。

为了实现数据共享和提高处理效率，必须遵循约定的分类原则和方法，按照信息的内涵、性质及管理的要求，将系统内所有信息按照一定的结构体系分为不同的集合，从而使得每个信息在相应的分类体系中都有一个对应位置。

数据分类的目的是根据新数据对象的属性，将其分配到一个正确的类别中。分类分析用预测方法预测给定数据对象的类标号，被广泛地应用到信誉证实、医疗诊断及选择购物等领域。

2. 数据的类型

（1）调研分析的基础是数据，数据的类型可以分为连续性的变量和分类变量：

1）连续性的变量：比如身高、体重、化验值等，这些变量可以有小数点，能直接录入。

2）分类变量：其变量值是定性的，表现为互不相容的类别或属性。实际上在调研当中运用最多的就是分类变量，其可分为无序变量和有序变量两类。无序分类变量是指所分类别或属性之间无程度和顺序的差别，包括二项分类，如性别（男、女）、药物反应（阴性、阳性）等；多项分类，如血型（O、A、B、AB）、职业（工、农、商、学、兵）等。有序分类变量是指各类别之间有程度上的差别。如尿糖化验结果按一、±、+、++、+++分类；疗效按治愈、显效、好转、无效分类。

（2）按照数据的计量层次，可以将统计数据分为定类数据、定序数据、定距数据与定比数据。

1）定类数据。这是数据的最低级别。它将数据按照类别属性进行分类，各类别之间是平等并列的关系。这种数据不带数量信息，并且不能在各类别间进行排序。例如，某商场将顾客所喜爱的服装颜色分为红色、白色、黄色等，红色、白色、黄色即为定类数据。又如，人类按性别分为男性和女性，男性、女性也属于定类数据。虽然定类数据表现为类别，但为了便于统计处理，可以对不同的类别用不同的数字或编码来表示。如1表示女性、2表示男性，但这些数字不代表着可以区分大小或进行数学运算。不论使用何种编码，其所包含的信息都没有任何损失。对定类数据执行的主要数值运算是计算每一类别中的项目的频数和频率。

2）定序数据。这是数据的中间级别。定序数据不仅可以将数据分成不同的类别，而且各类别之间可以通过排序来比较优劣。也就是说，定序数据与定类数据最主要的区别是定序数据之间是可以比较顺序的。例如，人的受教育程度就属于定序数据。我们可以采用数字编码表示不同的类别：文盲、半文盲=1，小学=2，初中=3，高中=4，大学=5，硕士=6，博士=7。通过将编码进行排序，可以明显地表示出受教育程度之间的高低差异。虽然这种差异程度不能通过编码之间的差异进行准确的度量，但是可以确定其高低顺序。

3）定距数据。定距数据是具有一定单位的实际测量值（如摄氏温度、考试成绩等）。此时不仅可以知道两个变量之间存在差异，还可以通过加、减法运算准确地计算出各变量之间的实际差距是多少。可以说，定距数据的精确性比定类数据和定序数据前进了一大步，它可以对事物类别或次序之间的实际距离进行测量。例如，甲的英语成绩为80分，乙的英语成绩为85分，可知乙的英语成绩比甲的高5分。

4）定比数据。这是数据的最高等级。它的数据表现形式同定距数据一样，均为实际的测量值。定比数据与定距数据唯一的区别是：在定比数据中是存在绝对零点的，而在定距数据中是不存在绝对零点的（零点是人为制定的）。因此，定比数据间不仅可以比较大小，进行加、减运算，还可以进行乘、除运算。

在统计分析中，区分数据的类型十分重要，不同测度类型的数据，扮演的角色是不一样的。

（3）按来源分类，可将数据分为以下几种类型：一种是通过直接的调查获得的原始数据，一般称为第一手或直接的统计数据；另一种是其他人调查的数据，并将这些数据进行加工和汇总后公布的数据，通常称为第二手或间接的统计数据。

（4）按时间状况分类，数据可以分为时间序列数据和截面型数据。

3. 网络数据库

网络数据库是指把数据库技术引入到计算机网络系统中，借助网络技术将存储于数据库中的大量信息及时发布出去；而计算机网络借助于成熟的数据库技术能对网络中的各种数据进行有效的管理，并实现用户与网络数据库的实时动态数据交互。

使用网络数据库的最大优势是，用户只需要通过 Web 浏览器便可完成对数据库数据的常用操作。这种优点使得用户不必再去学习复杂的数据库知识和数据库软件，只需要掌握基本的网络操作，如填写、提交表单等，就可以在任何一台连接网络的计算机中访问数据库。

网络数据库与传统的数据库相比具有以下几个特点：

（1）扩大了数据资源共享范围。由于计算机网络的范围可以从局部到全球，因此网络数据库中的数据资源共享范围也扩大了。

（2）易于进行分布式处理。在计算机网络中，各用户可以根据情况合理地选择网内资源，以便就近快速地处理。对于大型作业及大批量的数据处理，可以通过一定的算法将其分解给不同的计算机处理，从而达到均衡使用网络资源，实现分布式处理的目的，大大提高数据资源的处理速度。

（3）数据资源使用形式灵活。基于网络的数据库应用系统开发，既可以采用客户机/服务器结构，也可以采用浏览器/服务器结构，开发形式多样，数据使用形式灵活。

（4）便于数据传输交流。通过计算机网络可以方便地将网络数据库中的数据传送至网络覆盖的任何地区。

（5）降低了系统的使用费用，提高了计算机可用性。由于网络数据库可供全网用户共享，因此使用数据资源的用户不一定拥有数据库，这样就大大降低了计算机系统的使用费用，同时也提高了每台计算机的可用性。

（6）数据的保密性、安全性降低。由于数据库的共享范围扩大，对数据库用户的管理难度加大，因此网络数据库遭受破坏、窃密的概率就会加大，进而降低了数据的保密性和安全性。

4. 结构化查询语言

结构化查询语言（structured query language，SQL）既是一种特殊目的的编程语言，也是一种数据库查询和程序设计语言，用于存取数据以及查询、更新和管理关系数据库系统，同时它也是数据库脚本文件的扩展名。

结构化查询语言是高级的非过程化编程语言，允许用户在高层数据结构上工作。它既不要求用户指定对数据的存放方法，也不需要用户了解具体的数据存放方式，所以具有完全不同底层结构的不同数据库系统。它可以使用相同的结构化查询语言作为数据输入与管理的接口。结构化查询语言语句是可以嵌套的，这使它具有极大的灵活性和强大的功能。

1986 年 10 月，美国国家标准协会对 SQL 进行规范后，以此作为关系式数据库管理系统的标准语言（ANSI X3. 135－1986）。1987 年，SQL 在国际标准组织的支持下成为国际标准。不过各种通行的数据库系统在其实践过程中都对 SQL 规范做了某些修改和扩充。所以，实际上不同数据库系统之间的 SQL 并不能完全相互通用。

结构化查询语言包含以下内容：

（1）数据查询语言（DQL）。其语句也被称为数据检索语句，用以从表中获得数据，确定数据怎样在应用程序中给出。保留字SELECT是DQL（也是所有SQL）用得最多的动词，其他DQL常用的保留字有WHERE、ORDER BY、GROUP BY和HAVING。这些DQL保留字常与其他类型的SQL语句一起使用。

（2）数据操作语言（DML）。其语句包括动词INSERT、UPDATE和DELETE。它们分别用于添加、修改和删除表中的行。DML也称为动作查询语言。

（3）事务处理语言（TPL）。其语句能确保被DML语句影响的表的所有行及时得以更新。TPL语句包括BEGIN TRANSACTION、COMMIT和ROLLBACK。

（4）数据控制语言（DCL）。其语句通过GRANT或REVOKE获得许可，确定单个用户和用户组对数据库对象的访问。某些RDBMS可以用GRANT或REVOKE控制对表单个列的访问。

（5）数据定义语言（DDL）。其语句包括动词CREATE和DROP。在数据库中创建新表或删除表（CREAT TABLE or DROP TABLE）、为表加入索引等。DDL也是动作查询的一部分。

（6）指针控制语言（CCL）。其语句包括DECLARE CURSOR、FETCH INTO和UPDATE WHERE CURRENT，用于对一个表或多个表单独进行的操作。

7.3　数据挖掘技术

7.3.1　数据挖掘的含义与发展阶段

数据挖掘（data mining），又译为资料探勘、数据采矿。它是数据库知识发现（knowledge discovery in database，KDD）中的一个步骤。数据挖掘一般是指从大量的数据中通过算法搜索隐藏于其中的信息的过程。数据挖掘通常与计算机科学有关，并通过统计、在线分析处理、情报检索、机器学习、专家系统（依靠过去的经验法则）和模式识别等诸多方法来实现上述目标。

数据挖掘利用了以下一些领域的思想：来自统计学的抽样、估计和假设检验；人工智能、模式识别和机器学习的搜索算法、建模技术和学习理论。数据挖掘也迅速接纳了来自其他领域的思想，这些领域包括最优化、进化计算、信息论、信号处理、可视化和信息检索。一些其他领域也起到了重要的支撑作用。源于高性能（并行）计算的技术在处理海量数据集方面常常是重要的。分布式技术也能帮助处理海量数据，并且当数据不能集中到一起处理时更是至关重要。

数据挖掘有以下四个发展阶段：

第一阶段：电子邮件阶段。这个阶段从20世纪70年代开始，平均的通信量以每年几倍的速度在增长。

第二阶段：信息发布阶段。从1995年起，以Web技术为代表的信息发布系统爆炸式地成长起来，成为目前互联网的主要应用。

第三阶段：电子商务阶段。之所以把电子商务列为一个划时代的产物，是因为互联网的最终主要商业用途就是电子商务，也可以说，商业信息主要是通过互联网进行传递的。

第四阶段：全程电子商务阶段。随着SaaS的出现，软件纷纷进入互联网，进而延长了电子商务链条，形成了新型的“全程电子商务”概念模式，也因此形成了一门新兴学科——数据挖掘与客户关系管理。

7.3.2 数据挖掘的基本方法与工具

1. 数据挖掘的基本方法

利用数据挖掘进行数据分析的常用基本方法主要有分类、回归分析、聚类分析、关联规则、特征分析、变化和偏差分析、Web页挖掘等，它们分别从不同的角度对数据进行挖掘。

（1）分类。分类是找出数据库中一组数据对象的共同特点，并按照分类模式将其划分为不同的类，其目的是通过分类模型，将数据库中的数据项映射到某个给定的类别。它可以应用于客户的分类、客户的属性和特征分析、客户满意度分析、客户的购买趋势预测等方面，如一个汽车零售商将客户按照对汽车的喜好划分成不同的类，这样营销人员就可以将新型汽车的广告手册直接邮寄到有这种喜好的客户手中，从而大大增加了商业机会。

（2）回归分析。回归分析反映的是数据库中属性值在时间上的特征，产生一个将数据项映射到一个实值预测变量的函数，发现变量或属性间的依赖关系，其主要研究问题包括数据序列的趋势特征、数据序列的预测以及数据间的相关关系等。它可以应用到市场营销的各个方面，如客户寻求、保持和预防客户流失活动、产品生命周期分析、销售趋势预测及有针对性的促销活动等。

（3）聚类分析。聚类分析是把一组数据按照相似性和差异性分为几个类别，其目的是使得属于同一类别的数据间的相似性尽可能大，不同类别中的数据间的相似性尽可能小。它可以应用于客户群体的分类、客户背景分析、客户购买趋势预测、市场的细分等方面。

（4）关联规则。关联规则是描述数据库中数据项之间所存在的关系的规则，即一个事务中某些项的出现可导致另一些项在同一事务中也出现，即隐藏在数据间的关联或相互关系。在客户关系管理中，通过对企业客户数据库里的大量数据进行挖掘，可以从大量的记录中发现有趣的关联关系，找出影响市场营销效果的关键因素，为产品定位、定价与确定客户群，客户寻求、细分与保持，市场营销与推销，营销风险评估和诈骗预测等决策支持提供参考依据。

（5）特征分析。特征分析是从数据库中的一组数据中提取出关于这些数据的特征式，这些特征式表达了该数据集的总体特征。如营销人员通过对客户流失因素的特征提取，可以得到导致客户流失的一系列原因和主要特征，利用这些特征可以有效地预防客户的流失。

（6）变化和偏差分析。偏差包括很大一类潜在有趣的知识，如分类中的反常实例、模式的例外、观察结果对期望的偏差等，其目的是寻找观察结果与参照量之间有意义的差别。在企业危机管理及其预警中，管理者更感兴趣的是那些意外规则。意外规则的挖掘可以应用到各种异常信息的发现、分析、识别、评价和预警等方面。

(7) Web页挖掘。随着互联网的迅速发展以及Web的全球普及，Web上的信息量无比丰富。通过对Web的挖掘，并对Web的海量数据进行分析，可以收集政治、经济、政策、科技、金融、各种市场、竞争对手、供求信息、客户等有关的信息，集中精力分析和处理那些对企业有重大或潜在重大影响的外部环境信息和内部经营信息，并根据分析结果找出企业管理过程中出现的各种问题和可能引起危机的先兆，对这些信息进行分析和处理，以便识别、分析、评价和管理危机。

2. 数据挖掘的工具

数据挖掘是一种决策支持过程，它通过高度自动化地分析企业的数据，做出归纳性的推理，从中挖掘出潜在的模式，帮助决策者调整市场策略，减少风险，做出正确的决策。这对于一个企业的发展来说十分重要。

数据挖掘的工具根据其适用的范围可以分为两类：专用挖掘工具和通用挖掘工具。

(1) 专用挖掘工具。专用挖掘工具针对某个特定领域的问题提供解决方案，在涉及算法的时候充分考虑了数据、需求的特殊性，并做了优化。对任何领域都可以开发特定的数据挖掘工具。例如，IBM的Advanced Scout系统针对NBA数据，帮助教练优化战术组合。特定领域的数据挖掘工具针对性比较强，只能用于一种应用；也正因为针对性强，往往采用特殊的算法，处理特殊的数据，实现特殊的目的，发现的知识可靠度也比较高。

(2) 通用挖掘工具。通用挖掘工具不区分具体数据的含义，往往采用通用的挖掘算法，处理常见的数据类型。例如，IBM Almaden研究中心开发的QUEST系统，SGI公司开发的MineSet系统，加拿大西蒙弗雷泽大学开发的DBMiner系统。通用的数据挖掘工具可以做多种模式的挖掘，挖掘什么、用什么来挖掘都由用户根据自己的需要来进行选择。

7.3.3 数据挖掘与决策支撑

决策支持系统综合运用计算机技术、数学、管理科学和人工智能技术，以现代信息技术为手段，针对某一类型的半结构化的决策问题，通过提供背景材料、协助明确问题、修改完善模型、列举可能方案、进行分析比较等方式，为管理者做出正确决策提供帮助。基于数据挖掘的电子商务决策支持系统可以帮助商家进行正确的商机预测，从而改变经营策略，适应市场需求变化，掌握正确的市场脉搏，为商家可持续发展提供可靠保证。

在电子商务中，针对商家的决策包括结构化决策、非结构化决策和半结构化决策。结构化决策是指对某一决策过程的环境及规则，能用确定的模型或语言描述，以适当的算法产生决策方案，并能从多种方案中选择最优解的决策。非结构化决策，是指决策过程复杂，不可能用确定的模型和语言来描述其决策过程，更无所谓最优解的决策。半结构化决策，是介于以上二者之间的决策，这类决策可以建立适当的算法产生决策方案，得到较优的解。对于商家而言，需要以挖掘出的有效数据和建立的决策模型为基础，辅以经验判断，做出正确决策用于指导生产和销售，以达到与市场需求接轨的目的。对于零售商家而言，只需要预知下一步市场需求，正确进货，就能实现提高销售量的目的，决策支持系统只需要提供每种方案的可能性就可以，因此结构化决策和半结构化决策更适用于零售商家。

7.4 商务智能的应用

7.4.1 商务智能的应用范围

商务智能系统可辅助建立信息中心，如产生各种工作报表和分析报表。其可用作以下分析：

1. 销售分析

销售分析主要分析的是各项销售指标，例如毛利、毛利率、交叉比、销进比、盈利能力、周转率、同比、环比等；而分析维又可从管理架构、类别品牌、日期、时段等角度观察，这些分析维又采用多级钻取，从而获得相当透彻的分析思路；同时根据海量数据产生预测信息、报警信息等分析数据；还可根据各种销售指标产生新的透视表。

2. 商品分析

商品分析的主要数据来自销售数据和商品基础数据，从而产生以分析结构为主线的分析思路。主要分析的数据有商品的类别结构、品牌结构、价格结构、毛利结构、结算方式结构、产地结构等，从而产生商品广度、商品深度、商品淘汰率、商品引进率、商品置换率、重点商品、畅销商品、滞销商品、季节商品等多种指标。通过对这些指标的系统分析来指导企业商品结构的调整，加强所营商品的竞争能力和合理配置。

3. 人员分析

通过系统对公司的人员指标进行分析，特别是对销售人员指标（销售指标为主，毛利指标为辅）和采购人员指标（销售额、毛利、供应商更换、购销商品数、代销商品数、资金占用、资金周转等）的分析，以达到考核员工业绩、提高员工积极性的目的，并为人力资源的合理利用提供科学依据。人员分析的主题主要包括：员工的人员构成、销售人员的人均销售额、对于销售的个人销售业绩、各管理架构的人均销售额、毛利贡献、采购人员分管商品的进货多少、购销代销的比例、引进的商品销量如何等。

7.4.2 商务智能的价值创造

价值创造是指企业生产、供应满足目标客户需要的产品或服务的一系列业务活动及其成本结构。在价值创造的物理过程中，价值就是成品的使用价值。影响价值创造的因素主要有：投资资本回报率、资本成本、增长率、可持续增长率。它们是影响财务战略选择的主要因素。投资资本回报率反映企业的盈利能力，由投资活动和运营活动决定。资本成本用加权平均资本成本计量，反映权益投资人和债权人的期望值，由股东和债权人的期望以及资本结构决定。增长率用预期增长率计量，由外部环境和企业的竞争能力决定。可持续增长率是指在不发行新股、不改变经营效率（不改变销售净利率和资产周转率）和财务政策（不改变权益乘数和利润留存率）时，其销售所能达到的增长率。可持续增长率的假设条件如下：公司营业净利率将维持当前水平，并且可以通过新增债务增加利息；公司总资产周转率将维持当前水平；公司目前的资本结构是目标资本结构，并且打算继续维持下去；公司目前的利润留存率是目标利润留存率，并且打算继续维持下去；不愿意或者不打算增发新股（包括股份回购）。

值得注意的是，这四个因素对企业增加值的影响是不同的。投资资本回报率是公式的分子，提高盈利能力有助于增加市场价值。资本成本同时出现在公式的分子（减项）和分母（加项）中，资本成本增加会减少市场增加值。增长率是分母的减项，提高增长率对市场增加值的影响，要看分子是正值还是负值。当公式分子的“投资资本回报率－资本成本”为负值时，提高增长率使市场增加值变小（即市场价值减损更多）。因此，高增长率的公司也可能损害股东价值，低增长率的公司也可以创造价值，关键在于投资资本回报率是否超过资本成本。增长率的高低只影响创造（或减损）价值的多少，但不能决定创造价值或是减损价值的性质。

商务智能是用现代数据仓库技术、联机分析处理技术、数据挖掘和数据展现技术进行数据分析以实现商业价值。

7.4.3 商务智能与商业模式创新

商业模式是指为了实现客户价值的最大化，把能使企业运行的内外部各种要素整合起来，形成一个完整高效的具有独特核心竞争力的运行系统，并通过最优实现形式满足客户需要、实现客户价值，同时使系统达成持续盈利目标的整体解决方案。

商业模式创新是改变企业价值创造的基本逻辑以提升顾客价值和企业竞争力的活动。它既可能包括多个商业模式构成要素的变化，也可能包括要素间关系或者动力机制的变化。

商务智能系统的范围从为部门的特定用户服务扩展到为整个企业的所有用户服务。同时，由于企业用户在职权、需求上的差异，商务智能系统提供广泛的、具有针对性的功能。从简单的数据获取，到利用 Web 和局域网、广域网进行丰富的交互、决策信息和知识的分析和使用。解决方案更开放、可扩展、可按用户定制，在保证核心技术的同时，提供客户化的界面。

针对不同企业的独特的需求，商务智能系统在提供核心技术的同时，使系统又具个性化，即在原有方案基础上加入自己的代码和解决方案，增强客户化的接口和扩展特性；可为企业提供基于商务智能平台的定制工具，使系统具有更大的灵活性和使用范围。

商务智能应用的一大趋势是从单独的商务智能向嵌入式商务智能发展。即在企业现有的应用系统中，如财务、人力、销售等系统中嵌入商务智能组件，使普遍意义上的事务处理系统具有商务智能的特性。考虑商务智能系统的某个组件而不是整个商务智能系统并非一件简单的事。比如将联机分析处理技术应用到某一个应用系统，需要经历一个相对完整的商务智能开发过程，如企业问题分析、方案设计、原型系统开发、系统应用等过程是不可缺少的。

商务智能正从传统功能向增强型功能转变。增强型的商务智能功能是相对于早期通过 SQL 工具实现查询的商务智能功能。现今的商务智能系统除实现传统的功能之外，大多数已实现了数据分析层的功能。而数据挖掘、企业建模是商务智能系统应该加强的应用，以更好地提高系统性能。

此外，对分析应用需求的增加将持续刺激对商务智能软件的需求。这些软件主要用来进行复杂的预测，得出相对直接的执行报告，另外也包括以多维分析工具为基础的客户分类应用。

□ 本章小结

本章介绍了商务智能的含义及主要相关技术，包括数据库技术、数据挖掘技术等，简要介绍了商务智能的应用范围与价值创造。商务智能指用现代数据仓库技术、联机分析处理技术、数据挖掘和数据展现技术进行数据分析以实现商业价值。电子商务的发展离不开数据挖掘和商务智能，只有通过有效地学习和掌握商务智能，才能更好地为电子商务的发展作出贡献。

□ 思考与练习

一、复习思考题

1. 商务智能与商业模式之间的关系是什么？

2. 什么是数据挖掘？它有哪些方面的功能？

3. 什么是数据仓库？为什么要建立数据仓库？

4. 操作型数据和分析型数据的区别是什么？

二、讨论题

1. 举例说明，数据挖掘为什么对电子商务的成功而言是至关重要的？该电子商务需要什么样的数据挖掘功能？数据挖掘能够由数据查询处理或简单的统计分析来实现吗？

2. 假定你是一位数据挖掘顾问，受雇于一家搜索引擎公司。通过举例子来说明数据挖掘可以为公司提供哪些帮助，以及如何使用聚类分析、分类、关联规则等技术来为企业服务。

3. 请对以下数据挖掘的功能进行描述：关联规则、分类、聚类分析。使用你所熟悉的生活中的数据，给出每种数据挖掘功能的例子。

4. 按照性别划分公司的顾客是不是数据挖掘的任务？

5. 根据可盈利性划分公司的顾客是不是数据挖掘的任务？

6. 某酒吧饮用水每杯28元，供下酒的咸花生（价格高于饮用水）却免费，请分析其中的缘由。

三、网络实践题

1. 结合目前的餐饮行业现状，分析如何通过商务智能改善点餐系统。

2. 调查大学周围的服装店铺，思考如何通过商务智能改善经营环境，能否推出

App管理方式。

3. 结合某一行业的具体企业，举例分析商务智能在顾客管理、市场营销或绩效管理等管理决策中的应用。

四、案例分析题

分类：从人脸识别系统说起

在美剧《反恐24小时》中有一集描述了这样一种情形，一个恐怖分子用手机拨打了一个电话，反恐部门的计算机系统便立刻发出了恐怖分子出现的预警。在很多影视作品中，此类智能系统的应用比比皆是，它能从茫茫人海中实时找出正在苦苦追踪的恐怖分子或间谍。在2008年北京奥运会上，最引人注意的IT热点莫过于人脸识别技术在奥运会安检系统中的应用，这项技术通过对人脸关键部位的数据采集，能够让系统精确地识别出所有进出奥运场馆的观众身份。

目前，人脸识别技术正广泛地应用于各种安检系统中。警方只需将犯罪分子的脸部数据采集到安检数据库，只要犯罪分子一出现，系统就能精确地将其识别出来。现如今，人脸识别技术已经相对成熟，例如谷歌在Picasa照片分享软件的工具中就已经加入了人脸识别功能。当然，由于人脸识别技术涉及隐私问题，因此谷歌在谷歌街景地图中故意将人脸模糊化。人脸识别虽然需要借力于其他技术，但是其主要技术还是来自数据挖掘中的分类法。让我们用一个最简单的事实来解释分类的思想。设想一下，某一天中午，你站在几家以前从未去过的餐厅门前，思考应该选择哪家餐厅用餐。假设你没有带手机，无法上网查询，那么可能会出现如下两种情况：

第一种，你记起某位朋友去过其中一家餐厅，并且他好像对这家餐厅的评价还不错，这时，你很有可能就直接去这家餐厅了。

第二种，没有类似朋友做推荐，你只能从自己以往的用餐经历中来进行选择。例如你可能会比较餐厅的品牌和用餐环境，因为似乎以前的经历告诉你，品牌响、用餐环境好的餐厅可能味道也会好。不管你是否意识到，在最终决定去哪家餐厅的时候，我们都已经根据自己的判断标准把候选的这几家餐厅做了分类，可能分为好、中、差三类或者值得去、不值得去两类。如果最终去了自己选择的那家餐厅，那么吃完后我们会根据自己的真实体验来判定我们的判断准则是否正确，同时也会根据这次的体验来修正或改进自己的判断准则，决定下次是否还会来这家餐厅或者把它推荐给朋友。

选择餐厅的过程其实就是一个分类的过程，这种分类的例子很常见。在古时，司天监会依赖长时间积累的信息，通过观察天象来预测是否会发生天灾。古人还通过对四季气候雨水的常年观察，总结出农作物的最佳播种时间。在伯乐的《相马经》中，就通过简单分类区分出羸马的三条标准——大头小颈，弱脊大腹，小颈大蹄。

其实在数据挖掘领域，有大量基于海量数据的分类问题。通常，我们先把数据分成训练集（training set）和测试集（testing set），通过对历史训练集的训练，生成一个或多个分类器（classifier），并将这些分类器应用到测试集中，就可以对分类器的性能和准确性做出评判。如果效果不佳，那么我们或者重新选择训练集，或者调整训练模式，直到分类器的性能和准确性达到要求为止。最后将选出的分类器应用到未经分类的新数据中，就可以对新数据的类别做出预测了。

案例思考：

1. 你觉得哪些场合不适合采用人脸识别技术？哪些会涉及隐私问题？

2. 如果你要约朋友吃饭，当选择吃饭的地点时，你会考虑哪些因素？你又会如何进行选择？

第8章

电子商务物流与供应链管理

学习目标

- 掌握电子商务与物流的关系
- 了解电子商务物流的模式
- 掌握第三方物流的含义与功能
- 掌握供应链管理的定义
- 掌握电子商务环境下供应链物流管理的特点

案例导入

京东的一体化供应链物流服务

所谓一体化供应链物流服务，即外包物流服务市场中的一个细分市场及一种先进物流服务。这一服务由第三方服务供应商提供，但与孤立的供应链物流服务商不同，一体化供应链物流服务商有能力提供全面的物流服务，包括快递、整车及零担运输、最后一公里配送、仓储及其他增值服务（如上门安装和售后服务）。这些服务以一体化解决方案的形式提供给客户，满足客户的各种需求。其中，存货管理在一体化供应链解决方案中起着核心作用。京东物流根据客户是否已使用仓储或存货管理相关服务（即仓配服务）对其进行分类，凡使用其仓配服务的客户均被划分为一体化供应链客户。根据灼识咨询报告，按2019年总收入计，京东物流是中国最大的一体化供应链物流服务商。

截至2020年年底，京东物流自营运输车队包括约7 500辆卡车及其他车辆；拥有约620条航空货运航线，与中国铁路总公司合作使用250条铁路路线。截至2020年三季度，京东物流已运营800多个仓库，总管理面积约2 000万平方米。

京东物流在招股书中表示，其定位是供应链解决方案及物流服务商。京东物流在仓储及配送服务、大件物品物流服务、物流科技服务等业务上有明显优势，能够为客户提供一体化供应链物流服务。

事实上，供应链是京东物流在招股书中着墨最多的地方。比如在竞争优势方面，京东物流所列出的六条中有三条直接与供应链相关，包括：最大的一体化供应链物流服务商、赋能全供应链的先进专有技术、协同共生的开放式供应链解决方案平台。剩余三条则为：强大的运营效率驱动高服务质量、卓越的品牌形象及客户体验、经验丰富且富有远见的管理团队及强大的企业文化。

从财务数据上看，来自一体化供应链客户的收入，占据了京东物流近几年总收入的绝大部分。比如，2020年前三季度累计收入达到495亿元，其中来自一体化供应链客户产生的收入占比达到79.1%。此外，一体化供应链物流服务也为其营收增长贡献了重要力量——2020年前9个月，来自一体化供应链客户所得收入增加了33.8%。

不难发现，京东物流要取得以上成就，需要不少前提条件。比如要有一定的基础设施、要有对应的网络、要有相应的科技能力、要明晰客户需求有相关经验等。而京东物流之所以能做到，也在于其特殊的成长背景。

其一，京东物流发轫于京东集团。京东物流虽是从企业物流走向物流企业，但与商流关系密切，它不仅有稳固的电商订单，而且可以深入商流，甚至更上游，积累了专有技术、专业知识，对商流有了深入了解，设计并开发了覆盖广泛且一体化的物流网络。从成果上看，京东物流协助京东集团将存货周转天数稳定在40天以下。2020年，京东集团通过京东物流网络处理的线上零售订单中，约90%的订单可于下单当日或次日送达。

其二，京东物流建立了稳健且多样的基础设施。以亚洲一号为代表的智能仓储设施，为其进行高效的存货管理奠定了基础。高度覆盖和高度协同的仓储网络、综合运输网络、配送网络、大件网络、冷链网络和跨境网络，不仅为京东物流输出提供极致体验提供了保障，也能够让其可以一站式满足所有客户的供应链需求。它通过减少搬运次数及缩短商品与消费者之间的距离的思路，不仅带来了时效上的提升，同时也带来了客户商品的入仓需求，这也为其更好地开展仓配供应链服务提供了助力。

其三，强大的供应链技术。传统单一的供应链物流服务仍是劳动密集型的，自动化水平相对更低。由于单一供应链物流服务商的业务范围更狭窄，因此对数据洞察的利用也有限。相比而言，京东物流覆盖更全，洞察更深，对技术的投入也更大。除了亚洲一号、无人仓等，京东物流还采用5G、人工智慧、大数据、云计算及物联网等底层技术，持续提升自身在自动化、数字化及智能决策方面的能力，利用智能算法实现高效协同和共享，在销售预测、商品配送规划及供应链网络优化等领域实现智能决策。

其四，愈发丰富的客户群体。截至2020年，京东物流为超过19万名企业客户提供服务，广泛覆盖快消品、服装、家电、家具、3C、汽车和生鲜等行业领域。截至2020年9月30日，京东物流一体化供应链服务客户数量达到4.6万家。如此数量庞大、领域多样的客户，一方面加深了京东物流对不同行业的理解，从而开发了更加高效的供应链解决方案；另一方面也提升了京东物流基础设施的利用效率，提升了业务运营的能力。随着合作更加深入，京东物流与相关客户的关系愈发紧密，打造出了强大的品牌形象。而京东物流未来的潜力，在很大程度上也取决于外部客户的增长情况。

按照京东物流的计划，此次IPO募资的主要用途也是夯实提升自身在供应链方面的竞争力，比如升级和扩展物流网络，开发与供应链解决方案和物流服务相关的先进技术，以及扩展解决方案的广度与深度，深耕现有客户，吸引潜在客户。

资料来源：揭秘：京东物流的一体化供应链物流服务，到底怎么样?.（2021-03-01）. 物流指闻网.

8.1 电子商务物流

随着网络技术和电子技术的发展，电子中介作为一种工具被引入了生产、交换和消费中，自此人类进入了电子商务时代。电子商务的发展加速了物流的发展。由于电子商务具有巨大的优势，并且电子商务环境正在逐渐改善，大量的企业纷纷以不同的形式介入电子商务活动中，使电子商务以惊人的速度发展。在电子商务改变传统产业的同时，电子商务也向传统的物流运作方式提出了挑战，而物流运作体系的完善也必将会进一步推动电子商务的发展。

8.1.1 物流概述

1. 物流的概念

物流概念萌芽于20世纪初的美国，英文为 physical distribution，中文意思是“实物配送”。1915年阿奇·萧（Arch. W. Shaw）在《市场流通中的若干问题》一书中将其具体定义为：“物流是与创造需要不同的一个问题，物资经过时间和空间的转移，会产生附加价值。”

我国开始使用“物流”一词始于1979年。1989年4月，第八届国际物流会议在北京召开，自此“物流”一词的使用日益普遍。当物流的概念用于企业界时，其含义便成为一个企业对其原材料管理、货物运输和仓储、集散之间实施的计划、组织、指挥、协调和控制。20世纪80年代末后，国内学者从物流概念的界定和物流基本知识的介绍转为开展专题性研究，如物流行业发展问题和配送问题，物流模式、物流规划和物流运营等问题，逐步完善了我国物流管理理论体系。

我国《物流术语》（GB/T 18354-2021）将物流定义为：根据实际需要，将运输、储存、装卸、搬运、包装、流通加工、配送、信息处理等基本功能实施有机结合，使物品从供应地向接收地进行实体流动的过程。

2. 物流的作用

随着现代物流的发展，人们越来越认识到物流对于企业生产经营的重要性。可以说，离开了物流，任何企业的生产经营活动都不能正常完成。物流作为企业生产经营活动的必要环节，不仅能保证企业生产经营活动的连续稳定运转，还能帮助企业降低成本、增加利润，进而提高企业竞争力。

（1）物流是企业生产经营的前提保证。在现代企业的生产经营活动中，物流贯穿于从原料采购到加工制造，直到把产成品送达顾客的全过程。其中每个环节都必须经过物流活动才能有效完成。比如，采购环节涉及原料的运输、储存、装卸搬运等物流活动，只有按质、按量、按时把原料送到生产线上，才能保证生产线的稳定运行。生产环节涉及上下工序之间零部件、半成品的搬运等物流活动，只有做到上下工序之间有效的衔接，才能保证生产线连续不断地运转；销售环节涉及产成品的运输、储存、装卸搬运、包装、流通加工等物流活动，只有保证了销售物流的顺畅，才能顺利地把产品销售出去。另外，各环节之间也需要通过物流活动才能有效地衔接起来，因此可以说，物流是企业生产经营活动连续稳定地运转的前提保证，企业生产经营的任何一个环节都需要伴随着物流活动而运行。

（2）物流是企业的“第三利润源”。目前，高昂的成本已经成为很多企业发展的困境之一，特别是物流成本居高不下，成为困扰我国很多企业的难题。继挖掘原材料成本和劳动力成本之后，人们发现物流领域还有很大的降低成本的空间，于是把物流作为能够为企业创造利润的“第三利润源”。物流活动的合理化不仅能消除企业生产经营中不必要的物流环节，提高企业生产经营的效率；同时还能帮助企业降低生产经营成本，从而为企业创造更多的利润。

（3）物流是提升企业竞争力的法宝。在当今的经济环境下，企业之间的竞争越来越激烈。合理的物流活动能够帮助企业降低成本，进而让利于顾客，通过价格吸引更多的客户。另外，快速有效的物流活动还能保证企业将产品及时准确地送到客户手中，更好地满足客户需求，进而提升企业形象，增强企业竞争力。

3. 物流的价值

物流是增值性经济活动，从物的流转、运动等角度来说，物流可以产生时间、场所和加工等附加价值。

（1）物流创造时间价值。“物”从供给者到需求者之间存在一定的时间差，通过改变这一时间差所创造的价值称为“时间价值”。在物流活动中，有时候需要延长时间以获取时间价值，有时候则需要缩短时间获取时间价值。时间价值通过物流活动获得的形式有缩短时间创造价值、弥补时间差创造价值和延长时间并创造价值三种。

（2）物流创造场所价值。由于“物”的供给者和需求者往往处于不同的场所，通过物流来改变这一场所的差别，从而创造的价值称作“场所价值”。物流创造场所价值是现代社会产业结构和社会分工所决定的。其具体形式从集中生产场所流入分散需求场所创造价值、从分散生产场所流入集中需求场所创造价值、从低价值生产地流入高价值需求地创造利益价值三种。

（3）物流创造加工价值。加工是生产领域常用的手段，并不是物流的本来职能。但是，现代物流的重要特点就是根据自己的优势从事特定的补充性的加工活动，根据物流对象的特性，按照用户的要求进行生产辅助加工，这种带有完善、补充和增加性质的流通加工活动给“物”增添了新的附加价值。物流创造加工价值有局限性，它不能取代正常的生产活动，只是生产过程在流通领域的一种补充和完善。

8.1.2 电子商务对物流的影响

传统的物流经过多年的发展，已经具备了一定的模式，而随着网络信息时代的到来，电子商务对物流系统提出的新要求，对物流活动也产生了一定的影响。

1. 对物流理念的影响

当以电子商务作为商业竞争环境时，它对物流理念的影响可以从以下几个方面来理解：

（1）物流系统中的信息变成了整个供应链运营的环境基础，网络是平台，供应链是主体，电子商务是手段。信息环境对供应链一体化起到控制和主导的作用。

（2）企业的市场竞争将更多地表现为以外联网所代表的企业联盟的竞争。即网上竞争的直接参与者将逐步减少，更多的企业将以其商品或服务的专业化比较优势参加到以核心企业（或有品牌优势，或有知识管理优势）为龙头的分工协作的物流体系中去，在更大的范围内建成一体化的供应链，并作为核心企业组织机构虚拟化的实体支持系统。

（3）企业间的竞争转变为以物流系统为依托的信息联盟或知识联盟的竞争。市场竞争的优势将不再是企业拥有的物质资源的多少，而在于它能调动、协调、整合多少社会资源来增强自己的市场竞争力。

（4）物流系统由供给推动变为需求拉动。当物流系统内的所有方面都得到网络技术的支持时，客户对产品的可得性将极大地提高。同时，将在物流系统的各个功能环节上极大地降低成本，如降低采购成本、减少库存成本、缩短产品开发周期、为客户提供有效的服务、降低销售和营销成本以及增加销售的机会等。

2. 对物流系统结构的影响

电子商务对物流系统结构的影响主要表现在以下几个方面：

（1）中间商地位弱化。由于网上客户可以直接面对制造商并获得个性化服务，故传统物流渠道中的批发商和零售商等中介将逐步淡出，但是区域销售代理将受制造商委托逐步加强其在渠道和地区性市场中的地位，作为制造商产品营销和服务功能的直接延伸。

（2）企业交货速度加快。由于网上时空的“零距离”特点与现实世界的反差增大，客户对产品的可得性的心理预期加大，以致企业交货速度的压力变大。因此，物流系统中的港、站、库、配送中心、运输线路等设施的布局、结构和任务将面临较大的调整。

3. 对物流客户服务的影响

电子商务对物流客户服务的影响主要表现在以下几个方面：

（1）物流企业与客户间的即时互动。物流企业在网站的设计方面不仅要宣传企业和产品，而且要能够与客户一起就产品的设计、质量、包装、交付条件、售后服务等进行一对一的交流，帮助客户拟定产品的可行性解决方案，并帮助客户下订单等。

（2）物流客户服务个性化。只有当物流企业对客户需求的响应实现了某种程度的个性化服务时，物流企业才能获得更多的商机。因此企业网站的设计要个性化，除了视觉感官的个性化特点外，最主要的是网站的结构设计要针对特定的客户群。在个性化的同时，专业化经营仍然是企业在网络经济环境下竞争发展的第一要义，企业只有专业化经营，方能突出其资源配置的比较优势所在，为向客户提供更细致、更全面、更为个性化的服务提供保障。

4. 对物料采购的影响

企业在网上寻找合适的供应商，从理论上讲具有无限的选择性。这种无限选择的可能性将导致市场竞争的加剧，并带来供货价格降低的好处。但是所有的企业都知道频繁更换供应商将增加资质认证的成本支出，并面临较大的采购风险。所以从供应商的立场来看，作为应对竞争的必然对策，是积极地寻求与制造商建成稳定的渠道关系，并在技术、管理或服务等方面与制造商结成更深度的战略联盟。同样，制造商也会从物流的角度出发来寻求与合格的供应商建立一体化供应链。作为利益交换条件，制造商和供应商之间将在更大的范围内和更深的层次上实现信息资源共享。

5. 对存货的影响

一般认为，由于电子商务增加了物流系统各环节对市场变化反应的灵敏度，因此可以减少库存，节约成本。相应的技术手段也由准时制生产（just in time，JIT）和物料需求计划（material requirement planning，MRP）等转向配送需求计划（distribution requirement planning，DRP）、重新订货计划（reorder point planning，ROP）和自动补货计划（automatic replenishment planning，ARP）等基于对需求信息做出快速反应的决策系统，但从物流的观点来看，这实际是借助信息分配对存货在供应链中进行了重新安排。存货在供应链中总量是减少的，但结构上将沿供应链上游向上游企业移动，即经销商的库存向制造商转移，制造商的库存向供应商转移，成品的库存变成零部件的库存，而零部件的库存将变成原材料的库存等。因为存货的价值沿供应链向上游移动是逐步递减的，所以将引发一个新的问题：下游企业由于减少存货而带来的相对较大的经济利益，如何与上游企业一起来分享供应链的一体化，不仅要分享信息，而且要分享利益。

6. 对运输的影响

在电子商务条件下，速度已上升为最主要的竞争手段。物流系统要提高客户对产品的可得性水平，在仓库等设施布局确定的情况下，运输将是决定性的因素。运输信息共享的基本要求就是运输单证的格式标准化和传输电子化。由于基本的电子数据交换（EDI）标准难以适应各种不同的运输服务要求，且容易被效仿，以致不能作为物流的竞争优势所在，所以在物流体系内必须发展专用的EDI能力才能获取整合的战略优势。专用的EDI能力实际上是要在供应链的基础上发展增值网（VAN），相当于在供应链内部使用的标准密码，通过管理交易、翻译通信标准和减少通信连接数目来使供应链增值，从而在物流联盟企业之间建立稳定的定制化渠道关系。为了实现运输单证（主要是货运提单运费清单和货运清单）的EDI一票通，实现货运全程的跟踪监控和回程货运的统筹安排，将要求物流系统在相关通信设施和信息处理系统方面进行先期点开发投资，如电子通关、条形码技术、在线货运信息系统、卫星跟踪系统等。

8.2 电子商务物流模式

电子商务物流模式主要指获取系统总效益最优化的适应现代社会经济发展的模式。现代商务及互联网技术的发展，为信息技术的发展及应用创设了良好的环境，互联网技术顺利实现了现代技术与商务经营之间的结合，从而出现了电子商务物流模式。本部分主要阐述企业自营物流、第三方物流和第四方物流。

8.2.1　企业自营物流

目前国内的物流公司大多是由传统的储运公司转变而来，虽有一些专业物流公司，但在实际的运行中存在各种问题，不能满足企业的实际物流需求，因此许多大型企业，尤其是传统的制造企业依托其雄厚的经济实力开展自营物流，以期提高顾客满意度，增加收益。自营物流是被生产、流通或综合企业（集团）所广泛采用的一种物流模式。自营物流可以分为传统自营物流和现代自营物流。下面介绍两种自营物流的内涵、优势和劣势。

1. 自营物流的内涵

传统自营物流即自营性的企业（集团）通过独立组建物流中心，实现对内部各部门、场、店的物品供应。传统自营物流主要源于生产经营的纵向一体化。生产企业自备仓库车队等物流设施，内部设立综合管理部门，统一企业物流运作或者是各部门各司其职、自行安排物流活动，在满足自我运输服务需求的情况下，生产企业会把闲置的物流资源提供给原材料供应商、其他生产企业或消费者服务机构。这种自营物流服务还停留在简单的生产管理环节，对生产企业来说，物流活动完全是一种附属产物，而且物流沟通产销、降低成本和改进服务的重要作用没有发挥出来。传统自营物流不能带来显著的产品增值效应。

现代自营物流已不是传统企业的物流作业功能的自我服务，它是基于供应链物流管理，以制造企业为核心的经营管理新概念。现代自营物流概念是基于生产企业供应链管理思想而提出的。它把企业的物流管理职能提升到战略地位，即通过科学、有效的物流管理实现产品增值，增强竞争优势。一般是在企业内部设置物流运作综合管理部门，通过资源和功能整合，专设企业物流部门或物流公司来统一管理企业的物流运作。

2. 自营物流的优势和劣势

现代自营物流既不是传统的自营物流服务，也不是第一方采购物流服务，它是针对目前国内大型生产企业的物流需求而提出的新兴概念。企业采取自营物流模式有一定的优势和劣势。

（1）自营物流的优势。

1）盘活企业原有资产。目前在生产企业中，73%的企业拥有汽车车队，73%的企业拥有仓库，33%的企业拥有机械化装卸设备，3%的企业拥有铁路专用线。企业选择自营物流的模式，可以在满足企业基本要求的基础上充分利用企业现有资源，带动资金流转，为企业创造利润空间。

2）降低交易成本。由于信息的不对称，选择物流外包的企业无法完全掌握物流服务商完整、真实的成本，企业可通过内部行政权力进行相关原材料采购和产成品销售，可不必就相关的运输、仓储、配送和售后服务的佣金问题进行谈判，避免多次交易花费以及物流企业对利润的盘剥，降低交易风险，减少交易费用。

3）避免商业秘密的泄露。对于任何一个企业来说，其内部的运营情况都是处于相对封闭的环境下，这不仅是外界对于企业运营了解匮乏的原因，更重要的是企业为了保持正常运营，特别是对于某些特殊运营环节如原材料构成等，不得不采取保密手段。当企业将运营中的物流要素外包，其基本运营情况就不可避免地向第三方公开，这对于企业信息安全将不可避免地产生一定影响。

4）提高企业品牌价值。企业自建物流系统能够自主控制物流活动，一方面可以亲自为顾客服务到家，在有限的范围内为顾客提供最优质的服务，使顾客近距离了解企业、熟悉产品，提高企业在顾客群体中的亲和力，提升企业形象，让顾客切身体会到企业的人文关怀；另一方面，企业可以掌握最新的顾客信息和市场信息，从而根据顾客需求和市场发展动向调整战略方案，提高企业的竞争力。

（2）自营物流的劣势。

1）增加企业投资负担，削弱企业抵御市场风险能力。企业为了自营物流，就必须投入大量的资金用于仓存设备、运输设备以及相关的人力资本，这必然会减少企业对其他重要环节的投入，削弱企业的市场竞争能力。

2）配送效率低下，管理难于控制。对于绝大多数企业而言，物流部门只是企业的一个后勤部门，物流活动也并非为企业所擅长。在这种情况下，企业自营物流就等于迫使企业从事不擅长的业务活动，企业的管理人员往往需要花费过多的时间、精力和资源去从事辅助性的工作，其结果是辅助性的工作没有抓起来，关键性业务也无法发挥出核心作用。

3）配送规模有限，专业化程度低且物流成本较高。对于规模不大的企业，其产品数量有限，采用自营物流不能形成规模效应，一方面，导致物流成本过高，产品在市场上的竞争能力下降；另一方面，由于规模有限，物流配送的专业化程度非常低，不能满足企业的需要。

4）无法进行准确的效益评估。由于许多自营物流的企业内部各职能部门彼此独立地完成各自的物流，没有将物流分离出来进行独立核算，因此企业无法计算出准确的产品的物流成本，无法进行准确的效益评估。

8.2.2 第三方物流

对于第三方物流的概念，国内外有多种理解方式，比较普遍的理解是企业全部或部分物流的外部提供者。第三方是相对于第一方供应方和第二方需求方，它是通过第一方或第二方，或者与这两方的合作来提供专业化的物流服务。

1. 第三方物流的概念

我国国家标准《物流术语》（GB/T 18354－2001）把第三方物流定义为：由独立于物流服务供需双方之外且以物流服务为主营业务的组织提供物流服务的模式。由第三方物流的定义可见，第三方物流实际上就是指由物流劳务的供方、需方之外的第三方去完成物流服务的物流运作方式。第三方是指提供物流交易双方的部分或全部物流功能的外部服务提供者，可以说它是物流专业化的一种形式。这种物流业务形式是建立在现代电子信息技术基础上的企业之间的联盟关系，所以，第三方物流其实就是企业把不属于自己企业的核心业务交给更专业的物流公司来做，这样物流公司和企业自身都能发挥自己最大的优势，把最擅长的核心业务做得更好。而这个物流公司不是企业自己的，而是一个合作者，对于厂家和零售商而言，因为它是第三方，所以把它叫作第三方物流。其运作模式如图8-1所示。

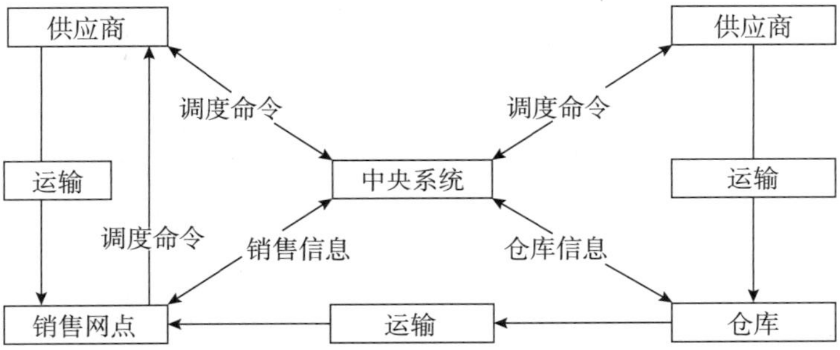

图8-1 第三方物流运作模式

第三方物流是随着物流业发展而出现的物流专业化的重要形式。物流业发展到一定阶段必然会出现第三方物流的发展，而且第三方物流的占有率与物流产业的水平之间有着非常规律的相关关系。西方国家的物流业实证分析证明，独立的第三方物流要占社会的50%，物流产业才能形成。所以，第三方物流的发展程度反映和体现着一个国家物流业发展的整体水平。另外，值得注意的是，第三方物流是物流服务的一种交易方式，是指企业把部分或全部物流业务交由专业物流公司打理的一种交易方式。从事这种交易的物流公司则称为第三方物流公司，它与第三方物流是两个不同的概念，但一般情况下，为简化称呼，人们常把第三方物流公司称为第三方物流，其实这二者是有本质区别的：一个是指企业，另一个则是指交易方式。

2. 第三方物流的分类

第三方物流作为专业化、社会化的物流的承担者，国内外对第三方物流的分类繁多，在此仅介绍以下两种分类方法：

(1) 按照第三方物流企业完成的物流业务范围的大小和所承担的物流功能，可将第三方物流企业分为功能性第三方物流企业和综合性第三方物流企业。功能性第三方物流企业，也叫单一物流企业，即它仅仅承担和完成某一项或几项物流功能。按照其主要从事的物流功能，可将其进一步分为运输企业、仓储企业和流通加工企业等。综合性第三方物流企业能够完成和承担多项甚至所有的物流功能，综合性第三方物流企业一般规模较大、资金雄厚，并且有着良好的物流服务信誉。

(2) 按照第三方物流企业是自行完成和承担物流业务还是委托他人进行操作，可将第三方物流企业分为第三方物流自理企业和第三方物流代理企业。第三方物流自理企业就是平常人们所说的物流企业，它可进一步按照业务范围进行划分。第三方物流代理企业同样可以按照物流业务代理的范围，分成第三方综合性物流代理企业和第三方功能性物流代理企业。第三方功能性物流代理企业，包括运输代理企业、仓储代理企业和流通加工代理企业等。

3. 发展第三方物流的重要意义

发展第三方物流对于企业来说可以让其节约运输费用，增加工作的有序性和供应链的可预测性。同时发展第三方物流有利于缩短社会流通时间，增加社会的资本周转速度，并且减少了社会资本对流通环节的投入。归纳起来，发展第三方物流的意义可以分为对于企业的意义和对于整个社会的意义。

（1）发展第三方物流对于企业的意义。

1）优化整个物流供应链。第三方物流可以提供更为简单可靠的供应链。由单一的第三方物流服务供应商管理一条供应链可以使物流更可靠，更加可预测，从而减少了渠道库存中的安全库存量，提高物料的流通速度。由于供应链管理更多的是在企业“核心业务”的基础上，通过协作整合外部资源来获得最佳的总体运作效果，所以作为供应链构成之一的物流部分，显然是属于“非核心业务”，完全可以通过外部资源来获得。企业一旦选择了合适的第三方物流，就可以根据其具体的供应链的运作情况，重新优化整合企业的供应链。

2）有利于企业开展虚拟化经营。一方面是生产企业与第三方物流企业的虚拟经营，第三方物流企业凭借自身的专业人才、技术等优势与大型制造企业合作，利用制造企业的原有硬件，如仓库、车队和人力资源等，双方组建虚拟企业；另一方面是第一方物流企业之间的虚拟经营，各成员企业集自身之所长，合理分工，放弃不擅长的业务，主攻其核心业务，为满足客户需要，虚拟企业可以通过整合各成员企业的资源和核心能力，在一定区域内形成较完善的多功能物流网络，或是各成员企业通过分享市场和顾客，实现共赢目标。

3）降低商品成本。由于整个社会采用有序分工，可以有效地降低企业的采购、销售和流通成本，从而对降低企业的产品成本起到一定的作用，企业可以将商品以相对较低的价格出售给消费者，这样消费者就以较低的价格购买到与原来相同质量的产品。

4）提高企业竞争力。在当前世界经济一体化的趋势下，我国企业不论在国内还是国际市场上都面临着巨大的压力，采用第三方物流，不仅仅是应用现代化物流理念和先进运作方式来强化物流领域的竞争能力，更重要的是为整个国民经济和所有企业创造一个良好的物流环境，降低生产和流通成本。

（2）发展第三方物流对于整个社会的意义。

1）缩短了流通时间，加快资本周转速度和资本循环过程，使生产过程和流通过程相统一。资本周转时间是生产时间和流通时间的统一，流通时间越短，资本周转的速度越决，效率就越高。商业资本的产生和发展，缩短了流通时间，因此商业资本的出现对产业资本的运动具有积极的作用，提高了资本周转速度，而第三方物流的产生和发展则进一步缩短了流通时间。这种流通时间的缩短来源于物流的集中化和物流服务的专业化，包括运输、保管、流通加工、分类包装、装卸配送等环节的集中化和专业化，提高了物流的速度。例如，物流服务商把商品生产者分散的商品集中起来，按照运输线路和运输环节进行优化组合，与商品生产者分散运输相比，减少了运输的时间。

2）减少社会资本对流通环节的投入。商业资本的产生和发展减少了社会资本对流通环节的投入，提高了社会资本的生产效率，而第三方物流的产生和发展则进一步减少了社会资本对流通环节的投入，提高了社会资本的生产效率。首先，物流的社会化和专业化优化了物流的各个环节，增强了物流在各个环节的衔接，减少了物流在各个环节的流通时间，提高了物流的周转速度，从而也就减少了社会资本在流通过程的投入量，因为流通时间越长，所需游离出来的流动资本部分就越大。其次，物流的集中化也减少了社会资本对流通过程的投入。物流的社会化和专业化既减少了商品在流通过程中的储备数量，也减少了在生产领域的储备数量，从而减少了社会资本在生产过程中对储备的投入量，相应地提高了执行生产职能的资本在社会资本中的比例。

4. 第三方物流与电子商务整合

第三方物流与电子商务在资源上的整合，不仅改善了电子商务物流的质量，扩展了电子商务的生存空间，同时也为第三方物流企业提供了诸如供应商集货中心管理、客户管理和系统构造等增值服务空间。第三方物流与电子商务的整合已经成为推动现代物流发展的有效模式。

从目前的第三方物流运作看，第三方物流与电子商务的整合主要有以下两种方式：一种是第三方物流作为电子商务的组成要素，承担物流作业，组织完成 B2B 或 B2C 中的物流环节；另一种是第三方物流通过建设自己的电子商务，为商家与客户之间提供交换信息、进行交易、全程追踪的信息平台，从而实现电子商务与物流的紧密配合。两种整合方式如图 8-2 所示。

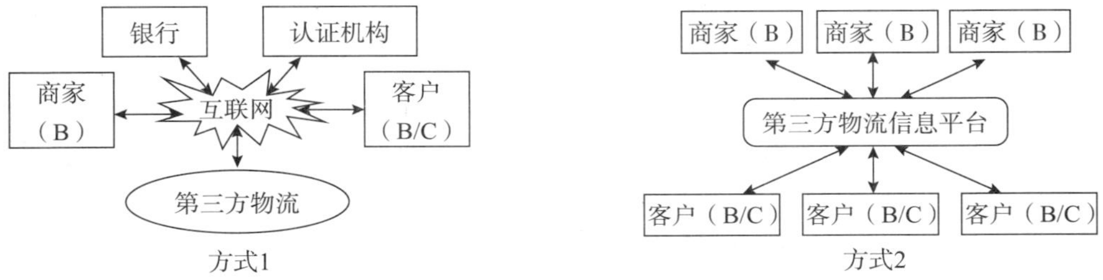

图 8-2　第三方物流与电子商务整合方式

8.2.3　第四方物流

第三方物流经过发展充分显示出其商业价值，然而也表现出如资源浪费等问题，随着企业的不断发展，在此基础上产生了第四方物流。

1. 第四方物流产生的原因

第三方物流虽然对于某个或几个企业来说，物流运作是高效率的，但从整个地区和国家来说，第三方物流不一定高效率，甚至是低效率的。第三方物流的力量显然不足以整合社会所有的资源，为物流行业的发展提供更大的效率，所以提出了第四方物流的概念。以下三个方面为第四方物流产生的原因：

（1）第三方物流自身能力的限制。随着信息技术的不断发展，信息流和资金流在供应链中占用的时间不断降低，大部分的流通时间和流通成本为物流所耗费，落后的物流技术和先进的信息技术形成了鲜明的对比，物流成为制约供应链管理效率进一步提高的瓶颈。第三方物流虽然能为企业节约物流成本、提高物流效率，但是不能整合社会所有的物流资源并全面解决物流瓶颈，无法使物流整体运作达到最大效率。虽然从局部来看，第三方物流充分利用自有资源，其运作是高效率的；但从地区和国家的整体来说，第三方物流企业受到地方主义的影响，各自为政，不能整合社会资源，为客户提供“行业最佳”的解决方案，因而规模效益也很难达到最优。另外，物流业的发展需要技术专家和管理咨询专家的推动，而第三方物流企业大多是由传统的仓储和运输公司转变而成，自身缺乏高技术、高素质的人才队伍支撑，在实际的运作中，缺乏对整个供应链进行运作的战略性专长和真正整合供应链流程的相关技术。此时，就需要一个新型的物流服务商，集合业内最优秀的第三方物流供应商、技术供应商、管理咨询顾问和其他增值服务商，为客户提供独特的和系统的供应链解决方案，帮助企业真正实现持续运作、成本降低和区别于传统的外包业务的真正资产转移。这是任何一个独立的第三方物流供应商及管理咨询公司都无法实现的。

（2）企业物流需求的变化。随着业务发展，客户需要得到包括电子采购、订单处理、供应链可见性、虚拟库存管理以及包括集成技术在内的各种服务。尤其是当物流成为跨地区甚至跨国的全球化运作时，货主和托运人越来越追求供应链的全球一体化。这些跨国企业不只是要求物流在操作层面上进行外协，而且注重与物流服务商在战略层面上的紧密合作，期望能得到更快、更好、更廉价的物流服务。但是现有的仓储公司、运输公司、第三方物流供应商等物流服务的提供者只能提供简单的仓库、运输和配送管理业务等物流服务，在物流信息科技的开发与管理、客户管理、综合技术、集成技术以及战略和全球扩展能力上存在局限性，使得客户不得不转而求助于咨询公司、集成技术提供商等出色的服务提供商，由它们根据企业的长期发展战略的需要，评估、设计、制定及运作全面的供应链集成方案。此时，企业希望能够有专业的物流服务商，不但能够为企业提供综合的供应链的优化设计，而且能够对供应链进行系统管理，将二者的功能合二为一。因此，新的物流需求的产生必然导致能够提供综合性物流服务的专业公司的产生。

（3）进一步降低物流成本的需要。20 世纪 90 年代以后，随着企业对供应链认识的进一步提高和管理技术的进一步发展，企业开始重视上下游企业之间的分工与合作，即供应链的管理。通过提升整个供应链的效率，增强供应链的竞争能力，降低产品成本。在与第三方物流供应商合作的过程中，企业每天要花费大量的时间和成本来管理这些专业物流商提供的物流服务，时刻协调企业与物流商之间的关系，保证整个供应链的整体性和流动性。显然，这样并没有达到成本降低的最大化，实现物流外包的经济效益。现在，学术界、管理顾问公司、第三方物流公司和最终客户都认为在供应链管理的过程中确实需要一个“超级经理”来管理和协调各方之间的关系，降低管理的费用。它的主要作用应该是：对制造企业或分销企业的供应链进行监控，在客户、物流和信息供应商之间充当唯一“联系人”的角色，协调供应链上下游企业之间的关系。因此，第四方物流企业应运而生，其充分利用管理和设计优势，策划设计综合的供应链解决方案，组织并协调第三方物流企业进行具体实施，从而进一步提高物流运作的效率，为客户创造更大的价值。

2. 第四方物流的定义

第四方物流是有领导力量的物流供应商，它提供可以整合整个供应链的影响力，提供综合的供应链解决方案，也为其顾客带来更大的价值。第四方物流在解决企业物流的基础上，整合社会资源，实现了物流信息的充分共享和社会物流资源的充分配置。随着经济的不断发展，我国物流企业的国际竞争力需要进一步提高，以应对跨国物流公司的竞争，而这在短期内不可能通过落后的物流企业来实现，只有通过第四方物流才可能实现。

第四方物流是 1998 年美国埃森哲咨询公司率先提出的。它将第四方物流定义为："所谓第四方物流是一个供应链的整合者以及协调者，调配与管理组织本身与其他互补性服务所有的资源、能力和技术来提供综合的供应链解决方案。"此外，第四方物流是集中本组织和其他组织的资源、功能和技术，设计、构建和运作综合供应链方案，并且具备文化敏感性、交流技能和商业敏锐性，不仅能发现价值，而且能创造激发参与各方和对参与各方具有激励作用的可接受的协同的集成商。第四方物流解决了传统的第三方物流的不足，提供了获取实质性增长收益的机会，而且第四方物流概念可以拓展到现有的第三方物流中，将其转变为第四方物流。

第四方物流是一个供应链的集成商，一般情况下政府为促进地区物流产业发展，会领头搭建第四方物流平台，提供共享及发布信息服务，是供需双方及第三方物流的领导力量。它不仅是物流的利益方，而且可以通过拥有的信息技术、整合能力以及其他资源提供一套完整的供应链解决方案，以此获取一定的利润。它帮助企业实现降低成本和有效整合资源，并且依靠优秀的第三方物流供应商、技术供应商、管理咨询以及其他增值服务商，为客户提供独特的和广泛的供应链解决方案。

3. 第四方物流的特点

第四方物流不仅控制和管理特定的物流服务，而且对整个物流过程提出策划方案，并通过电子商务将这个过程集成起来。因此第四方物流成功的关键在于为顾客提供最佳的增值服务，即迅速、高效、低成本和人性化服务等。发展第四方物流需平衡第三方物流的能力、技术以及贸易流畅性等，为客户提供功能性一体化服务，并扩大营运自主性。第四方物流的特点主要表现在：

（1）第四方物流提供了一个综合性供应链的解决方法，以有效地适应需方多样化和复杂的需求，集中所有资源为客户完美地解决问题。1）供应链再建。通过供应链的参与者将供应链规划与实施同步进行，或利用独立的供应链参与者之间的合作扩大规模和提高总量。供应链再建改变了供应链管理的传统模式，将商贸战略与供应链战略连成一线，创造性地重新设计了参与者之间的供应链，使之达到一体化。2）功能转化主要是销售和操作规划、配送管理、物资采购、客户响应以及供应链技术等，通过战略调整、流程再造、整体性改变管理和提高技术，使客户间的供应链运作一体化。3）业务流程再造。将客户与供应商信息和技术系统一体化，把人的因素和业务规范有机结合起来，使整个供应链规划和业务流程能够有效地贯彻实施。实施第四方物流，开展多功能多流程的供应链业务，其范围远远超出传统外包运输管理和仓储运作的物流服务。企业可以把整条供应链全权交给第四方物流运作，第四方物流可为流程的全部提供完整的服务。

（2）第四方物流是通过影响整个供应链来获得价值，在于其能够为整条供应链的客户带来利益。1）利润增长。第四方物流的利润增长将取决于服务质量的提高、实用性的增加和物流成本的降低。由于第四方物流关注的是整条供应链，而非仓储或运输单方面的效益，因此其为客户及自身带来的综合效益会出现惊人的增长。2）运营成本降低。可以利用运作效率提高、流程增加和采购成本降低实现，即通过整条供应链外包功能以达到节约的目的。流程一体化、供应链规划的改善和实施将降低运营成本和产品销售成本。3）降低工作成本。采用现代信息技术、科学的管理流程和标准化管理，使存货和现金流转次数减少，可望实现降低30%的工作成本。4）提高资产利用率。客户通过第四方物流减少了固定资产占用，并提高了资产利用率，使得客户通过投资研究设计、产品开发、销售与市场拓展等获得经济效益的提高。

第四方物流成功地影响着大批的服务者（第三方物流、网络工程、电子商务运输企业等）以及客户和供应链中的伙伴。它作为客户间的联结点，通过合作或联盟提供多样化服务。第四方物流可以迅速高质量、低成本地完成各种服务。有人认为第四方物流由于难以获得委托者的信任，因此只是一个设想，但随着社会经济的不断发展，第四方物流将会得到广泛的运用。

4. 第四方物流的运作方式

依据物流服务交接者与提供者的组织形式，可以形成以下三种第四方物流的运作模式：虚拟型、联盟型、实体型。

（1）虚拟型运作方式。在虚拟型运作方式中，与客户进行交接的是单个的物流服务企业，它既可以是管理咨询公司、信息技术企业，也可以是其他的企业。谁能够拿到订单（服务合同），谁就是交接者，就要担负起协调与组织的责任。在这种模式中，交接者并不具备提供第四方物流的实力，它们只是凭借和客户的长期合作关系或者其他原因，赢得客户的第四方物流服务的订单。拿到订单后，交接者需尽一切力量完成订单，为此就得寻找合作伙伴，形成一个紧紧围绕订单的临时性联盟组织，一旦订单完成，该组织就会解散，随机性很强，这就是我们常说的虚拟经营。在这种模式中，交接起到一定的组织协调作用，毕竟最终是它对客户的服务要求负责。针对客户的第四方物流服务方案是由虚拟组织来制定的，因为其中的单个服务企业都不具备这个实力。虚拟型运作方式的优点在于交接者和客户的关系密切，这便于服务企业与客户之间的沟通，加上减少了单独的第四方物流服务者这一环节，使得服务成本得到了一定控制。但在这种模式中，几个服务企业是临时组织起来的，它们之间的协调难度很大，交易成本高，而且对整个第四方物流服务的控制难度大，运作失败的风险也很大，因为第四方物流服务是一个高强度协作的过程。尽管如此，虚拟型运作方式在第四方物流发展的前期仍是主要的形式，毕竟这个时期单个的物流服务企业的能力有限，不能单独为客户提供第四方物流服务。

（2）联盟型运作方式。在联盟型运作方式中，第四方物流服务的交接者是一个战略联盟组织，也是第四方物流服务的提供者，它是以联盟组织的形式来获得订单。这个联盟组织不是根据某个订单而临时组成的，它是几个具有互补性资产的企业，为了在竞争中赢得长期的竞争优势，为了在竞争中迅速赢得客户，减少资产的重复建设而形成的一种利益共享的长期战略联盟。在实际的操作当中，针对某个具体的客户，联盟组织可能通过成立一个工作团队来设计和监控执行第四方物流服务方案，这样的工作团队比起虚拟组织来说更容易协调一些，来自不同服务企业的成员之间也能很好地沟通。虽然虚拟型的交接者与客户有更深的关系，但毕竟能力有限，不如具有第四方物流方案设计能力的工作团队，因此和客户在实际运作方面的协调与沟通方面，联盟型工作团队更胜一筹。对于一个长期利益共享的战略联盟来说，联盟型运作方式在第四方物流的执行与控制方面也显得更容易一些，而且如虚拟型运作方式一样缺少一个第四方物流服务者的中间环节，运作服务成本也得到了一些控制，这些都是联盟型运作方式的优势所在。联盟型运作方式可以说是在虚拟型运作方式基础上的一个发展，对于客户来说更容易接受，运作成功的可能性也更高些。

（3）实体型运作方式。在实体型运作方式中，存在一个第四方物流服务企业和客户进行第四方物流服务的交接，能够独自为客户提供系统化的物流规划方案，并负责实施。实体型运作方式的优势如下：首先，第四方物流企业能够更好地设计出物流运作方案，不存在前两个模式所存在的交易成本；其次，在第四方物流服务的运作过程中，控制成本大大消减；最后，能够和客户进行很好的沟通。实体型运作方式中对第四方物流企业的要求很高，它必须具备调配和管理组织自身及具有互补性服务提供商的资源、能力与技术来提供全面的供应链解决方案的能力。实体型运作方式是在联盟型运作方式基础上的新发展，各种服务企业可以通过共同出资，或者兼并重组的方式形成真正意义的第四方物流服务提供商。

8.3 电子商务供应链管理

8.3.1 供应链管理概述

供应链来源于彼得·德鲁克提出的“经济链”，之后经由迈克尔·波特发展成为“价值链”，最终演变为“供应链”。不同学者基于研究角度的不同，对供应链给出了不同的定义。

1. 供应链的定义

供应链（supply chain）是指围绕核心企业，通过对物流、信息流和资金流的控制，从采购原材料开始，到制成中间产品以及最终产品，最后由销售网络把产品送到消费者手中，将供应商、制造商、分销商、零售商和最终用户连成一个整体的功能网络。

我国国家标准《物流术语》（GB/T 18354－2021）对供应链的定义是：生产及流通过程中，围绕核心企业的核心产品或服务，由所涉及的原材料供应商、制造商、分销商、零售商直到最终用户等形成的网链结构。

2. 供应链的结构

一般来说，供应链由所有加盟的节点企业组成，其中一般有一个核心节点企业（既可以是产品制造企业，也可以是大型零售企业），节点企业在需求信息的驱动下，通过供应链的职能分工与合作（生产、分销、零售等），以资金流、物流和商流为媒介实现整个供应链的不断增值。供应链的基本结构如图8－3所示。

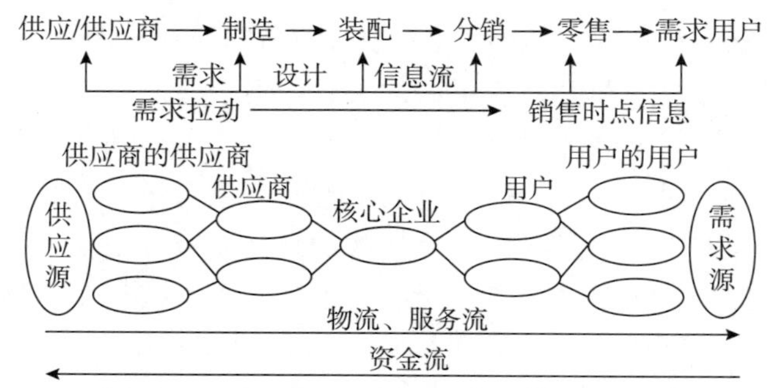

图8-3 供应链的基本结构

3. 供应链管理的定义

供应链管理（supply chain management，SCM）是指对整个供应链系统进行计划、协调、操作控制和优化的各种活动和过程。供应链管理的内容是提供产品、服务和信息，来为用户和股东增添价值，是对从原材料供应商一直到最终用户的关键业务过程的集成管理，其目标是要将客户所需的适当的产品能够在适当的时间、按照适当的数量、适当的质量和适当的状态，以适当的价格送到适当的地点，并实现总成本最小。

供应链管理的广义定义，包含了整个价值链，它描述了从原材料开采到使用结束，整个过程中的采购与供应管理流程。有人进一步将供应链管理扩展到物资的再生或利用过程。供应链管理主要集中在如何使企业利用供应商的工艺流程、技术和能力来提高它们的竞争力，在组织内实现产品设计、生产制造、物流和采购管理功能的协作。当价值链中的所有战略组织集成为一个统一的知识实体，并贯穿整个供应链网络时，企业运作效率会进一步提高。

由于广义供应链管理描述的价值链非常复杂，企业无法获得供应链管理提供的全部利益，因而产生较为狭义的供应链管理定义：在一个组织内集成不同功能领域的物流，加强与直接战略供应商、生产制造商与分销商、最终消费者的联系，利用直接战略供应商的能力与技术，尤其是此供应商在设计阶段的早期参与，使之成为提高生产制造商效率和竞争力的有效手段。

我国国家标准《物流术语》（GB/T 18354－2021）中，将供应链管理定义为：从供应链整体目标出发，对供应链中采购、生产、销售各环节的商流、物流、信息流及资金流进行统一计划、组织、协调、控制的活动和过程。

8.3.2 电子商务环境下的供应链管理

电子商务将供应链的各个参与方连接为一个整体，实现了供应链的电子化管理，电子供应链是供应链发展的必然趋势，作为电子商务和供应链自然结合的产物，它有特定的定义和内容。综合供应链和电子商务以及网络技术的相关知识，我们把电子供应链定义为：围绕核心企业，以互联网为平台，以电子商务为手段，通过对物流、资金流与信息流的整合和控制，从采购原材料开始，到制成中间产品以及最终产品，最后由销售网络把产品送到消费者手中，将供应商、生产商、分销商、零售商直到最终客户连成一个整体的网链结构和模式，如图 8-4 所示。

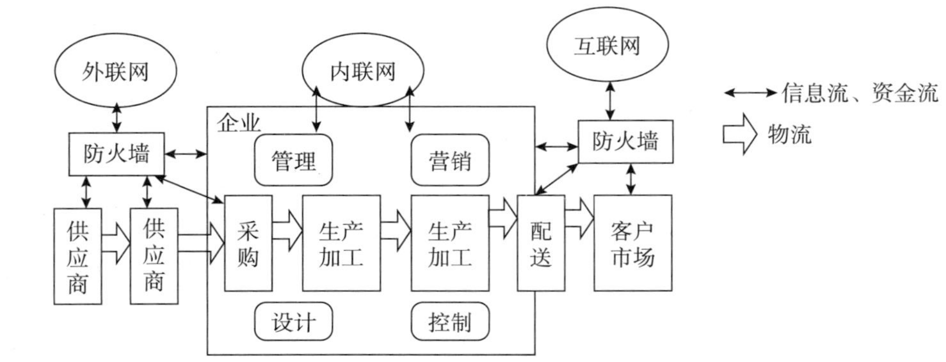

图 8-4 电子商务供应链示意图

基于电子商务的供应链管理是电子商务与供应链管理的有机结合。它以顾客为中心，集成整个供应链过程，充分利用外部资源，实现快速敏捷反应，极大地降低库存水平，具有相当的优势：

(1) 有利于保持现有的客户关系，开拓新的客户和新的业务。电子商务使竞争从企业间的竞争逐渐演化为供应链之间的竞争，为吸引、保留现有客户，应提供更快捷、成本更低的商务运作模式，保持和发展与客户达成的密切关系，使供应链提供新的业务增值，提升客户的满意度与忠诚度。而基于电子商务的供应链管理直接沟通了供应链中企业与客户的联系，并且在开放的公共网络上可以与最终消费者进行直接对话，从而有利于满足客户的各种需求、保留现有客户。实施基于电子商务的供应链管理，不仅可以实现企业的业务重组，提高整个供应链效率，而且由于能够提供更多的功能、业务，必然会吸引新的客户加入供应链，同时也带来新的业务。从本质上讲，通过实施基于电子商务的供应链管理，无论是企业还是客户都会从中获得利益，产生新的业务增值，实现"共赢"目标。

(2) 有利于保持现有业务增长，提高营运绩效。通过实施基于电子商务的供应链管理，可以实现供应链系统内各相关企业对产品和业务电子化、网络化的管理。同时，供应链中各企业通过电子商务手段实现有组织、有计划的统一管理，可以减少流通环节、降低成本、提高效率，使供应链管理达到国际先进水平，促进各相关企业的业务发展。实施基于电子商务的供应链管理，还能使供应链各个企业实现全球市场和企业资源共享，缩短需求响应和市场变化时间，提高运营绩效，为客户提供全面服务，实现最大增值。

(3) 有利于分享需要的信息，促进供应链中信息流的改善。基于电子商务的供应链管理涉及信息流、物流和资金流。供应链中的企业借助电子商务手段可以在互联网上实现部分或全部的供应链交易，有利于各企业掌握跨越整个供应链的各种有用信息，及时了解顾客的需求以及供应商的供货情况，同时也便于顾客网上订货并跟踪订货情况。通过互联网，供应链伙伴之间的信息传递由原来的线形结构变为网状结构。因此，分销商可以方便地通过POS系统查看零售商的库存情况，制订购销计划，而不必根据零售商的订单来预测需求情况。制造商也可以访问分销商甚至零售商的库存数据，了解更准确的需求信息，有效地避免由于多重预测带来的信息时滞。同时，通过互联网，供应链下游成员可以了解上游成员的生产能力和库存信息，有效缓解客户焦虑，避免夸大订单所带来的波动。借助信息技术，企业之间交易的各种票证单据以统一格式在网上传输，需求信息能快速地向上游企业传递，实现无纸的计算机辅助订货，从而提高交易效率、降低成本。同时，信息使企业与伙伴之间建立密切的合作关系，商业运转的各个环节更加协调一致，资金流动、库存、成本、服务将获得改善。近年兴起的大规模定制就是增强对顾客反应能力的一种有意义的方式，它一方面可以充分了解客户的需求，另一方也减少了库存。

8.3.3 电子商务供应链物流管理

供应链是物流、信息流、资金流的统一体，由于物流与信息流和资金流存在本质上的区别，因此在实际运作中一般可以借助信息网络和中间机构（如银行）实现信息的交换和资金的流动。但物流往往更多地表现为商品实体在时间和空间上的移动，受自身性质的约束，其实施的成本和难度相对较高，成为供应链快速、有效运行的主要障碍，特别是在电子商务高速发展，客户个性化需求日趋明显的形势下，物流瓶颈越来越突出。根据“木桶原理”，供应链上任何一个成员物流效率的降低都会降低整个供应链的竞争力，因而供应链物流管理是一个非常重要的研究领域，需要站在全局的角度来规划整个供应链的物流活动。

1. 供应链物流管理的概念与特点

供应链物流是指在供应链管理背景下，原料和产品从供应商通过配销系统到达零售商和客户的整个过程的移动和储存。

供应链物流管理指的是用供应链管理思想实施对供应链物流活动的组织、计划、协调与控制。作为一种共生型物流管理模式，供应链物流管理强调供应链成员组织不再孤立地优化自身的物流活动，而是通过协作、协调与协同，提高供应链物流的整体效率。

在电子商务环境下，供应链物流管理表现为以下特点：

（1）信息化。物流信息化是电子商务的必然要求。没有物流的信息化，任何先进的技术设备都不可能有效应用于物流领域。在电子商务下，要提供最佳的服务，物流系统必须要有良好的信息处理和传输系统，当货物从世界各地起运，客户便可以从该公司获得到达的时间、泊岸的准确位置，使收货人与各仓储、运输公司做好准备，使商品在几乎不必停留的情况下快速流动。当然，物流信息化还远不止订货方面的便利，在库存优化和物流网络设计的决策方面以及需求预测方面也产生了巨大的优势。信息技术在物流中的深入应用将会彻底改变物流的面貌。

（2）网络化。物流配送系统的计算机通信网络，包括物流配送中心与供应商或制造商之间通过互联网进行通信，与下游客户之间也经由互联网进行通信。比如物流配送中心向供应商提出订单这个过程，就可以使用计算机通信方式，借助增值网（VAN）上的电子订货系统和电子数据交换技术来自动实现。物流配送中心通过计算机网络收集下游客户的订货过程也可以自动完成。知识经济时代竞争的成败不再取决于企业的规模、资产和设备，而在于信息和资源的开发和利用，并凭借网络技术发展企业的生存空间。另外，组织间的网络化，即所谓的企业内部网，比如中外运实现了集团范围内的计算机联网，并在重要口岸实现了和海关报关系统的联网，通过国际互联网向客户提供各种信息服务，形成了以高技术为基础的遍布国内外的货运营销网络。单是为摩托罗拉公司提供服务的网点已达 98 个城市，实现了提货、发运、对方派送全过程的定点定人、信息跟踪反馈，满足了客户的要求。

（3）智能化。物流作业过程大量的运筹和决策，如库存水平的确定、运输搬运路径的选择、自动导向车的运行轨迹和作业控制、自动分拣机的运行、物流配送中心经营管理的决策支持等问题都需要借助大量的知识才能解决。在物流自动化的进程中，物流智能化是不可回避的技术难题。专家系统综合了若干专家的决策推理，通过它，缺乏经验的人也能做出有效的决策。为了提高物流现代化的水平，物流的智能化已成为电子商务下供应链物流发展的一个新特点。

（4）多功能化。多功能化是电子商务环境下供应链物流集约化经营的必经阶段，也是电子商务环境下供应链物流业发展的重要目标。物流业发展到集约化阶段，即物流配送中心不仅提供仓储和运输服务，还必须开展配货、配送和各种提高附加值的流通加工服务项目。

（5）全球化。电子商务的出现，加速了全球经济一体化，致使物流的发展也向着全球化的方向发展。全球化的物流模式即国际物流，使物流企业更紧密地联系在一起，形成了社会大分工，使生产商集中优势资源专注于生产，物流企业集中精力改善物流服务模式。

2. 供应链物流管理的功能

供应链物流管理的功能可以细分为库存管理、订购管理、配销管理、仓库管理、信息处理和集成等。

（1）库存管理。库存的存在虽然解决了缺货成本问题，却引发了其他问题，例如资金的占用以及其机会成本的丧失、存储管理成本的增大等。供应链中的库存管理不仅涉及企业内部的多个部门，还涉及外部的其他多个企业，它从企业内部的职能管理拓展到企业间的库存管理。只有建立一个快速反应的库存系统，才能适应充满激烈的竞争、快速多变的市场环境。供应链库存的管理以成本为中心，通过库存管理缩短订货到运输到支付的周期时间，加速库存周转，避免缺货事件的发生，有利于整个供应链的协调和运转。当供应链上的各环节都通过电子形式连接起来时，过去用传真和邮寄形式传递的信息，现在可以马上发送，而且可以跟踪单证，确保单证的接收。

目前，库存管理策略从上游管理的供应商管理库存（vendor managed inventory，VMI）逐渐演化为整个供应链的合成管理，比如联合库存管理（jointly managed inventory，JMI）和合作计划、预测与补给管理（collaborative planning forecasting and replenishment，CPFR）。供应商管理库存是指供应商在用户的允许下管理用户的库存，由供应商决定每一种产品的库存水平和维持这些库存水平的策略，是建立在零售商和供应商伙伴关系基础上的供应链库存管理方法，它突破了传统的“库存是由库存拥有者管理”的模式，不仅可以降低供应链的库存水平，降低成本，还能为用户提供更高水平的服务，加速资金和物资周转，使供需双方能共享利益，实现双赢。联合库存管理是建立在经销商一体化基础之上的一种风险分担的库存管理模式，它强调双方同时参与，共同制订库存控制计划，使供需双方能相互协调，使库存管理成为供需双方连接的桥梁和纽带。

（2）订购管理。订购过程是给供应商发出订单的过程，主要包括供应商管理、订购合同管理和订购单管理。

1）供应商管理。通过供应商管理，企业可以利用配销单据对单个补充网络做计划，运用在线产品目录和供应商名单，建立需求并向供应商自动发出定购单。这样可以简化常规交易，减少纸张处理，为每日的征购活动提供一个电子通信框架。采购部门可以建立需求和定购单证，减少定购单处理上的开支，增加定购单数目，缩短交易循环时间。

2）订购合同管理。订购合同管理是买方和供货方建立长期关系的关键。订购合同是买方和供货方意愿的体现，在合同中应明确规定订购产品或商品的数量、价格、质量、到货时间和违约责任等。

3）订购单管理。订购单管理是指检查定购数量、将定购单发送给供应商并对已接收的货物进行支付这一过程。基于电子数据交换技术的订购日益普遍，这使得供应商可快速收到订购单并尽早交货，从而缩短从订货到交货的时间。

（3）配销管理。当产品进入零售商的直接负责区内，配销管理便意味着对成品货物进行运输和储存等。换句话说，一旦货物进入了配销中心和仓库区等，配销管理指的便是规划、协调和控制货物的物流，其管理过程主要有以下几个方面：配销需求管理、实物库存管理、运输车队管理和劳力管理等。

1）配销需求管理。根据配销管理过程，后勤系统为仓库、劳力、运输、车队管理的容量装载提供相关计划，配销需求计划给出配销系统需要服务区域的数量、类型和配销中心位置的评估。

2）实物库存管理。测量库存水平和产品在仓库的周转率。它决定库存水平、商业服务的等级管理；分配存货和补货等的库存控制；对货物进行统计和控制；实现仓库和商店间货物的再分配。

3）运输车队管理。运输车队管理是指选择运输方式以及运输过程管理。这通常包括：车队规划、车队管理、装载规划、车辆计划、道路选择、交货计划、车辆跟踪和监测。

4）劳力管理。包括劳工和工作量规划、劳工行为监测、劳动时间和出勤记录以及人事和工资册等。

（4）仓库管理。仓库管理指货物位置管理、产品储存和提取、收货和发货过程以及对这些过程的检测。在供应链管理中，随着物流由少品种、大批量转变为多品种、小批量，仓库管理的存储功能更加重视如何才能顺利地进行发货和配送。收货作业通常叫进货，即接收货物并入库，对照送货人提供的订购单对货物进行计数和检查。多数零售商在收货时有某种质量控制系统，质检员将接收到的货物的样品与组织内的质量标准进行对照，检测货物质量。除了入库货物的接运、验收、编码、保管、出库货物的分拣、发货、配送等一般业务外，还包括代办购销、委托运输、流通加工、库存控制等业务。仓库管理的操作劳动强度很大，条形码技术、扫描仪和电子数据交换技术的引入改变了传统的工作方式，提高了工作效率，从而实现物流管理的电子化，达到了电子商务中对贸易过程实时跟踪的基本要求。

（5）信息处理和集成。现代物流的有效运作离不开信息技术的支持，在电子商务环境下，通信技术、网络技术、软件应用技术、地理信息系统、自动装卸和分拣技术、自动存取技术、自动识别技术等为现代物流提供基础、支持和手段，使得物流作业效率大大提高，经营成本也不断降低。信息系统是整个物流活动的中枢神经，对各种业务进行预测、分析、优化、决策、计划和执行处理。具体表现为：及时了解客户需求；调整需求和供给的匹配；缩短从接受订货到发货的时间；库存适量化；提高搬运作业效率；提高订单处理的精确度；防止发货、配送出现差错；业务预警和例外处理；提供信息咨询；等等。

3. 供应链物流管理的实现策略

供应链企业物流成功的关键是物流内部和外部的一体化，由于物流不仅贯穿企业采购、生产和销售的全过程，还贯穿企业与上下游企业之间形成的供应链，因而，实现供应链物流的有效管理，绝对不是企业局部的“小改造”，而是对整个供应链物流的“大改造”，必须选择合适的物流运作策略。

（1）从相互对立转向战略协作。为了有效实现供应链物流管理，就应促进由市场交易机制向战略协作机制的快速转变，即在供应链中各成员企业间建立一种长期的战略合作伙伴关系，以消除供应链物流过程中的各种浪费，提高对客户与市场需求的快速反应能力。

（2）从功能整合转向流程集成。供应链上的各级物流主管及员工，都必须把供应链物流的所有功能活动视为一个整体流程，集中力量去满足甚至超越客户的需要，致力于客户价值增值。同时，在一个流程框架中完成的工作应该有利于各种物流功能的整合。随着系统功能的整合，就能以最小的投入取得最大的组织效益，并使供应链物流组织富有弹性。

（3）从信息封闭转向信息共享。有效的供应链物流管理需要准确的实时的需求信息、供应信息和控制信息等，信息交互与信息共享是供应链物流高效运行的前提保证。随着市场竞争的不断加剧，企业越来越意识到信息共享的重要性，只有供应链成员企业间做到信息共享，才能使信息得到充分利用，从而有效降低供应链物流的总成本，实质性地提高物流服务水平。

（4）从客户服务转向客户关系管理。核心企业越来越认识到成功依靠关键客户，以及建立紧密的合作关系对供应链物流管理的重要性。而要获得最佳的客户关系，就必须使企业物流资源与特定客户的物流需求相匹配，并充分利用整个供应链的物流能力和资源，来实现竞争对手不能提供或者不能以合理成本提供的客户价值增值。因此，必须认真分析客户购买行为的驱动因素，以客户关系为基础进行供应链物流管理，充分发挥潜能，提供独特的物流解决方案。

□ 本章小结

本章主要介绍了物流与供应链管理的相关知识，以及电子商务物流模式与电子商务环境下的供应链管理。电子商务对物流的影响主要体现在对物流理念、物流系统结构、客户服务、物料采购、存货、运输等方面。电子商务物流模式主要包括企业自营物流、第三方物流和第四方物流。基于电子商务的供应链管理是电子商务与供应链管理的有机结合。它以顾客为中心，集成整个供应链过程，充分利用外部资源，实现快速敏捷反应，极大地降低库存水平。从相互对立转向战略协作、从功能整合转向流程集成、从信息封闭转向信息共享、从客户服务转向客户关系管理这四个方面可实现供应链物流的有效管理。

□ 思考与练习

一、复习思考题

1. 什么是物流？
2. 物流的作用是什么？
3. 物流的价值是什么？
4. 电子商务对物流的影响体现在哪些方面？
5. 电子商务物流的模式有哪些？
6. 什么是第三方物流？
7. 什么是供应链管理？
8. 什么是供应链物流管理？
9. 电子商务供应链物流管理的功能是什么？
10. 电子商务环境下供应链管理的优势体现在哪些方面？

二、讨论题

1. 结合电子商务与物流的关系，讨论物流在电子商务中的价值体现在哪些方面。
2. 第四方物流与第三方物流有何区别与联系？
3. 电子商务为供应链管理带来了哪些变化？
4. 有哪些因素促使物流管理拓展为供应链管理？
5. 如何更好地实现供应链物流管理的目标？
6. 电子商务环境下物流呈现出哪些特点？

三、网络实践题

1. 搜索沃尔玛的发展历程，分析供应链管理在其中的作用和沃尔玛供应链管理的特点。

2. 利用网络收集海尔集团的相关资料，分析其供应链管理的方法及优势。

3. 选取一个你感兴趣的行业，收集该行业中处于领先地位的 5～10 家上市公司的公开资料，分析各家公司近 5 年来主要供应商的变化情况，并从供应链管理方面归纳该行业的发展现状。

4. 收集有关京东物流的资料，分析其成功经验。

四、案例分析题

ZARA 供应链的“极速传奇”

西班牙知名服装品牌 ZARA 以快速反应著称于流行服饰业界，其成功与创新的模式成为业界的标杆。ZARA 每年提供 12 000 种不同的产品项目供顾客选择，从设计理念到成品上架仅需十几天，其制胜秘诀何在？

Inditex 公司是西班牙排名第一、全球排名第三的服装零售商，在全球 52 个国家拥有近 2 000 多家分店，其中 ZARA 是 Inditex 公司 9 个品牌中最出名的旗舰品牌，堪称“时装行业中的戴尔电脑”，被认为是欧洲最具研究价值的品牌。

ZARA 创始于 1985 年，它既是服装品牌，也是专营 ZARA 品牌服装的连锁店零售品牌。ZARA 坚持自己拥有和运营几乎所有的连锁店网络的原则，同时投入大量资金建设自己的工厂和物流体系，以便于“一手抓住客户的需求，一手掌控生产”，快速响应市场需求，为顾客提供“买得起的快速时装”。

ZARA 运作模式的成功得益于公司出色的服装行业的全程供应链管理，以及支撑供应链快速反应的 IT 系统应用。ZARA 采取“快速、少量、多款”的品牌管理模式，在保持与时尚同步的同时，通过组合开发新款式，快速推出新产品，而且人为造成“缺货”，以实现快速设计、快速生产、快速出售、快速更新，专卖店商品每周更新两次的目标。

1. “三位一体”的设计与订单管理

ZARA 自己设计所有的产品，在其公司总部有一个由设计专家、市场分析专家和采购人员组成“三位一体”的商业团队，每年设计的新产品将近 40 000 款，公司从中选择 12 000 多款投放市场。与竞争对手不同，该团队不仅设计下个季度的新产品样式，同时还不断地更新当前季度的产品。女装、男装和童装的设计师集中在总部一座现代化的建筑里，人员分布于各个大厅，设计师通常坐在大厅的一边，市场专家坐在大厅的中间，另一边是采购和生产计划人员。整个设计过程都是开放的。

设计师画出设计草图，与市场专家、生产计划人员和采购人员进行充分的交流。讨论之后，进行进一步的修改工作，保证款式、材料、颜色等搭配得更好。然后估计该设计的生产成本与销售价格，在设计阶段就要避免可能的亏损。接下来试制小型的样品，放在每个大厅进行现场展示。在这个过程中，任何人如果有建议和疑问，都可以在现场解决问题。

ZARA 的每一个市场专家都要负责管理一些连锁店。作为经验丰富的员工，他们本身通常都是一些连锁店的经理，实践让他们认识到，保持与一线连锁店经理的联系是非常重要的，市场专家与连锁店经理建立起了非常好的个人关系，经常一起讨论销售、订单、新的款式等。同样，各地的连锁店也是依据与市场专家的交流获得的信息来确定最终的订单。为了更好地促进这种交流、沟通，公司还特意为每位连锁店的经理配备了专门设计的移动办公设备，保证他们能够迅速传递市场最新动态的数据。

设计的最后，包括生产设计的选择、何时生产以及产量，都是由相关的设计团队来决定的，不仅需要设计师参与，市场专家、生产计划和采购人员都要参与到其中来。设计最终定下来之后，生产计划人员和采购人员开始订单履行流程的管理：制订原材料采购计划和生产计划，监视库存的变化，分配生产任务和外包生产，跟踪货源的变化情况，防止生产不足和生产过剩。

在新产品设计过程中，ZARA密切关注潮流和消费者的购买行为，收集顾客需求的信息，并汇总到西班牙总部的信息库中，为设计师设计新款式提供依据，以快速响应市场需求。在与生产、运营团队一起决定一个具体的款式用什么布料、如何剪裁以及如何定价时，设计师必须首先访问数据库中的实时信息。ZARA借助自主开发的信息系统对产品信息和库存信息进行管理，控制原材料的库存，并为产品设计提供决策信息。卓越的产品信息和库存管理系统，使得ZARA的团队能够管理大量的原材料、设计清单和库存商品。在ZARA的仓库中，产品信息都是通用的、标准化的，这使得ZARA能快速、准确地准备设计，给出清晰的生产指令。ZARA的团队也能通过这个系统提供的信息，以现有的库存来设计一款服装，而不必去订购原料，再等待它的到来。

2. 垂直整合式的生产管理

ZARA在西班牙拥有22家工厂，其所有产品的50%是通过它自己的工厂来完成的，但是所有的缝制工作都是转包商完成的。这些工厂都有自己的利润中心，进行独立管理。其他50%的产品是由400余家外部供应商来完成的，这些供应商有70%位于欧洲，其他的则主要分布在亚洲。欧洲的供应商主要分布在西班牙和葡萄牙，因为ZARA希望通过此举能够进行有效的管理，保证供应商能对其订单的变化做出迅速的反应，这也是时装能否取得成功的一个关键之处。由于ZARA的订单不仅数量大，而且很稳定，因此与其合作的供应商都把它作为自己的第一选择，ZARA的话语权也就不言而喻了。

产品究竟由自己生产还是外包出去，这个决定也是由生产计划人员和采购人员做出的。选择的标准有：产品需求的速度、市场专家的意见、成本效益原则和工厂的生产能力。如果采购人员不能从公司内部的工厂获得满意的价格、有效的运输和质量保证，他就可以自由选择外包商。ZARA自己的工厂在生产产品时，原材料也尽量从Inditex集团内的厂家购买，其大约有40%的布料供应来自内部。这其中又有50%的布料是未染色的，这样就可以迅速应对颜色变换的潮流。为了能更快地印刷和染色，ZARA同样与集团内的其他相关公司密切合作。为了防止对某一个供应商的依赖，同时也鼓励供应商更快做出反应，ZARA剩余的原材料供应来自260家供应商，每家供应商的份额最多不超过4%。

ZARA自己通过CAD裁剪原材料，将缝制工作全部交给转包商。转包商通过与

Inditex集团下属的企业合作，自己去收集、运输裁剪后的布料。在拉科鲁尼亚附近，大约有500家这样的转包商，它们几乎都专为ZARA工作。ZARA也密切监督它们的工作流程以保证产品的质量、对劳动法的遵守以及其他的与生产进度表相关的事宜。

转包商把衣服缝制好之后，再送回原来裁剪的工厂，在那里烫平并接受检查。产品最后用塑料袋包装好，贴上相应的标签，然后送到物流中心。在物流中心与拉科鲁尼亚的工厂间都有专门的运输铁路。外包的产品生产出来后，也是直接送到物流中心的。为进一步保证质量，ZARA还采用了抽样调查的方法进行检查。

3. **“掌握最后一公里”的配送管理**

所有的产品都是通过拉科鲁尼亚的物流中心发送出去的，该中心有5层楼高，建筑面积超过50 000平方米，运用非常成熟的自动化管理软件系统，大部分是由ZARA或者Inditex的员工开发出来的。中心的员工有1 200人，每周通常运作4天，运送的货物的数量依需求而定。通常在收到订单后，货物8小时以内就可以装船运走，每个连锁店的订单都会独立装在各自的箱子里。除了在西班牙的总部物流中心，ZARA还在巴西、阿根廷和墨西哥建有三个小型的仓储中心，用来应对南半球在不同季节的需求。

在2001年，物流中心全年发送了13亿件产品，平均每天为40万件，其中的75%都是发往欧洲的。时装销量占据了ZARA产品总量的80%，剩余的为一般的服装。在欧洲，分销商通过卡车把货物从拉科鲁尼亚的物流中心直接运送到ZARA在欧洲的各个连锁店。

物流中心的运输卡车依据固定的发车时刻表，不断开往各地。例如，在荷兰的连锁店可以知道发货的卡车是在周四上午6：00离开拉科鲁尼亚的物流中心，同样总部也很容易计算出货轮从中国返回到鹿特丹港口的具体时间。该公司还有两个空运基地，一个在拉科鲁尼亚，另一个大一点的基地在智利的圣地亚哥。通常，欧洲的连锁店可以在24小时以内收到货物，美国的连锁店需要48小时，日本的连锁店需要48～72小时。

ZARA特别强调速度的重要性，正如该公司的一位高级经理所说的那样：“对于我们来说，距离不是用千米来衡量的，而是用时间来衡量的。”相对于行业中的小企业来说，ZARA是不可思议的：出货正确率达到了98.9%。

值得一提的是，ZARA信息系统对分销过程中的物流配送进行跟踪管理。ZARA的分销设施非常先进，运行时需要的人数非常少。长度大约20千米的地下传送带将商品从ZARA的工厂运到位于西班牙总部的货物配送中心。为了确保每一笔订单准时到达它的目的地，ZARA没有采取浪费时间的人工分拣方法，而是借用了光学读取工具，这种工具每小时能挑选并分拣超过60 000件的衣服。在ZARA总部还设有双车道的高速公路直通配送中心，由于其快速、高效的运作，这个货物配送中心实际上只是一个服装的周转地，而不是仓库。

4. **“一站式购物”的销售管理**

连锁店通常每周向总部发两次订单，产品也每周更新两次。订单必须在规定的时间之前下达：西班牙和南部欧洲的连锁店通常是每周三的下午3：00之前、每周六的下午6：00之前，其他地区是每周二的下午3：00之前和每周五的下午6：00之前。如果连锁店错过了最晚的时间，那么只能等到下一次了，公司对这个时间限制的管理非常严格，订单必须准时。所有的产品在连锁店里的时间不会超过两个星期，公司在每个季节开始的时候只会生产最低数量的产品，这样可以把过度供给的风险控制在最低的水平，一旦出现新的需求，ZARA可以通过其有效的供应链管理迅速组织生产。

在存货方面，行业的通常做法是，在季度末的时候一般会储存下个季度出货量的45%～60%，而ZARA的该项指标最大不会超过20%，它的供应链依靠更加精确的预测和更多更及时的市场信息，反应速度比一般的公司要快得多。

在ZARA的连锁店里，如果有产品超过2～3周的时间还没有销售出去的话，就会被送到所在国的其他的连锁店里，或者送回西班牙。通常，这样的产品数目被控制在总数的10%以下。在实际运作当中，通常只有不合常规的比例数的产品才会被送回到西班牙。这样一来，连锁店的产品更新速度会相当快，而且有些款式的衣服是不会有第二次进货的，顾客也就会受到刺激，从而在现场就做出购买的决定，因为他们知道，一旦错过，就有可能再也买不到了。

总的来说，ZARA的成功得益于公司出色的全程供应链管理，以及支撑供应链快速反应的IT系统应用。ZARA贯彻包括品牌、运营模式、制造以及物流体系的战略安排，形成以快速供应链为基础的能力，以便于快速响应市场需求，为顾客提供“买得起的流行时装”。

案例思考：

1. ZARA供应链管理的特点是什么？
2. 结合ZARA模式，谈一谈你对供应链管理的认识。

第 9 章

电子商务安全管理

学习目标

- 了解电子商务安全的定义及现状
- 掌握电子商务安全的特征以及电子商务的安全要素
- 掌握电子商务的安全框架与安全体系
- 掌握几种典型的电子商务安全技术
- 了解 PDCA 循环管理步骤
- 掌握安全管理策略制定的原则
- 了解安全管理标准
- 了解电子商务消费者隐私权的概念
- 了解电子商务消费者隐私权保护存在的问题及其对策

案例导入

滴滴存在 8 方面 16 项违法事实，被罚 80.26 亿元

根据网络安全审查结论及发现的问题和线索，国家互联网信息办公室依法对滴滴全球股份有限公司涉嫌违法行为进行立案调查。经查实，滴滴全球股份有限公司违反《网络安全法》《数据安全法》《个人信息保护法》的违法违规行为事实清楚、证据确凿、情节严重、性质恶劣。

2022 年 7 月 21 日，国家互联网信息办公室依据《网络安全法》《数据安全法》《个人信息保护法》《行政处罚法》等法律法规，对滴滴全球股份有限公司处以人民币 80.26 亿元的罚款，对滴滴全球股份有限公司董事长兼 CEO 程维、总裁柳青各处人民币 100 万元罚款。

经查明，滴滴公司共存在 8 方面 16 项违法事实。一是违法收集用户手机相册中的截图信息 1 196.39 万条；二是过度收集用户剪切板信息、应用列表信息 83.23 亿条；三是过度收集乘客人脸识别信息 1.07 亿条、年龄段信息 5 350.92 万条、职业信息

1 633.56 万条、亲情关系信息 138.29 万条、“家”和“公司”打车地址信息 1.53 亿条；四是过度收集乘客评价代驾服务时、App 后台运行时、手机连接桔视记录仪设备时的精准位置（经纬度）信息 1.67 亿条；五是过度收集司机学历信息 14.29 万条，以明文形式存储司机身份证号信息 5 780.26 万条；六是在未明确告知乘客情况下分析乘客出行意图信息 539.76 亿条、常驻城市信息 15.38 亿条、异地商务/异地旅游信息 3.04 亿条；七是在乘客使用顺风车服务时频繁索取无关的“电话权限”；八是未准确、清晰说明用户设备信息等 19 项个人信息处理目的。

对此，滴滴出行当日通过官方微博回应称，诚恳接受，坚决服从，严格按照处罚决定和相关法律法规要求，全面深入自查，积极配合监管，认真完成整改。

资料来源：存在 8 方面 16 项违法事实　滴滴被罚 80.26 亿元.（2022-07-25）. 中国工信新闻网.

9.1　电子商务安全概述

9.1.1　电子商务安全的定义

国际标准化组织（ISO）对计算机系统安全的定义是：为数据处理系统建立和采用的技术和管理的安全保护方法，保护计算机硬件、软件和数据不因偶然和恶意的原因遭到破坏、更改和泄露。我国公安部对计算机安全的定义是：计算机信息系统资源和信息资源不受自然和人为有害因素的威胁和危害。由此，可以将计算机网络安全理解为：通过采用各种技术和管理措施，使网络系统正常运行，从而确保网络数据的可用性、完整性和保密性，可以分为网络设备安全、网络信息安全、网络软件安全。

电子商务作为依托互联网开展的商务活动，从整体上可分为两大部分：计算机网络系统安全和商务交易过程安全。计算机网络系统的安全内容包括：计算机网络设备安全、计算机网络传输设备安全、应用软件安全、数据库安全等。其特征是针对计算机网络本身可能存在的安全问题，以保证计算机网络自身的安全性为目标，实施网络安全增强方案。商务交易过程安全则紧紧围绕商务活动在互联网上应用时产生的各种安全问题。因此，商务交易过程安全是在计算机网络安全的基础上，保障商务交易过程的顺利进行，实现电子商务交易信息的完整性，使电子商务交易过程信息不可篡改、不可伪造和不可抵赖。

9.1.2　电子商务安全的现状

电子商务活动主要是商务信息通过计算机网络进行传输，在网络上传输的信息是加密数据并保持完整性，贸易双方进行身份认证以确保交易的安全性。安全问题在电子商务的发展和应用中显得越来越突出，如何建立一个安全、便捷的电子商务应用环境，对信息提供足够安全的保护，已经成为商家和用户都十分关心的话题。目前，大多数用户端使用的计算机操作系统是微软的 Windows 系统和苹果的 Mac 操作系统。不像 Unix 操作系统，Windows 和 Mac 操作系统的基本设计并不针对安全性，也不保护大多数用户的个人信息。更让人不放心的是，黑客使用一些病毒进行拒绝服务（DoS）攻击，而大多用户根本没有意识到自己的计算机已经被攻击。

随着近年来国家的高度重视和大量物力与财力的投入，以及广大研究和工程技术人员的不懈努力，我国正在逐步构建自己的信息安全体系，建设安全的互联网应用平台和示范工程。这些工作和成就将为发展我国的安全电子商务事业奠定基础。

9.1.3 电子商务安全的特征

电子商务安全具有系统性、确定性、有条件性和动态性四个特征。

1. 系统性

电子商务安全的系统性是指构成电子商务安全所包括的一系列因素，既有计算机网络安全和商务交易安全等技术上的问题，也有电子商务管理上的问题，以及与社会的道德准则和人们的行为习惯等方面有关的问题。无论哪一个因素存在问题，都会给电子商务安全带来不利的影响。

2. 确定性

电子商务安全的确定性是指电子商务安全无论从网络技术的角度，还是从管理规章、法律制度的角度，都要确保电子商务过程的顺利进行。

3. 有条件性

电子商务安全的有条件性是指电子商务安全是在特定环境下实现的，有时需要加大投入，并且会因多次的复杂运算使信息的传递速度放缓。这也是电子商务安全的成本和代价。

4. 动态性

动态性是指电子商务安全需要从网络技术、管理规章、法律制度、安全防范的角度不断地检查、评估和调整相应的安全策略，以保证电子商务在不断拓宽服务领域时安全保障措施能够及时跟上。

9.1.4 电子商务的安全要素

互联网是基于开放性架构的，其本身具有开放性，同时，随着信息通信技术的发展，各种新技术、新设备层出不穷，使得电子商务交易面临着各种安全威胁和风险。因此，针对这些安全风险和威胁，人们提出了电子商务的安全要素，如图9－1所示。

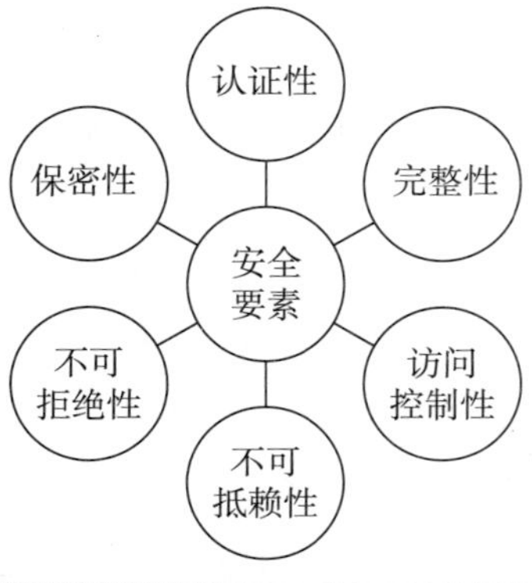

图9-1 电子商务的安全要素

1. 认证性

本书所指的认证性是指利用互联网进行交易的双方相互确认对方身份的过程。

在传统的商务交易过程中，交易双方一般都是面对面进行商务活动的，这样很容易确认对方的身份，同时通过对方的签名、印章、证书等一系列有形的身份凭证来鉴别交易对方的身份。然而，在进行网上商务交易时，交易双方一般从未谋面，或者相隔千里，并且整个商务交易环节都是通过网络完成。因此，如果不采取任何新的保护措施或者进行第三方认证平台的担保，网上交易一般要比传统的商务活动更容易引起假冒、诈骗、欺骗等违法活动。因此，电子商务交易的首要安全要素就是保证交易双方身份的可认证性，这个过程一般采用第三方认证平台进行。

2. 保密性

保密性是指信息在网络传输或存储的过程中不被他人窃取、泄露，也就是未经授权的人或组织不能够获取信息，同时如果信息经过加密，也无法了解其内容。

在日常的商贸活动中，一般都是通过面对面或者电话的信息交换，抑或是通过邮寄封装的信件或可靠的通信渠道发送具有商业信息的报文，从而达到保守商业秘密的目的。而电子商务是建立在一个开放的网络环境下，当交易双方通过互联网交换信息时，由于互联网是一个开放的公用互联网络，如果不采取适当的保密措施，那么其他人就有可能知道他们的通信内容。另外，存储在网络上的文件信息如果不加密的话，也有可能被黑客窃取。上述种种情况都有可能造成敏感的商业信息的泄露，导致巨大损失。

3. 完整性

完整性是指保护数据不被未经授权者修改、建立、删除、重复、传送或者由于其他原因使原始数据被更改，使得最终的数据是初始创建的，或者发送方发送的数据和接收方接收到的是一致的。交易各方都能够验证收到的信息是否完整，即信息是否被人篡改过，或者在数据传输过程中是否出现信息丢失、信息重复等差错。

该种方式一般通过消息摘要实现，先通过摘要算法对要传输的信息进行计算得到摘要信息，而后将摘要信息一并传输给接收方。接收方在收到信息后，采用相同的摘要算法对原始信息进行计算得到一个摘要信息，而后和发送方传输的摘要信息比对，如果相同，则表示信息完整，否则表示已被篡改。

4. 不可抵赖性

不可抵赖性是指信息在整个电子交易过程的各个环节都必须是不可否认的，即交易一旦达成，发送方不能否认他发送的信息，接收方则不能否认他所收到的信息。它具有一种法律的有效性要求。因此，保证交易过程中的不可抵赖性也是电子商务安全需求中的一个重要方面。该种特性一般利用电子签名来进行保障，先对传输的信息进行摘要算法处理得到摘要信息，而后利用自己的私钥对摘要信息进行加密，获得电子签名，将此电子签名连同原始信息发送给接收方。接收方收到信息后采用同样的摘要算法对信息进行处理得到摘要信息，同时利用发送方的公钥对加密后的摘要信息进行解密，将解密后的摘要信息和自己计算得到的摘要信息进行对比，如果一致，则表示信息是发送方发送的。

5. 不可拒绝性

不可拒绝性又称为有效性或可靠性，是保证授权用户在正常访问信息和资源时不被拒绝，即保证为用户提供稳定的、有效的、持续的服务。

电子商务依托互联网开展的有别于传统商务的商务活动，其信息的有效性直接关系到个人、企业或国家的经济利益和声誉。因此，对网络故障、操作错误、应用程序错误、硬件故障、系统软件错误及病毒所产生的潜在威胁需要加以控制和预防，以保证服务不被拒绝。“拒绝服务”往往使得商务交易不能进行，使参与商务的各方蒙受损失。因此，商务服务具有不可拒绝性需求。

6. 访问控制性

访问控制性是指按照用户身份及其所归属的某项定义权限组合来限制用户对某些信息项的访问，或者限制某些功能的使用，从而起到保护计算机系统资源（信息、计算和通信资源）不被未经授权的人或方式访问，以达到控制非法的接入、使用、修改、破坏、发出指令或植入程序等。

9.1.5　电子商务的安全框架

电子商务的安全框架是保证电子商务系统安全的一个完整的逻辑结构，由网络服务层、加密技术层、安全认证层、安全协议层、系统应用层等五个层次组成，如图 9-2 所示。各层次之间相互依赖、相互关联，构成统一整体。下层是上层的基础，为上层提供技术支持，上层是下层的扩展与递进。各层通过相互嵌套、相互支撑，保障电子商务系统的整体安全。

电子商务系统是依赖互联网完成的商务系统，网络服务层是电子商务安全框架的底层，它提供信息传递的载体和用户接入的手段，为电子商务系统提供了基本、灵活的网络服务。同时，为确保电子商务系统的全面安全，必须建立完善的加密技术和认证机制以及相应的规章制度。在电子商务安全框架体系中，加密技术层、安全认证层、安全协议层这三层主要是确保电子交易数据的安全。系统应用层确保电子商务交易过程中的认证性、完整性、保密性、访问控制性、不可拒绝性和不可抵赖性，即确保电子商务交易安全的六个要素。

电子商务系统安全的设计是一个系统工程，用于电子商务的安全控制、防护、监控技术。随着技术的演进，需要通过合理的设计系统框架，组建全方位的、一体化的安全防护体系，并进行有机的结合，同时再制定相对比较完善的规章制度，从技术上实现系统的、有效的电子商务系统安全。

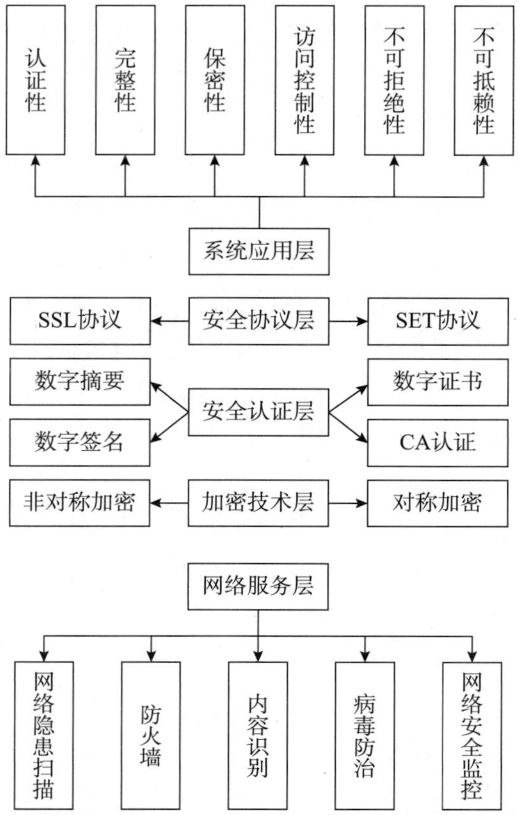

图9-2 电子商务的安全框架

9.1.6 电子商务的安全体系

电子商务安全既是计算机和网络安全技术问题，又是安全管理问题。要确保电子商务的安全，首先需要加强对有关人员的电子商务技术安全教育，建立和完善电子商务法律和法规，严格按照各种法律、法规和制度来管理和运作电子商务。

电子商务活动因为需要处理资金支付等敏感问题，所以对安全技术提出了较高的要求。为此，必须建立与国际接轨、具有自身特色的电子商务安全理论体系，开发具有我国自主知识产权的安全电子商务软件系统。

由于电子商务系统自适应能力要求高，网上用户众多，个性化突出，网络信息内容广泛、结构复杂，因此网络操作系统和数据库异构信息融合难度大。这些因素都是建设电子商务安全体系必须面对的困难和现实。电子商务安全涉及安全路由选择、追踪和监控交易过程、控制资金流和物流、敏感信息保密、信息完整性、通信可靠性、身份和实体认证、交易公证和仲裁等问题，是一个综合性的电子商务信息系统安全工程。

电子商务安全体系通过互联网将商家、客户和银行三方连接起来，使用安全代理服务器和CA认证系统等，实现电子商务交易数据的机密性、完整性、不可抵赖性等安全功能。一个实用的电子商务安全体系必须有机集成现代计算机密码学信息安全技术、网络安全技术和电子商务安全支付技术等。电子商务的安全体系结构如图 9-3 所示。

电子商务安全支付机制 安全电子交易协议SET
安全网络协议（SSL 协议、TCP/IP 协议等）、 数字签名（公钥基础设施 PKI 、数字证书、数字信封）、身份认证、信息认证等
密码技术（DES 密码、RSA 密码、ECC 密码等）
安全操作系统、安全数据库系统、 安全物理设备（安全网络设备、安全计算机、安全通信通道等）

图 9-3　电子商务的安全体系结构

从图 9-3 可知，电子商务安全是建立在安全物理设备、安全操作系统、安全数据库系统、密码技术、数字签名、身份认证、信息认证、安全网络协议等内容之上的。电子商务的安全体系确保了电子商务活动的有效性、机密性、完整性和不可抵赖性。

密码技术利用密钥对敏感信息进行数学变换（密码算法），以达到保密的目的。密码技术包括密码算法的选取，密钥的生成、管理及分发等。密码技术分为对称密码系统和非对称密码系统两种。对称密码系统的加密密钥和解密密钥是相同的，它的安全性依赖于密钥的保护。目前常用商用对称密码系统是 DES 密码系统。对称密码系统加密、解密速度快，但密钥管理相当困难。非对称密码系统又称为公钥密码系统，它的加密密钥是公开的，存储在密钥数据库里，需要进行秘密通信的双方可以在网上查找出对方的加密密钥对数据进行加密，然后将密文发送给对方，对方接收到密文后使用只有其自己知道的解密密钥进行解密，恢复出原文。

在电子商务应用中，文件是数字化信息。为了验证数据来源的可靠性和输入时间的不可否认性，必须应用新的验证手段和方式，于是数字签名技术应运而生。数字签名技术由数字签名算法、数字信封、公钥基础设施 PKI 等构成，其中数字信封将待签名的数据、时间和签名组合成整体，以抵抗重传攻击和替换攻击，确保数字签名之法律效力。除了常规的数字签名之外，数字签名技术还包括匿名签名、双重签名、群签名、代理签名等。安全电子交易协议 SET 应用了双重数字签名技术，使得当签名方希望验证方仅知道报价单、中间人只知道授权指令时，在签名方和验证方两者报价相同的情况下，中间人可以进行授权操作。

在电子化、计算机网络环境下进行商务交易之前，交易双方必须确认对方的身份。目前，常用的身份认证技术有：个人 ID 口令、生物特征（指纹、视网膜、DNA）、智能卡身份认证、Kerberous 身份认证、移动计算环境下的身份认证，等等。数字证书是解决这一问题的有效方法。它通常是一个签名文档，标记特定对象的公开密钥。现在比较通用的做法是，由大家普遍信赖的第三方认证中心CA给交易用户签发数字证书，并由认证中心CA来承担安全电子交易认证服务，确定用户身份的服务结构等。

身份认证仅仅用于完成对交易双方的鉴别。为了确认所交易的数据的完整性，电子交易的双方还需要进行信息认证。信息认证技术使得合法的接收者能够验证其所接收到的信息是否真实，发送者无法抵赖自己所发送的信息，而且接收者也无法抵赖自己已经接收信息，当发送者和接收者双方发生争执时可交由第三方仲裁，并且可以发现交易信息在传输过程中是否被延时、重传。

现代电子商务交易是在开放的互联网上运作的，因此要确保电子商务安全，首先要求传输商务信息的计算机网络基础设施本身是安全的。安全计算机网络系统要求计算机是安全的、网络互联设备是安全的、操作系统是安全的、Web协议是安全的。安全芯片、安全存储介质、安全电源系统等构成安全计算机。安全网络交换机、安全路由器和安全集线器等是主要的安全网络设备。操作系统的安全既是计算机系统安全的关键技术，也是安全电子商务的关键要素。安全网络协议是实现身份认证数据加密、信息认证和不可抵赖等安全机制的基础，网络协议的安全性很大程度上决定了网络系统的安全性。安全网络协议包括安全的TCP/IP协议、SSL协议、HTTP超文本传输协议、IPSec协议和S/MIME消息传送协议等。

为了确保基于互联网的电子商务系统的安全，还需要有虚拟专用网VPN防火墙、安全电子邮件、防治病毒、网络入侵检测等技术的支持。总之，基于计算机网络基础设施和上述所述的数据加密和认证以及网络安全技术，在安全的支付机制和交易协议支持下，一个完整、安全的电子商务系统建立起来，并可以安全地应用。

9.2 电子商务安全技术

电子商务的前提和保证是安全，即保证业务可靠、准确地进行，保证交易双方能顺利、正确地实现买卖的最终目标，商家能及时收到应收的款项，客户能及时收到所买的商品或服务，整个过程又不能让自己的机密信息外泄。而电子商务的安全需要依靠技术的保障。

9.2.1 加密技术

密码学（cryptology）是研究编制密码和破译密码的技术科学，由两个相互对立、相互斗争，而且又相辅相成、相互促进的分支科学所组成，分别称为密码编码学（cryptography）和密码分析学（cryptanalysis）。密码编码学是用各种不同的加密算法对信息进行加密，实现隐蔽信息的目的，以保证其安全性；密码分析学则是研究分析破译密码，从密文推演出明文、密钥或解密算法的学问，包含密码攻击、发现漏洞、系统安全性证明等内容。

消息被称为明文，用某种方法伪装消息以隐藏它的内容的过程称为加密，被加密的消息称为密文，而把密文转变为明文的过程称为解密（见图9-4）。密码员（用户）对明文进行加密操作时所采用的一组规则称为加密算法；所传送消息的预定对象称为接收者；接收者对密文解密所采用的一组规则称为解密算法；密钥是加密或解密所需要的除密码算法之外的关键信息。

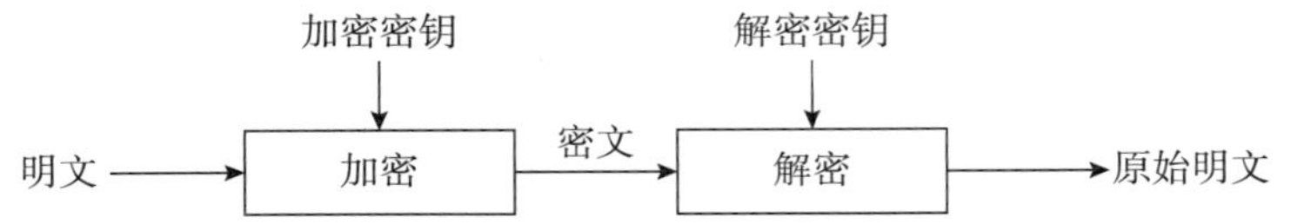

图9-4　数据加密与解密

密码编码的基本思想是对机密信息进行伪装，其过程是某用户（密码员）对需要进行伪装的机密信息（即明文）通过加密算法进行变换，得到另外一种看起来似乎与原有信息无关的表示（即密文），合法的用户（即接收者）获得了伪装后的信息，可以利用解密算法从这些信息中还原得到数据。加密技术是电子商务采用的最基本的安全技术，是解决诸如信息的窃取、信息的假冒、信息的篡改、信息的抵赖等问题的一种重要手段，同时也是数字签名技术、身份认证技术的基础。

数据加密技术是指将一个信息（或称明文）经过加密密钥及加密函数转换，变成无意义的密文，而接收方则将此密文经过解密函数、解密密钥还原成明文。攻击者即使窃取到经过加密的信息（密文），也无法辨识原文。这样能够有效地对抗截收、非法访问、窃取信息等威胁。

根据密码算法所使用的加密密钥和解密密钥是否相同、能否由加密密钥推导出解密密钥（或者由解密密钥推导出加密密钥），可将密码算法分为对称加密算法（也叫作单钥密码算法、秘密密钥密码算法）和非对称加密算法（也叫作双钥密码算法、公开密钥密码算法）。非对称加密通常以 RSA 算法为代表。对称加密算法的密钥具有针对性，即加密密钥和解密密钥相同。而非对称加密算法的加密密钥和解密密钥不同，加密密钥可以公开，而解密密钥需要保密。如果不合法的用户试图从这种伪装的信息中分析得到原有的机密信息，这种分析解密过程要么是不可能完成的，要么是代价过于巨大以至于无法完成。

9.2.2　密钥管理技术

密钥在加密系统中的作用就好比保险柜的钥匙。一个好的加密算法固然对信息保护很重要，但非法用户可以不通过技术的手段而获取密钥。实践证明，从密钥管理集盗取密钥比单纯从破译密码途径获得密钥要容易得多，付出的代价也小得多。尤其在计算机网络环境中，用户和节点很多，需要大量的密钥，如果没有一套妥善的管理办法，困难和危险可想而知，因此，密钥管理是加密系统核心的、首要的问题。密钥管理的主要工作如下。

1. 生成密钥

生成密钥主要利用噪声源技术。噪声源的功能是产生二进制随机序列或与之对应的随机数，它是密钥产生设备的核心部件。噪声源的另一个用途是在物理层加密的环境下进行信息填充，从而防止流量分析。物理噪声源基本上有三类：基于力学噪声源的密钥产生技术、基于电子学噪声源的密钥产生技术和基于混沌理论的密钥产生技术。

2. 密钥分配

密钥分配是密钥管理系统最复杂的问题，它解决两个问题：一是引进自动分配密钥体制，以提高系统的效率；二是尽可能减少系统中驻留的密钥量。根据用户的不同要求和系统大小，密钥分配有不同的解决方法。常用的方法如下：

（1）点对点模式，即通信双方直接管理共享通信密钥。

（2）KDC（key distribution center）模式，通信双方的会话密钥由KDC直接管理生成，这是密钥分配技术中最成熟的方案，也是当今密钥管理的一个主流。

（3）KTC（key translation center）模式，通信双方的会话密钥由发起方产生/获取，并由KTC管理传递。

此外还有离散对数方法和智能卡方式，基本的思想是利用数学的方法使得别人无法获得密钥。

3. 密钥保护

密钥保护技术涉及密钥注入、存储、有效期、更换、销毁等多个方面。

（1）密钥注入。重要的密钥可由多人分批分别完成注入。密钥注入方法有键盘输入、软盘输入和专用密钥注入设备（密钥枪）输入。密钥注入的过程应当在封闭的环境中，工作人员应该绝对可靠。

（2）密钥存储。密钥注入后的存储应以加密的形式进行，密钥的操作口令应该由密码操作人员掌握。这样即使密钥的加密设备被破译者拿到，也可以保证密钥系统安全。

（3）密钥有效期。密钥不能无限期地使用，使用时间越长，泄露的机会越大。不同的密钥应具有不同的有效期。

（4）密钥更换。密钥的使用应该是有寿命的，到期的密钥必须进行更换。

（5）密钥销毁。在密钥定期更换之后，旧密钥就必须安全地销毁与切碎。

9.2.3 防火墙技术

防火墙是保护本地系统或网络，抵制网络攻击的最重要的网络安全技术。作为访问控制技术的代表，防火墙产品是目前世界上用得最多的网络安全产品之一，其功能不断增加，并且最近还融入了虚拟专用网（VPN）等功能。

所谓防火墙指的是一个由软件和硬件设备组合而成，在内部网和外部网之间、专用网与公共网之间的界面上构造的保护屏障，是一种获取安全性方法的形象说法。它在外部网与内部网之间建立起一个安全网关（security gateway），从而保护内部网免受非法用户的侵入。防火墙主要由服务访问规则、验证工具、包过滤和应用网关四个部分组成，防火墙就是一个位于计算机和它所连接的网络之间的软件或硬件。该计算机流入流出的所有网络通信和数据包均要经过此防火墙。防火墙的应用示意图见图9-5。

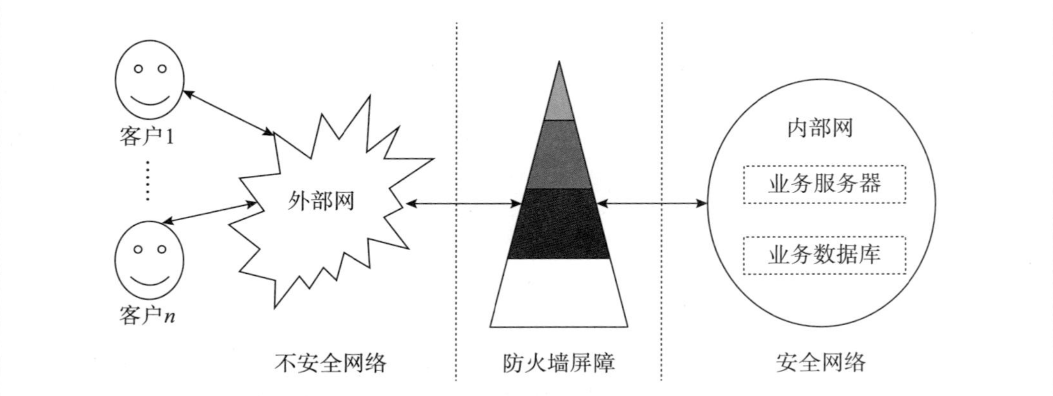

图 9-5　防火墙的应用示意图

防火墙实际上是一种隔离技术，是在两个网络通信时执行的一种访问控制尺度，它能允许你“同意”的人和数据进入你的网络，同时将你“不同意”的人和数据拒之门外，最大限度地阻止网络中的黑客来访问你的网络。

值得说明的是，尽管利用防火墙可以保护安全网络免受外部黑客的攻击，但其只能提高网络的安全性，不可能保证网络绝对安全。事实上仍然存在一些防火墙不能防范的安全威胁，如防火墙不能防范不经过防火墙的攻击。例如，如果允许从受保护的网络内部向外拨号，一些用户就可能形成与互联网的直接连接。另外，防火墙很难防范来自网络内部的攻击以及病毒的威胁。由于边界内部支持的操作系统和应用程序的不同性，采用防火墙来扫描所有进入的文件、电子邮件和报文来查找病毒是不现实的。

9.2.4　数据签名技术

鉴别函数可以保护通信的机密性，但是无法防止通信双方的欺骗和抵赖，也不能解决因此产生的争执。在电子商务系统中，如果不能解决这个问题，将带来很多经济和法律问题。所以，除了鉴别，我们还需要一种可行的方案来进行认证，数字签名就是一种较好的方法。鉴于数字签名在身份认证中的重要性，美国国家标准技术研究所（National Institute of Standards and Technology，NIST）在 1998 年 12 月就发布了联邦信息处理标准——数字签名标准（Digital Signature Standard，DSS）。它利用安全散列算法（SHA），提出了一种新的数字签名技术，即数字签名算法（digital signature algorithm，DSA）。

在书面文件上签名或盖章长期被用来确认作者的身份。签名之所以如此重要，是因为它具有以下特点：

（1）签名是可信的。签名使文件的接收者相信签名者是慎重地在文件上签字的。

（2）签名是不可伪造的。签名证明是签字者而不是其他人在文件上签字的。

（3）签名是不可重用的。签名是文件的一部分，不可能将签名移到不同的文件上。

（4）签名的文件是不可改变的。在文件签名后，文件不能改变。

（5）签名是不可否认的。签名和文件是物理存在的，签名者事后不能声称他没有签过名。

当然，上述签名的特点是一种理想状态，其实很难完全达到，因为签名能够被伪造、盗用，从文件中移到另一个文件中，文件在签名后能够被改变。尽管如此，我们仍愿意相信签名的可靠性，因为这种欺骗毕竟是比较困难的，并且还要冒被发现的危险。

数字签名必须具有如下性质：

（1）签名必须用可确定签名者的唯一信息，所以签名者及其签名时间可以证实。

（2）签名之前必须能够鉴别报文的内容。

（3）签名必须能被第三方验证以解决争端。

可见，数字签名中包含了鉴别的功能。这样，数字签名就可用来防止伪造、篡改信息，或冒用别人名义发送信息，或发出（收到）信件后又加以否认等情况发生。

另外，数字签名还需要采用算法来实现，实现这些算法的函数称为数字签名函数。采用较多的是非对称密钥技术，如 RSA Date Security 公司的 PKCS、DSA、X.509、PGP。1994 年美国标准与技术协会公布了数字签名标准（DSS），使公钥加密技术得到广泛应用。

9.2.5 数字时间戳技术

1. 数字时间戳的概念

数字时间是指由第三方提供的一种可信时间标记服务。通过该服务获得的数字时间戳数据可以用来证明在某一时刻数据已经存在。时间戳在日常生活中普遍存在，如发票上的日期、合同上的日期标记等，数字时间戳就是这些时间戳的数字化。

数字时间戳可以为任何电子文件或网上交易提供准确的时间证明，并且可以检验出文件或交易的内容加上时间戳后是否曾被人修改过。数字时间戳就如一个值得信赖的第三者或公证人，为人提供可靠的时间确认服务。数字时间戳技术是数字签名技术的一种变种的应用，通过有效的第三方所出示的时间来证明文件的真实性。

2. 数字时间戳的工作流程

提供数字时间戳的服务机构（如 CFCA）一般应当同时提出标准时间服务，这样才能保证数字时间戳包含的时间数据具有通用性和参照性。

数字时间戳的工作流程如下：

（1）用户对需要加盖数字时间戳的数据进行摘要处理；

（2）用户将摘要值发送时间戳服务器，请求数字时间戳处理；

（3）时间戳服务器对接收到的摘要值和标准时间作数字签名，该数字签名结果即为数字时间戳；

（4）用户接收到数字时间戳，作签名有效性验证，如签名有效则完成数字时间戳操作。

9.2.6 数字证书

数字证书是一个经证书授权中心数字签名的包含公开密钥拥有者信息以及公开密钥的文件。最简单的证书包含一个公开密钥、名称以及证书授权中心的数字签名。数字证书还有一个重要的特征，就是只在特定的时间段内有效。

数字证书是一种权威性的电子文档，可以由权威公正的第三方机构，即 CA 中心（例如中国各地方的 CA 公司）签发证书，也可以由企业级 CA 系统进行签发。它是以数字证书为核心的加密技术（加密传输、数字签名、数字信封等安全技术），可以对网络上传输的信息进行加密和解密、数字签名和签名验证，确保网上传递信息的机密性、完整性及交易的不可抵赖性。使用了数字证书，即使用户发送的信息在网上被他人截获，甚至丢失了个人的账户、密码等信息，仍可以保证用户的账户、资金安全。

数字证书可用于发送安全电子邮件、访问安全站点、网上证券交易、网上招标采购、网上办公、网上保险、网上税务、网上签约和网上银行等安全电子事务处理和安全电子交易活动。

1. 工作原理

数字证书采用公钥体制，即利用一对互相匹配的密钥进行加密、解密。每个用户自己设定一把特定的仅为本人所知的私有密钥（私钥），用它进行解密和签名；同时设定一把公共密钥（公钥）并由本人公开，为一组用户所共享，用于加密和验证签名。当发送一份保密文件时，发送方使用接收方的公钥对数据加密，而接收方则使用自己的私钥解密，这样信息就可以安全无误地到达目的地了。通过数字的手段保证加密过程是一个不可逆过程，即只有用私有密钥才能解密。在公开密钥密码体制中，常用的一种是 RSA 体制。其数学原理是将一个大数分解成两个质数的乘积，加密和解密用的是两个不同的密钥。即使已知明文、密文和加密密钥（公开密钥），想要推导出解密密钥（私密密钥），在计算上是不可能的。按当下计算机技术水平，要破解 1 024 位 RSA 密钥，需要上千年的计算时间。公开密钥技术解决了密钥发布的管理问题，商户可以公开其公开密钥，而保留其私有密钥。购物者可以用人人皆知的公开密钥对发送的信息进行加密，安全地传送给商户，然后由商户用自己的私有密钥进行解密。

用户也可以采用自己的私钥对信息加以处理，由于密钥仅为本人所有，这样就产生了别人无法生成的文件，也就形成了数字签名。

2. 颁发过程

数字证书颁发过程一般为：用户首先产生自己的密钥对，并将公共密钥及部分个人身份信息传送给认证中心。认证中心在核实身份后，将执行一些必要的步骤，以确信请求确实由用户发送而来。然后，认证中心将发给用户一个数字证书，该证书内包含用户的个人信息和他的公钥信息，同时还附有认证中心的签名信息。如此一来，用户就可以使用自己的数字证书进行相关的各种活动。数字证书由独立的证书发行机构发布，数字证书各不相同，每种证书可提供不同级别的可信度，用户可以从证书发行机构获得自己的数字证书。

3. 证书分类

基于数字证书的应用角度，数字证书可以分为以下三种：

（1）服务器证书。服务器证书被安装在服务器设备上，用来证明服务器的身份和进行通信加密。服务器证书可以用来防止欺诈钓鱼站点。在服务器上安装服务器证书后，客户端浏览器可以与服务器证书建立 SSL 连接。在 SSL 连接上传输的任何数据都会被加密。同时，浏览器会自动验证服务器证书是否有效，验证所访问的站点是否是假冒站点，服务器证书保护的站点多被用来进行密码登录、订单处理、网上银行交易等。全球知名的服务器证书品牌有 GlobalSign、Verisign、Thawte、Geotrust 等。

（2）电子邮件证书。电子邮件证书可以用来证明电子邮件发件人的真实性。它并不证明数字证书上面所标识的证书所有者姓名的真实性，它只证明邮件地址的真实性。收到具有有效电子签名的电子邮件，我们除了能相信邮件确实由指定邮箱发出外，还可以确信该邮件从被发出后没有被修改过。

（3）个人证书。客户端证书主要被用来进行身份验证和电子签名，安全的客户端证书被存储于专用的 USBKey 中。存储于 Key 中的证书不能被导出或复制，且 Key 使用时需要输入 Key 的保护密码。使用该证书需要从物理上获得其存储介质 USBKey，且需要知道 Key 的保护密码，这也被称为双因子认证。这种认证手段是目前最安全的身份认证手段之一。

4. 证书格式

数字证书的格式普遍采用 X. 509 V3 国际标准，一个标准的 X. 509 数字证书包含以下一些内容：

（1）证书的版本信息。

（2）证书的序列号，每个证书都有一个唯一的证书序列号。

（3）证书所使用的签名算法。

（4）证书的发行机构名称，命名规则一般采用 X. 500 格式。

（5）证书的有效期，通用的证书一般采用 UTC 时间格式，它的时间范围为 1950—2049 年；证书所有人的名称，命名规则一般采用 X. 500 格式。

（6）证书所有人的公开密钥。

（7）证书发行者对证书的签名。

数字证书文件格式有 cer 和 pfx，只有 pfx 格式的数字证书是包含私钥的，cer 格式的数字证书里面只有公钥，没有私钥。

5. 证书申请

一般来讲，用户要携带有关证件到各地的证书受理点，或者直接到证书发放机构即 CA 中心填写申请表并进行身份审核，审核过后交纳一定费用就可以得到装有证书的相关介质（磁盘或 Key）和一个写有密码口令的密码信封。

域名型的证书在申请的时候，无须递交书面审查资料，仅需进行域名有效性验证，在网上申请。而企业型证书需要进行严格的网站所有权的真实身份验证，证书标示企业组织机构详情，强化信任度。增强型证书除了进行严格的网站所有权的真实身份验证之外，还加入第三方验证，证书标示增强组织机构详情，强化信任度。

6. 使用方法

用户在进行需要使用证书的网上操作时，必须准备好装有证书的存储介质。如果用户是在自己的计算机上进行操作，那么操作前必须先安装 CA 根证书。一般所访问的系统如果需要使用数字证书会自动弹出提示框要求安装根证书，用户直接选择确认即可；当然也可以直接登录 CA 中心的网站，下载安装根证书。操作时，一般系统会自动提示用户出示数字证书或者插入证书介质，用户插入证书介质后，系统将要求用户输入密码口令，此时用户需要输入申请证书时获得的密码信封中的密码，密码验证正确后，系统将自动调用数字证书进行相关操作。使用后，用户应取出证书介质，并妥善保管。当然，不同系统数字证书会有不同的使用方式，但系统一般会有明确提示，用户使用起来都较为方便。

9.2.7　计算机病毒防治技术

从防病毒产品对计算机病毒的作用来讲，计算机病毒防治技术可以分为预防病毒技术、检测病毒技术及清除病毒技术。

1. 预防病毒技术

计算机病毒的预防技术就是通过一定的技术手段防止计算机病毒对系统的传染和破坏。实际上这是一种动态判定技术，即一种行为规则判定技术。也就是说，计算机病毒的预防是采用对病毒的规则进行分类处理，而后在程序运作中，凡有类似的规则出现，则认定是计算机病毒。具体来说，计算机病毒的预防是通过阻止计算机病毒进入系统内存或阻止计算机病毒对磁盘的操作，尤其是写操作。

预防病毒技术包括：磁盘引导区保护、加密可执行程序、读写控制技术、系统监控技术等。计算机病毒的预防应用包括对已知病毒的预防和对未知病毒的预防两个部分。目前，对已知病毒的预防可以采用特征判定技术或静态判定技术，而对未知病毒的预防则是一种行为规则的判定技术，即动态判定技术。

2. 检测病毒技术

计算机病毒的检测技术是指通过一定的技术手段判定出特定计算机病毒的一种技术。它有两种：一种是根据计算机病毒的关键字、特征程序段内容、病毒特征及传染方式、文件长度的变化，在特征分类的基础上建立的病毒检测技术。另一种是不针对具体病毒程序的自身校验技术，即对某个文件或数据段进行检验，计算并保存其结果，以后定期或不定期地以保存的结果对该文件或数据段进行检验，若出现差异，则表示该文件或数据段完整性已遭到破坏，感染上了病毒，从而检测到病毒的存在。

3. 清除病毒技术

计算机病毒的清除技术是计算机病毒检测技术发展的必然结果，是计算机病毒传染程序的一种逆过程。目前，清除病毒技术大多是在某种病毒出现后，通过对其进行分析研究而研制出来的具有相应解毒功能的软件。这类软件技术发展往往是被动的，具有滞后性。而且由于计算机软件所要求的精确性，解毒软件有其局限性，对有些变种病毒的清除无能为力。

9.3 电子商务的安全管理体系

电子商务需要一个完整的安全管理体系，本节将从安全管理模型入手，通过PDCA循环来详细解释安全管理模型，并通过安全管理策略以及国际上通用的安全管理标准来详细介绍电子商务的安全管理体系。

9.3.1 安全管理模型

PDCA循环是由美国统计学家戴明（Deming）博士提出来的，它反映了质量管理活动的规律。P（plan）表示计划；D（do）表示实施；C（check）表示检查；A（action）表示处理。PDCA循环是提高产品质量、改善企业经营管理的重要方法，是质量保证体系运转的基本方式。PDCA循环表明了质量管理活动的四个阶段，每个阶段又分为若干步骤。

在计划阶段，要通过市场调查、用户访问等，摸清用户对产品质量的要求，确定质量政策、质量目标和质量计划等。该阶段包括找问题、找原因、找要因和制定措施四个步骤。

在实施阶段，要实施上一阶段所规定的内容，如根据质量标准进行产品设计、试制、试验，其中包括计划执行前的人员培训。该阶段只有一个步骤：实施计划。

在检查阶段，主要是在计划执行过程之中或执行之后，检查执行情况，看是否符合计划的预期结果。该阶段也只有一个步骤：检查效果。

在处理阶段，主要是根据检查结果，采取相应的措施，巩固成绩，把成功的经验尽可能纳入标准，进行标准化，遗留问题则转入下一个PDCA循环去解决。该阶段包括两个步骤：总结经验和提出新问题。

由此可见，一个PDCA循环一般都要经历四个阶段及八个步骤，八个步骤是四个阶段的具体化，如图9-6所示。

（1）计划（P）阶段。计划阶段是质量管理的第一阶段。通过计划，确定质量管理的方针、目标，以及实现该方针和目标的行动计划和措施。计划阶段包括以下四个步骤：

第一步，分析信息安全的现状，找出存在的质量问题。

第二步，分析原因和影响因素。针对找出的质量问题，分析产生的原因和影响因素。

第三步，找出主要原因的影响因素。

第四步，制定改善质量的措施，提出行动计划，并预计效果。在进行这一步时，要反复考虑并明确回答以下问题：为什么要制定这些措施（Why)？制定这些措施要达到什么目的（What)？这些措施在何处（即哪个工序、哪个环节或在哪个部门）执行（Where)？什么时候执行（When)？由谁负责执行（Who)？用什么方法完成（How)？以上六个问题，归纳起来就是原因、目的、地点、时间、执行人和方法，亦称5W1H问题。

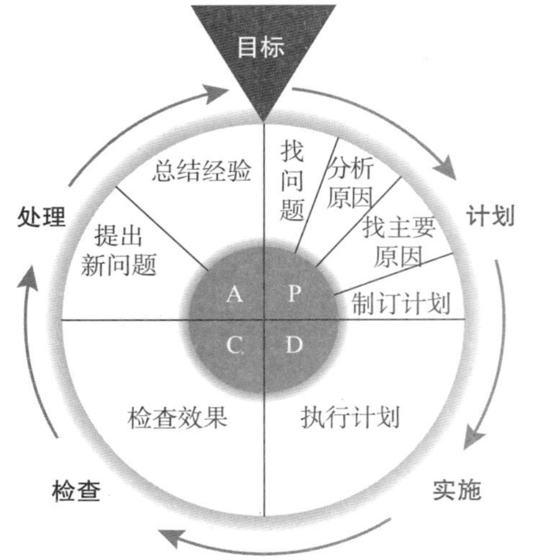

图 9-6　PDCA 循环

（2）实施（D）阶段。该阶段只有一个步骤，即第五步：执行计划或措施。

（3）检查（C）阶段。这个阶段也只包括一个步骤，即第六步：检查计划的执行效果。通过做好自检、互检、工序交接检查、专职检查等方式，将执行结果与预定目标做对比。认真检查计划的执行结果，为下一阶段改进工作创造条件。

（4）处理（A）阶段。具体包括两个步骤：第七步，总结经验。对检查出来的各种问题进行处理，正确的加以肯定，总结成文，制定标准。

第八步，提出新问题。通过检查，对效果不显著或者效果不符合要求的一些措施，以及没有得到解决的质量问题，不要回避，应本着实事求是的精神，把其列为遗留问题，转入下一个循环中。

处理阶段是 PDCA 循环的关键。因为处理阶段就是解决存在问题、总结经验和吸取教训的阶段。该阶段的重点又在于修订标准，包括技术标准和管理制度。

PDCA 循环可以使我们的思想方法和工作步骤更加条理化、系统化、图像化和科学化。

9.3.2　安全管理策略

制定电子商务安全管理策略的目的是保证电子商务系统安全、完整、正常地运行，不受破坏和干扰；能够有序地、客观地鉴别和测试电子商务系统的安全状态；能够对可能存在的风险有一个基本的评估；而当电子商务系统遭到破坏后能够采取及时有效的恢复措施和手段，并且对其所需的代价有一定的估计。

电子商务安全管理策略就是针对电子商务系统中所要保护的信息、被攻击的可能性、投入的资金状况等，根据实际情况对各种电子商务安全措施进行选择。有效的电子商务安全策略可以说是在一定的条件下成本和效率的平衡，包括信息安全管理的任务、目标、对象、原则、程序和方法等内容。

信息安全管理的任务是保证信息的使用安全和信息载体的运行安全，信息的使用安全是通过实现信息的机密性、完整性和可用性这些安全属性来保证的，信息载体的运行安全指计算系统、网络系统、存储系统和外设系统能够安全地运行。信息安全管理的目标是达到信息系统所需的安全级别，将风险控制在用户可以接受的程度。信息安全管理的具体对象包括机构、人员、软件、设备、介质、涉密信息、技术文档、网络连接、门户网站、应急恢复、安全审计、场地设施等。

虽然具体的电子商务应用可能不同，但制定安全管理策略时应遵循如下原则：

（1）需求、风险、代价平衡的原则。绝对安全的电子商务系统是不可能达到的。因此，在对电子商务系统所面临的威胁和可能产生的风险进行充分研究后，结合目前的技术和资金条件制定相应的安全措施，以达到安全与价值的平衡，即保护成本和被保护信息的价值平衡。

（2）综合性、整体性的原则。必须运用系统工程的观点、方法，从整体的角度看待和分析安全问题，综合各方面情况后制定相应的具体可行的安全措施。

（3）易操作性原则。首先，安全措施要由人来完成，如果措施过于复杂，对人的要求过高，本身就降低了安全性；其次，采取的措施不能影响系统的正常运行。

（4）适应性、灵活性原则。安全措施必须能随着网络性能及安全需求的变化而变化，要容易适应、容易修改。

（5）多重保护的原则。任何安全保护措施都不是绝对安全的，都可能被攻破。因此，建立一个多重保护系统，各层保护互相补充，当一层保护被攻破时，其他层仍可保护信息的安全。

信息安全管理的程序遵循PDCA循环的四大基本步骤：计划、执行、检查和处理。信息安全管理根据具体管理对象的不同，采用不同的具体管理方法。

9.3.3 安全管理标准

信息安全管理体系（information security management system，ISMS）是1998年前后从英国发展起来的信息安全领域中的一个新概念，是管理体系（management system，MS）思想和方法在信息安全领域的应用。近年来，伴随着ISMS国际标准的修订，ISMS迅速被全球接受和认可，成为世界各国、各类组织解决信息安全问题的一个有效方法。ISMS认证随之成为组织向社会及其相关方证明其信息安全水平和能力的一种有效途径。

1. 安全管理标准BS7799的内容

BS7799标准是由英国标准协会（BSI）制定的信息安全管理标准，是国际上具有代表性的信息安全管理体系标准。BS7799分为两个部分：BS7799-1，即《信息安全管理实施规则》；BS7799-2，即《信息安全管理体系规范》。其中BS7799-1：1999于2000年12月通过ISO/IECJTCI（国际标准化组织和国际电工委员会的联合技术委员会）认可，正式成为国际标准，即《信息技术-信息安全管理实施细则》（ISO/IEC 17799：2000）。这是通过ISO表决最快的一个标准，足见世界各国对该标准的关注和接受程度。2002年9月5日，英国标准化协会又发布了新版本BS7799-2：2002替代了

BS7799-2：1999。

2. BS7799-1与BS7799-2的关系

BS7799-1《信息技术-信息安全管理实施细则》(ISO/IEC 17799：2000）是组织建立并实施ISMS的一个指导性的准则，主要为组织制定其信息安全策略和进行有效的信息安全控制提供了一个大众化的最佳惯例。

BS7799-2《信息安全管理体系规范》规定了建立、实施和文件化ISMS的要求，规定了根据独立组织的需要应实施安全控制的要求。该标准的适用范围包括：组织按照本标准要求建立并实施ISMS，进行有效的信息安全风险管理，确保商务可持续性发展；作为寻求ISMS第三方认证的标准。

BS7799-2明确提出信息安全管理要求，BS7799-1则对应给出了通用的控制方法(措施)，因此，BS7799-2才是认证的依据。严格地说，组织获得的认证是获得了BS7799-2的认证，BS7799-1为BS7799-2的具体实施提供了指南，但标准中的控制目标、控制方式的要求并非信息安全管理的全部，组织可以根据需要考虑另外的控制目标和控制方式。

9.4 电子商务消费者隐私的保护

随着电子商务的迅速发展，电子商务中消费者的隐私受到前所未有的威胁，电子商务中消费者私人空间遭受侵犯的频率不断增加，人们尤其是网民越来越感受到个人隐私急需保护，我国电子商务中消费者隐私权的保护是一个亟待解决的重要问题。

9.4.1 电子商务消费者隐私权

1. 电子商务消费者隐私权概述

随着电子商务在我国的应用和普及，一些市场主体在利益的驱使下，在网络用户不知情或不情愿的情况下，采取各种技术手段，获取和利用消费者的信息，侵犯了消费者的隐私权。电子商务中消费者的隐私数据如何得到安全保障，这是任何国家发展电子商务中都会遇到的问题。对电子商务中消费者隐私权的有效保护，成为电子商务顺利发展的重要市场环境条件。

电子商务消费者隐私权是指在电子商务交易中个人数据的收集、传递、存储和加工利用等各个环节依法受到法律保护的人格权。个人数据主要指自然人之姓名、性别、出生年月日、身份证号码、指纹、婚姻状况、家庭状况、教育程度、职业、健康状况、病历信息、财务情况、社会活动、E-mail、IP地址、用户名与密码等资料。

电子商务消费者隐私权根据权利形态可以分为隐私不被窥视的权利、不被侵入的权利、不被干扰的权利、不被非法收集利用的权利；根据权利的内容分可以分为个人特质的隐私权、个人行为的隐私权、通信内容的隐私权和匿名的隐私权等。

具体而言，电子商务中消费者的隐私权包括如下几个方面的内容：

(1) 信息资料搜集的知悉权。知悉权是电子商务中消费者的基本权利，是指任何单位和个人在搜集使用消费者的个人数据资料时，必须对资料的所有者进行及时准确的告知，电子商务中的消费者有权知道数据的使用者收集了哪些信息，信息的具体内容是什么，这些信息将被用作何用途以及数据拥有者的相关权利等。

（2）信息资料的控制权。这是电子商务中消费者隐私权的核心，这一权利包括电子商务中的消费者通过合理的途径访问、查阅被搜集和整理的电子商务消费者信息资料，并对错误的个人信息资料进行修改、补充、删除，以保证网络个人信息资料的完整、准确。与此同时，也包括任何单位或个人、未经电子商务中消费者本人的同意或授权，不得随意公开、使用或处置用户的网络个人信息资料。

（3）信息资料的安全请求权。不论网站所搜集的是何种个人信息，只要涉及电子商务中消费者的隐私权，就必然与信息资料的安全问题有密切关系，不论是人为的信息泄漏或被窃取，还是技术上的缺陷、操作上的失误致使信息资料或数据丢失，都将严重地影响个人信息资料的正常使用和电子商务中消费者隐私权的保护。因此，应当赋予权利人信息资料的安全请求权：一方面，权利人有权要求网络个人信息资料的持有人采取必要的合理措施，保护用户的个人信息资料安全；另一方面，当电子商务中消费者信息资料的持有人拒绝采取必要措施和技术手段保护网络个人信息资料的安全时，电子商务中的消费者有权提起诉讼，或根据协议申请仲裁，或向有关行政职能机构申请获得行政强制力的支持。

2. 电子商务消费者隐私权和传统消费者隐私权的异同

电子商务消费者隐私权是由电子商务中的社会关系而形成的权利义务关系，它与传统消费者隐私权既有相同之处又有不同之处，其不同之处可以归结为以下几个方面：

（1）消费者隐私权性质的单一化与双重化。传统消费者隐私权一般被认为是一种独立的精神性人格权，不具有物质性或财产权属性。但是，因为网络空间中的个人隐私已经成为一种无形财产，所以隐私权也就兼具无形财产权与人格权的双重属性。

（2）消费者隐私权客体的非数据化和数据化。传统消费者的隐私大多以行为方式表现出来，比如购买某种涉及个人隐私的商品行为。然而电子商务中的消费者隐私主要以个人数据的形式出现。进入信息时代，利用信息技术进行个人数据的收集、处理和传输变得十分简单，对电子商务中消费者隐私权的侵害不再简单地表现为对个人隐私的直接窃取、扩散和侵扰，而更多地表现为通过收集大量看起来可能并非完整的个人隐私，借助计算机软件等高级技术分析出个人并不愿意他人知道的个人信息。

（3）消费者隐私权客体的范围大小不一。传统消费者隐私权的保护范围小于电子商务中消费者隐私权的保护范围。例如，个人的姓名、性别、身高等个人信息，不属于传统消费者隐私权的保护范围，但在电子商务中，这些个人信息都属于消费者隐私权保护的客体。

（4）消费者隐私权保护力度的强弱不同。电子商务消费者隐私权如果适当保护，则会积极促进电子商务的发展；如果过度保护，则会妨碍电子商务的发展。从总体上来看，电子商务消费者隐私权保护弱于传统消费者隐私权保护。

（5）消费者隐私权保护内容的简单化与复杂化。传统消费者对个人隐私的控制能力要大于电子商务中的消费者。互联网在一定程度上削弱了消费者对个人隐私的控制能力，它使得个人数据的收集和处理变得更加平常和普遍，每个人的部分个人数据都可能被国家机关、ISP公司、网站等所掌握和利用。而当事人却不一定知道自己的个人数据在他人的手中，是什么内容，是否真实准确，将用于什么目的和用途。

（6）侵犯消费者隐私权手段的差异化。同侵犯传统消费者隐私权行为的手段相比，电子商务中侵犯消费者隐私更多是依靠智力和高科技去实施，侵权行为人必须具备相当程度的专业知识和熟练的操作技能，否则难以达到收集他人数据或侵入他人系统的目的。

（7）侵犯消费者隐私权后果的严重化。传统消费者隐私权受到侵犯的后果没有电子商务中的消费者隐私权受到侵犯的后果严重。这是因为网络空间的全球性和信息传输的迅捷性。公民的隐私一旦在网上披露，全球范围的人在瞬间都能知道，这将给当事人带来严重的损害后果。

电子商务中的消费者隐私权并非一种完全新型的隐私权，它是传统消费者隐私权在网络空间环境下的延伸和体现。这一概念是随着互联网这种新型的信息和资料传递手段的出现而产生的，公民在网络上的隐私权与传统隐私权仍有重叠的部分。电子商务中的消费者隐私权和传统消费者隐私权的相同之处主要表现在以下几个方面。

首先，这两种隐私权都是指公民的私人生活安宁与私人信息依法受到保护，不被他人非法侵犯、知悉、搜集、复制、公开和利用的一种人格权；也指禁止泄露某些与个人有关的敏感信息，包括事实、图像等。

其次，这两种隐私权都包括两个方面的内容：一是用户依法享有保护个人的生活安宁，保护个人信息秘密不被他人非法侵扰、知悉、搜集、利用和公开，即不受侵扰；二是用户能够自由决定个人生活和个人信息的状况和范围，并能够对其进行利用，即个人对于其个人隐私应有主动积极控制支配的权利。

9.4.2 电子商务中的消费者隐私权保护问题

互联网为全球性的信息交流提供了无限的可能，在这个信息的海洋里，既有公共信息，也有私人信息。尽可能多地知道他人的信息，而自己的私人信息尽可能地不被他人知悉，是一种普遍的心理，这是引发共享他人信息和保护自己私人信息矛盾的社会心理基础。但事实是人们在共享他人信息的同时，可能要以牺牲个人信息为代价。当你看到他人的信息时，你的个人信息也可能已经被他人共享了。当你感觉到整个世界变得越来越小的时候，你也可能开始觉得个人的私人空间越来越小。

当今社会，商家的客户资料已经成为商业竞争的重要部分，消费者的个人资料自然也成为有经济价值的信息。从某种意义上说，谁掌握这些信息越多，谁就拥有越多的潜在消费者。因此，不少商家不遗余力地收集消费者的个人信息，有的甚至将个人信息当作商业信息进行买卖。对此，电子商务中的消费者需要增强保护自己隐私权的意识与技能。电子商务过程中的消费者隐私权保护问题主要体现在以下几个方面：

1. 消费者自我保护意识不足

电子商务中的消费者隐私权遭受到侵犯的主要原因之一是消费者自我保护意识不足。大多数电子商务中的消费者对个人信息保护意识有很大的欠缺，不知道保护自己的个人信息或者不知道怎样保护自己的个人信息。主要表现如下：消费者不知道这个信息是可以保护、应该保护或者必须保护的，他们不清楚自己拥有什么样的权限；消费者提交的信息具有随意性，没有意识到提交这些信息会对自己造成什么影响；消费者不善于利用已有的保护措施，很多时候，网站已经为消费者提供了保护措施，例如在提交信息时可以选择只有自己看到、只对好友公开或对所有人公开，然而消费者并没有意识到这一点，更多的时候只是依据默认选项进行操作，这将对个人信息造成非法损害。

2. 消费者隐私保护技术存在不足

现在的网络安全保护技术虽然越来越强，但还是存在不足之处。数字签名技术、防火墙技术、入侵检测系统、信息加密技术、安全认证技术、防病毒系统，在很大程度上已经减少了电子商务中消费者隐私的侵犯，但因为技术只是工具，它具有双刃剑的作用，即先进的技术既可以用来保护电子商务中消费者的隐私，也有可能会被用来侵犯电子商务中消费者的隐私。因此，技术保护可能永远无法彻底解决电子商务中的消费者隐私权保护问题，先进的技术只能在某种程度上完善和加强对电子商务中消费者隐私权的保护。

3. 对消费者隐私的法律保护不足

美国行业自律模式的缺点十分明显，就是它完全建立在行业自律的基础之上，依据网络服务提供商和与之有关的其他产业的自觉行动来保证这些规定的执行。如果网络服务提供商与用户之间的利益是一致的，即由于采取了保护网络用户隐私权的措施而使双方受益的情况下，那么这些规定可能还容易执行。但当双方的利益不一致时，即由于网络服务提供商可通过搜集个人隐私信息将其用于商业，并能够给它们带来巨大的商业利益的情况下，这就很难保证网络服务提供商能够遵守这些不能给其带来利益，反而给其增加负担的规定。这种模式缺乏保证规定实施的机制，仅仅对那些加入了该计划的公司有效，对大量的没有加入这一计划的公司来讲，它起不到任何的约束和规范作用。

欧盟立法规制模式也有其不可避免的负面影响。从法律上来讲，欧盟主张立法规制模式，注重对个人隐私权益的充分保护和尊重，在这种模式下，通常是通过法律的具体规定对网络服务提供商在网上的各种各样的搜集用户数据和隐私的行为进行一定的限制，使网络服务提供商在网上搜集用户隐私信息的行为更规范，相对于用户来讲更透明，使网上用户的个人隐私权更容易得到保护。但是这样做的最直接后果是增强了网络服务提供商的法定义务。从经济上或从网络产业本身来讲，这样做无疑增强了以网络服务提供商为代表的整个信息产业的成本，甚至会损害信息产业的利益并阻碍电子商务的发展。

我国最高人民法院于2014年发布了有关信息网络侵权的司法解释。我国《民法典》将隐私权规定为一项民事权利，并规定了对个人信息的保护，但是没有对网络隐私权做出规定。

4. 网络伦理道德宣传与教育不足

网络伦理道德是一个比较新的话题，但伦理道德一直是中华民族所宣传和教育的，是人们除法律外的行为规范。网络伦理道德可以理解为在网络上的伦理道德，是传统伦理道德在网络上的延伸，是新的伦理道德。因为网络的特性，上网的人可能在网上表现出另一个自我，出现了“什么话都敢说、什么事都敢做”的现象，这些现象也危及电子商务中消费者的隐私权保护。这些反映出网民的网络伦理道德意识淡薄，网络伦理道德教育与宣传的不足。

9.4.3　电子商务中完善消费者隐私权保护的对策

在综合分析现有电子商务中消费者隐私权保护的措施与手段的基础上，我们只有综合技术、法律、伦理道德、消费者自我保护意识等多方面的手段，才能形成完备的电子商务消费者隐私权保护体系。

1. 提高电子商务中的消费者隐私权利保护意识

提高电子商务中的消费者隐私权保护意识可以从宏观和微观两个方面进行。在宏观上，首先教育主管部门可以从小学时期就培养他们的网络安全意识，例如开设相关的网络安全课程。因为目前我国的网民日渐呈现出年轻化的趋势，以后这些年轻的网民群体将成长为电子商务中的消费者，在他们从小树立安全意识后，就会对日后的隐私权的自我保护有很大的帮助。其次，利用广播、电视、网络等传播媒体普及电子商务中的安全消费者知识。最后，利用我国的消费者权益日，定期开展电子商务中消费者维权知识的推广与普及。

在微观上，可以从具体的行为来提高电子商务中的消费者隐私保护意识。首先，对于一些商务网站要求填写的个人信息如果过于详细，消费者就应该引起警觉，不要在商务网站上填写诸如身份证号码、信用卡卡号、家庭住址、手机号码等个人私密的信息。因为这些信息如果被非法披露和传播，那么将会给自己造成直接的经济损失。其次，上网购物所使用的电脑应该相对安全。比如在一台陌生的电脑上尽量避免进行电子商务活动，因为对于电脑的安全情况不是很了解，如果电脑上有木马程序，而消费者正好使用电脑进行购物活动，这时消费者的个人隐私权就会很容易受到侵犯。最后，电子商务消费者应该在自己经常上网的电脑上安装正版的杀毒软件，并及时更新病毒库。消费者在网络购物时应尽量在大型的电子商务网站上购物，不要点击陌生的链接，避免跳转到没有安全保障的网站上进行电子商务活动。

2. 逐步完善电子商务中消费者隐私权的科技保护手段

电子商务中的消费者隐私权保护离不开科学技术。为了更好地保护电子商务消费者隐私权，必须充分发挥现代科学技术的力量，并研发更新的、更优的科技成果，形成全国，乃至全世界的安全体系。因为互联网就是一个全球性的网络，所以为了更好地保护隐私、保护电子商务中消费者的隐私权就需要全球性的安全系统工程。也只有利用现代科学技术进行由点到面的保护，才能让电子商务中的消费者隐私无法收集、无法传播、无法利用。

逐步完善电子商务中消费者隐私权的科技保护手段，在宏观上可以从以下几个方面进行完善。首先，国家应加大科研经费的投入，保证相应的科研成果的产生，尽量发挥潜能，研究更高端更安全的电子商务安全技术。其次，借鉴国外科技研发的经验，制定相关政策，激励更多的民间资本介入科技研发领域，这样既可以缓解国家资金投入有限的问题，还可以让高新技术更好更快地应用到电子商务中，保护电子商务中的消费者隐私权。

在微观上可以从以下几个方面进行完善。首先，在网络系统中安放网络巡警，在网络系统中寻找可疑节点，对于涉及个人隐私的信息彻底删除，或者进行冻结，使其无法进行传播。还可以在商务网站中设置报警链接，方便消费者进行网络举报，方便警察及时打击。其次，针对搜索引擎技术的滥用，搜索引擎提供方可以在搜索关键词上进行限制，针对过于详细的个人信息的搜索，需要提供个人的身份证明才允许查阅。再次，针对网络木马和黑客技术，对于普通电子商务消费者来说，可以采用最实用简便的方法——使用正版的杀毒软件，及时更新病毒库，这样可以简单、有效地保护个人隐私不被侵犯。最后，对于有些商务网站的 Cookies（当浏览其网站时，它可以记录用户 ID、密码、浏览过的网页、停留的时间等信息），可以从两个方面进行解决。一方面，可以禁止商务网站向消费者客户端传递 Cookies 或者设定 Cookies 在消费者客户端的存放时间不要超过 3 个月；另一方面，电子商务消费者可以在网络浏览器中设置障碍，禁止未经允许接受商务网站的 Cookies。

3. 完善隐私和电子商务中消费者隐私保护的法律

我们应该在立足于本国国情的同时，积极关注国际上的立法趋势和立法动态，从中吸取可行的经验措施，形成我国电子商务中消费者隐私立法的一般方式和原则，并逐渐向隐私保护的国际标准靠拢，取得国际协调，争取在电子信息网络建设和发展刚刚起步的时候取得主动。应从法律上明确隐私权作为独立民事权利的地位，尽快制定与隐私权相关的正式的法律规条，既加强对隐私权的传统法律保护，也重视对信息时代下电子商务中消费者隐私权的调整，建立一套完整的隐私权保护的法律法规体系。在目前条件还不成熟的情况下，当务之急是拟定相关条例、决定或司法解释，填补我国电子商务中消费者隐私保护方面的空白。内容包括以下几个方面：

（1）对电子商务中消费者隐私的定义、权利内容以及其法律地位等进行规定。规定凡是在网络上对消费者个人数据资料进行收集、处理、使用的一切个人及组织都应受到本法的规范，但其责任承担应根据是否出于营利目的而有不同。此外，因为网络隐私侵权的证据只能是电子证据，所以在相关的法律中应确立电子证据在一定条件下作为证据提交的法律效力以及举证责任的承担问题。

（2）对电子商务中消费者个人数据的收集、披露、公开、传播等行为进行规范。具体有以下 10 个原则：1）收集限制原则，资料收集需以合法公正手段与方式，并尽到告知义务；2）资料内容正确性原则，要求资料于利用目的范围内应力求正确、完全及最新；3）目的明确化原则，收集目的必须事先明确，且利用时应受该目的限制；4）限制披露原则，不得将所收集的资料对第三人做收集目的之外的披露；5）安全保护原则，对收集到的个人资料必须进行合理安全的保护；6）公开原则，对个人资料的开发利用以一般公开为原则；7）个人参与原则，个人有权对自己的资料行使了解、消除、更新等权利；8）责任原则，资料库控制者应对其管理的资料负完全责任；9）使用限制原则，个人资料不应供作收集目的之外的利用，除非经过资料主体同意或依法律之规定；10）个人取用原则，资料主体有权随时取用、复制自己的资料。

（3）明确电子商务数据管理人的责任与义务。例如，数据管理人收集数据的法律依据、法定程序与范围、收集目的及告知义务等，并应确保所收集数据的准确与完整。数据管理人必须在法律事先许可或个人同意的范围内使用数据，资料的使用不得侵犯他人的合法权益，并应采取相应的安全措施进行必要的保护。此外，为了保障国家安全与社会公共利益，数据主体的隐私权利也要受到一定程度的限制。

（4）明确数据持有者的权利与义务。数据的持有者对他人的数据资料负有保密义务，未经同意不得向第三人做收集使用目的之外的披露公开。合法的公开也要履行一定的程序。

（5）明确数据主体的权利与义务。包括在资料被收集、持有、使用、公开过程中的知悉权、自主控制权、接触权、更正与公开权、请求救济权等。还应包括一定条件下的如实告知义务和协助义务。

（6）明确侵权救济与行政责任、民事责任、刑事责任。规定消费者权利遭受侵害时的救济途径，并规定当事人违反法律规定情节较轻时应承担的行政责任和民事责任。同时对于行为人的免责事由做出规定。对于侵犯消费者隐私情节严重、构成犯罪的行为，做出刑事处罚的规定，弥补我国刑法在这方面规定的不足。

4. 引导和形成网络时代新伦理道德

在网络伦理的建设中，儒家的伦理思想值得借鉴。儒家的仁爱思想、慎独自律的道德修养方法、德智双修的教育模式为网络伦理问题的解决提供了独特的视角。网络世界以数字化的信息为中介，不少网络行为主体的不可知性使得人与人之间的关系表现为间接的关系。在这种情况下，对于道德自律的强调就显得更为重要了。我们需要在传统道德的基础上，尝试建立比较系统的维护电子空间的秩序，对人们的行为加以约束和要求的新道德规范体系，使人们的行为控制在一个新社会要求的范围内，并使他们在网络世界中自觉地遵守伦理道德规范。

网络是一种技术，更是一种文化，为了防止符号世界的异化，我们应该从根本上预防网络犯罪和电子商务中消费者隐私侵犯行为的发生，建构规范的网络伦理的规约体系。在全社会开展网络伦理的研究与教育，提高公众的信息素养，提倡个人自律，确立必要的网络道德，确立责任意识。只有树立了新的网络伦理观念，才能在此基础上建立新的制度与规则，从而有效地减少网络伦理问题的发生。

□ 本章小结

电子商务是在国际化、社会化、开放化和个性化的互联网环境中运作的，要在这样开放的平台上成功地进行电子交易，就必须解决包括交易网络平台的安全、交易双方机密信息的保护、交易双方身份的确认、交易信息在传输过程中的完整性、交易操作的不可否认等问题。为了解决这些问题，需要加密、身份认证、数字签名、信息认证、操作系统安全、网络安全、安全电子支付、安全电子交易协议等技术的支撑。

本章对电子商务安全的定义、电子商务的安全要素、电子商务的安全体系等进行了简要介绍；阐述了加密技术、密钥管理技术、防火墙技术、数字签名技术、数字时间戳技术、数字证书以及计算机病毒防治技术；对电子商务的安全管理体系进行了介绍；讨论了电子商务过程中消费者的隐私安全问题。

□ 思考与练习

一、复习思考题

1. 什么是电子商务安全？
2. 简述电子商务安全的现状。
3. 电子商务安全的特征有哪些？
4. 电子商务的安全要素包括哪几个？
5. 简述电子商务的安全框架。
6. 简述电子商务的安全体系。
7. 电子商务安全技术包括哪几种？
8. 简述 PCDA 循环的步骤及特点。
9. 简述制定安全管理策略时应该遵循的原则。
10. 消费者在进行电子商务活动的过程中应该如何保护好自身的隐私？

二、讨论题

1. 谈谈你在网络上碰到的安全问题，并分析其原因以及解决办法。
2. 查看你电脑中的杀毒软件有哪些，谈一谈这些杀毒软件的功能以及特点。
3. 谈一谈密钥管理工作的主要流程以及每个环节中应该注意的事项。
4. 讨论数字签名与数字证书的区别与联系。
5. 讨论电子商务的安全管理策略应该如何制定。
6. 讨论消费者在进行电子商务活动的过程中所产生的隐私泄露问题应该如何得到改善和解决。

三、网络实践题

1. 简述一个常见的电子商务交易流程，并标注出存在安全风险的环节。
2. 根据网络安全结构体系，针对校园网设计一个安全策略。
3. 在个人终端上配置和设置个人防火墙，并列出基本的操作步骤。
4. 进行一次网络购物，列出在网络购物的过程中应该从哪些方面入手来保护个人隐私。

四、案例分析

案例1　泸州侵犯公民个人信息案

2021年2月25日，四川省泸州市合江县网安大队接到受害人郑某报警称：其在某招聘网站投递简历后，接到多人骚扰电话，疑似信息被泄露。民警经初查后，发现一个专业从事倒卖某招聘网站简历的犯罪团伙，朱某明、刘某伟、刘某、王某显等人有重大作案嫌疑。

通过进一步侦查，民警发现该团伙获取贩卖简历数据的方式主要有两种：一是嫌疑人朱某明、刘某、刘某伟等人注册某文化传播有限公司，以招聘为幌子，在某招聘网站批量发布招聘信息，获取应聘者求职简历后以每条 3.5～5 元不等的价格出售给数据贩卖中介或电信诈骗团伙，共非法获取并贩卖公民个人信息 150 余万条，获利 400 余万元。二是某招聘网站郑州分站前兼职人员刘某星将内部员工账号以 4 万元的价格非法贩卖给嫌疑人王某显。王某显等人根据买家要求进入后台精准筛选求职者简历进行下载后，以每条 1～1.5 元不等的价格非法出售给数据贩卖中介或电信诈骗团伙，非法获取并贩卖公民个人信息 50 余万条，获利 70 余万元。

2021 年 3 月 16 日，民警在四川、河南等地进行集中收网，抓获某招聘网站人员刘某星、数据贩卖中介王某显、朱某明、刘某伟、刘某等犯罪嫌疑人 27 人，扣押电脑 32 台、手机 45 部、银行卡 15 张，查获某招聘网站简历数据 200 余万份，冻结资金 200 余万元。

案例思考：

1. 我们平时在使用网络过程中，在个人隐私保护方面应该注意哪些问题？
2. 在求职过程中应该如何避免此类事情发生？

案例 2　成都某信息技术股份有限公司数据被非法获取

2020 年 8 月 5 日，成都某信息技术股份有限公司报警，称其公司系统内的客户数据（包括客户账号、注册信息、翻译语句）被人盗取。嫌疑人获取了该公司 9 万余条用户信息并逐一登录后，将其中 4 000 余个账户内存储的 4 000 余万条“语料”下载并拷贝窃取，价值 1 000 多万元。

鉴于泄露的用户数据量庞大，一旦被别有用心的人利用，就可能会造成重大的危害，成都网安部门立即成立专案组开展侦查。经办案民警侦查发现，上海某信息科技公司具有重大作案嫌疑，并初步确定该公司法定代表人张某、公司股东兼技术开发负责人陈某、前端研发负责人陈某财三人为犯罪嫌疑人。

经查，陈某在工作中发现成都某信息技术有限公司运营的平台网站存在漏洞，可以利用该漏洞进入其系统后台获取用户信息。后经请示张某同意，陈某和陈某财利用该漏洞非法获取了该公司 9 万条用户信息（包括用户名、密码、手机号码、邮箱等）和 4 000 余万条“语料”数据，并存放在自己公司的服务器内。

2021 年 1 月，专案组民警在上海将嫌疑人张某、陈某、陈某财抓获，并在陈某财的笔记本电脑及公司服务器内发现被盗的用户信息及“语料”数据。

案例思考：

1. 企业在保护用户个人数据过程中应该注意哪些方面？
2. 在此次事件后，成都信息技术股份有限公司应该在哪些方面进行改进？

第10章

移动电子商务及其应用

学习目标

- 掌握移动电子商务的概念和特点
- 了解移动电子商务的应用领域
- 了解移动电子商务的运作体系
- 了解移动电子商务的技术基础
- 掌握移动电子商务面临的安全问题

案例导入

抖音电商“泛商城”：小米营销的“新增量场”

近年来，随着电子商务的不断发展，新兴的移动电子商务在国内掀起了新一波的电子商务热潮。抖音电商作为一种新兴的移动电子商务平台，成为继传统互联网电子商务后又一令人关注的领域。

在“618”期间，小米在自己的新阵地——抖音电商“泛商城”，赢得了快速过亿的好成绩。“泛商城”指的是抖音电商体系内与“内容场”相关联的“中心场”，也就是“618”中的三大场景，分别是抖音商城、抖音搜索、达人橱窗/商家店铺，以及一些被统称为“泛商城”的其他场景，它们与流量场协同，共同为商家带来更多转化路径选择。小米在“泛商城”的成功不是特例，整个3C品类和高客单价标品，其实都可以通过“泛商城”来获得增长。而研究小米案例的价值也正在于此——帮助更多的商家了解抖音电商“泛商城”及方法论，进而通过“泛商城”来实现更多的新增长。小米布局“泛商城”说明了什么？长期以来，一些用户对抖音电商的印象可能停留在更适合快速决策的“轻消费品”，并通过高效的内容分发和“兴趣触发消费”的模式，在几年间取得了快速的进步。但是，对于高客单价、决策周期长、比价心智强的商品，往往需要消费者较长时间的对比、思索，才能形成决策，还有消费者去主动搜索、复购的消费场景，都需要抖音电商的自我场景升级来满足。所以，我们大致可以理解，抖音电商提出的“全域兴趣电商”概念中的“中心场”，在某种程度上，是从形态上吸收了传统货架电商的搜索和商城等形态。但这种吸收又不是单纯的“拿来主义”，其实是对其精髓的消化利用，并与抖音电商原来的路径形成协同，实现了“货找人”+“人找货”，满足了消费者各种场景下的消费需求。小米是互联网营销的高手，但在近年来互联网营销红海化的大背景下，小米也在寻找新的场景。其实小米曾和抖音电商合作取得了销售过亿的成绩，但其中一个要素是雷军本人下场直播，所以有一定的IP加成。因此，小米在“泛商城”的快速破亿，可以说更多是靠抖音电商“泛商城”的体系力量。所谓的体系力量，就是每种打法都有章有法，可以快速复制。比如，小米在“618”营销前期，首先做的工作是测试货品分层，用通俗的话说，就是什么货比较好卖、什么货容易出爆款、什么货消费者比较关注性价比。

值得一提的是，以前单纯的流量场模式，能展现的商品库存量（SKU）是有一定限制的，而因为有了中心场，可以通过搜索直达“陈列窗口”，所以小米这次推出了120多款产品，从手机、家电再到数码办公。其中新品有3款、独家有3款、尖货爆款有9款、主推的有6款，这就充分保证了货品的丰富度，发挥了“中心场”的价值。然后从布局来看，电商平台的特点是高度透明、信息对称，所以针对消费者比价的需求可以比较充分地满足、承接流量的能力也比较强。小米排出了很大的阵势，一共有14家店铺参与。如何合理分布货品的层次和资源，从直播间引流到商城的链路该怎么走，第一周的测试就把这些都试了一遍，效果很好，取得了破千万的成绩。因此，在后期百亿补贴的心智势能和实实在在的实惠的推动下，这些产品的销量都得到了爆发式增长。例如，超新品、新品基本上在官方旗舰店首发，主打的是时下爆款，当然也会考虑一些大流量渠道，而对一些相对发布时间较长，但有明显价格优势的货品，则通过加盟店来成为主渠道。

以往通过直播等很难一次带这么多的SKU，因为用户的心智是有限的，而这次的规模化，就体现了抖音电商“泛商城”体系的价值，但这个价值又是流量场在充分导流的前提下实现的，某种程度而言，这就是抖音电商希望出现的场景协同。“618”期间，小米在“泛商城”的品牌投入是全网引流、细大不捐的，即所有的线上线下资源，包括线下门店的大屏，一些商场的投放广告，全部引导到抖音电商“泛商城”，引导大家成交转化，从而在百亿补贴期间掀起了一次高潮。现在的流量策略和以前已经发生了质的变化。在过去流量“大水漫灌”的时代，人们缺乏对流量的精细化运营。但是现在，每个比特的流量都很珍贵，不管是前期的货品分层、选品策略，还是在直播间里提示消费者主动搜索、引流商城，这些反复的路径引导、培养用户认知的做法，都是为了最终盘活流量，让流量不只是“流过”，而是被充分利用、积攒起来，成为一个高势能场景，最后在“泛商城”里面实现爆发。集中引爆的这个地方，就是中心场，即“泛商城”。这也充分体现了“泛商城”的价值。做爆品不是“泛商城”的专利，直播和短视频都有可能出爆品，但“泛商城”的心智更集中、认知更沉淀、货品路径更清晰和更固定，这就让外部流量带来的势能有了一个“中心引爆”的效应。现下的环境会给人们一种错觉，即把所有的篮子里都放上鸡蛋才是最安全的。但是，其实这会降低企业引爆的概率，因为10个渠道1%的渗透率，不如一个渠道10%的渗透率。小米把短视频、直播间的流量引向“泛商城”，然后在“泛商城”实现了高效率的渗透和成交转化，这种集中引爆的打法，是营销效率和转化效果的一次提升。

在消费原子化时代，再多的流量如果不聚焦，也会弥散在数字宇宙中，而“泛商城”起到了择时取势的作用，使得有限的品牌资源可以集中在一个容易触达目标受众的核心平台上，并且这样的成功概率往往会更高，因为胜利往往属于能够在决定性的地点集中最大兵力的一方。这就是在“618”期间，小米品牌“泛商城”成交商品交易总额（GMV）达1.8亿元，并实现千万级单品4个、五百万级单品2个、百万级单品6个的成绩的原因。

10.1 移动电子商务概述

随着网络和信息技术不断进步，人们对信息和移动性的需求急速上升。移动互联网已经渗透到人们的生活、学习和工作的各个领域。目前，移动电子商务已进入金融、零售、电信、医疗保健、信息技术、销售和服务等多个领域，并深刻影响着人们生活的方方面面。

10.1.1 移动电子商务的概念

从广义上讲，移动电子商务是指借助应用移动终端设备（手机、笔记本电脑等），通过移动互联网来进行各种商务活动的新型电子商务模式；从狭义上讲，它是指以手机为终端，通过移动通信网络连接互联网所进行的电子商务活动。根据对移动电子商务（仅指狭义的移动电子商务）关键环节的分析，可将其交易项目、应用网络、交易平台和终端类型细分为以下几种类型：

（1）交易项目，可分为实物购买、虚拟物品购买、市政缴费、金融交易和银行转账等多种业务类型。

（2）应用网络，依据商务交易所借助的通信网络类型，可以分为5G网络、4G网络、3G网络、2G（2.5G）网络、Wi-Fi和WAPI等。

（3）交易平台，即商务交易通过的网站或服务平台，根据交易对象不同可分成B2B、B2C和C2C等类型。

（4）终端类型，按照连接网络所使用的终端，可以分为通过手机、上网本和其他移动设备连接。

10.1.2 移动电子商务的特点及优势

1. 移动电子商务的特点

从服务的角度来说，针对服务的对象、要求、终端以及方式，移动电子商务具有以下几个特点：

（1）针对服务对象而言，移动电子商务的潜在用户规模大。从消费用户群体来看，手机用户中基本包含了消费能力强的中高端用户，而传统的上网用户中以缺乏支付能力的年轻人为主。

（2）针对服务要求而言，移动电子商务可提供定制化服务。由于移动电子商务的终端设备具有更高的可连通性与可定位性，因此移动电子商务的生产者可以更好地发挥主动性，为不同顾客提供定制化的服务，从而满足客户的个性化需求。

（3）针对服务终端而言，移动电子商务的移动设备具有"私人性"。移动终端一般是个人使用，并且随着未来手机实名制的推行，这种身份确认将越来越容易。这就有了信用认证的基础，为移动电子商务发展与私人身份认证相结合的业务提供了一个很有前途的方向。

（4）针对服务方式而言，移动电子商务更具开放性、包容性。移动电子商务的最大特点是"自由"和"个性化"。传统电子商务的局限在于它必须有线接入，而移动电子商务则可以弥补这种缺憾，可以让人们随时随地结账、订票或者购物，感受独特的商务体验。

2. 移动电子商务的优势

与传统电子商务相比，移动电子商务的优势体现在如下几个方面：

（1）服务对象的"移动性"。需要移动电子商务提供服务的人一般都处于移动之中。仅仅把移动电子商务理解为移动的电子商务是片面的，因为移动的不仅仅是移动终端，更应该看到的是人和服务的移动。

（2）服务要求的"即时性"。移动电子商务的客户一般要求马上得到所需的信息。比如即时的移动信息服务，紧急救援服务等时间敏感的服务。

（3）服务终端的"私人性"。由于移动终端一般是个人使用，而非公用，这为移动电子商务带来了独特的优势，因此发展与私人身份认证相结合的业务是一个很有前途的方向。

（4）服务方式的"方便性"。由于移动终端，尤其手机按键的限制，移动电子商务的服务要求操作简便，响应时间短。

（5）移动电子商务能为客户提供 3A 服务。即可以真正使任何人（anybody）在任何时间（anytime）、任何地点（anywhere）得到整个网络的信息和服务。

（6）移动电子商务能为用户提供一种更为高效、简便、安全的手段来获取商业信息和进行商业交易。

（7）移动电子商务规避了现金交易带来的短款、假币、携带等风险，同时加快了收款速度，降低了服务成本，提高了效率。

10.1.3　移动电子商务的应用领域

近年来，移动电子商务利用先进的信息技术，改变了我们现有的生活方式，将传统应用进行扩展与延伸，或者是应用于传统应用无法实现的领域，例如：移动办公、移动银行、移动娱乐、物流、零售、无线医疗行业等，下面我们将介绍几个主要的应用领域。

1. 移动办公

移动办公又称为无线办公，即无论何时何地，用户都可以利用手机、笔记本电脑等移动终端设备通过多种方式与企业的办公系统相连接，从而将公司内部局域网扩大成为一个安全的广域网，实现移动办公。

目前移动办公的主要实现方式有：

（1）通过短信实现公文、邮件提醒服务。当企业办公系统内的个人公文、电子邮件到达时，会通过短信直接将标题信息或内容提要发送到个人手机上，进行及时的提醒服务。

（2）通过WAP服务浏览详细公文、邮件内容。企业员工可以使用手机通过访问WAP界面的方式进入公司OA办公系统，进行公文、邮件等详细信息的浏览。

（3）通过无线局域网实现公司内部的移动办公。用户无须固定在自己的座位上，就可以在全公司范围内随时随地用笔记本计算机访问公司网络，浏览公文和邮件。

2. 移动银行/金融业务

移动银行简单说就是以手机、笔记本电脑等移动终端作为银行业务平台中的客户端来完成某些银行业务。如客户可以使用移动商务设施（手机）从银行账户进行支付。移动用户可以在账户之间进行转账，也可以从金融机构或银行收到有关融资的信息。基于WAP的移动设备允许用户访问互联网或金融机构的网站。移动银行是典型的移动商务应用，它的开通大大加强了移动通信公司及银行的竞争实力。例如，招商银行推出“掌上银行”。掌上银行允许用户通过手机进行所有网上银行交易。用户可以借助手机将资金转入招商银行和非招商银行账户。它允许用户通过移动设备请求支票簿或停止支票支付。用户也可以通过这个设备支付水电费。它允许用户通过手机了解他们的交易详情和付款到期日。从应用角度来看，移动银行的优势主要体现在以下几个方面：功能便利；使用区域广泛；安全性好；收费低廉；可以进行二次交易。在一些金融业务服务中，电子商务应用也十分普遍。常见的如股票经纪服务，用户可以通过手机终端的股票操作平台App查询股市报价，并在App上实现股票的买卖和相关交易活动等。

3. 零售行业

20世纪80年代初，沃尔玛与休斯公司合作发射物流通信卫星，物流通信卫星使得沃尔玛产生了跳跃性的发展。1983年采用了POS（point of sale）机，即销售始点数据系统。1985年建立了电子数据交换系统，进行无纸化作业，所有信息全部在电脑上运作。1986年建立了快速反应机制，快速拉动市场需求。20世纪90年代，采用了全球领先的卫星定位系统（GPS），控制了公司物流，提高了配送效率，以速度和质量赢得了用户的满意度和忠诚度。2003年6月，沃尔玛宣布采用无线射频识别（radio frequency identification，RFID）技术，成为第一个公布正式采用该技术的企业。该公司最大的100个供应商从2005年1月开始在供应的货物包装箱（盘）上粘贴RFID标签，并逐渐扩大到单件商品。

4. 无线医疗行业

医疗行业需要及时掌握病人的情况。在紧急情况下，救护车会作为治疗场所，并借助无线技术，在移动的情况下同医疗中心和病人家属建立快速、动态、实时的数据交换。目前，已经有很多通过网络就诊，甚至是动手术的案例。在无线医疗的商业模式中，病人、医生、保险公司都可以获益，也会愿意为这项服务付费。这种服务是在时间紧迫的情形下，向专业医疗人员提供关键的医疗信息。由于医疗市场的空间非常巨大，提供这种服务的公司将为社会创造价值。

5. 物流领域

美国国家运输交易场是一个电子化的运输市场，它利用互联网技术，为货主、第三方物流公司、运输商提供一个可委托交易的网络。该市场的定位是为专业物流企业提供供应链管理的电子物流系统，它的特点是利用电子化的手段，尤其是利用互联网技术来完成物流全过程的协调、控制和管理，实现从网络前端到最终客户端的所有中间过程服务，最显著的特点是各种软件技术与物流服务的融合应用。它能够实现系统之间、企业之间以及资金流、物流、信息流之间的无缝链接，而且这种链接同时还具备预见功能，可以在上下游企业之间提供一种透明的可见性功能，帮助企业最大限度地控制和管理库存。同时，由于全面应用了客户关系管理、商业智能、计算机电话集成、地理信息系统、全球定位系统、无线互联技术等先进的信息技术手段，以及配送优化调度、动态监控、智能交通、仓储优化配置等物流管理技术和物流模式，电子物流提供了一套先进的、集成化的物流管理系统，从而为企业建立敏捷的供应链系统提供了强大的技术支持。

6. 移动资产管理和诊断

无线电子商务技术与GPS技术的结合，可以使人们远程定位、监控资产以及对资产进行及时诊断，节省了时间，减少了各种人为因素产生的错误。好比在一个繁忙的码头或者是建筑工地，只要给每台设备装上一个小小的发射器，所有的操作都将在你的监控之下。可以说这也是一种防盗系统，例如现在已经出现了汽车定位服务，以防汽车被盗。另外，维护和检修一些固定的机器是一件非常费时费力的工作，如自动售货机的检修，如果这些机器能够进行远程监控，就可以大大减少日常的维护工作。

7. 移动娱乐

移动娱乐业务种类繁多，包括移动游戏、移动视频、移动音乐等。移动娱乐有机会成为移动产业最大的收入来源，同时也是鼓励移动用户消耗剩余预付费的最佳手段。移动娱乐业务前景广阔，它将是运营商可提供的又一项有特色的移动增值业务，也是防止客户流失的有力武器之一。以移动游戏为代表的移动娱乐业务能够为运营商、服务提供商和内容提供商带来附加业务收入。移动游戏将成为下一代移动业务的增长点。最理想的移动游戏设备将采用笔触式的界面、功能强大的处理器和更先进的屏幕，并具有自动连接到网络的能力。实现移动游戏的方法是将手机当作屏幕和控制器，处理工作由专门的服务器完成，并由相关的服务提供商来进行操作，目前在线游戏的处理工作就是由主机服务器和玩家的远程终端来共同完成的。

8. 预订服务

借助移动设备，客户可以根据自己的需要预订餐厅和酒店，而且可以在网上对比环境、价格和服务，找到自己想要的餐厅和酒店。同时可以通过手机购买机票，例如，由翠鸟航空公司推出的“flybuy短信”和付费用户，客户可以通过发送短信获取翠鸟航空公司的详细信息，并在收到回复后预订机票。除此之外，客户还可以通过手机预订用餐、购买电影票等。

10.1.4 我国移动电子商务发展历程与趋势

移动电子商务因其具有移动性、紧急性、即时性、位置相关性、个性化等特点，成为电子商务主流，特别是在5G背景下，移动电子商务已经凭借其技术和应用上的优势，显示出了强大的生命力。

随着移动通信技术和计算机的发展，移动电子商务的发展已经经历了三代：

第一代移动商务系统是以短信为基础的访问技术，这种技术存在着许多严重的缺陷，其中最严重的问题是实时性较差，查询请求不会立即得到回答。此外，信息长度的限制也使得一些查询无法得到一个完整的答案。这些令用户无法忍受的严重问题也导致一些早期使用基于短信的移动商务系统的部门纷纷要求升级和改造现有的系统。

第二代移动商务系统采用基于WAP技术的方式，手机主要通过浏览器来访问WAP网页，以实现信息的查询，部分地解决了第一代移动访问技术的问题。第二代移动访问技术的缺陷主要表现在WAP网页访问的交互能力极差，因此极大地限制了移动电子商务系统的灵活性和方便性。此外，WAP网页访问的安全问题对于安全性要求极为严格的政务系统来说也是一个严重的问题。这些问题也使得第二代技术难以满足用户的要求。

第三代的移动商务系统采用了基于SOA架构的Web Service、智能移动终端和移动VPN技术相结合的第三代移动访问和处理技术，这使得系统的安全性和交互能力有了极大的提高，同时融合了3G、数据库同步、身份认证等多种移动通信、信息处理和计算机网络的最新前沿技术，以专网和无线通信技术为依托，提供了一种安全、快速的现代化移动商务办公机制。

随着移动电子商务技术愈发成熟，其市场价值不可估量，移动网购已成为最主流的网购方式。在全渠道融合的浪潮之下，用户线下的消费行为通过移动端得以数据化，全渠道、系统化、纵深化的数据能为零售所有环节提供指导，帮助企业提高运营效率、实现精准营销。

在中国零售市场线上线下加速融合的大趋势下，消费场景日益多元化和分散化，逐步构建起全渠道零售网络。移动端作为连接线上、线下消费场景的核心途径，得以进一步发展。

在新发展格局下，移动电子商务是增强内生动力、促进内循环发展的重要支柱，并且移动电子商务的发展也在逐步覆盖更多可优化的衍生电商领域。

首先，随着互联网技术的不断深入发展，社交网络逐渐成为技术的主流，互联网流量开始向社交平台聚集，社交平台成为移动电商的入口。同时，新电商模式的出现如直播带货等，将持续增加社交电商的发展动力。社交电商通过深度挖掘社交网络的商业价值，以全新的电商商业模式打入移动电商行业。社交电商成为移动电商的一种新的衍生模式，它借助社交网站、SNS、微信、微博、社交媒介、网络媒介等播途径，通过社交互动、用户自生内容等手段来辅助商品的购买和销售活动。社交电子商务涵盖信息展示、支付结算以及快递物流等移动电子商务运营的全过程，是移动电商和社交媒体的交互融合。2018年，我国社交电商从业者规模达到3 032.6万人，增长率高达 50.22%，引发广泛关注，越来越多的人选择加入社交电商行业。此外，2018 年我国网络零售市场规模达到 9 万亿元，其中社交电商市场规模为 12 624.7 亿元，占比为 14%。2019 年我国社交电商的消费人数已达 5.12 亿人，成为电子商务消费的主力军。根据艾瑞咨询的统计，2021 年社交电商市场规模达 2.86 万亿元，诸如亚马逊、eBay 和阿里巴巴等大型平台正集中精力研究社交平台电商用户的消费行为，并据此进行业务转型。可见，近年来，随着经济的繁荣和居民消费的升级，我国社交电商模式已初步建立。然而该种模式仍尚未普及，尤其是在生鲜商品领域，许多消费者仍倾向于传统的线下选购模式。目前，以拼多多为代表的“拼购类”社交电商、以小红书为代表的“内容类”社交电商、以云集为代表的“会员制”社交电商和以考拉精选为代表的“社区团购类”社交电商均借助平台优质的互动性进行网络引流与变现，在满足消费者需求的同时，也在不断探索消费者价值感知与价值共创的方式，提升顾客契合度。

其次，我国的共享经济已经实现了新兴与传统产业的融合，推动着线上、线下移动电商的交互发展。随着“互联网＋”的广泛普及和应用，大量新兴产品和产业开始涌现，成为人们日常生活的重要组成部分，同时，这也致使部分不适应社会发展的落后产能和传统产业逐渐被淘汰。这种变化是必然的，也是必要的。基于共享经济的理念，移动电商平台借助互联网快速传播信息的优势，通过正规化的平台渠道发布商品信息，在保证产品质量合格的基础上，致力于提升产品的利润空间。只有不断提升商品品质，用户才会愿意将购买的商品分享给他人，这种分享行为有助于商品信息的良好传播，提高用户的留存率和转化率。同时，在共享经济理念的指导下，移动电商发展的主要运营模式演化为两种：一是大型电商平台，通过投资某类产品，构建以平台为主导的移动电商模式。例如，淘宝、京东等平台利用自身的平台优势，合理运用共享经济理念，开展“电商＋投资企业＋合作＋投资产品”的模式，从而实现移动电商服务的推广与发展。二是线上线下相融合的发展模式。传统销售行业主要依赖线下零售或批发，涉及物流运输等环节，在共享经济理念的推动下，物流公司可以与商户和大型电商平台进行合作，共建平台，实现资源共享，进而相互支持、共同发展。

最后，当今时代人们的生活与数字经济发展紧密相连，每个人都能参与信息制造和传播，而每一次消费行为，无论是点击浏览还是购买商品，都会留下数据痕迹，这些有价值的信息和数据支持了新零售企业的标准化发展，也为传统零售产业的创新发展开辟了更多可能性。移动电子商务不但使人们的消费习惯由线下转变为线上，也使零售业发生了巨大变化，通过将线下商务与互联网相结合，互联网成为线下交易的“前台”，催生了线上到线下（online to offline，O2O）模式，这一模式是服务业的一次革命，推动了消费者与实体零售商以及电商平台之间的深度融合。新零售的出现更是为传统商业模式提供了更为便捷的在线交易方式，其高效、快速、低成本等优点深受用户喜爱。数据显示，2019 年，我国社会消费品零售额达到 41.2 万亿元，网络零售额达到 10.6 万亿元，占社会消费品零售总额的 25.7%。目前，资本与商业巨头的布局已基本结束，利用概念吸引的流量红利逐渐被透支完，因此，各方关注的焦点已转向新模式、新物种、新业态对零售效率及用户体验的提升，各产业已逐渐步入精耕细作阶段，移动电子商务行业也不例外。研究发现，新零售业态在大数据、云计算、人工智能等技术的持续赋能下，正在逐步打破传统限制，展现出了巨大的潜力。从本质上讲，新零售是传统实体零售和移动电子商务的改良升级，是两者不断演化的产物。从核心上讲，新零售的核心在于以“人”为本，重新规划“货”和“场”的布局，从而重构“人、货、场”之间的和谐关系，最终形成以消费者为中心，线上线下相结合，由数据、供应链、物流、支付、金融共同构成的新零售生态系统。显然，新零售业建立的“以消费者体验为中心的数字驱动型”新零售业态是移动电商行业变革的主旋律。

随着移动电子商务的不断发展，可以预见，未来电子商务移动端流量将趋于饱和，由传统网民人数增长带来的流量红利将逐渐消失。将会有越来越多传统成熟企业加入移动电子商务的行列，转移至移动端继续发展。移动电子商务的核心竞争点将从基础服务转向个性化的精准服务。未来移动电子商务发展可能呈现以下趋势：

一是全渠道、线上线下融合发展。移动电子商务时代，用户的需求和网购发展环境均有较大改变，一方面用户希望随时随地精准购买到所需的商品和服务；另一方面由于商品供大于求，单一渠道发展的增量空间有限，线上和线下均在布局全渠道发展。线下消费体验和线上购物便利的双向需求将带来线上和线下购物期望值的融合，未来线上线下融合是新零售时代的重要发展趋势。二是社交化分享成为移动电商时代新营销方式，移动社交和自媒体爆发，电商走向去中心化新模式。与传统电子商务企业通过一个平台聚集所有商家和流量的中心化模式不同，去中心化的电子商务模式是以微博、微信等移动社交平台为依托，通过自媒体的粉丝经济模式的分享传播来获取用户，消费者的购买需求会在人们碎片化的社交场景中被随时激发。三是垂直品类经济或人群经济成为发展新趋势。随着国民经济快速发展，人民生活水平提高，各方的消费力量兴起。在此基础上，基于特定品类和特定人群的垂直经济成为新的发展趋势。四是内容化、粉丝化、场景化成为发展新方向。移动电子商务时代，从搜索到推荐，用户对精准内容要求越来越高，用户的消费路径和习惯发生了很大的变革，消费需求场景化，移动购物模式多样。内容化、粉丝化和场景化成为吸引流量的新方式。各大移动电子商务网站纷纷布局内容营销。五是大数据将成为移动电子商务核心驱动引擎。随着互联网计算处理技术的逐渐成熟，大数据开始应用到各行各业。虽然移动电商流量红利渐失，但是大数据将成为新的利益推动点，通过精准匹配供求信息、个性化推荐、用户偏好预测、优化页面，来提升运营效率。

10.2 移动电子商务的运作体系

与传统的电子商务模式相比，移动电子商务的安全性更加脆弱，如何保护用户的合法信息（账户、密码等）不受侵犯是一项迫切需要解决的问题。除此之外，目前我国的移动电子商务发展还应解决好电子支付系统等安全问题，完善的移动电子商务运作体系是保障移动电子商务应用发展的关键，其中，移动电子支付又是重中之重，直接关系到移动电子商务能否实现。

10.2.1　移动电子商务支付技术

移动支付也称为手机支付，即指用户通过手机、智能终端等移动设备，依托移动通信网络或借助智能终端与支付受理终端之间的信息交互技术发起支付指令，完成货币资金转移的行为，实现移动支付功能。与传统电子商务相比，移动电子商务增加了移动性和终端的多样性，无线系统允许用户访问移动网络覆盖范围内任何地方的服务，通过对话交谈和文本文件直接沟通。个人手持移动设备的广泛使用，使其比计算机用户的基础资源更加雄厚。移动电子商务具有移动性、个性化和方便性等特点。

1. 移动支付的类型

移动支付主要分为近场支付和远程支付两种。所谓近场支付，就是用手机刷卡的方式坐车、买东西等。远程支付是一种通过发送支付指令（如网银、电话银行、手机支付等）或借助支付工具（如通过邮寄、汇款）进行的支付方式。

2. 移动支付的实现技术

目前移动支付的实现技术主要有以下三种：NFC、SIMpass 和 RFSIM。

（1）NFC 技术。NFC 英文全称为 near field communication，即近距离无线通信。它是由飞利浦公司发起，由诺基亚、索尼等厂商联合主推的一项无线技术。NFC 由无线射频识别（RFID）及互联互通技术整合演变而来，在单一芯片上结合感应式读卡器、感应式卡片和点对点的功能，能在短距离内与兼容设备进行识别和数据交换。NFC 芯片装在手机上，手机就可以实现小额电子支付和读取其他 NFC 设备或标签的信息。NFC 的短距离交互大大简化了整个认证识别过程，使电子设备间互相访问更直接、更安全和更清楚。通过 NFC，电脑、数码相机、手机等多个设备之间可以很方便快捷地进行无线连接，进而实现数据交换和服务。NFC 方案是未来移动支付技术的发展方向，用户体验良好。但其需要更多手机终端厂商推出支持 NFC 技术的手机终端，进一步降低业务推广成本。

（2）SIMpass 技术。SIMpass 技术融合了 DI 卡技术和 SIM 卡技术，或者称为双界面 SIM 卡，是一种多功能的 SIM 卡，支持接触与非接触两个工作接口，接触界面实现 SIM 功能，非接触界面实现支付功能，兼容多个智能卡应用规范。

利用 SIMpass 技术，可以在无线通信网络及相应的手机支付业务服务平台的支持下，开展各种基于手机的现场移动支付服务。使用 SIMpass 技术的用户只需在相应的消费终端前挥一下手机，即可安全、轻松完成支付过程。SIMpass 方案的优势在于成本较低，劣势在于手机适配效果及定制机限制，可作为 NFC 方案全面商用化前期的过渡型方案。

（3）RFSIM 技术。RFSIM 方案是当前终端成本与业务体验效果的较好折中，但其方案采用 2.4G 频段，需要运营商投入较大资金进行 POS 终端更换。其进一步发展还有赖于整体技术方案在距离控制等关键技术方面的优化。

目前国内三大运营商分别采用不同的移动支付技术方案：中国移动主要采用 NFC 技术和 RFSIM 技术；中国联通采用 NFC 技术；中国电信倾向于 SIMpass 技术。值得关注的是，自从进入 3G 时代，手机终端进入运营商定制阶段，运营商可以通过定制终端加载 NFC 模块，要求更多厂商支持 NFC 功能，进而降低 NFC 方案的整体成本，这对于移动支付业务推广具有重要意义。

10.2.2 移动电子商务支付模式

1. 传统电子商务支付模式和移动电子商务支付模式的不同

（1）工具使用。传统电子商务支付模式采用的是电话、传真、信函和传统媒体，移动电子商务支付模式主要采用手机以及掌上电脑等无线终端。

（2）支付方式。传统电子商务支付模式采用支票、现金、汇款、支付网关、第三方中介等方式，移动电子商务支付模式采用手机银行、支付宝、POS机支付、财付通等第三方支付方式。

（3）优缺点比较。传统电子商务支付模式虽然风险较低，但环节多、成本高、效率低；移动电子商务支付模式具有交易虚拟化、交易成本低、透明化、实时时效性、效率高等优点，但安全性较低。

2. 支付模式

（1）绑定银行卡支付。例如微信支付是通过绑定银行卡来完成支付的，用户通过设置支付密码即可完成便捷的微信商城购物。

（2）客户端虚拟账户支付。如支付宝、微信，用户在注册后将银行账户资金转入虚拟账户，并可选择在线支付或二维码等线上支付方式。财付通和快钱等第三方支付在手机端都类似此方式。

（3）手机刷卡支付。手机刷卡支付即将手机刷卡器插在手机耳机口，并将银行卡划过刷卡器卡槽，通过在手机中输入密码等提示操作完成支付，但此种方式便捷性不足。

（4）其他移动支付方式。近几年来，移动支付市场上出现了如人脸支付、蓝牙支付和声波支付等先进的支付方式。这些方式大大提高了支付的便捷性、高效性和安全性。

10.2.3 移动电子商务支付系统

从网络体系结构角度，移动支付可以分为应用层、网络层、控制层和非接触层，如图10-1所示。其中应用层为用户提供移动支付的App和服务；网络层负责为用户移动设备提供网络接入服务；控制层为支付安全所需的硬件模块，典型的如移动终端处理器；非接触层提供了近场通信接口和相关功能。

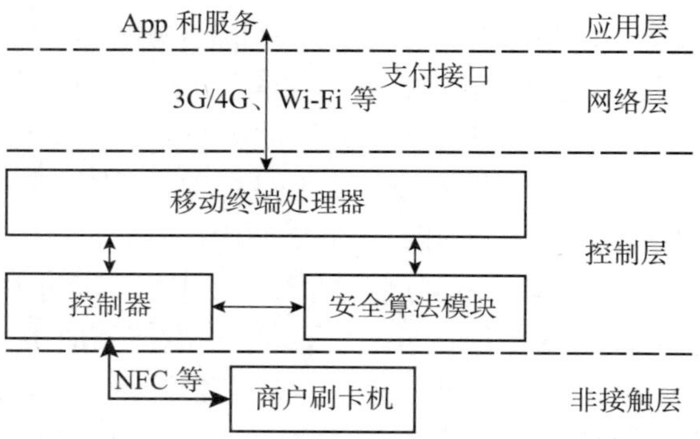

图10-1 移动支付网络体系结构

移动电子商务支付流程如下：

（1）支付请求。用户通过移动设备的客户端，利用无线网络请求支付商家的商品或服务。对于近场支付，此步骤为利用 NFC、RFID 等接口技术刷商家 POS 机；对于远程支付，此步骤为利用 4G 等移动通信网络上网请求商家的商品或服务。

（2）支付受理。商家受理用户请求，并向支付网关申请进行移动支付，此步骤的商家通常使用有线网络连接自己的 Web 服务器或 POS 读卡器完成支付受理。

（3）身份认证与电子银行支付。支付网关与电子银行通过运行移动支付协议，完成买家和卖家的身份确认，处理支付请求。

（4）支付确认。支付网关先后与买家和卖家确认交易信息，买家电子银行账号扣款，卖家电子银行账号收款。

（5）交易收货。卖家给予买家商品或服务。

10.2.4　移动电子商务商业模式

移动电子商务商业模式指的是在移动技术的条件之下，相关经济实体通过商务互动的开展实现价值的创造与实现，最终获取利润。商业模式最基本的核心内容就是创造与实现价值，移动电子商务商业模式通过对价值链中价值的传递与转移分析，找出价值的创造环节。与传统的电子商务相比，移动电子商务更加适用于虚拟产品与非实物产品。移动电子商务所衍生的商业模式与传统的电子商务商业模式相比更加独特。研究不同的移动电子商务商业模式能够实现商务模式之间的融合与创新，实现同类企业的快速复制。

1. 基于价值链的移动电子商务商业模式

（1）移动电子商务的产业价值链。在整个移动电子商务流程中，有着众多的参与者：产品供应商，包括实物类、服务类、虚拟产品类、内容类等；硬件供应商，包括终端设备与基础设备两个方面；软件供应商，包括商务软件、终端操作系统、应用程序等；金融服务供应商，包括银行与券商（支持移动业务支付）、第三方支付、中国银联（提供结算服务）等；移动数据服务商，包括移动网络（中国联通、中国移动、中国电信）、第三方企业、个人等；消费者，即移动电子商务的基本群体；物流供应链服务商；平台提供商。

（2）移动电子商务的盈利模式。

1）实物产品、实物服务的盈利模式。在独立商店的模式之下，企业主要的盈利方式是低买高卖，通过买与卖之间的差价来实现利润。在卖场的模式之下，移动电子商务与传统的卖场盈利方式相同，区别之处在于平台供应商提供基础的设施，在移动电子平台中进行交易。在这种中介模式之下，企业主要的盈利方式是对交易进行撮合，从中抽取佣金。

2）虚拟产品的盈利模式。一是娱乐盈利模式，指的是对终端用户的娱乐方面的需求实现满足。其主要包括：交互模式，实现的基础是移动终端的信息交互，例如微信、米聊等；单项模式，即内容提供商提供虚拟产品的下发，从手机话费账户中扣除费用，之后内容提供商与移动通信运营商按照约定比例进行分成。二是广告盈利模式，移动电子商务重要的利润来源就是广告，并且移动电子商务广告具有庞大的受众。此外，移动终端还可以对位置进行追踪，使个性化的精准广告投放成为可能，成为未来重要的广告模式之一。三是资信盈利模式，即内容提供商为客户提供信息，利润的来源就是客户为服务所缴纳的费用。四是金融盈利模式，即商家通过转账、交易等金融服务的提供收取费用。

2. 不同主体主导下的移动电子商务商业模式

（1）以传统的电子商务企业为主导的商业模式。以传统的电子商务企业为主导的商业模式的特点为“营运＋品牌”。以传统的电子商务企业为主导的商业模式的实质就是传统电子商务移动化。京东商城是传统电子商务企业的代表，其通过对原有的网络页面呈现形象进行改造，推出了适合移动智能终端进行浏览的移动电子商务。当前，国内越来越多的电子商务企业开始开展电子商务，其中移动电子商务仅仅是传统电子商务形式的补充。

以传统的电子商务企业为主导的商业模式中，发展移动电子商务的优势包括：第一，对原有的企业品牌形象进行延续，一方面能够使移动电子商务平台迅速被用户接受，促进移动电子商务服务的开展；另一方面利用传统电子商务的品牌号召力促进移动电子商务与上下游产业链进行合作，进而促进移动电子商务发展。第二，移动电子商务的发展继承了传统电子商务中优秀的电子商务管理能力与运营能力，在人力资源、硬件支持、商品渠道、商户资源等方面获得了有力的支持。第三，移动互联网与传统互联网的网民在一定程度上存在着重叠，如果在电脑端培养了客户购物习惯，那么将能轻松地应用于移动电子商务平台，这部分的客户就相当于传统电子商务为移动电子商务积累原始客户，为移动电子商务未来发展奠定基础。

（2）以运营商为主导的商业模式。以运营商为主导的商业模式的特点为“渠道＋平台”。运营商主要指的是移动通信运营商，主要的服务是提供数据服务。移动通信运营商能够与商业的客户或者用户建立直接的联系，通过SIM卡等卡片对用户的身份进行识别，参与用户的交易环节。以运营商为主导的商业模式的优势包括：第一，运营商经过长时间的营运之后具有庞大的用户规模，且拥有客户的基础信任，能够促进移动电子商务的开展；第二，以用户账户的SIM卡身份识别与账户绑定为基础，运营商已经建立了相对成熟的结算渠道，具有明显的渠道优势；第三，由于运营商掌握了用户的消费数据，其可以通过对这些数据的分析与加工，进行有针对性的广告推送，实现良好的营销效果。以运营商为主导的商业模式的劣势包括：第一，运营商之间的沟通与合作较少，竞争较多；第二，由于运营商将注意力主要放在移动通信业主方面，因此在移动电子商务方面的策略主要是防御性的；第三，对于用户而言，移动设备容易丢失，再加上运营商对月消费额度的限定，导致了运营商的支付环节始终集中在小额微支付方面。

（3）以金融机构为主导的商业模式。以金融机构为主导的商业模式的特点为“品质＋平台”。当前，信用卡商城是金融机构参与电子商务的主要体现，通过向信用卡商城移植移动平台，就能够开展金融机构的移动电子商务。我国大多数银行都已经开展了信用卡商城，而且随着网银的发展，手机银行的用户也不断增加。由于银行相对于其他组织而言具有天然的公信力，同样在商家的审核方面也较为严格，因此实现了对产品品质的保障，增加了消费者对商家的信任，促进了在线交易的实现。信用卡商城的用户具有较强的消费能力，再加上银行提供的免息分期还款服务，使银行信用卡商城更加适合奢侈品的销售，在客户资源、支付环境、购物渠道等方面具有优势。

（4）以设备制造商为主导的商业模式。以设备制造商为主导的商业模式的特点为“设备＋服务”。设备制造商指的是终端设备的提供商，苹果公司的App Store是该模式的代表。该模式的优势为：能够为开发者提供更加方便的应用销售平台，激发开发者的参与积极性，满足终端用户对于软件的个性化需求，从而促进终端软件开发业的快速、良性发展。该模式的劣势为：设备制造商只有在具备较强的吸引力之下才能够吸引用户，而且这种模式仅能够提供虚拟商品，限制了消费者的消费行为，不能够进行大规模的复制。

（5）以新兴商务平台为主导的商业模式。以新兴商务平台为主导的商业模式的特点为“专注＋创新”。随着移动电子商务的不断发展，很多专注于移动电子商务的新兴商务平台应运而生，其拥有着针对移动电子商务的服务模式方面的创新，能够提供更加具有移动特色的服务和产品。新兴商务平台的缺陷主要在于商品渠道方面，尤其是物流与配送。

3. 应用商店生态系统下的商业模式

（1）移动智能终端操作系统与应用商店。

1）移动智能终端操作系统。当前，智能终端市场代表性的操作系统包括苹果的iOS系统、谷歌的安卓、微软的Windows Phone三种，其中安卓系统属于开源项目，能够在开源项目授权的基础上实现对安卓系统的定制化开发与发布。此外，还有Symbian、BlackBerry等操作系统。

2）应用商店。包括两种类型：第一，上层软件公司主导型。一般情况下，上层软件公司在技术、受众等方面具有先天的优势，但是由于其软件技术过于专一，有时也会成为劣势，如果发行平台的硬件与标准都是多样化的，就会增加软件开发成本。例如，软件开发者面对iOS系统时，仅需要考虑iPhone与iPad两种标准即可；而面对安卓系统时，却要考虑无数的硬件标准，推出多种版本。当前，移动互联网开发商呈现出小型与个人化的发展趋势，会导致开发成本不断上升，而且会加大由于软件版本方面的问题出现的软件崩溃概率。此外，安卓系统的主版本更新换代速度过快，导致了在兼容性方面出现了较大问题，影响了客户的体验。第二，终端厂商公司主导型。终端厂商公司主导的应用商店在初期仅仅是作为硬件服务的附加服务，是硬件商进入互联网软件的渠道之一。App Store对iTunes商业经营模式的优势在于其把握了硬件平台与用户习惯，有利于实现软件开发平台的整合，但该种模式需要庞大的软件与用户支持才能够得以实现。对于软件开发商来讲，只有庞大的消费群体才能够实现利润；对于消费群体来讲，庞大的软件数量才能够带来购买的动力。App Store自身的品牌价值较高，消费者体验与视觉理解等方面都较为优越，而且对于软件有着自身的审核机制，能够消除消费者的后顾之忧。第三，运营商主导型。国内较具有影响力的是中国移动的Mobile Market，其是提供数字产品的消费专区。当前，庞大的市场受众是国内运营商最大的优势之一，由于运营商掌握了大量的、详细的消费者数据等，因此如何利用该优势来实现崛起是该模式需要重点考虑的内容。

（2）应用商店生态系统。

1）苹果 App Store 生态链。在整个 App Store 模式中，包含了手机软件产业链的整个生态系统，App Store 属于一种智能终端数字产品电子交易平台。苹果公司在整个生态链中具有绝对的话语权。网络运营、智能终端、操作系统、应用平台、数字内容是智能手机产业链中的五个重要环节，在苹果 App Store 生态链中，iPhone 是手机终端，iOS 是独有操作系统，App Developer 是软件开发平台，App Store 是应用程序商店，iCloud 是数据存储平台，iTunes 是数字娱乐平台。苹果公司的成功正是因为实现了品牌、设计、商业模式之间的结合。

2）谷歌 Play 市场生态链。安卓操作系统的成功代表了谷歌商业模式的成功。谷歌的安卓操作系统属于开源操作系统，既能够保护硬件厂商核心驱动程序，又能够促进厂商利用开源社区的开发群体，具有较高的灵活性。安卓通过开发社区＋应用商店的模式实现了应用程序的扩展性，但由于开源系统导致的版本问题与终端硬件配置问题，导致了安卓的应用体验不及 iOS。由于谷歌公司在应用开发、支撑优化等方面都具有一定的优越性，安卓成为当前发展势头强劲的操作系统。

10.3 移动电子商务的技术基础

移动电子商务的发展基础是网络和通信技术，主要的移动电子商务技术有无线通信协议标准 WAP、通用分组无线业务 GPRS、移动 IP 技术、蓝牙技术、4G/5G 技术、Wi-Fi 和 WiMAX 技术、移动定位系统技术及无线局域网技术等。

10.3.1 无线通信协议标准、通用分组无线业务

1. 无线通信协议标准

无线通信协议标准（WAP）是在数字移动电话、互联网或其他个人数字助理机（PDA）、计算机应用乃至未来的信息家电之间进行通信的全球性开放标准。

通过 WAP 技术，就可以将互联网的大量信息及各种各样的业务引入移动电话、PALM 等无线终端之中。无论在何时、何地，只要打开 WAP 手机，用户就可以享受无穷无尽的网上信息或者网上资源，电子商务、网上银行也逐一实现。

WAP 协议栈采用层次化设计，为应用系统的开发提供了一种可伸缩、可扩展的环境。每层协议栈在设计中既可被上一层协议所使用，亦可被其他的服务或应用程序直接应用。WAP 充分借鉴了互联网的协议栈思想，并加以修改和简化，有效地应用于无线应用环境。WAP 协议栈包括如下五层：

（1）无线应用环境（wireless application environment，WAE）。WAE 是一种普遍意义上的开发框架，它支持在不同电信网络上方便高效地开发和运行 WAP 应用服务，这个框架主要基于现有的互联网技术。

（2）无线会话协议（wireless session protocol，WSP）。WSP 为上层的 WAP 应用

提供面向连接的、基于 WTP 会话通信服务或基于 WDP 无线连接的、可靠的通信服务。

(3) 无线事务协议 (wireless transaction protocol, WTP)。WTP 提供一种轻量级的面向事务处理的服务,专门优化并适用于移动终端的设计。

(4) 无线传输层安全协议 (wireless transport layer security, WTLS)。WTLS 是基于 SSL 的安全传输协议,提供数据完整性、保密性、真实性、拒绝服务保护等功能。

(5) 无线数据报协议 (wireless datagram protocol, WDP)。WDP 为无线传输层协议,支持在不同类型的网络载体上进行数据传输。

WAP 体系结构为移动通信设备的应用发展提供了一个可缩放和可扩展的环境。体系结构层容易受上下层其他服务器以及应用的影响。

2. 通用分组无线业务

通用分组无线业务 (general packet radio service, GPRS) 是在运行的全球移动通信系统 (GSM) 的基础上发展的数据业务,类似于固定交换技术里的数据分组业务,原有的 GSM 业务为电路交换业务。GPRS 采用了 GSM 同样的无线调制技术,一样的频率,同样的 TDMA 帧结构。现有的基站子系统 (BSS) 从一开始就可提供全面的 GPRS 覆盖。

移动通信技术以突飞猛进的速度从第一代的模拟通信系统发展到第二代的数字通信系统,以及之后的 3G、4G、5G。在第二代的移动通信技术中,GSM 的应用最为广泛。但是 GSM 系统只能进行电路域的数据交换,且最高传输速率为 9.6kbit/s,难以满足数据业务的需求。因此,欧洲电信标准化协会 (ETSI) 推出了 GPRS。

分组交换技术是一项重要的数据传输技术。GPRS 在原 GSM 网络的基础上叠加了支持高速分组数据的网络,向用户提供 WAP 浏览 (浏览互联网页面)、E-mail 等功能,推动了移动数据业务的初次飞跃发展,实现了移动通信技术和数据通信技术 (尤其是互联网技术) 的完美结合。

GPRS 是介于 2G 和 3G 之间的技术,也被称为 2.5G。在它后面还有增强数据传输速率技术 (EDGE),被称为 2.75G。它们为实现从 GSM 向 3G 的平滑过渡奠定了基础。GPRS 允许用户在端到端分组转移模式下发送和接收数据,而无须利用电路交换模式的网络资源,从而提供了一种高效、低成本的无线分组数据业务,其特别适用于间断的、突发性的和频繁的、少量的数据传输,也适用于偶尔的大量数据传输。它集合了现有的 GSM 分组交换数据和短信息服务。GPRS 业务能提供不间断的信息服务,而信息的适时性在未来的运用中是十分重要的,例如在远程信用卡的认证应用。通过使用 GPRS,数据能够实现分组发送和接收,用户永远在线且按流量、时间计费,并降低了服务成本。

GPRS 突破了 GSM 网只能提供电路交换的思维方式,只通过增加相应的功能实体和对现有的基站系统进行部分改造来实现分组交换,这种改造的投入相对来说并不大,但得到的用户数据速率却相当可观。GPRS 是一种以 GSM 为基础的数据传输技术,可说是 GSM 的延续。由于 GPRS 和以往连续在频道传输的方式不同,以封包方式来传输,因此使用者所负担的费用是以其传输资料单位计算,并非使用其整个频道,在理论上较为便宜。

GPRS的传输速率可提升至56kbps甚至114kbps。此外，因为不再需要现行无线应用所需要的中介转换器，所以连接及传输都会更方便容易。如此，使用者不仅可以联机上网，参加视频会议等，而且在同一个视讯网络上（VRN）的使用者，甚至可以无须拨号上网即可持续与网络连接。

10.3.2 移动IP技术、蓝牙技术

1. 移动IP技术

移动IP既是移动通信和IP的深层融合，也是对现有移动通信方式的深刻变革，它将真正实现话音和数据的业务融合，它的目标是将无线话音和无线数据综合到一个技术平台上传输，这一平台就是IP协议。

使用传统IP技术的主机使用固定的IP地址和TCP端口号进行相互通信，在通信期间它们的IP地址和TCP端口号必须保持不变，否则IP主机之间的通信将无法继续。而移动IP的基本问题是IP主机在通信期间可能需要在网络上移动，它的IP地址也许经常会发生变化。而IP地址的变化最终会导致通信的中断。

如何解决因节点移动（即IP地址的变化）而导致通信中断的问题？蜂窝移动电话提供了一个非常好的解决问题的方案。因此，解决移动IP问题的基本思路与处理蜂窝移动电话呼叫相似，它将使用漫游、位置登记、隧道技术、鉴权等技术，从而使移动节点使用固定不变的IP地址，一次登录即可在任意位置（包括移动节点从一个IP子网漫游到另一个IP子网时）上保持与IP主机的单一链路层连接，使通信持续进行。

2. 蓝牙技术

蓝牙（bluetooth）是一种无线技术标准，可实现固定设备、移动设备和楼宇个人域网之间的短距离数据交换（使用2.4～2.485GHz的ISM波段的UHF无线电波）。蓝牙技术最初由爱立信公司于1994年创制，当时是作为RS232数据线的替代方案。蓝牙可连接多个设备，克服了数据同步的难题。

如今蓝牙由蓝牙技术联盟（Bluetooth Special Interest Group，SIG）管理。蓝牙技术联盟在全球拥有超过25 000家成员公司，它们分布在电信、计算机、网络和消费电子等多重领域。电气与电子工程协会（IEEE）将蓝牙技术列为IEEE 802.15.1，但如今已不再维持该标准。蓝牙技术联盟负责监督蓝牙规范的开发，管理认证项目，并维护商标权益。制造商的设备必须符合蓝牙技术联盟的标准才能以“蓝牙设备”的名义进入市场。蓝牙技术拥有一套专利网络，可发放给符合标准的设备。

蓝牙的波段为2 400～2 483.5MHz（包括防护频带）。这是全球范围内无须取得执照（但并非无管制的）的工业、科学和医疗用（ISM）波段的2.4 GHz短距离无线电频段。蓝牙使用跳频技术，将传输的数据分割成数据包，通过79个指定的蓝牙频道分别传输数据包。每个频道的频宽为1 MHz。蓝牙4.0使用2 MHz间距，可容纳40个频道。第一个频道始于2 402 MHz，每1 MHz一个频道，直至2 480 MHz。有了适配跳频（adaptive frequency hopping，AFH）功能，通常每秒可以跳1 600次。

最初，高斯频移键控（gaussian frequency shift keying，GFSK）调制是唯一可用的调制方案。运行GFSK的设备据说可以以基础速率（basic rate，BR）运行，瞬时速率

可达 1Mbit/s，增强数据率（enhanced data rate，EDR）分别可达 2 Mbit/s 和 3Mbit/s。在蓝牙无线电技术中，两种模式（BR 和 EDR）的结合统称为“BR/EDR 射频”。

蓝牙是基于数据包、有着主从架构的协议。一个主设备至多可以和同一微微网中的七个从设备通信。所有设备共享主设备的时钟。分组交换基于主设备定义的、以 312.5μs 为间隔运行的基础时钟。两个时钟周期构成一个 625μs 的槽，两个时间隙构成一个 1 250μs 的缝隙对。在单槽封包的简单情况下，主设备在双数槽发送信息、单数槽接收信息，而从设备则正好相反。封包容量可长达 1、3 或 5 个时间隙，但无论是哪种情况，主设备都会从双数槽开始传输，从设备则从单数槽开始传输。

10.3.3　4G/5G 技术

1. 4G 技术

4G 是基于 IP 协议的高速蜂窝移动网，4G 中使用的核心技术有以下几种。

(1) 正交频分复用 OFDM 技术。OFDM 是一种无线环境下的高速传输技术，其主要思想就是在频域内将给定信道分成许多正交子信道，在每个子信道上使用一个子载波进行调制，各子载波并行传输。尽管总的信道是非平坦的，即具有频率选择性，但是每个子信道是相对平坦的，在每个子信道上进行的是窄带传输，信号带宽小于信道的相应带宽。OFDM 技术的优点是可以消除或减小信号波形间的干扰，对多径衰落和多普勒频移不敏感，提高了频谱利用率，可实现低成本的单波段接收机。

(2) 软件无线电技术。软件无线电技术的基本思想是把尽可能多的无线及个人通信功能通过可编程软件来实现，使其成为一种多工作频段、多工作模式、多信号传输与处理的无线电系统。也可以说，它是一种用软件来实现物理层连接的无线通信方式。

(3) 智能天线技术。智能天线具有抑制信号干扰、自动跟踪以及数字波束调节等智能功能，是未来移动通信的关键技术。智能天线应用数字信号处理技术，产生空间定向波束，使天线主波束对准用户信号到达方向，旁瓣或零陷对准干扰信号到达方向，达到充分利用移动用户信号并消除或抑制干扰信号的目的。这种技术既能改善信号质量，又能增加传输容量。

(4) 多输入多输出 MIMO 技术。MIMO 技术是指利用多发射、多接收天线进行空间分集的技术，它采用的是分立式多天线，能够有效地将通信链路分解成为许多并行的子信道，从而大大提高容量。信息论已经证明，当不同的接收天线和不同的发射天线之间互不相关时，MIMO 系统能够很好地提高系统的抗衰落和噪声性能，从而获得巨大的容量。在功率带宽受限的无线信道中，MIMO 技术是实现高数据速率、提高系统容量、提高传输质量的空间分集技术。

(5) 基于 IP 的核心网。4G 移动通信系统的核心网是一个基于全 IP 的网络，可以实现不同网络间的无缝互联。核心网独立于各种具体的无线接入方案，能提供端到端的 IP 业务，能同已有的核心网和 PSTN 兼容。核心网具有开放的结构，能允许各种空中接口接入核心网；同时核心网能把业务、控制和传输等分开。采用 IP 后，所采用的无线接入方式和协议与核心网络（CN）协议、链路层是分离独立的。IP 与多种无线接入协议相兼容，因此在设计核心网络时具有很大的灵活性，不需要考虑无线接入究竟采用何种方式和协议。

2. 5G技术

5G是具有高速率、低时延和大连接特点的新一代宽带移动通信技术，5G通信设施是实现人机物互联的网络基础设施。国际电信联盟（ITU）定义了5G的三大类应用场景，即增强移动宽带（eMBB）、超高可靠与低时延通信（uRLLC）和海量机器类通信（mMTC）。增强移动宽带（eMBB）主要面向移动互联网流量爆炸式增长，为移动互联网用户提供更加极致的应用体验；超高可靠与低时延通信（uRLLC）主要面向工业控制、远程医疗、自动驾驶等对时延和可靠性具有极高要求的垂直行业应用需求；海量机器类通信（mMTC）主要面向智慧城市、智能家居、环境监测等以传感和数据采集为目标的应用需求。

从用户体验看，5G具有更高的速率、更宽的带宽，网速将比4G提高10倍左右，只需要几秒即可下载一部高清电影，能够满足消费者对虚拟现实、超高清视频等更高的网络体验需求。从行业应用来看，5G具有更高的可靠性、更低的时延，能够满足智能制造、自动驾驶等行业应用的特定需求，拓宽融合产业的发展空间，支撑经济社会创新发展。5G将在以下几个领域带来变革：

（1）智慧城市领域。5G助力智慧城市在安防、巡检、救援等方面提升管理与服务水平。在城市安防监控方面，结合大数据及人工智能技术，5G＋超高清视频监控可实现对人脸、行为、特殊物品、车等精确识别，形成对潜在危险的预判能力和紧急事件的快速响应能力；在城市安全巡检方面，5G结合无人机、无人车、机器人等安防巡检终端，可实现城市立体化智能巡检，提高城市日常巡查的效率；在城市应急救援方面，5G通信保障车与卫星回传技术可实现建立救援区域海陆空一体化的5G网络覆盖；5G＋VR/AR可协助中台应急调度指挥人员直观、及时了解现场情况，更快速、更科学地制定应急救援方案，提高应急救援效率。目前公共安全和社区治安成为城市治理的热点领域，以远程巡检应用为代表的环境监测也将成为城市发展的关注重点。未来，城市全域感知和精细管理成为必然发展趋势，仍需长期持续探索。

（2）信息消费领域。5G在给垂直行业带来变革与创新的同时，也将孕育新兴信息产品和服务，改变人们的生活方式。在5G＋云游戏方面，5G可实现将云端服务器上渲染压缩后的视频和音频传送至用户终端，解决云端算力下发与本地计算力不足的问题，解除游戏优质内容对终端硬件的束缚和依赖，对于消费端成本控制和产业链降本增效起到了积极的推动作用。在5G＋4K/8K VR直播方面，5G技术可解决网线组网烦琐、传统无线网络带宽不足、专线开通成本高等问题，可满足大型活动现场海量终端的连接需求，并带给观众超高清、沉浸式的视听体验。5G＋多视角视频，可实现同时向用户推送多个独立的视角画面，用户可自行选择视角观看，带来更自由的观看体验。在智慧商业综合体领域，5G＋AI智慧导航、5G＋AR数字景观、5G＋VR电竞娱乐空间、5G＋VR/AR全景直播、5G＋VR/AR导购及互动营销等应用已开始在商圈及购物中心落地应用，并逐步规模化推广。未来，随着5G网络的全面覆盖以及网络能力的提升，5G＋沉浸式云XR、5G＋数字孪生等应用场景也将实现，让购物消费更具活力。

(3) 金融领域。金融科技相关机构正积极推进 5G 在金融领域的应用探索，应用场景多样化。银行业是 5G 在金融领域落地应用的先行军，5G 可为银行提供整体的改造。前台方面，综合运用 5G 及多种新技术，可实现智慧网点建设、机器人全程服务客户、远程业务办理等；中后台方面，通过 5G 可实现“万物互联”，从而为数据分析和决策提供辅助。除银行业外，证券、保险和其他金融领域也在积极推动“5G+”发展，5G 开创的远程服务等新交互方式也为客户带来全方位数字化体验，线上即可完成证券开户核审、保险查勘定损和理赔，使金融服务不断走向便捷化、多元化，从而带动金融行业的创新变革。

10.3.4 Wi-Fi 和 WiMAX 技术

1. Wi-Fi 技术

Wi-Fi 是一种允许电子设备连接到一个无线局域网（WLAN）的技术，通常使用 2.4G UHF 或 5G SHF ISM 射频频段。连接到无线局域网通常是有密码保护的，也可是开放的，这样就允许任何在 WLAN 范围内的设备都可以连接上。

无线网络上网可以简单理解为无线上网，几乎所有智能手机、平板电脑和笔记本电脑都支持 Wi-Fi 上网，这是当今使用最广的一种无线网络传输技术。实际上就是把有线网络信号转换成无线信号，使用无线路由器供支持其技术的相关电脑、手机、平板等接收信号。

由 Wi-Fi 技术传输的无线通信质量不是很好，数据安全性能比蓝牙差一些，但传输速度非常快，可以达到 54Mbps，符合个人和社会信息化的需求。Wi-Fi 最主要的优势在于不需要布线，可以不受布线条件的限制，因此非常适合移动办公用户的需要，并且由于发射信号功率低于手机发射功率，因此 Wi-Fi 上网相对也是安全健康的。

Wi-Fi 技术的主要应用领域如下：

(1) 网络媒体。由于无线网络的频段在世界范围内无需任何电信运营执照，因此 WLAN 无线设备提供了一个世界范围内可以使用的、费用极其低廉且数据带宽极高的无线空中接口。用户可以在 Wi-Fi 覆盖区域内快速浏览网页，随时随地接听拨打电话。而其他一些基于 WLAN 的宽带数据应用，如流媒体、网络游戏等功能更是值得用户期待。有了 Wi-Fi 功能，我们在打长途电话（包括国际长途）、浏览网页、收发电子邮件、下载音乐、传递数码照片时，就再无须担心速度慢和花费高的问题。Wi-Fi 技术与蓝牙技术一样，同属于在办公室和家庭中使用的短距离无线技术。

(2) 掌上设备。无线网络在掌上设备中的应用越来越广泛，而智能手机就是其中一分子。与早前应用于手机上的蓝牙技术不同，Wi-Fi 具有更大的覆盖范围和更高的传输速率。

(3) 日常休闲。随着无线网络的覆盖范围在国内越来越广泛，在宾馆、住宅区、飞机场以及咖啡厅之类的区域都有 Wi-Fi 接口。当我们去旅游、办公时，就可以在这些场所使用我们的掌上设备尽情地网上冲浪。厂商只要在机场、车站、咖啡店、图书馆等人员较密集的地方设置“热点”，并通过高速线路将互联网接入上述场所。这样，由于“热点”所发射出的电波可以达到距接入点半径数十米至 100 米的地方，因此用户只要将支持 Wi-Fi 的笔记本电脑、PDA、手机等拿到该区域内，即可高速接入互联网。

(4) 移动公共空间。2014 年 11 月 28 日，中国首列开通 Wi-Fi 服务的客运列车——广州至香港九龙 T809 次直通车从广州东站出发，标志着中国铁路开始了 Wi-Fi 时代。列车 Wi-Fi 开通后，乘客不仅可观看车厢内部局域网的高清影院、玩社区游戏，还能直达外网，刷微博、发邮件，以 10～50 兆的带宽速度与世界联通。

2. WiMAX 技术

WiMAX（worldwide interoperability for microwave access），即全球微波互联接入，是一项新兴的宽带无线接入技术，能提供面向互联网的高速连接，数据传输距离最远可达 50 千米。WiMAX 还具有传输速率高、业务丰富多样等优点。WiMAX 的技术起点较高，采用了代表未来通信技术发展方向的 OFDM/OFDMA、AAS、MIMO 等先进技术。随着技术标准的发展，WiMAX 会逐步实现宽带业务的移动化，是又一种为企业和家庭用户提供“最后一公里”的宽带无线连接方案。

10.3.5 移动定位系统技术

移动定位是指通过特定的定位技术来获取移动手机或终端用户的位置信息（经纬度坐标），在电子地图上标出被定位对象的位置的技术或服务。定位技术有两种，一种是基于 GPS 的定位，一种是基于移动运营网的基站的定位。基于 GPS 的定位方式是利用手机上的 GPS 定位模块将自己的位置信号发送到定位后台来实现移动定位的，定位精度较高。基站定位则利用基站对手机距离的测算距离来确定手机位置。后者不需要手机具有 GPS 定位能力，其精度很大程度依赖于基站的分布及覆盖范围的大小，有时误差会超过 1 000 米。

1. 移动定位系统

(1) 手机定位系统。手机定位是指通过无线终端（手机）和无线网络的配合，确定移动用户的实际位置信息（经纬度坐标数据，包括三维数据）；通过短消息服务（short message service，SMS）、多媒体消息服务（multimedia message service，MMS）语音发给用户或以此为基础提供某种增值服务。手机定位是利用 GSM 移动通信网的蜂窝技术来实现位置信息的查询，GSM 无线通信网是由许多像蜜蜂蜂窝一样的小区构建而成的，每个小区都有自己的编号，通过手机所在小区的识别号就可以知道手机所在的区域。

(2) GPS 定位系统。网络辅助的 GPS 定位，即定位时移动网络通过跟踪 GPS 卫星信号，解调出 GPS 导航信号，并将这些信息传送给移动台，移动台利用这些信息可以快速地搜索到有效的 GPS 卫星，在接收到卫星信号后，计算移动台位置的工作可以由网络实体或移动台完成。

基于 GPS 系统的定位技术，其优点是定位精度较高，定位半径可达到几米、十几米。因此利用该种定位技术可提供对定位精度要求较高的业务，如电子地图显示用户位置等。其缺点是需要移动台内置 GPS 天线和 GPS 芯片等模块，并且需要支持 IS-801 协议，网络侧需要增加 PDE 和 MPC，定位精度受终端所处环境的影响较大，如用户在室内或在高大建筑物之间时，由于可见的 GPS 卫星数量较少，定位精度将降低，甚至无法完成定位。

2. 移动定位系统的应用

移动定位系统的应用领域包括：开展周边信息查找的信息服务，如就近的银行、餐馆、加油站等；本地黄页服务；小范围内的天气预报；就近的交通信息发布；定向广告和基于位置的电子赠券；与动态位置相关的会员俱乐部服务；位置格斗游戏；就近交友聊天业务；公众信息服务；紧急呼叫，如 110、119、120、122 等。

移动定位系统所适用的行业应用包括：集团车队，用于车辆管理、车辆调度；租赁行业，用于租赁设备的调度管理；公司企业，用于企业内部管理、流程优化；物流行业，用于货运车辆的监控、调度；配送行业，用于对配送过程的优化；媒体行业，对突发事件的及时采访、跟踪等；医疗急救，对特殊群体的追踪或紧急援助；售后服务，快速产品维护、支持等；资源管理，对人或物等资源调配要求较高的行业；安全防盗，对汽车、货物资产的安全防盗；公共事业，公交车、出租车等的电子路牌、调度等；超市商场，送货、提货、人员管理。

10.3.6　无线局域网技术

无线局域网（wireless local area networks，WLAN）是相当便利的数据传输系统，它利用射频（radio frequency，RF）技术，使用电磁波，取代旧式碍手碍脚的双绞铜线所构成的局域网络，在空中进行通信连接，使得无线局域网能利用简单的存取架构，达到“信息随身化、便利走天下”的理想境界。

WLAN 的实现协议有很多，其中最为著名也是应用最为广泛的当属 Wi-Fi，它实际上提供了一种能够将各种终端都使用无线进行互联的技术，为用户屏蔽了各种终端之间的差异性。在实际应用中，WLAN 的接入方式很简单，以家庭 WLAN 为例，只需一个无线接入设备——路由器，一个具备无线功能的计算机或终端（手机或 PAD），没有无线功能的计算机只需外插一个无线网卡即可。有了以上设备后，具体操作如下：使用路由器将热点（其他已组建好且在接收范围的无线网络）或有线网络接入家庭，按照网络服务商提供的说明书进行路由配置，配置好后在家中覆盖范围内（WLAN 稳定的覆盖范围为 20～50 米）放置接收终端，打开终端的无线功能，输入服务商给定的用户名和密码即可接入 WLAN。

WLAN 技术可以应用于商场、医疗、企业、仓储管理、货柜集散场、监视系统、展会现场等应用场景，在提高信息传输效能的同时，避免了以往网络传输线路存在的系列问题。

10.4　移动电子商务存在的问题

移动电子商务在给人们带来便利的同时，也产生了一些新的问题，其中安全问题已成为制约移动电子商务健康发展的首要问题。互联网时代的移动电子商务不同于传统的电子商务，其安全问题更加复杂，解决难度也更大。因此，如何建立一个安全稳定的移动电子商务环境对于移动电子商务的发展具有重要意义。

10.4.1 移动电子商务的安全问题

1. 技术上面临的主要问题

无线通信网络是发展移动电子商务的必要技术。无线通信给人们带来便利的同时，也带来了隐患。移动电子商务同样面临着多种安全威胁，主要包括以下几个方面：

（1）无线窃听。在无线通信过程中，因为信道开放的原因，所有的通信内容，如通话信息、设备信息、身份信息等都有可能被拥有一定信号接收设备的人窃听。除此之外，他们还可能利用无线定位技术实行位置追踪，对企业或个人造成非常大的安全隐患。

（2）冒充和篡改。冒充和篡改是指由于无线网络通信信道的开放性，当攻击者掌握了通信的密码或者截获了使用者的身份信息时，就可以利用这个身份在网络中自由活动。另外，攻击者可以通过使用截获的使用者身份信息，进入网络中心，获取网络最高控制权，从而达到窃取机密的目的。

（3）恶意破坏。当攻击者侵入网络后，可以在正常通信的信息基础上进行修改或者恶意插入一些数据和指令，造成服务器工作异常。

（4）黑客和病毒。与有线网络一样，无线移动通信网络和移动终端也会面临黑客和病毒的威胁。鉴于移动智能终端的普及和移动互联网技术的不成熟性，移动互联网电子商务应用软件和网站已成为黑客攻击的首选。

2. 管理上面临的主要问题

（1）移动终端的安全管理问题。移动终端因其具备可以随身携带，数据信息查找便捷等特点，使很多用户将比较机密的个人资料或商业信息存储在移动设备当中，如重要的通讯录、银行账号甚至密码等，但是由于移动终端便携性，没有第三方物理保护措施，因此很容易损坏或者丢失。很多用户没有备份重要信息和设置安全密码保护的习惯，一旦遭窃，往往就会造成严重的后果。

（2）工作人员的安全管理问题。在移动电子商务安全方面，人们往往从技术角度出发，从而忽略了工作人员的安全管理问题。事实上，工作人员的安全管理同样重要，受过良好技术训练却缺乏职业道德的员工往往是企业巨大的安全隐患。企业对员工的保密培训不够重视，而且缺乏强有力的监督控制和追诉机制，容易造成商业机密泄露。

3. 法律上面临的主要问题

面对国内移动安全领域诸多的问题，我国政府和相关主管部门相继出台了相关法律法规，但是因为电子商务产业自身存在的特殊性，导致政策法规的实用性存在一些问题，在一定程度上阻碍了我国电子商务的发展。比如：有些法律法规的门槛过高，使之失去了存在的实际意义。执法人员很难确定其违法行为，更难对这些违法行为进行处理。某些法律法规急于强化管理，却没有充分考虑现实情况，既达不到约束效果，还造成了一定的负面作用。某些政策措施未能充分考虑移动电子商务的特殊性，不利于移动电子商务的长远发展。某些政策措施涉嫌与民争利等问题。因而，研究与制定相关的法律法规，采取相应的法律保障措施是电子商务系统健康发展的一个必不可少的条件。

4. 商家欺诈行为

在移动商务中，消费者对于产品的了解只能通过图片和文字的简单说明去做了解和判断，这就使消费者对商品的产地、规格、原材料来源、成分等真实情况缺乏全面、深入的了解。在这种交易方式下，很可能发生双方的信息不对称，消费者购买的商品与广告的信息不符，甚至虚假广告对消费者的欺诈行为。

5. 移动商务平台运营管理漏洞

随着移动商务的发展，移动商务平台林立。大量移动运营平台如何管理、如何进行安全等级划分、如何确保安全运营，还普遍缺少经验。移动商务平台在设计和建设中做出的一些技术控制和程序控制的安全思考，急需在运营实践中进行修正和完善，更需把技术性安全措施和运营管理中的安全措施，交易中的安全警示和安全思考进行整合，以形成一个整合的、增值的移动商务安全运营和防御战略，确保使用者免受安全威胁。

10.4.2　移动电子商务安全策略

在移动电子商务应用过程中，提升移动电子商务的技术防范能力，是提高移动电子商务安全性的关键和核心环节。由于移动安全技术在移动电子商务中守护着商家和客户的重要机密，维护着商务系统的信誉和财产，同时为服务方和被服务方提供极大的方便，因此，只有采取了必要和恰当的技术手段，才能充分提高移动电子商务的可用性和可推广性。

1. 实施端到端策略

端到端在移动电子商务中意味着保护每个薄弱环节，确保数据从传输点到最后目的地之间完全的安全性，包括传输过程中的每个阶段。即找出每个薄弱环节，并采取适当的安全性和私密性措施，以确保整个传输过程中的安全性，并保护每条信道。移动电子商务带来了许多的设备，它们运行不同的操作系统且采用不同的标准，因此安全性已经成为更加复杂的问题。公司需要实用的安全解决方案，这些解决方案应能够被快速简便地修改，以便满足所有设备的要求，除此之外还要考虑全局。由于安全策略将对一系列商业问题产生影响，因此单独考虑安全性是远远不够的。实施 128 位鉴权码也非理想选择，因为程序太长会影响到用户使用的便利性。同样，性能、个性化、可扩展性及系统管理等问题都会对安全性产生影响，它们都是制定安全策略时必须考虑的因素。

2. 采用无线公钥基础设施（WPKI）

可通过部署无线公钥基础设施（WPKI）技术来实现数据传输路径真正的端到端安全性、安全的用户鉴权及可信交易。WPKI 使用公共密钥加密及开放标准技术来构建可信的安全性架构，该架构可推动公共无线网络上的交易和安全通信鉴权。可信的 WPKI 不仅能够安全鉴权用户、保护数据在传输中的完整性和保密性，而且能够帮助企业实施非复制功能，使得交易参与各方无法抵赖。

3. 加强交易主体身份识别管理

贸易各方信息的完整性是电子商务应用的基础，因为其会影响到交易和经营策略。因此，保证网络上传输的信息不被篡改，预防对信息随意生成、修改和删除，防止数据传送中信息的丢失和重复、并保证信息传送次序的统一。在移动电子商务的交易过程中，通过强化主体资格的身份认证管理，保证每个用户的访问与授权的准确，实名身份认证，可以增强移动电子商务交易的安全性，保证交易双方的利益不受到侵害。

4. 加强对病毒防护技术的管理

（1）预防病毒技术，即通过自身常驻系统内存，优先获取系统控制权，监视系统中是否有病毒，阻止计算机病毒进入计算机系统并对系统产生破坏。

（2）检测病毒技术，即通过对计算机病毒特征进行判断的侦测技术，如自身校验关键字、文件长度变化。

（3）消除病毒技术，即通过对计算机病毒分析，开发具有杀除病毒程序并恢复原文件的软件。另外，要认真执行病毒定期清理制度，清除处于潜伏期的病毒，防止病毒突然爆发，使计算机始终处于良好工作状态。

5. 加强移动电子商务安全规范管理

为保证移动电子商务的正常运作、安全运作，必须建立起移动电子商务的安全规范，加强移动电子商务的法制建设，提升移动电子商务主体的安全意识，营造移动电子商务的整体诚信意识、风险营销意识和安全交易意识。通过建设移动电子商务安全规范，完善管理体制，优化交易环境，加强基础网络设施建设，提高整体的安全交易环境和服务质量，充分发挥法律法规在交易中的规范作用，建立整个交易过程的良性互动机制，促进移动电子商务的健康发展。

6. 完善相关法律和制度，规范产业发展，建构安全交易环境

移动电子商务是虚拟网络环境中的商务交易模式，较之传统的交易模式，更需要相关政策来规范其发展。有了法律保障，才能使交易的双方具有安全感，才能逐步转变用户固有的交易习惯，参与到方便快捷的移动电子商务模式中。国家应完善相关法律和制度，明确行业的发展策略和政策导向，为移动电子商务的发展提供公平竞争的交易环境，并保障各参与团体间的利益分配，从技术和资金等方面支持广大企业对移动电子商务的业务开发。移动通信的安全性还应通过各种方式进一步得到增强，有效地解决安全问题是移动电子商务所必须面对的问题，因为其能更好地鼓励交易服务。目前正在开展对电子商务安全体系的研究工作，电子商务的安全体系已经慢慢发展成型。

□ 本章小结

随着网络通信技术的不断发展，网民人数的不断增加，我国移动电子商务的发展进入了空前的时代。现在，我们迎来了5G时代，移动电子商务的发展进入了新的阶段，大数据、云计算等技术手段成为助推移动电子商务发展的引擎。本章介绍了移动

电子商务的概念和特点、主要应用领域，阐述了我国电子商务的发展历程和趋势，介绍了移动电子商务的运作体系、技术基础以及面临的安全问题。未来，移动电子商务的发展在技术上将更加成熟。随着社交网络平台和属性的不断升级，社交化、内容化、场景化将成为移动电子商务发展的新趋势，垂直领域、垂直用户经济以及新模式创新将是未来移动电子商务发展可能的机会点。

□ 思考与练习

一、复习思考题

1. 什么是移动电子商务?
2. 移动电子商务有哪些特点?
3. 移动电子商务主要应用于哪些领域?
4. 移动电子商务的支付技术有哪些?
5. 简述移动电子商务支付流程。
6. 什么是 4G/5G 技术?
7. 什么是无线局域网技术?
8. 当前移动电子商务发展面临哪些安全问题?

二、讨论题

1. 讨论移动电子商务发展带来的影响。
2. 在日常生活中，我们身边的哪些活动属于移动电子商务范畴? 你从中获得了哪些便利?
3. 结合当前，谈谈 5G 时代给我们的生活所带来的改变。
4. 比较当前常见的移动支付方式，谈谈你对当前移动电子商务支付存在的问题的看法。
5. 讨论未来移动电子商务的发展趋势。

三、网络实践题

1. 上网查找有关移动电子商务安全的典型案例，并分析总结案例经验。
2. 利用移动终端，体验完成一次移动电子商务活动，并总结过程中发现的问题和感受。
3. 移动电子商务支付存在哪些问题? 请上网查找资料及实例进行说明。
4. 上网查找资料，对国内外移动电子商务的支付发展现状进行比较。

四、案例分析题

云集微店：月销破 5 亿元的移动电商黑马

基于上游供应链精选模式的电子商务平台公司——云集微店，与网易严选、米家有品的发展思路类似，但又有其差异点，买手的 SKU 精选、上游供应链的选择以及平台的搭建、运营以及服务等看点十足，无论是需求端还是电商运营端，其电商运营模式既不像天猫平台那么“轻”，又不像京东那么“重”，保证品类拓展速度，同时不失服务及产品质量。

1. 首创“中央厨房＋社群”移动电子商务模式，年销售额增长超40倍

“中央厨房＋社群”模式成就移动电商界黑马。云集微店是一款专注运营手机开店的App，于2015年4月正式成立，5月平台正式上线。云集微店采用“中央厨房＋社群”的商业模式，每一位用户既可以是消费者，也可以是店主。云集微店利用社交平台进行口碑传播，同时打造中央商品供应链，通过在全球批量采购商品，无偿共享给所有店主。店主完成销售环节赚取佣金，由平台提供物流和售后的相关保障。凭借其高效的供应链管理和便利的一站式服务，云集微店成为移动电商界的一匹黑马。

业绩喜人，融资助力快速增长。2015年5月，云集微店平台正式上线。在短短两年之后，云集微店月销售额已经突破5亿元，店主数量达到150万人，日订单量增长到30万单，日发包裹量已达30万件。从供应商层面来说，平台供应商已达500余家，入驻品牌1 800多家。另外，在2016年12月，云集微店获得当年社交电商领域最大的一笔A轮融资2.28亿元。良好的经营业绩和巨大的投资额无疑将大大提升其在业界的影响力，使云集微店关注度持续上升。

2. “严选”时代到来，社交零售蔚然成风

年轻消费群体崛起，品质化、服务化需求增强。伴随着我国居民收入的上升，恩格尔系数下降，消费能力不断增强，消费者的购物动机不再仅仅为了满足刚性需要，而是对商品品质和服务体验提出了更高的要求。消费者已经从“不得不买”转变为“追求有品质的生活”，在快速忙碌的生活节奏下，商家的精选模式逐渐受到青睐。网易严选、无印良品等以“精选”为主打的品牌营业收入近几年呈爆发式增长。随着“90后”渐渐成为社会中坚力量，“00后”纷纷进入社会工作，年轻一代即将成为消费的主力军，这种消费趋于品质化、服务化需求的特点将更加突出。

基于口碑传播，零售渐趋社交化。信息时代，商家和消费者所掌握的信息差距逐步缩小，以广告为主的单向传播方式效果不断衰减，口碑、信任成为零售品牌得到消费者认可的重要因素。随着微博、微信等社交媒体平台用户规模的不断扩大和活跃度的不断提升，微信和微博合并月活跃用户数已达8.89亿人，使用社交平台已成为人们生活中不可缺少的一部分。如今，37.76%的人群平均每月社交电子商务消费所占的网购比例为20%～50%，由此可见，通过微博、微信等社交平台上的推荐来购买商品已经成为一种潮流和趋势。

3. “精选＋特卖”提供高性价比产品，平台一站式服务提升用户体验

产品优势：采用“精选＋特卖”模式，品质与低价兼得。在商品的选择上，云集微店采用买手精选模式：百人以上的买手团队会在国际知名品牌或是质量过硬但知者寥寥的分支品类中精心挑选，每一款商品都经亲自试用无误后方可上架。这不仅提升了用户体验，还降低了退换货比率，节约了物流成本。与此同时，云集微店每天一款特价商品，每周一次品牌团活动，每月一次节日促销活动，让消费者在享受品质的同时，付出最少。相比于淘宝、天猫，云集微店在商品的品类上虽不及它们丰富，但是上架商品都由买手决定，产品的质量由平台掌控，有效改善了产品质量的参差不齐。

引入第三方承包机构，保证产品品质。云集微店所有商品由中国人民财产保险股

份有限公司（PICC）承保，30 天无理由退货退款。与传统微商相比，云集微店在与众多品牌合作商或一级代理商建立正规的供销渠道，保证正品的同时，还为整个平台的商品投保了 PICC 的正品保险，承诺给买家如果买到假货就可以进行保险理赔。同时，在 30 天之内，买家因不满意而申请退货，云集微店无任何异议。

价格优势：一手货源，规模化运营。云集微店商品都经品牌方、全国总代理以及专柜等直供。目前，云集微店与许多国内外优秀供应商签订了合作协议，SKU 达到 5 000 多个。所有的货源几乎都是一手货源，没有中间商的层层加价，价格也比其他渠道低很多。同时，云集微店通过规模化的采购和集中式的运作同步缩减了人工管理费用和中间渠道成本，这使得有更多的赢利空间可以分享给在平台上开店的店主，从而受到越来越多创业者的青睐。

减少流量成本，实现“病毒式”传播。与传统电子商务相比，当用户在移动电子商务平台搜索商品时，会受到平台竞价模式的人工干预和过度营销。由于门店需要用大量的资金购买流量来做引流和转化，因此，长此以往，具有匠心的创新品牌因资金的匮乏很难接触到用户。而基于社交连接的云集微店，利用了人与人之间的感情纽带，借助社交圈“病毒式”传播的天然流量优势，使得每个门店在社交的碎片化时间中，都可以利用自己的社交网络来帮助商品迅速实现传播与销售的二合一，大大减少了营销成本。

渠道优势：创始人多年积累供应链资源，具有较高的议价能力。云集微店由苏浙沪地区有名的渠道商小也投资，小也的创始人是肖尚略，作为中欧商学院的高级管理人员，工商管理硕士（EMBA）肖尚略此前有 14 年的电商行业创业经验，早在 2003 年他就创办了知名美妆电商品牌小也香水。如今小也科技更是日销售出单超 8 000 笔，服务会员客户 400 万人，年收入超过 6 亿元。在过去的 10 多年里，小也积累了丰富的供应商资源，如迪奥、巴宝莉、菲拉格慕等中高端品牌。因此，云集微店能以快速而低成本的优势取得一线品牌的直供权，对上游供应商的议价能力，绝非代购或者传统微商能比。

服务优势：轻资产运作，配送覆盖边远地区。云集微店采用中央仓储物流系统，在全国拥有 9 大仓储中心，仓储总面积达 25 000 平方米。与京东 7 大仓储物流中心相比，云集微店除了覆盖华北、华南、华东等地区的一二线城市之外，不仅在香港设立了直邮仓，保证了跨境贸易的效率，还计划在乌鲁木齐等地区设立仓储中心，节约中西部地区的配送时间。资料显示，云集微店有 20%的包裹发送到县级以下单位，而前五名分别是湖南、广东、新疆、江苏和陕西，其中 3 个属于中西部地区。相对于自建物流体系的京东，云集微店借助第三方物流平台开展轻资产运作，库存周转天数平均为 30 天，体现了其强大的仓储配送效率。

选择优质物流服务商，质量与成本兼顾。与其他电子商务企业相比，云集微店的物流服务商相对较少，但都是服务质量在业内获得好评的物流企业。此外，供应商数量较少，有利于集中订单达成规模效应，以较大规模换取议价能力，从而获得较低价格的优质服务，最终实现对物流服务较高质量和较低成本的兼顾。

提供专业客服、支付结算、文案编写和培训的全方位服务。在客服团队方面，云集微店经过统一培训，为卖家提供了几百名专属客服团队，从售前、售中、售后等环节全程跟进，用户可绕开卖家直接找平台客服解决问题。同时，云集微店在互联网技术方面投入了2 000万元以上的资金，为门店提供从交易到支付再到用户数据的服务；提供多种不同风格的文案和图片素材；针对门店销售，配有专门的导师培训销售技能和商品知识。与传统微商相比，云集微店从售前、售中和售后帮助店家提高经营效率，而消费者也能享受更为专业化的服务。

案例思考：

1. 云集微店的主要运营模式是什么？
2. 云集微店与天猫、淘宝等主流电商相比有什么优势？你能从中获得什么启示？

第 11 章

电子商务法律法规

学习目标

- 了解与电子商务相关的法律问题
- 了解我国电子商务立法概况
- 了解电子商务领域知识产权的保护
- 了解电子商务中的消费者权益保护
- 了解互联网安全与网络犯罪

案例导入

美团被市场监管总局行政处罚，罚款 34 亿元

经查，自 2018 年以来，美团滥用在中国境内网络餐饮外卖平台服务市场的支配地位，以实施差别费率、拖延商家上线等方式，促使平台内商家与其签订独家合作协议，并通过收取独家合作保证金和数据、算法等技术手段，采取多种惩罚性措施，保障“二选一”行为实施，排除、限制了相关市场竞争，妨碍了市场资源要素自由流动，削弱了平台创新动力和发展活力，损害了平台内商家和消费者的合法权益，构成《反垄断法》第二十二条第（四）项中“没有正当理由，限定交易相对人只能与其进行交易”的滥用市场支配地位的行为。

根据《反垄断法》第四十七条、第四十九条的规定，综合考虑美团违法行为的性质、程度和持续时间等因素，2021 年 10 月 8 日，市场监管总局依法对其作出行政处罚决定，责令美团停止违法行为，全额退还独家合作保证金 12.89 亿元，并处以 2020 年中国境内销售额 1 147.48 亿元 3%的罚款，共计 34.42 亿元。同时，市场监管总局向美团发出《行政指导书》，要求其围绕完善平台佣金收费机制和算法规则、维护平台内中小餐饮商家合法利益、加强外卖骑手合法权益保护等进行全面的整改，并连续三年向市场监管总局提交自查合规报告，确保整改到位，实现规范创新健康持续发展。

资料来源：美团被市场监管总局行政处罚，罚款 34 亿元. 新华每日电讯，2021－10－09.

11.1 电子商务法律概述

根据中国商务部电子商务和信息化司发布的《中国电子商务报告2022》，2022年，全国电子商务交易额达43.83万亿元，同比增长3.5%。全国网上零售额达13.79万亿元，同比增长4.0%，其中，实物商品网上零售额11.96万亿元，同比增长6.2%。农村网络零售额达2.17万亿元，同比增长3.6%。农产品网络零售额达1.99万亿元，同比增长4.9%。跨境电商进出口总额达2.11万亿元，同比增长9.8%，其中，出口商品总额达1.55万亿元，同比增长11.7%，进口商品总额达0.56万亿元，同比增长4.9%。电子商务服务业营收规模达6.79万亿元，同比增长6.1%，其中，电子商务交易平台服务营收规模达1.54万亿元，同比增长10.7%。

电子商务不仅给世界带来了新的商务方式，同时也给原有法律带来了冲击与挑战。电子商务交易过程涉及商家、消费者、平台、电信经营者、金融管理者等诸多方面，任何一方有问题都会产生纠纷。如今人们生活的方方面面都会受到电子商务的影响，电子商务在给人们带来便利的同时，也需要相应的法律法规对其进行规范和管理。2013年12月27日，全国人大常委会召开《中华人民共和国电子商务法》第一次起草组的会议；2016年12月，《中华人民共和国电子商务法草案》提请十二届全国人大常委会初次审议；2018年8月31日，第十三届全国人民代表大会常务委员会第五次会议通过了《中华人民共和国电子商务法》，这部备受关注的法律最终正式亮相。

11.1.1 与电子商务相关的法律问题

正是因为电子商务的特殊性，导致其会不可避免地面临一系列的问题，这些问题对新法律环境的建设提出了迫切要求。

1. 电子合同问题

电子合同作为非纸质合同，其要约、承诺、合同条款、合同成立和生效时间、地点及撤销等合同要件都是以数据电文的形式存在的，发展电子商务的首要问题就是需要确定电子合同的法律效力。

2. 电子支付问题

电子支付是电子商务交易的关键环节，包括付款人、收款人和银行，以及其他第三方支付平台之间的法律关系。相关法律问题包括如何通过法律法规保障电子支付的合法性以及安全性，如何确定交易主体的资格，如何对电子货币进行监管，对电子支付数据伪造、更改、涂销等问题的处理办法等。

3. 电子商务中的知识产权问题

知识产权是一种无形财产权，指的是对智力劳动成果所享有的相关权利。电子商务的特点同样给知识产权法带来了冲击，主要包括商业秘密、域名保护问题、专利权、传统印刷作品的数字版权保护等方面。由于互联网所涉范围的开放性与广泛性，电子商务的知识产权保护呈现出复杂性，很多问题在现有的法律制度中难以找到合适的解决方法。

4. 互联网财产保护问题

网络虚拟财产属于无形财产，其本质上是一种信息权利。民法保护的是公民的合法权利，只要是合法、依法取得的、产生并续存于网络之中的、价值可以估计或者可确定的、现实价值的、有特定信息权利的网络虚拟财产均应得到法律的保护。

5. 网上税收问题

由于电子商务的虚拟性、全球性等特点给传统的征税制度带来了极大的挑战，因此需要研究和制定相应的税务政策法规。电子商务环境下税收所面临的挑战主要包括以下几个方面：难以确定纳税主体和纳税对象、难以确定纳税环节、难以确定纳税地点和纳税期限、难以确定纳税管辖权、难以征管和稽查等。

6. 电子证据问题

电子商务中确定交易各方权利和义务的各种合同和单证都是以数据电文的形式存在的，这些数据电文在证据法中可以算作电子证据。在电子商务交易的过程中，电子证据的适用性、有效性和审查规则都是亟待解决的问题。

7. 在线交易法律适用问题

电子商务的核心内容是商务活动，虽然在交易过程中有很多情况仍然适用于传统的法律框架体系，但因为其形式的特殊性，许多问题又只能依靠电子商务相关法律法规进行处理，因此这就需要对传统法律和电子商务法各自适用和管辖的范围进行明确的规定。

8. 网络隐私权保护问题

网络隐私权是指公民在网络上享有的私人生活安宁与私人信息依法受到保护。在电子商务活动中如何保证用户在交易过程中留下的隐私信息包括个人信息、图像等不被泄露和盗用，已成为社会广泛关注的问题。目前在隐私保护领域所遇到的问题主要有个人数据采集过度、个人数据二次开发利用和个人数据交易。针对网络隐私权应该制定相应的规则，使其规范化发展，从而促进电子商务的规范发展。

11.1.2　电子商务立法背景

自 20 世纪 90 年代以来，以互联网为基础的电子商务蓬勃发展，表明电子商务已经成为 21 世纪全球经济的重要增长点。电子商务的跨越式发展，给现行国际法律体系带来了新的挑战。电子商务立法是推动电子商务发展的前提和保障，尽快在全球范围内营造良好的电子商务法律环境，已成为国际社会的共识。电子商务立法的目的是营造一个有利于电子商务发展的内外环境，促进 21 世纪世界经济的健康发展。

1. 电子商务的特征及其对法律的要求

（1）无国界性。电子商务是通过互联网进行交易的，而互联网的重要特征就是全球性、跨区域性。通过任何一台联网的计算机，可以访问地球上任意地方的服务器，可以让用户在家购买到任何地方的产品。因此，电子商务面对的不再是某一个地区的市场，而是面向全球的市场。全球性的市场不仅要从交易的形式进行改变，还对商业规则以及法律法规有着极高的要求。

（2）信息的数字化。由于计算机处理、存储的和互联网所传输的都是表示信息的电磁信号，因此以互联网为载体、计算机处理为表征的电子商务双方谈判记录、使用资金、签订合同都是数字化的信息。这种虚拟的信息资源对商家的信用要求提出了挑战，这些以数字化信息形式存在的资源具有无限可复制的特征，并具有极大的可流动性，导致其传播更加便捷，增加了泄露风险。因此，对电子商务中所涉及的版权、著作权、专利权、商标使用权等在内的知识产权保护也成为电子商务发展中不可避免的问题。如何对数字化的产品进行征税，如何解决电子商务带来的逃税避税问题以及电子货币流通监管问题，都是电子商务立法要亟待解决的。

（3）技术进步速度快。电子商务领域的技术进步速度已经远远超过一个国家对其法律框架的调整能力，即使对法律框架进行优化调整，也很难跟上电子商务发展变革的速度。虽然电子商务领域的法律框架正处在形成过程之中，但电子商务仍然处于高速发展不断改变的过程中。由于我们对一种跨领域的规则有着迫切而显著的需要，因此电子商务导致了一场在数字化市场中对法律框架的根本性反思。

2. 电子商务立法的必要性

（1）电子商务的发展需要法律的保障。电子商务迅猛的发展速度使得与其相应的法律框架建设进度无法跟上节奏，这在全球范围内都是共同的问题。对消费者来说，如果在线交易无法保证其网购的安全性，就很可能损害消费者的个人权益。另外，由于网络黑客的存在，网络金融交易的安全性可能要低于线下交易，个人隐私问题也是一个难以解决的问题。从之前出现的一系列侵犯网络安全和信息安全的恶性事件中我们应该得到警示。电子商务是网络技术在商务活动中应用的产物，为社会各个领域都带来了极大的改变，当然也带来了一系列的问题。法律作为调整社会关系的重要工具，应及时进行修改和完善，如电子商务征税、电子合同、个人隐私等都需要法律进行保障。

（2）电子商务立法仍存在大量需要完善的问题。虽然联合国国际贸易法委员会发布了《电子商务示范法》等一系列国际统一的规则，但是不构成直接有效的国际法律规范，只是作为参考。各国法律制度存在巨大的差异，有很多方面无法做出具体性的规定，需要各国针对具体的情况进行解决。同时，虽然很多国家对国内原有的法律法规进行了适应性的调整，但都是局部性或者临时性的政策，缺少专门性的立法工作。在电子商务实践中，仍有很多当事人通过签订协议来解决法律规范的不足，而这样的做法具有很大的局限性。因此，电子商务法律问题的解决需要国际规则的统一确立与各国立法的彻底调整。

（3）中国电子商务法制建设任重而道远。我国现行法律制度基本针对的是传统线下的商务活动，因此在实践中较难适应电子商务活动。从全球视角而言，发达国家与发展中国家在电子商务的发展过程中必然存在着利益冲突，关于国际统一规则的制定以及原则问题的讨论必然会引发一场力量与智慧的较量。从我国视角来看，电子商务变革将影响既得利益者的重新分配问题，容易产生矛盾与纠纷，需要通过立法进行调整。因此，我国在立法过程中既要关注国际电子商务立法的规则，又要结合我国实际国情完善国内电子商务发展的法律框架，积极推动电子商务发展，谋得未来竞争的主动权。

11.1.3 国外电子商务立法概况

电子商务的立法工作受到国际、地区组织以及很多国家政府的高度重视，国际社会对尽快建设良好的全球范围电子商务发展法律环境力求达成一致。

1. 联合国国际贸易法委员会

联合国国际贸易法委员会是联合国负责国际贸易法律协调和统一的组织，在国际电子商务立法过程中发挥了重要作用。1984 年，联合国国际贸易法委员会提交了《自动数据处理的法律问题》报告，对计算机记录和系统的审视提出了法律要求的建议，从此拉开了电子商务国际立法的序幕。为促进电子支付的规范化，联合国国际贸易法委员会制定了《国际贷记传输示范法》，这是电子商务立法进程中的实质性项目，对推进国际电子支付的应用具有重要意义。

1996 年 6 月，联合国国际贸易法委员会通过了《电子商务示范法》。该法确认了电子商务中国际合同的商业用途，认可通过了电子合同的规则和范式，规定了约束电子合同履行的标准，定义了有效电子书写和原始文件的条件，支持了在法庭和仲裁过程中使用计算机证据，为各国制定电子商务法律法规提供了基本框架和规则，为世界范围内的电子商务发展奠定了基础。2001 年 7 月，联合国国际贸易法委员会正式公布了《电子签名示范法》，对电子签字、数字认证及认证机构进行了规范，有效对《电子商务示范法》进行了补充，有利于各国通过现代化核证技术开展立法工作。2005 年 11 月，联合国国际贸易法委会在前面两部法律的基础上通过了《联合国国际合同使用电子通信公约》，旨在消除国际合同使用电子通信方式的障碍，消除现有国际贸易法律文件在执行中可能产生的障碍，加强国际贸易合同的法律确定性和商业上的可预见性。2016 年通过了《关于网上争议解决的技术指引》，它是关于跨境电子商务网上争议解决的法律文件。2017 年通过了《电子可转让记录示范法》。

2. 经济合作与发展组织（OECD）

经济合作与发展组织十分重视电子商务对经济及社会的发展影响。由于 OECD 成员国（美国、德国、法国等）大多在电子商务领域比较发达，具备重要的影响力，因此 OECD 在电子商务方面的政策与法律制定对其他国家和地区的电子商务法律法规制定产生了重要影响。1998 年 10 月，OECD 成员国、非 OECD 国家、消费者和社会利益团体代表在加拿大渥太华召开了电子商务专题讨论会。会议提出了《全球电子商务行动计划》，为实现电子商务的全球化共同行为做出了重大贡献，明确了政府对电子商务发展的推动作用，有利于国际政策的协调。此次会议最终通过了三个具体的实施宣言和一个实施报告。《在全球网络上保护个人隐私的宣言》明确了对在全球网络上保护个人隐私的承诺，确认为了达到保护个人隐私的目的将会采取必要的措施。OECD 将根据各国的经验与案例对保护个人隐私提供指导方针。《关于在电子商务条件下保护消费者的宣言》认为各国政府、工商界、消费者及其代表应该继续共同合作以确保消费者能获得透明而有效的保护。《关于电子商务身份认证的宣言》明确了身份认证对电子商务的重要性，并提出了一系列促进开发和使用身份认证技术和机制的活动。《电子商务：税务政策框架条件》报告确定了电子商务的税务原则，对税务政策框架公认的条件进行了概述，并支持进一步推进报告中所提的建议。

3. 世界贸易组织（WTO）

1997年WTO先后达成了三大协议：《全球基础电信协议》主要内容是要求各国成员向外国公司开放电信市场；《信息技术协议》要求参加的各方自1997年7月1日到2000年1月1日将主要的信息技术产品关税降为零；《开放全球金融服务市场协议》要求成员方对外开放银行、保险、证券和金融信息市场。这三项协议为电子商务和信息技术的发展制定了新的法律规范。WTO在1998年通过了《关于全球电子商务的宣言》和《电子商务工作方案》，给电子商务的规章制度带来了重大影响。

4. 国际商会

国际商会积极参与国际电子商务的政策制定与法律框架建立工作，随着电子商务的影响不断扩大，国际商会对电子商务交易的规则进行了研究，以促进国际贸易的安全和稳定。1997年11月，国际商会通过了《国际数字保证商务通则》，试图平衡不同法律体系的原则，为电子商务提供有效的指导性政策。2004年制定了《国际商会2004年电子商务术语》，统一了电子商务相关术语。2005年3月制定了《国际商会有效部署和实施电子商品编码的原则》。

5. 欧盟

欧盟在电子商务立法领域成绩突出，无论是立法思想、立法内容还是立法技术都处于国际领先地位。1997年4月，欧盟委员会提出了《欧洲电子商务行动方案》，阐明了欧盟在电子商务发展问题的观点与立场，为欧洲电子商务活动制定了有效的政策框架。欧洲对电子商务相关的法律问题特别重视，对电子商务活动的管制包括了电子商务的每一个环节，包括数据、隐私、知识产权保护以及税收环境。欧盟积极与国际组织以及其他国家政府进行对话，确保健康的法律环境，共同打击国际网络犯罪。欧洲议会于1999年12月制定了《电子签名指令》，2000年5月制定了《电子支付指令》，两部法律文件构成了欧盟国家电子商务立法的核心和基础。2004年3月，欧洲议会和欧盟委员会颁布了《建立欧洲网络与信息安全机构设置规则》。2015年5月，欧盟委员会发布了最新数字化战略——《数字化单一市场战略》，宣布将通过出台政策改革、版权法、消费者保护、云服务等一系列措施，推动欧盟跨境贸易。

6. 美国

美国政府将发展互联网和电子商务作为21世纪前期战略性支柱产业的重要方向，通过电子商务积极开拓全球市场，对电子商务进行前瞻性的法制规范建设。20世纪90年代初期美国就建立了大量的电子商务法案，例如1991年9月，美国参议院通过了《高性能计算机法规网络案》。1995年，美国犹他州制定了《数字签名法》，这是世界上第一部全面确定电子商务运行规范的法律，为世界各国的法律制定打下了基础。1996年1月，国会通过了《计算机反欺诈和滥用法（修订）》；1996年2月，国会通过了《通信法》。1997年7月，美国政府颁布了《全球电子商务纲要》，正式形成了美国政府系统化电子商务发展的政策和规则。2000年6月，美国总统克林顿以数字签字的方式签署了《关于全球和国内商业中的电子签名法》，从联邦政府层面对州与州以及国际贸易电子商务交易活动进行了规范，这部法律的颁布是美国政府对电子商务发展的重要推力。近年来，美国相继出台了《联邦信息安全管理法》《公平正确信用交易法》《个人数据隐私与安全法》《互联网税收不歧视法案》《网络安全法案》等一系列法律，通过这些法律逐渐构成了美国比较完整的电子商务法律框架。

11.1.4　我国电子商务立法概况

电子商务法律规范是推动电子商务发展的重要保障，随着电子商务在我国的不断发展，我国相继出台的电子商务相关主要法律法规、规章制度如表 11－1 所示。

表 11－1　我国电子商务相关主要法律法规、规章制度

序号	出台时间	法律法规、规章制度
1	1994 年 2 月	《中华人民共和国计算机信息系统安全保护条例》
2	1997 年 12 月	《计算机信息网络国际联网安全保护管理办法》
3	2004 年 8 月	《中华人民共和国电子签名法》
4	2007 年 3 月	《关于网上交易的指导意见（暂行）》
5	2009 年 4 月	《电子商务模式规范》
6	2009 年 12 月	《网络交易平台服务规范》
7	2010 年 6 月	《非金融机构支付服务管理办法》
8	2011 年 4 月	《第三方电子商务交易平台服务规范》
9	2014 年 1 月	《网络交易管理办法》
10	2015 年 2 月	《互联网危险物品信息发布管理规定》
11	2015 年 7 月	《关于促进互联网金融健康发展的指导意见》
12	2015 年 7 月	《中华人民共和国国家安全法》
13	2015 年 12 月	《非银行支付机构网络支付业务管理办法》
14	2016 年 7 月	《互联网广告管理暂行办法》
15	2016 年 11 月	《互联网直播服务管理规定》
16	2016 年 11 月	《中华人民共和国网络安全法》
17	2018 年 8 月	《中华人民共和国电子商务法》
18	2019 年 10 月	《中华人民共和国密码法》
19	2020 年 4 月	《网络安全审查办法》
20	2021 年 3 月	《网络交易监督管理办法》
21	2021 年 6 月	《中华人民共和国数据安全法》
22	2021 年 8 月	《中华人民共和国个人信息保护法》

从表 11－1 可以看出我国近几年在加速电子商务立法进程，下面我们对其中几部具有代表性的法律法规进行介绍。

1.《中华人民共和国电子签名法》

2005 年 4 月 1 日，《中华人民共和国电子签名法》（以下简称《电子签名法》）正式实施，标志着我国电子商务法律建设发展进入了一个新的阶段。《电子签名法》是我国信息化领域的第一部正式法律，也是《中华人民共和国行政许可法》自实施以来在信息产业和信息化方面由法律建设的第一个行政许可，包括了总则、数据电文、电子签名和认证、法律责任和附则五个部分。《电子签名法》通过确立电子签名法律效力、规范电子签名行为、维护各方的合法权益，从法律制度上对电子交易的安全进行了保障，不仅促进了我国电子商务和电子政务的发展，也为我国电子商务安全认证体系和网络安全体系奠定了重要的基础，创造了良好的法律环境。

2.《第三方电子商务交易平台服务规范》

2011年4月12日，商务部发布了《第三方电子商务交易平台服务规范》，鼓励平台经营者成立“冷静期”制度，即消费者在冷静期内可以无条件取消订单，但不包括冷鲜产品、食品、化妆品、药品等。《第三方电子商务交易平台服务规范》的内容主要包括：确定了第三方电子商务交易平台的运行规则、设立条件与服务规则；调整了第三方电子商务平台、站内经营者与消费者之间的关系；对第三方电子商务交易平台提出了新的要求；明确了网络交易中的禁止行为。《第三方电子商务交易平台服务规范》以电子商务的和谐发展为宗旨，建立健全网络购物的长效机制，对第三方电子商务交易平台的经营活动进行了规范和引导，有效保障了广大企业和消费者的合法权益，为企业、商家、消费者营造了公平、诚信、安全的交易环境，有力促进了电子商务法律法规体系的构建。

3.《网络交易管理办法》

2014年3月15日，国家工商行政管理总局出台的《网络交易管理办法》正式实施，其对网络商品经营者和服务经营者的义务进行了说明，并指出了违反管理办法的法律后果。《网络交易管理办法》的颁布与实施，有力地对网络商品以及相关服务进行了规范，有效地保护了消费者以及经营者的合法权益，有利于互联网经济的持续健康发展。2021年5月，《网络交易监督管理办法》施行，《网络交易管理办法》同时废止。

4.《中华人民共和国网络安全法》

2016年11月7日，《中华人民共和国网络安全法》（以下简称《网络安全法》）正式发布，自2017年6月1日起正式施行。作为我国网络安全治理领域的基础性法律，《网络安全法》首次从法律层面对个人信息保护的基本原则进行了规定，明确指出收集用户信息应经过用户的明示同意，不得收集无关信息，不得向他人提供用户的个人信息，不得非法出售个人信息。

5.《中华人民共和国电子商务法》

我国第一部电子商务领域的综合法律《中华人民共和国电子商务法》（以下简称《电子商务法》）于2018年8月出台。《电子商务法》是我国电子商务领域的基本法律，共7章89条，主要对电子商务经营者、电子商务合同的订立与履行、电子商务争议解决、电子商务促进和法律责任这五部分作出了相应规定。该法自2019年1月1日起施行。《电商商务法》指出，国家未来将采取措施推动建立公共数据共享机制，促进电子商务经营者依法利用公共数据。《电子商务法》的出台为我国电子商务持续健康有序发展提供了制度性的保障，能够引导我国互联网经济的发展，有利于我国创新型国家的建设。

11.2　电子商务交易的法律规范

本节主要采用案例与讨论的形式对电子商务法律相关问题进行探讨，希望通过案例让读者更加立体地了解到电子商务法律法规在实际中的应用情况，并深入思考自己身边相关电子商务法律法规应用的现状。

11.2.1　电子商务交易的相关法律问题及规范

案例 11－1

杭州市下城区人民检察院诉孙某个人信息保护民事公益诉讼案

2019 年 2 月起，被告孙某以 3.4 万元的价格，将自己从网络上购买、互换得到的 4 万余条含自然人姓名、电话号码、电子邮箱等的个人信息，通过微信、QQ 等方式贩卖给案外人刘某。案外人刘某在获取相关信息后用于虚假的外汇业务推广。杭州市下城区检察院认为，被告孙某该行为严重侵害了社会众多不特定主体的个人信息权益，致使社会公共利益受到侵害，应当依法承担赔偿损失、赔礼道歉等民事责任。

经审理，杭州互联网法院判决孙某支付侵害社会公共利益的损害赔偿款 3.4 万元，专门用于信息安全保护或个人信息保护等公益事项，并在《浙江法制报》向社会公众刊发赔礼道歉声明。

资料来源：电子商务案件十大典型案例.（2021－06－01）. 杭州互联网法院网站.

据中国电子商务投诉与维权公共服务平台接到的类似用户投诉案例表明，近年来互联网/电商行业泄密事件频频出现，其重大典型的案例包括：5173 中国网络服务网数次被“盗钱”，当当网用户账户多次遭盗刷，“1 号店”员工内外勾结致客户信息泄露，支付宝漏洞致用户信息泄露，如家、七天开房信息泄密，腾讯 7 000 多万 QQ 群信息遭泄露，携程技术漏洞导致用户个人信息、银行卡信息等泄露，微信朋友圈小游戏窃取用户信息，等等。

本案系全国首例适用《民法典》的个人信息保护民事公益诉讼案。个人信息保护已成为广大人民群众最关心、最直接、最现实的利益问题之一。本案明确了个人信息保护不仅涉及自然人个人的权益保障，同时也具有社会公共利益的属性。对于公益诉讼起诉人依法对侵害众多不特定自然人个人信息的行为提起民事公益诉讼，人民法院应当依法受理，充分体现对涉及公共利益的社会不特定民事主体人格尊严和人格自由的保护和尊重。

网络和电子商务的开放性、虚拟性和技术性使得电子商务交易过程中的信息和信息系统极易受到攻击，电子商务交易的安全性是交易主体决定是否选择使用电子商务的方式进行交易最重要的因素。交易安全是电子商务的生命所在，没有交易安全，就不会存在电子商务活动，更谈不上发展前景。

11.2.2 网络服务提供者的法律问题及规范

案例 11-2

杭州刀豆网络科技有限公司诉深圳市腾讯计算机系统有限公司等侵害作品信息网络传播权纠纷案

百赞公司未经许可，通过微信小程序提供某作品的在线播放服务。刀豆公司认为腾讯公司作为微信小程序的平台管理者，未尽审核义务，构成帮助侵权，遂诉至杭州互联网法院，请求判令，要求百赞公司删除其小程序上的涉案作品、腾讯公司删除涉案侵权微信小程序，并共同赔偿经济损失及合理费用。

经审理，杭州互联网法院判决百赞公司赔偿经济损失（含合理开支）1.5万元，驳回其要求腾讯公司删除涉案侵权微信小程序的诉请。

资料来源：电子商务案件十大典型案例.（2021-06-01）. 杭州互联网法院网站.

本案系首例涉微信小程序案件，属于新类型、疑难复杂的互联网纠纷。本案明确"通知删除"规则应建立在网络服务提供者能够控制侵权内容并可以精确删除的基础上。腾讯公司提供的是小程序架构与接入的基础性网络服务，小程序内容均存储于开发者服务器上，该服务具有无差别性、技术性和被动性等特点，其性质不属于提供信息存储空间或者搜索、链接服务，故小程序服务提供者不适用"通知删除"规则。本案在厘清小程序这种新业态的法律属性的同时，明确了腾讯公司负有的相关法定义务及社会责任，在权利保护与平台责任之间保持了一定平衡，对之后的类似案件处理具有较强的借鉴意义。

11.2.3 电子合同订立的法律问题及规范

案例 11-3

重庆市阿里巴巴小额贷款有限公司诉陈某某小额借款合同纠纷案

原告与被告陈某某在线签订贷款合同一份，约定了被告向原告借款数额以及还款方式等权利义务内容。另外对电子送达方式、电子送达地址及法律后果做出了明确、具体的约定。

在审理过程中，法院通过12368诉讼服务平台，向被告的手机号码发送应诉通知书、举证通知书、开庭传票等诉讼文书，平台系统显示发送成功。被告无正当理由拒不到庭参加诉讼，法院依法缺席审理。

经审理，杭州铁路运输法院判决被告陈某某返还原告借款本金并支付利息、罚息、律师费等共计587 158.25元。

资料来源：电子商务案件十大典型案例.（2021-06-01）. 杭州互联网法院网站.

电子商务中的合同是在虚拟空间中通过订立网络合同来达成的，网络上的电子合同是看得见、摸不着的无纸化合同。《民法典》规定：“书面形式是指合同书、信件、电报、电传、传真等可以有形地表现所载内容的形式。”“当事人采用信件、数据电文等形式订立合同要求签订确认书的，签订确认书时合同成立。”从而确认了合同除传统书面形式外电子数据和电子邮件等形式的法律地位。无论是国内的电子商务交易还是国际的电子商务交易，都要求在电子市场上具有统一的法律确定性。电子商务交易不存在传统的国界和管辖边界，更加需要制定通用的法律原则来解决类似的合同问题，以明确相关法律责任。

本案例反映出“送达难”一直是困扰审判工作的问题之一，影响了司法效率。在司法实践中，许多“送达难”问题产生的根源是受送达人躲避诉讼、拒不配合法院送达。在此种情况下，依靠在诉讼中填写送达地址确认书，显然无法解决“送达难”问题。本案当事人在诉前相关合同中对电子送达方式、电子送达地址及法律后果做出了明确、具体的约定，该约定具有相当于送达地址确认书的效力，人民法院在诉讼过程中可以直接使用电子送达方式向诉前约定的电子送达地址进行送达，送达成功即发生法律效力，丰富了送达地址确认制度形式，成为解决“送达难”的有效形式。

11.3　电子商务领域知识产权的使用与保护

近年来，我国电子商务领域知识产权实现新突破。在政府、平台、社会的共同推动下，电子商务领域的知识产权“大保护”格局正在构建形成。在共享共治的知识产权合作下，电子商务知识产权保护水平正在持续提升，而电商平台在推进知识产权运用和服务等方面也开始发挥越来越重要的作用。电商平台已经成为保护原创、培育自主品牌、推动知识产权创新与发展的重要舞台。由此可以看出，我国在电子商务领域知识产权的保护成效方面已经凸显。电子商务领域知识产权具体包括以下内容。

11.3.1　网络著作权的法律保护

1. 网络著作权概述

随着国家对知识产权工作重视程度的不断深入，网络著作权政策环境的不断升级，我国网络著作权的发展迎来了新的机遇。我国网络著作权的法律保护存在立法不完善，司法保护制度不健全，管辖权范围争议大等问题，亟须进行相关立法工作，健全司法保护体系，明确管辖权范围，争取早日构建一个能够适应社会发展需求的平衡作品保护强度、传播速度和各主体间权利义务的科学授权体系及多元开放的许可使用模式。

著作权指的是“著作权人对其文学、艺术和科学作品所享有的控制、利用并排斥他人干涉的权利，又有学者称其为版权”。因为网络著作权是在传统著作权的基础上融入网络环境这一特定条件而衍生出来的一种新型民事权利，所以网络著作权是指网络作品的著作权人对其创作依法享有的基本权利。网络著作权，是指著作权人对其受著作权保护的作品在网络环境下所享有的权利，包含以下两层含义。第一，相对传统作品而言，指传统作品被上传到网络上后所享有的权利，即信息网络传播权，其内容涵盖文字、图像、声音、视频等所有通过网络形式传播的各种信息形式。包括在网络中予以重现的传统形式的作品，也包括直接以数字化二进制编码为载体在网络上创作的作品。第二，网上数字作品的著作权人所享有的权利，包括发表、发行、复制等。网络著作权侵权即指在网络上擅自以上传、下载等方式传播未经著作人许可的，又无法律授权的行为，内容包括网页、网站、微博等诸多作品，也可以是图片、文字等形式。

与传统著作权相比，网络著作权具有以下几个特点：

（1）数字化。网络作品在形式上具有数字化和虚拟化的特征，即网络环境的作品是无形的，不需要外在的、具体的、有形的介质进行表现，而传统作品都需要有形的介质予以表现。

（2）开放性。网络著作权的开放性是区别于传统著作权的主要特征之一，网络作品的传播速度非常快，不受时间和空间的限制，任何人可以在任何地方对网络作品进行下载和浏览。

（3）跨国性。传统著作权具有地域性，而网络作品因为其网络环境的特点使其突破了地域的限制，具备跨国性。

（4）交互性。由于网络本身就具有很强的交互性，因此产生在网络环境中的网络著作权也具备了交互性这一特点。

2. 我国网络著作权法律保护的现状

（1）立法保护。我国首次规定网络著作权是在2000年的司法解释中，不仅为网络著作权的保护提供了有力的法律依据，还对网络著作权纠纷案件在审理过程中可能涉及的各种问题都做了较为全面的规定。2001年10月，在《著作权法》的修订中增加了“信息网络传播权”，是著作权人在网络上的权利得到立法层面的彰显的体现。2012年4月20日，最高人民法院发布的意见稿对网络侵权主体的侵权方式和侵权责任进行了详细明了的界定和划分。2015年是我国深入推进知识产权战略的一年，促使网络著作权的保护有了新的突破，2015年11月1日，刑法修正案增加了著作权保护的重要条款；2015年9月8日，在《著作权行政处罚实施办法（修订征求意见稿）》中完善了行政处罚的程序，增强了对网络著作权侵权行为的打击。

（2）司法保护。网络著作权在司法保护方面呈现以下发展规律：网络音乐领域的著作权纠纷案件的数量暴增，是目前法院审理网络著作权案件的重点；网络著作权侵权纠纷案件呈阶梯状的地域性发展特征；知识产权法院的不可替代性；刑事司法成为网络著作权侵权案件的另一重要保护路径。

（3）行政保护。2015年，国家版权局采取“分类监管、分步监管”的工作思路，与其他三部门联合启动的“剑网2015”专项治理行动等一系列版权保护措施的相继出台和各项监管措施的开展，不仅净化了网络环境，还使目前我国网络著作权法在行政保护方面呈现出监管思路更清晰、监管重点更突出、监管措施更有力及监管效果更显著的特征。

总而言之，虽然我国网络著作权的相关立法规制活动起步较晚，但目前已经形成了一个比较完善的著作权法保护体系。为了进一步加强知识产权保护和完善我国的知识产权体系，我国应立足于本国国情，从理论和实践角度全面加快网络著作权的立法进度，着力构建和完善网络著作权法律规范体系，从而为我国网络和知识产权的发展铺平道路，推动知识产权强国战略的早日实现。

3. 我国网络著作权法律保护存在的问题

从 1990 年颁布实施《中华人民共和国著作权法》以来，在 30 多年的时间里，我国网络著作权立法从无到有，在理论研究和司法实践中取得了一定成果。但受多方因素影响，我国著作权法律保护仍存在滞后，在处理一些具体的网络著作权纠纷案件审理时，在适用的法律上仍存在一些问题。

（1）法律保护效力不够。近年来，网络发展极其迅速，而我国的相关法律并未跟上互联网发展的速度，在规范网络、保护网络方面仍较落后。面对日趋严重的网络著作侵权行为，我国网络著作权立法越发显得被动。虽然管理部门对互联网规范已经做出了多项规定，但多属于级别较低的法律。虽然《信息网络传播权保护条例》相对效力较强，但仍属于行政法规范畴。

（2）立法内容不明确。立法的滞后性使条文规定过于原则化，导致在面对司法实务时，往往难以应对。对某些常见的网络侵权现象，如技术措施的界定与限制问题、搜索引擎服务商的侵权责任认定问题、网络著作权侵权的管辖问题及合理使用问题等，以及网络侵权的具体保护范围、行为种类、赔偿标准、法律责任等问题尚无明确规定。这些都是当前网络作品著作权和网络经济健康发展迫切需要解决的问题。为更好地保护著作权人的利益，使网络侵权行为受到公正的惩罚，必须对相关规定进行补充完善。

（3）管辖权的范围难以确定。依据一般规定，侵权案件采取的是原告就被告的原则来处理纠纷。虽然网络的出现对传统管辖规则提出了挑战，但仍然适用于传统管辖规则。由此可知，传统侵权案件管辖权的基本原则也是以后处理网络侵权案件管辖办法的一个基础性的原则。

（4）权利主体间信息不对称。信息技术的发展对网络作品的使用和传播途径产生了重大影响，传统的授权许可使用模式也发生了重大的变革。作者全民化及作品大量化，造成作者与使用者之间因为信息极度不对称而难以进行适当的授权许可，导致市场交易率降低，使作品的传播和使用受限。

4. 我国网络著作权法律保护的对策及建议

（1）完善相关立法。网页实质上是以视图、软件、文件、视频等一定形式存储于电子介质中的数据编码，应该归属于被保护的著作权中规定的作品的范围来加以保护，同时应在著作权法中明确规定网络著作权的相关内容，来保障司法审判的合理、合法性，使之有法可依、有法必依、执法必严，从而避免不必要的“挂靠”，进而达到司法统一的高度。

（2）明确管辖权的范围。由上述内容可知，我国侵权案件的基本管辖原则是原告就被告的原则，即侵权案件由侵权行为地或者被告住所地法院管辖。但是目前管辖出现了混乱的局面，为了缓解此局面，并解决执行难的问题，应当进一步明确网络著作权侵权案件的管辖范围，即由被告所在地法院管辖，被告所在地不明确的可以由原告所在地法院管辖。在级别管辖上为了保证司法审判效率，应适当增加基层法院数量来审理相关著作权侵权案件，并且可以适当许可中级以上的人民法院适用简易程序来审理那些诉讼标的数额小、事实清楚以及证据充分的相关案件，最终提高司法审判效率和减轻中级以上法院审理著作权案件的压力。

（3）平衡权利主体间的权利义务。基于传统“先授权后使用”的付酬许可模式所面临的挑战，为了避免网络作品著作者与作品使用者之间的信息极度不对称问题而导致的市场交易率降低，以及作品的传播和使用受到极大的限制，我国亟待构建一个能平衡作品保护强度、传播速度和各主体间权利义务的科学授权体系及多元开放的许可使用模式，使得各个权利主体之间的权利义务得以平衡，进而更好地保障各方的权利义务，最终适应社会发展的新需求。

（4）加强对网络服务提供者的监管。网络服务商的监管应从以下两方面进行：第一，应强化对网络服务提供者的监管，不定期审查，确保其服务内容和范围合乎规定，提高其自律性；第二，要求网络服务提供者加强对自身服务对象及信息的管理，使违法行为在发生前被制止，减轻其他保护的负担，从而达到事半功倍的效果。

综上所述，在全球化信息时代，著作权行为复杂，单靠有关机构进行著作保护效果较差。网络具有开放性、交互性、虚拟性和跨国性的特点，网络著作权的侵权纠纷案件数量与日俱增，传统著作权的保护模式无法适应新的网络环境的需要。随着我国网络著作权法律体系的不断完善，司法体制保护的进一步强化，著作权人对其网络作品著作权的法制保护意识不断加深；网络环境下的行政执法力度及监管不断强化，网络著作权的环境和秩序得到了有效的改善；我国公民网络著作权的法律保护意识不断加深，网络著作权保护的社会氛围逐渐形成。市场经济的不断发展以及国家对文化产业和知识产权工作的不断重视，为网络著作权的发展提供了契机。因为各种因素的融合对网络著作权的发展提出了新的要求，所以为满足新的社会要求，我们需要进一步对网络著作权的相关问题进行深入的研究。

11.3.2 域名的法律保护

1. 域名概述

域名是互联网络上识别和定位计算机的层次结构式的字符标识，与该计算机的互联网协议地址相对应。随着网络在商业领域运用的逐渐普遍和深入，域名越来越广泛地成为网络经济活动的一种商业标示符号，几乎与传统知识产权领域的商标和商号具有相同的标示作用。由于域名能为其所有人带来经济利益，因此对其进行法律保护问题也就自然而然被提出来，并在同传统知识产权的冲突与协调方面受到极大的关注。

关于域名的性质，学界主要有三种观点：一是认为域名是一种新兴的知识产权；二是认为域名是传统知识产权在网络上的延伸；三是认为域名不是知识产权，其实质是一种民事权利。即使认为域名权属于知识产权的范畴，学者们的分歧也是很大的。对于域名法律冲突的解决，有赖于域名法律地位的确定。

域名的法律特征如下：

（1）标识性。域名的设计与使用最初是为了用识别性标记来区分网络上的计算机，以方便网络寻址和信息传输，故标识性应为其基本特征之一。域名的识别为计算机识别，只需存在细微的差别即可有所区别。这一点体现了域名含有较强的技术性特征。

（2）唯一性。域名的唯一性是绝对的、全世界的。商标、商号等传统标识可能因使用在不同的商品类别上而有所不同，而域名的唯一性则不因行业、商品等的不同而有任何不同。根据世界各国达成的 TCP/IP 通信协议的规定，互联网上的每台计算机都有一个全球唯一的统一格式的地址，即 IP 地址，每个 IP 地址对应的域名也是全球唯一的。因此每一种独创的域名只能存在一个，只能有一个拥有者。

（3）排他性。域名的排他性是其唯一性的延伸，就像物权一样遵循一物一权，是一种对世权。在任意一个注册机构注册的域名都具有全球的通用效力。同时，“先申请，先注册”的域名注册原则保证了一个域名只能被成功注册一次，因此，域名能够产生在全球范围内的排他性。

2. 域名的法律保护

域名注册以后，域名持有人对其所注册的域名享有的权益应受到法律的保护。域名持有人有权决定是否在互联网上使用域名以及以何种方式使用域名，任何组织和个人不得干涉，域名持有人对该域名有独占使用权。域名使用应该遵守的基本原则是善意使用，任何恶意使用域名的行为都将承担相应责任。域名一经注册即享有域名专有权，这是一种民事性质的权利，对自己享有的域名，域名持有人享有支配权和处分权，也包括对域名的转让权。

首先，从立法上完善、扩大解释。在现阶段，我们只能依照规范性法律文件来解决域名纠纷。因此，面对更多、更新的纠纷，我们只能完善、扩大对这些文件的解释。在互联网时代，互联网已经渗透到生活的各个方面，并且以惊人的速度改变着我们的生活，这也产生了许多新问题。这要求我们的法律要紧跟时代步伐，适应时代要求。因此，制定一部完善的域名相关的法律是一种趋势和时代的必然要求。统一域名立法，会促进电子商务的发展，促进经济发展。当然，这需要一个过程，需要深入研究和探讨。其次，从理论上，应当保护善意域名所有人的权利。行为人主观上并没有恶意侵犯他人的商标和商号权，只是偶尔出现，与他人商标、商号或企业名称巧合罢了。这种行为不能认为是侵权，但这里的善意只能适用于普通商标，不适用于驰名商标，这也体现了对驰名商标的特殊保护。同样，我们也要特殊保护驰名域名，在立法和实践中人们往往注重商标权而忽略域名权，这样对域名持有人是不公平的。最后，在实践中，从域名登记时就要严格把关，应给予域名登记机关适当的审查权，主要审查经营者的合法身份和经营资格，这能有效防止那些恶意抢注域名行为的发生。在发生纠纷时，拥有合法身份和经营资格的主体也具有承担侵权责任的能力。

11.4　电子商务中的消费者权益保护

网络技术的飞速发展使电子商务日益繁荣，在带给人们丰富、便捷的消费商品和服务信息的同时，也增加了消费者的合法权益遭受损害的可能。为此，应明确电子商务活动中消费者权益保护的范围，针对电子商务侵权的突出问题找出对策。

11.4.1　电子商务中消费者权益的内容

1. 电子商务活动中消费者权益保护的范围

（1）网络接入服务。电子商务活动的前提便是网络接入，如果没有连接网络，就无法顺利进行电子交易，因此电子商务活动中首要保护的消费者权益便是网络接入服务。网络接入服务权益保护的内容应当包括：消费者可以选择多样的网络服务、网络服务提供者的收费模式应当公平合理、网络速度的保障以及完善的客户服务，这些都属于消费者进行电子商务活动的前提要件，如果得不到保障，电子商务活动也就无从谈起，因此必须引起立法者的重视。

（2）知情权。在传统消费活动中，知情权即是消费者的重要权利，在电子商务活动过程中，对此项权利则更应当加以重视，因为在传统消费模式中消费者能真实地看到、触摸到甚至品尝到具体的商品，但是在电子商务活动中消费者仅仅能够通过屏幕来感知各种商品及服务，这对电子商务活动中商家的要求将更高。我国《消费者权益保护法》在保护消费者的知情权方面已有详细规定，电子商务更应注重保障消费者的知情权。在电子商务活动中，商家也应当将商品或者服务的具体信息按照《消费者权益保护法》的规定通过电子形式呈现在消费者的面前。

（3）隐私权。在电子商务活动中，商家为了实现与线下服务的对接和向网络客户推送广告信息，往往会让电子商务活动中的消费者进行注册并提供具体的个人信息。这些个人信息都是消费者的私密信息，如果泄露不仅会危害电子交易的安全性，还会给消费者的现实生活带来侵害，因此需要商家在电子商务活动中加强技术投入，避免消费者的个人信息被窃取，更不能为了利益而随意披露和传播消费者的个人信息。

（4）交易安全。在电子商务活动中需要对消费者的交易安全进行保护，具体而言，应当包括消费者电子网络账户的安全性和数据传输的真实性。电子网络账户的安全性是指消费者用来交易的电子网络账户应当处于消费者自身的控制下，可以自由进行网络交易而不受其他网络使用者及运营商的限制和处分；数据传输的真实性主要是指消费者通过网络操作进行交易的对象应当与消费者自身的意思表示保持一致，而不受网络病毒的影响或者被钓鱼，以期保护消费者的合法权益，促进电子商务的良性发展。唯有这两者都得到保障，电子交易才能顺利完成，消费者的财产安全才能得到保护。

（5）救济权。在电子商务活动中需要保护的消费者权益是救济权，具体而言，应当包括商品退换货的保证、退款的保证、损害赔偿的保证等。需要注意的是，这种救济不应仅仅囿于线上，而更应当拓展到线下，唯有如此，才能更充分地保护消费者的合法权益。

2. 电子商务活动中消费者权益保护的建议

（1）加强对电子商务的监管，完善信用保障制度。为了加强对电子商务领域的监管，首先，国家必须制定相应的信用保障制度，完善个人信用立法，加大电子商务中商家信用缺失的成本；其次，国家在监管方面也要与时俱进，建立相应的投诉举报平台以及信用服务平台，对电子商务中的商家进行卓有成效的监督；最后，完善相应的电子商务信息体系，例如落实实名登记制度，使电子商务中的消费者和商家信息对称，一旦出现纠纷，能够做到消费者投诉有对象，责任能够得到落实。总的来说，加强对电子商务的监管，完善信用保障制度，营造透明、公正、诚实守信的交易环境，是促进电子商务蓬勃发展，同时切实保障消费者权益的有效方式。

（2）营造安全的网络交易环境。首先，要加强电子商务中消费者隐私权的保护。在充分调研的基础上，政府应联合行业协会明确电子商务交易中的消费者和商家应该分别提供哪些信息，保证双方信息的对称性，规范商家对消费者信息的保护，特别是泄露消费者信息的后果，切实保护消费者的隐私权。其次，要加强网络支付安全的管理。在电子商务中，消费者的权益受到侵害有时候并不单纯是商家造成的，网络支付技术的漏洞、违法犯罪分子的参与也是侵害消费者权益的重要因素，因此国家要制定相应的技术标准，以技术力量避免可能出现的支付安全问题。同时，由于我国第三方支付平台如支付宝、微信等在电子商务中扮演着重要的角色，因此银行及第三方支付平台应该在技术措施、管理制度以及责任划分上进行细化，共同构建安全的支付平台，增加消费者的安全感。最后，消费者自身也要学习相应的电子商务交易知识，增强自我保护能力，在电子商务交易过程中，多一份警醒，认真慎重选择交易对象，注重对个人隐私的保护，及时收集对自己有利的证据，妥善保管电子凭证，在权利受到侵害时，及时有效进行维权。

(3) 多渠道解决电子商务交易纠纷。在电子商务纠纷产生后，最为重要的事情是及时利用各种方式化解纠纷。首先，政府及消费者协会可以设立网络调节平台，消费者、商家以及居间人参与其中，顺应电子商务无地域与空间的虚拟特点，以网络调节的方式方便快捷地化解纠纷，降低消费者维权的成本。其次，监管部门以及行业协会可以建立在线举报投诉中心，突破行政规划的限制，打破地区之间的隔阂，快速实现案件的分流转办，将监管责任落到实处，实现不同地域之间监管力量的整合。最后，在司法上给予消费者特别的举证责任。在民事纠纷中，一般的规定是“谁主张，谁举证”，然而由于电子商务本身的特点，消费者在交易中处于弱势地位，消费者对商家的信息掌握较少，维权的证据取得较难，成本较高，这就导致消费者在维权过程中举证能力有限，因此，有必要考虑在司法解决纠纷中允许消费者的举证责任倒置。

(4) 完善电子商务领域消费者保护法律体系。政府作为市场经济的掌舵者和管理人，对电子商务的正常发展和有序进行有着举足轻重的作用。由于运转有序的经济体制也需要完善的相关法律，因此，政府有关部门应该在充分调研的基础上，针对当前电子商务领域侵害消费者的突出问题，积极研究切实可行的对策方案，加强电子商务的宏观规划和具体指导，形成法律规范，以法的形式正式维护消费者的合法利益，维护市场秩序。

1) 针对现有法律进行修改完善。电子商务毕竟是市场经济的一部分，我们不能将电子商务和传统的经济形式完全割裂开来，同样的道理，现有法律只要有所修改，也可以适用于新兴的电子商务领域，同样可以起到保护消费者权益的目的。

2) 针对电子商务本身的交易特点进行研究。立法需要前期大量的调查研究，只有搞清楚电子商务中侵害消费者权益的环节在哪里，以及如何避免出现交易漏洞，才能制定出行之有效的法律，对商家的违法行为进行有效的制裁。

3) 有法可依，执法必严。完善电子商务领域消费者保护法律体系，不仅要有立法，而且法律要被真正地执行，这就需要市场监管部门以及司法部门形成合力，联合行动，把法律落到实处，切实保护消费者在电子商务领域的合法权益。

11.4.2　消费者网络个人信息安全的法律问题

1. 消费者网络个人信息安全概述

(1) 网络个人信息的概念。个人信息在网络中主要分为两个部分：一是个人基本信息，如个人的姓名、出生年月、身份证号等信息；二是基于网络所需的个人信息，如申请微博账号所需的真实姓名、出生年月、身份证号码等。综上所述，网络个人信息主要是指在网络中能够将每个人的个人信息相区别，并且以电子数据、编码等形式存在互联网这一载体上并予以保存，这些数据是互联网用户在使用网络过程中形成的，是一种以虚拟化和网络信息化的形式保存的个人信息。

（2）网络个人信息的特点。第一，网络个人信息的形成与网络密不可分。我们在网络中申请的微博、微信、QQ、电子邮箱、各种论坛上的用户名和密码等，这些信息都存在于各类网络软件、网站中，如果这些网络软件、网站消失，我们所储存的网络个人信息也将随之消失。第二，网络个人信息通过电子形式存在，并且具有可识别性。在网络迅速发展的大环境下，网络个人信息主要是通过电子数据、电子数码等形式收集、储存、传输的。即在数据化的网络中，将个人信息通过网络电子化进行处理，最终形成网络的个人信息。在虚拟的网络空间中，通过电子化的处理，能将网络个人信息变得更为具体，使之更容易识别。第三，网络个人信息主体主动提供相关信息。在互联网广泛使用的今天，使用支付宝，申请微博、微信、各种论坛用户名，报名参加某一网络活动等都需要我们自己将真实姓名、身份证号码、电话号码等个人信息一一进行填报。信息主体并非受到什么威胁而提供相关个人信息，与之相反，信息主体是积极主动地提供个人相关信息。第四，网络个人信息更容易遭受侵害，更加不可控制。当前，我们的网络个人信息更加透明，个人信息也更容易遭到泄露，在网络环境下，只需一台电脑，就可以轻松盗取别人的个人信息。并且，网络个人信息数据库的管理存在着缺陷，这样更容易造成网络个人信息安全事故的发生。

（3）网络个人信息享有的权利。个人信息是每一位公民应享有的基本权利，其具有特殊性和多样性的特征。它是由多项权利组成的，主要有知情权、删除权、异议更正权、保密请求权等，因而具有多样性。此外，由于每一位公民的个人信息都不一样，因此，个人信息又具有特殊性。个人信息是个人信息权的权利客体，其权利义务所对应的是个人信息，因此个人信息同样具有财产属性、人格属性。个人信息权因为具有人格属性、不可转让、不可放弃等特征而具有专有性和排他性。

2. 消费者网络个人信息安全法律保护的必要性

在网络迅速发展的今天，我们不得不思考每一位公民的个人信息应如何去保护，如果个人信息被随意泄露在互联网上，那么公民的个人信息就失去了保密性。因而，对网络个人信息权给予法律保护具有其必要性。

（1）给予公民个人信息权法律保护充分体现了公民基本权利的要求。个人信息权具有财产权、人格权。公民的财产权、人格权都应受到法律的保护，如果个人信息遭到泄露，公民的人格权利益就会遭到损害，公民的尊严、自由、独立将得不到维护。个人信息具有丰富的商业价值，如果以牟利为目的盗取公民个人信息，损害个人的财产权益，那么社会稳定、公民的合法权益都将得不到保障。法律给予公民个人信息权就是为了社会安定，保护公民的人格权及财产权不受损害。

（2）电子信息发展的前提是保护个人信息。现今，电子商务已成为现代社会的一种普遍的交易形式，买卖双方在交易过程中坚持诚信原则，如果消费者或商家的个人信息得不到相关保护，就会造成买卖双方失去信任，从而导致电子商务得不到有效的发展。同样，如果政府网对个人信息公开没有相关的准则，个人信息得不到保护，那么也会导致政府公信力下降，不利于政府开展工作。因此，保护个人信息是电子商务、电子政务发展的前提。

(3) 公民的个人信息被泄露，不利于我国网络个人信息安全的保障，同时也对公民的工作、学习生活造成了很大的影响。只有逐步建立起保护公民个人信息的相应机制，才能促进网络个人信息得到更好的保护。另外，在国家机关中工作的人员掌握着国家大量的安全信息，这些信息多属于机密信息，若是缺乏相应的管理、保护机制，就会造成不可估量的损失。

(4) 有利于促进国际交流合作。如今，由于国与国之间的交流更加密切，因此，保护个人信息、个人信息权的维护也就越发显得重要。在这样的背景之下，国际交流合作程度、国内立法的完善程度与个人信息权的保护息息相关。促进个人信息权的立法完善，有利于保障个人信息交流安全，有助于树立大国形象，对国际交流合作有着重大意义。

3. 消费者网络个人信息安全法律保护存在的问题

(1) 目前在我国尚没有直接针对个人信息权的法律，更多的法律针对个人信息权只是进行间接性保护。间接性保护主要保护个人信息权的隐私权、人格尊严权等方面，保护涉及面较窄，因为在网络环境下的个人信息权涉及范围大，具有多样性的特征，以不同的法律间接去保护个人信息权很难做到全方位保护。一旦个人信息权遭到破坏，会使权利人受到不可估量的侵害。

(2) 个人信息权的立法多分散在各个法律法规中，不具有专门性、系统性。另外，我国欠缺一个行之有效保护个人信息权的专门体系，这会使个人信息权得不到切实的保护。一旦我国公民的个人信息权受到侵害，争议矛盾双方当事人在实践中就会很难解决问题。

(3) 法律具有滞后性。随着互联网的迅速发展，网络使用越来越多，个人信息权得不到切实有力的保护。目前在我国尚未出台一部法律对个人信息权进行保护，这使得一些侵权行为在认定责任时困难较大，给个人信息权带来了较大的安全隐患。在一些网络经营行业里，大部分的经营商会制定一些企业、部门针对个人信息权的自律性规则与经营性规则，但制定这些相应的规则缺乏法律保障，致使这些行业自己制定的规则难以发挥其作用，形同虚设。

11.5　互联网安全与网络犯罪

11.5.1　互联网安全的法律规范

1. 我国网络安全现状

根据中国互联网络信息中心（CNNIC）发布的第 53 次《中国互联网络发展状况统计报告》，截至 2023 年 12 月，我国网民规模达 10.92 亿，互联网普及率为 77.5%。随着互联网技术的普及，特别是电子商务的崛起，人们的生活日益便捷，但同时我国的网络安全面临着日益严峻的形势，特别是不法分子利用现代通信信息技术实施新型网络犯罪呈高发态势，犯罪涉案链条长，团伙组织严密，犯罪手法逐步升级更趋隐蔽，受害群体已覆盖各行各业。

根据国家互联网应急中心2021年6月发布的《2020年中国互联网网络安全报告》，2020年，我国网络安全法律法规体系建设进一步完善，网络安全宣传活动丰富、威胁治理成效显著，应急中心协调处置各类网络安全事件约10.3万起，同比减少4.2%。但与此同时，网络安全所面临挑战仍然巨大，主要表现在：高级持续性威胁（advanced persistent threat，APT）组织利用社会热点、供应链攻击等方式持续对我国重要行业实施攻击，远程办公需求的增长扩大了APT攻击面；虽然App违法违规收集个人信息治理取得积极成效，但是个人信息非法售卖情况仍较为严重，联网数据库和微信小程序数据泄露风险较为突出；虽然漏洞信息共享与应急工作稳步深化，但是历史重大漏洞利用风险仍然较大，网络安全产品自身漏洞问题引起关注；恶意程序治理成效明显，但勒索病毒技术手段不断升级，恶意程序传播与治理对抗性加剧；网页仿冒治理工作力度持续加大，因社会热点容易被黑色产业链利用开展网页仿冒诈骗，以社会热点为标题的仿冒页面骤增；虽然工业领域网络安全工作不断强化，但工业控制系统互联网安全风险仍较为严峻。

2. 加快推进我国网络安全治理

《网络安全法》于2016年11月正式发布，自2017年6月1日起施行。

《网络安全法》的出台使公民个人信息保护进入正轨，网络暴力、网络谣言、网络欺诈等“毒瘤”生存的空间将被大大挤压，而“四有”中国好网民从道德自觉走向法律规范，用法律武器维护自己的合法权益，为“互联网＋”的长远发展保驾护航。《网络安全法》的出台，是依法治国精神的具体体现，是网络空间法制化的里程碑，标志着我国网络空间领域的发展和现代化治理迈出了坚实的一步。

《网络安全法》完善了网络安全义务和责任，将原来散见于各种法规、规章中的规定上升到法律层面，对网络运营者等主体的法律义务和责任做了全面规定，包括遵守法律、行政法规，尊重社会公德、遵守商业道德，诚实信用，履行网络安全保护义务，接受政府和社会的监督，承担社会责任等，并在“网络运行安全”“网络信息安全”“监测预警与应急处置”等章节中进一步明确、细化。

2020年12月，中共中央印发《法治社会建设实施纲要（2020—2025年）》，要求依法治理网络空间，推动社会治理从现实社会向网络空间覆盖，建立健全网络综合治理体系，加强依法管网、依法办网、依法上网，全面推进网络空间法治化，营造清朗的网络空间。同时，国家发展改革委、工业和信息化部、公安部、交通运输部、市场监管总局等多个部门陆续出台相关配套文件，不断推进我国各领域网络安全工作。

11.5.2 关于网络犯罪的法律规范

1. 网络犯罪概述

（1）网络犯罪的定义。网络犯罪，是指行为人运用计算机技术，借助网络危害信息系统或信息内容安全的犯罪行为，或利用网络进行各种危害社会的犯罪行为的总称。

既有行为人运用其计算机编程、加密、解码技术或工具在网络上实施的犯罪，也有行为人利用计算机软件指令，网络系统或产品加密等技术及法律规定上的漏洞在网络内外交互实施的犯罪，还有行为人借助于其居于网络服务提供者特定地位或其他方法在网络系统实施的犯罪。简而言之，网络犯罪是针对和利用网络进行的犯罪，网络犯罪的本质特征是危害网络及其信息的安全与秩序。

（2）网络犯罪的特点。第一，网络犯罪的犯罪手段具有一定的隐蔽性。因为网络是一个虚拟的空间，行为人的身份可以虚拟化。网络犯罪也没有特定的表现场所和客观表现形态，不易识别，不易被人发现，作案范围一般情况下也不受时间和地点限制，行为人对犯罪结果发生的时间可以随心所欲地控制。此外，犯罪行为很难发现痕迹，不易侦破。第二，行为人要破解安全系统和侵入计算机系统，实现所谓的存储和数据信息的传输。因此，网络犯罪是高科技犯罪。第三，网络犯罪的社会危害性大，危害结果难以预料，也存在通过网络实施的侵犯公民个人权利的犯罪行为。第四，网络犯罪具有“虚幻性”。网络犯罪一般不直接展现在公众面前，使得其社会危害性在一定程度上被屏蔽，极易导致人们特别是青少年产生认知和判断上的偏差。

2. 网络犯罪立法的问题

（1）犯罪界定的范围问题。网络犯罪立法的基础是对犯罪行为进行界定，这是判断网络行为是否犯罪的依据。目前，我国网络犯罪立法中对犯罪行为的界定主要包括五个方面，规定非法入侵、获取数据、非法控制、提供工具以及用破坏信息系统作为“兜底条款”，同时对国家事务、国防建设和尖端科学技术领域计算机信息系统予以提前保护。然而，在网络生活中，犯罪行为并不单纯包括以上五个方面，更多是应用计算机对网民生活安全以及财产安全进行侵害，例如，通过计算机盗取他人信息进行诈骗，通过黑客技术盗听他人通话信息内容、出售或贩卖他人联系方式以及身份信息进行恶意广告宣传等。虽然有些犯罪行为明显符合国家法律法规对侵害个人隐私权的法律界定，但是在网络犯罪立法中的界定十分模糊，导致公民维权无门，也给司法机关的工作造成不便。

（2）追责主体的确定问题。网络犯罪行为会给网络使用者造成相当严重的后果，以互联网诈骗活动为例，一起网络犯罪的参与者有很多，每个人都扮演了不同的角色，甚至有些编程人员根本不知晓自己已经参与了犯罪活动。但当网络诈骗案被破获，进行追责时，却因为参与人数众多，甚至有些参与者是在不知情的情况下非自愿参与的，因此，不能对其进行有效追责。互联网活动的特征之一是参与人数多、个人活动在网络中产生辐射效应，而正是因为这一特征，网络犯罪很容易出现“法不责众”的情况，追责主体难以确定，从而使网络犯罪的行为人容易逃避惩罚，而受害者得不到应有的补偿。

（3）执法力度问题。严重的网络犯罪行为会触犯刑法，司法部门对其会予以严厉的惩处，执法相对严格，能够做到有法必依、执法必行。但是，有部分网络犯罪活动难以确定其严重程度和犯罪主体，很容易出现执法力度不足的问题，由于相关法律法规并不严谨，其犯罪的严重程度难以确定，经常发生轻判、缓判、缓刑的情况，这不仅不能合理地维护网络安全，还容易使犯罪分子更加猖獗，不利于网络环境的良好发展。

3. 网络犯罪立法的现状

当前，网络犯罪快速发展变化的严峻态势对我国现有法律规范和传统证据规则提出了新的挑战。

（1）《国家安全法》《反恐怖主义法》加强了对公安机关执法权益的法律保障。一是《国家安全法》明确授权公安机关维护国家安全，可依法采取专门手段和方式，并规定有关部门和单位应当向公安机关提供执法协助的义务。二是《反恐怖主义法》要求电信运营企业和网络服务提供者为执法机关依法防范、调查恐怖犯罪，提供技术接口、解密等技术支持与协助；强化了网络运营商、服务商的安全防范责任及对涉恐信息的发现、处置义务；加强对网络用户的身份查验，严格落实网络实名制；加强行刑衔接，对宣扬恐怖主义、极端主义和煽动实施恐怖活动、极端主义活动等，尚不构成犯罪的违法行为，规定了行政处罚。

（2）《网络安全法》强化了网络服务提供者的安全管理责任义务。一是确立了网络空间主权原则和维护国家网络安全的“长臂管辖权”。明确规定国家有权采取措施，监测、防御、处置来源于境内外的网络安全风险和威胁，保护关键信息基础设施免受入侵攻击破坏，对境外危害中国关键信息基础设施的活动，依法追究法律责任，并授权公安部和有关部门可以决定对该机构、组织、个人采取冻结财产或者其他必要的制裁措施。二是严格规范了网络产品和服务提供者的安全义务。要求其不得在产品和服务中设置恶意程序，及时发现、消除、补救安全漏洞风险，向社会发布网络安全风险信息，必须遵守国家有关规定。三是严格规范了网络运营者的安全义务。要求网络运营者必须建立并落实网络安全等级保护制度，严格落实网络实名登记和用户身份验证制度，依法履行安全风险预警、安全事件应急处置义务，为公安机关、国家安全机关依法维护国家安全和侦查犯罪的活动提供技术支持和协助。四是进一步完善了个人信息保护规则，为防范打击侵犯公民个人信息犯罪提供了行政法律支撑。明确界定了个人信息的范围，要求网络运营者收集、使用用户个人信息，必须遵循合法、正当、必要的原则，并公开收集、使用规则，还要经用户同意。特别是禁止网络运营者收集与其提供的服务无关的个人信息，禁止违法或者违反服务约定收集、使用用户个人信息。五是建立了关键信息基础设施安全保护制度。规定国家对关键信息基础设施，在网络安全等级保护制度的基础上，实行重点保护；要求关键信息基础设施采购网络产品和服务，可能影响国家安全的，应当通过“国家安全审查”；规定关键信息基础设施在境内运营中收集、产生的个人信息和重要数据应当在境内存储，确需跨境传输的，应进行安全评估。

□ 本章小结

电子商务的无国界、虚拟性、无纸化特点，不仅给经营者带来了巨大的商机，也为消费者提供了便利。但同时，电子商务也引出了许多新的法律问题。本章就电子商务环境下的法律问题进行了分析，重点讨论了网络著作权、域名、消费者权益的法律保护，以及互联网安全、网络犯罪等相关问题。

□ 思考与练习

一、复习思考题

1. 为什么必须要加强电子商务立法？
2. 电子商务的法律问题主要体现在哪几个方面？
3. 如何保障电子商务环境中消费者的个人信息安全？
4. 域名有什么法律特征？
5. 简述我国网络著作权法律保护的现状。
6. 简述我国网络著作权法律保护存在的问题。
7. 简述《网络安全法》的主要内容。
8. 简述电子商务活动中消费者权益保护的范围。
9. 简述电子商务中消费者权益的内容。

二、讨论题

1. 结合本章学习，请谈一谈你对网络犯罪的认识。
2. 请谈谈你对加强我国电子商务立法的建议。
3. 积极推动电子商务立法的国际组织有哪些？
4. 结合本章学习，请提出你对我国网络安全立法的建议。
5. 请谈谈你对我国电子商务立法背景的认识。

三、网络实践题

1. 通过上网搜集资料，谈谈你对加强中国电子商务交易安全法律保护重要性的认识。

2. 通过上网搜集资料，谈谈如何确定电子商务纠纷的法律适用。

3. 某人在一次社会公开考试的网上报名时，按要求提供了手机电话的号码，结果推销、宣传广告电话不断打来。应当如何收集和合理利用个人信息资料？应当如何防止对个人资料的侵害？

4. 两个企业在订立合同过程中，一方向另一方邮寄了一份书面要约，另一方通过电子邮件做出承诺，之后，一方以合同形式不符合法律、合同不生效为由主张合同无效。结合本案，简述数据电文的基本含义及法律效力。

四、案例分析题

大众点评起诉百度侵权窃用信息　要求赔偿 9 000 万元

2016 年 4 月 12 日，上海浦东法院公开审理了一起不正当竞争纠纷案，大众点评起诉百度窃用点评信息且造成公司重大损失，提出 9 000 万元索赔要求和为制止侵权行为支出的 45 万余元，并刊登公告，澄清事实，消除不良影响。

上海汉涛信息咨询有限公司是大众点评网的主办单位，其诉称，北京百度网讯科技有限公司运营的“百度地图”及“百度知道”大量复制了大众点评网上的用户点评等信息，给汉涛公司造成重大损失，构成了不正当竞争。

百度方面代理律师则认为，百度是一家搜索功能的网站，其与大众点评网没有形成竞争关系，而且百度一直严格遵守国际通行的行业规则robots协议，只有在网站向百度开放robots协议的情况下，百度才会抓取网站数据，并将其提供给广大网民搜索。百度地图作为生活服务平台，通过对行业深度信息的抓取整合，为用户提供餐饮等生活服务信息，属于垂直搜索服务。大众点评网的robots协议面向百度等搜索引擎开放，百度地图抓取大众点评网的内容正是在robots协议允许的情况下实施的。

百度代理律师还表示，在百度地图上显示的内容，不仅没有损害大众点评网的利益，而且有益于对方的推广宣传。

百度方面同时表示，百度地图正在积极与大众点评网探讨更好的合作模式，希望能和更多第三方专业垂直网站进一步加强合作，共同为广大网民提供更好的信息服务。

案例思考：

请阐述此案例体现的电子商务中消费者个人信息安全的保护手段。

图书在版编目（CIP）数据

电子商务概论/杨路明等编著. -- 3 版. -- 北京：中国人民大学出版社，2024.12. --（高等学校经济管理类主干课程教材）. -- ISBN 978-7-300-33380-9

Ⅰ. F713.36

中国国家版本馆 CIP 数据核字第 2024VN0714 号

高等学校经济管理类主干课程教材·电子商务系列

电子商务概论（第 3 版）

杨路明　陈　曦　刘　明　徐　旻　编著

Dianzi Shangwu Gailun

出版发行	中国人民大学出版社		
社　　址	北京中关村大街 31 号	**邮政编码**	100080
电　　话	010－62511242（总编室）		010－62511770（质管部）
	010－82501766（邮购部）		010－62514148（门市部）
	010－62515195（发行公司）		010－62515275（盗版举报）
网　　址	http://www.crup.com.cn		
经　　销	新华书店		
印　　刷	北京密兴印刷有限公司	**版　　次**	2011 年 8 月第 1 版
开　　本	787 mm×1092 mm　1/16		2024 年 12 月第 3 版
印　　张	17.25 插页 1	**印　　次**	2024 年 12 月第 1 次印刷
字　　数	384 000	**定　　价**	46.00 元

中国人民大学出版社　管理分社

教师教学服务说明

中国人民大学出版社管理分社以出版工商管理和公共管理类精品图书为宗旨。为更好地服务一线教师，我们着力建设了一批数字化、立体化的网络教学资源。教师可以通过以下方式获得免费下载教学资源的权限：

- 在中国人民大学出版社网站 www.crup.com.cn 进行注册，注册后进入“会员中心”，在左侧点击“我的教师认证”，填写相关信息，提交后等待审核。我们将在一个工作日内为您开通相关资源的下载权限。
- 如您急需教学资源或需要其他帮助，请加入教师 QQ 群或在工作时间与我们联络。

中国人民大学出版社　管理分社

教师 QQ 群： 648333426（工商管理）　114970332（财会）　648117133（公共管理）
教师群仅限教师加入，入群请备注（学校＋姓名）

联系电话： 010-62515735，62515987，62515782，82501048，62514760

电子邮箱： glcbfs@crup.com.cn

通讯地址： 北京市海淀区中关村大街甲 59 号文化大厦 1501 室（100872）

管理书社　　人大社财会　　公共管理与政治学悦读坊